次世代管理会計の礎石

上總康行　[編著]
澤邉紀生

中央経済社

執筆者一覧

第1章　篠田朝也　　（北海道大学大学院経済学研究科准教授）
第2章　篠原巨司馬　（福岡大学商学部准教授）
第3章　木下和久　　（福井県立大学経済学部講師）
第4章　吉川晃史　　（熊本学園大学大学院会計専門職研究科准教授）
第5章　衣笠陽子　　（滋賀大学経済学部准教授）
第6章　丸田起大　　（九州大学大学院経済学研究院准教授）
第7章　李　　燕　　（明海大学経済学部講師）
第8章　足立　洋　　（九州産業大学商学部准教授）
第9章　潮　清孝　　（中京大学経営学部准教授）
第10章　浅田拓史　　（大阪経済大学情報社会学部准教授）
第11章　松田康弘　　（東北大学大学院経済学研究科准教授）
第12章　桐畑哲也　　（立命館大学経営学部教授）
第13章　飛田　努　　（福岡大学商学部准教授）
第14章　柊　紫乃　　（山形大学大学院理工学研究科准教授）

はしがき

　大企業には，通常，複式簿記を基礎として，実際原価計算，標準原価計算，予算制度，CVP分析，セグメント別利益計算，資本予算，中期利益計画などの管理会計技法を組み合わせた統合的な管理会計システムが実践配備されている。経営者は，そこから得られる管理会計情報を駆使してグローバル市場で対峙する競争相手と日夜戦いを続けることができる。

　いまや企業経営に必要不可欠となった管理会計であるが，日本企業に本格的に導入されはじめたのは第二次大戦後のことであった。とくに1950年代以降，アメリカ企業で実践され高い評価を得ていた多くの管理会計技法が日本企業に導入され，日本は世界に誇る高度成長を実現してきた。しかし，1970年代以降，アメリカで開発される新しい管理会計技法が少なくなったばかりでなく，日本企業にとって有用性の少ない，あるいは適用領域がごく狭いものしか開発されなくなった。

　その理由は明らかである。従来，アメリカの管理会計研究は応用研究を通じて問題解決手段を開発し，その成果が管理会計技法として全世界へ提供されてきた。しかし，最近では，管理会計問題を客観的に把握する調査研究やその因果関係の理論化を目指す理論研究に研究の軸足が移動してしまった。その結果，応用研究から問題解決手段を開発する管理会計研究が激減したのである。

　他方では，グローバル競争がますます激しくなる中で，日本企業では会計問題が頻発しており，問題解決手段の開発が決して不要になったわけではない。いやむしろ，日本企業がグローバル競争の中で勝ち抜いていくためにはその必要性がますます高まっている。憂慮すべきことは，因果関係の理論化を目指す研究者と問題解決手段を求める経営者との間に大きな期待ギャップが存在していることである。

　かかる現状を直視すれば，アメリカやヨーロッパの研究動向に引き続き配慮しつつも，日本企業の優れた管理会計実践を調査研究し，それを定式化ないし理論化することによって世界の研究者・経営者が注目する管理会計学を研究開

発することが有力な解決策の1つであると思われる。

　京都大学管理会計研究室では，このような独自理論開発戦略を展開するため，指揮官を上總から澤邉へと引き継ぎながら，これまで地道な基礎的研究を続けてきた。それらの研究成果は，研究室に名を連ねる研究者個人レベルでは，学会報告，研究論文，雑誌論文，学術講演などを通じて公表されてきた。また研究室レベルでは，2004年，その成果の第一弾が『次世代管理会計の構想』（中央経済社刊）として上梓され，多くの方から称賛と激励を受けた。このたび，第二弾として本書『次世代管理会計の礎石』を中央経済社から上梓した次第である。

　管理会計研究の国際競争参加を目指して，日本の研究者としてではなく，グローバル研究者の視点から広く文献を探索・収集して，グローバルレベルの研究水準を確認するとともに，戦うべき場所と課題を探求することに本書の課題が置かれている。おおむね世界へ飛び出す準備ができたという意味を込めて『次世代管理会計の礎石』という書名とした。多くの読者の皆様に読んでいただき忌憚のないご批判・ご意見を頂戴したいと思う。

　他面では，本書は，編者の1人・上總の古希を記念して編纂された書物でもある。もう1人の編者・澤邉からみれば，上總の研究業績は多岐にわたり，それを一言でまとめることは容易ではない。アメリカ管理会計から日本的管理会計へ，歴史的研究方法からフィールドワークへ，研究対象についても研究方法についても，大きく変化させながら，いまなお第一線の研究者として多くの研究業績を生み出している。多くの門下生にとってそれらの研究業績は超えなければならないものとはいえ，超えるのが難しく悩ましい業績も少なからず残されている。

　本書は，そういった悩みを抱えた門下生・研究者たちが，それぞれの専門領域から少しでも上總に近づこうとして執筆された論文をもとに編集されている。彼がアメリカ管理会計の歴史研究を土台に現代日本企業の管理会計実践の解明を進めているように，本書では上總の薫陶を受けた研究者が，それぞれの専門領域の根源的な基底をあらためて振り返り固めることで，将来に向けた研究の礎とすることを目指している。このような意味で，恩師の業績を具体的に紹介するといった編集方針を本書では採用していない。その代わりに，恩師に少し

でも近づきたいと思っている研究者が，それぞれの専門領域をどのように発展させたいのかを考え，そのための基盤を明確にしようとした論文をもとに本書は編集されているのである。

本書の題名である『次世代管理会計の礎石』は，上總を師として慕い研鑽に励んでいる研究者が，自分たちの学問上の土台をしっかり固めることを目的として編纂されたことに基づいている。礎石とは，建造物の柱を支える石のことであり，どのような立派な建造物であっても礎石がしっかり定まっていなければ砂上の楼閣にすぎない。この意味で，次世代管理会計の構築を担う研究者が，その基礎をしっかり固めようとしたのが本書を構成する1つひとつの論文である。

管理会計は経営のための会計である。「経営」という言葉は，孔子が編纂したといわれる『詩経』でうたわれる文王の施政に由来する。「經始靈臺，經之營之。庶民攻之，不日成之。經始勿亟，庶民子來。」（詩，大雅，霊台）の「経」「営」がそれで，「営」とは建物の造営を意味しており，「経」は造営の前にまず測量して南北を正すという意味である。本書の書名は，この故事を意識している。

「会計」という言葉は，中国の最古の王朝といわれる夏王朝の創設者の禹王の故事に由来する。名君として知られる禹王は，現在の浙江省紹興市の会稽山にある大禹陵に埋葬されている。会稽山という地名の由来にはいくつかの説がある。その1つは，禹王を偲んで諸侯が一堂に会した際にその業績を計ったことから「会稽（会計に通じる）」と称されるようになったという説であり，もう1つの説は，河川の整備や税制の整備を進め民を豊かにした禹王は経営的な能力に優れていたから「会計」に通じた王と称されるようになったという説である。「会（會）」は，ふたのある鍋の形をあらわし，五穀を集め食事を用意したことから人々が集まるという意味に転じた。「計」は数字を口にするという意味である。会計をこのような意味の漢字が組み合わされたものと理解するならば，それはまさに経営のための会計を意味している。次世代管理会計は，よりよき社会の構築に貢献するものでなければならず，本書に収録された各論文にこの意識は通底している。

最後に，本書の編集刊行に尽力いただいた上總ゼミ関係者の皆様に謝意を表

したい。また，本書の企画をご快諾いただいた中央経済社代表取締役会長の山本継氏ならびに，出版計画から編集にいたるまできめ細かな支援をいただいた小坂井和重氏，長田烈氏に心より御礼申し上げたい。

2015年1月吉日

京都大学名誉教授　上總　康行
京都大学教授　澤邉　紀生

目　次

はしがき

第Ⅰ部　管理会計プロセスの研究

第1章　わが国における投資意思決定研究の現状と課題 ……… 3

1　はじめに／3
2　わが国の先行研究の展開／5
3　投資意思決定の実態調査／7
4　投資意思決定のケース研究／9
5　投資意思決定のプロセス研究／10
6　今後の研究課題／12
　6.1　事後監査／12
　6.2　回収期間法のバリエーション／13
　6.3　リスクマネジメント／14
　6.4　投資意思決定の対象領域の拡張／15
7　おわりに／16

第2章　戦略概念を取り入れた管理会計の進展
――戦略と管理会計の相互構成関係へ―― ……… 23

1　はじめに／23
2　戦略の視点と管理会計研究の変化／24

2.1　戦略の視点
　　　　──合理的策定プロセスと限定合理性への対応──／24
　　　2.2　戦略管理会計研究の焦点の変化／25
　　　2.3　戦略と管理会計の研究焦点の変化と概念の変化／28
　3　**管理会計が戦略に与える影響についての研究**／29
　　　3.1　MCSは戦略変化・形成に影響を与えるか？／29
　　　3.2　管理会計を通した戦略変化のプロセス研究／33
　4　**おわりに**／39

第3章　日本における原価企画研究 …………… 45

　1　**はじめに──本研究の出発点──**／45
　2　**原価企画の計算構造**／46
　　　2.1　加工組立型産業に依拠する議論／46
　　　2.2　加工組立型産業以外の産業に依拠する議論／55
　3　**原価企画の管理機能**／57
　　　3.1　加工組立型産業に依拠する議論／57
　　　3.2　加工組立型産業以外の産業に依拠する議論／62
　4　**多様な研究：調査・海外移転・逆機能など**／62
　5　**おわりに**／68

第4章　予算問題とその対応
　　　　──戦略的計画設定とマネジメント・
　　　　コントロールの連携強化の観点から── …………… 85

　1　**はじめに**
　　　──戦略的計画設定と予算管理の連携強化問題──／85
　2　**予算管理研究の概観**／86
　　　2.1　予算が抱える問題／87
　　　2.2　Argyrisの研究に原点をもつ予算管理研究／88

2.3　計算構造論と予算問題への対応／93

3　BBとBSCの組合せによる予算問題の克服／96

4　予算管理と戦略計画の柔軟な運用による
　　予算問題の克服／97

5　おわりに
　　――計算構造論と組織行動の関係に関する研究の必要性――／99

第5章　目標管理と方針管理の同質化と相互補完性
――医療機関におけるアカウンタビリティの共有化と総合管理―― ……………………… 107

1　はじめに――問題意識／107

2　目標管理／108

　　2.1　目標管理とは――その理論的背景と手法展開――／108

　　2.2　目標管理の「マイナス面」から再認識される
　　　　 その二面性／110

　　2.3　日本の実務界における目標管理の定着と
　　　　 他分野への発展／110

　　2.4　目標管理の二面性――目標管理の可能性――／112

　　2.5　まとめ：目標管理のもつ二面性とその機能／116

3　方針管理／117

　　3.1　方針管理とは――その理論的背景と手法展開――／117

　　3.2　方針管理の定着・発展／118

　　3.3　方針管理の機能の多様化／119

4　目標管理と方針管理の異質性と同質性
　　――相互補完性と総合管理――／124

　　4.1　目標管理と方針管理の違い／124

　　4.2　目標管理と方針管理の同質化／126

　　4.3　目標管理と方針管理の相互補完性と総合管理／127

5　おわりに／128

第Ⅱ部　管理会計研究の新潮流

第6章　管理会計研究におけるフィードフォワード・コントロール論の系譜 ……… 139

1. はじめに／139
2. 海外主要ジャーナルにおける系譜／140
3. 国内文献における系譜／144
4. おわりに／149

第7章　組織学習を促進するマネジメント・コントロール・システム
──京セラの利益連鎖管理における組織学習の促進── ……… 161

1. はじめに／161
2. 組織学習を促進するMCSについて／162
   - 2.1　概念：MCSと組織学習について／162
   - 2.2　組織学習プロセスを促進するMCS／164
3. アメーバ経営の組織学習における役割／167
   - 3.1　京セラのアメーバ経営と管理会計上の特徴／167
   - 3.2　組織学習に対する利益連鎖管理の役割／169
4. おわりに／171

第8章　責任会計論
──日本企業のライン部門における利益責任の設定に関する研究の整理── ……… 177

1. はじめに／177

- 2 日米の事業部制と責任会計／178
  - 2.1 アメリカ型の連邦的事業部制における責任会計／178
  - 2.2 日本企業の職能別事業部制における責任会計／179
- 3 ライン部門における利益責任の設定の2類型／180
  - 3.1 疑似プロフィットセンター（疑似PC）制／181
  - 3.2 ライン採算制組織（LPO）／181
- 4 MPC制の適用による現場従業員の動機づけメカニズムに関する研究／182
  - 4.1 エンパワメントの条件の検討／182
  - 4.2 疑似MPC制における「利益」測定を通じたモラール向上の可能性／185
  - 4.3 MPC制に対する組織成員の認知と内発的動機づけの可能性／186
- 5 計算構造から生み出されるダイナミズムの側面に焦点を当てた研究／187
  - 5.1 LPOにおけるライン部門間の利益配分のメカニズム／187
  - 5.2 時間概念を加味したLPOにおける全体最適化プロセス／189
- 6 おわりに／190
  - 6.1 本章の再整理と要約／190
  - 6.2 本章の再整理から示唆される今後の研究課題／192

第9章 アメーバ経営研究の体系的理解と今後の方向性 ……… 201

1 はじめに／201
2 MPCとしてのアメーバ経営／202
3 ライン採算制組織としてのアメーバ経営／203
4 アメーバ経営における中軸利益概念：時間当り採算の構造と役割／206

5　アメーバ経営における個別最適と全体最適の両立／207
　　　6　「利益連鎖管理」に基づく全体最適のメカニズム／210
　　　7　おわりに──今後のアメーバ経営研究の方向性──／211

第10章　管理会計変化研究　217

　　　1　はじめに／217
　　　2　管理会計変化の促進要因と阻害要因／218
　　　　　2.1　管理会計変化とその要因／219
　　　　　2.2　機能主義的なアプローチが見落としていたもの／223
　　　3　組織変革プロセスと管理会計変化／228
　　　　　3.1　危機意識の源泉とその醸成／229
　　　　　3.2　変革チーム／230
　　　　　3.3　ビジョン／232
　　　　　3.4　ビジョンの周知／233
　　　　　3.5　社員の自発的行動の促進／233
　　　　　3.6　短期的な成果の達成／234
　　　　　3.7　前進を確認し，さらなる変化に結びつける／236
　　　　　3.8　変革の文化の浸透／236
　　　4　おわりに──管理会計変化研究の可能性──／237

第11章　分析的アプローチによる資本予算の研究　245

　　　1　はじめに──本章の目的──／245
　　　2　標準的なアドバース・セレクションのモデル／246
　　　3　分析的アプローチによる資本予算プロセスの
　　　　　分析モデル／249
　　　　　3.1　スラック／249
　　　　　3.2　留保利得／250

3.3 役　　得／253

4 おわりに／255

第Ⅲ部　特定状況の管理会計研究

第12章　わが国ベンチャーキャピタル業界と新技術ベンチャー投資意思決定 …… 261

1 はじめに／261

2 わが国のVC業界／262

2.1 米国のVC業界の形成過程／263

2.2 わが国のVC業界の形成過程／263

3 わが国VC業界とNTBFs投資の現況／265

3.1 VC業界の国際比較／265

3.2 わが国のVC業界／266

4 投資意思決定と投資スタイル，技術要因，重視する情報，評価手法／267

4.1 投資スタイル／267

4.2 技術要因／269

4.3 重視する情報と評価手法／270

5 おわりに／273

第13章　中小企業を対象とする管理会計研究の課題 …… 277

1 はじめに／277

2 中小企業の管理会計・原価計算を対象とした研究蓄積／278

3 管理会計の発展と経営管理・管理会計システムの階層化／280

   3.1　管理会計発展段階モデルにみられる管理会計技法と組織規模の関係性／281

   3.2　経営管理・管理会計の階層化／283

   3.3　小　　括／284

 4　中小企業を対象とした管理会計研究から得られる知見／285

   4.1　中小企業の管理会計実務に関する先行研究：管理会計技法との関係／285

   4.2　中小企業におけるMCSの利用と企業規模の関係／289

   4.3　小　　括／291

 5　おわりに／292

第14章　グローバル化・複雑化時代の生産管理会計
――単品種大量生産から多品種少量生産への変化と会計の適合性―― ……297

 1　はじめに／297

   1.1　研究背景／297

   1.2　研究目的・方法／298

 2　単品種大量生産を前提とした生産管理会計／299

   2.1　職長帝国の崩壊とアメリカ機械技師協会／299

   2.2　科学的管理法と標準原価計算／300

 3　多品種少量生産への変化とアメリカにおける対応／302

   3.1　「レレバンス・ロスト」と会計適合性回復への試み／302

   3.2　TPSを代表とする日本的手法への注目と時間に関わる会計の試み／303

 4　日本における現場管理と生産管理会計の展開／305

   4.1　戦前・戦後の能率運動から原価計算基準・標準原価計算の普及／305

4.2　TPSと整合する原価計算・
　　　　　管理会計手法への試み／306

5　**生産管理と原価計算における課題とリサーチ提案**／309

　　　5.1　現場の生産管理課題を原価計算に適用する必要性／309

　　　5.2　会計研究のサイクルと生産現場での
　　　　　会計アクション・リサーチ／310

6　**おわりに**／311

あとがき／321
索　　引／325

【略称一覧】

ABB ：Activity-Based Budgeting，活動基準予算
ABC ：Activity-Based Costing，活動基準原価計算
ABM ：Activity-Based Management，活動基準経営
ARR ：Accounting Rate of Return，会計的利益率
BB ：Beyond Budgeting，脱予算
BSC ：Balanced Scorecard，バランスト・スコアカード
DCF ：Discounted Cash Flow，割引キャッシュフロー
DPP ：Discounted Payback Period，割引回収期間
FF ：Feed Forward，フィード・フォワード
IRR ：Internal Rate of Return，内部利益率
MCS ：Management Control System，マネジメント・コントロール・システム
NPV ：Net Present Value，正味現在価値
PPP ：Premium Payback Period，割増回収期間
SPP ：Simple Payback Period，単純回収期間

第 I 部

管理会計プロセスの研究

第1章　わが国における投資意思決定研究の現状と課題
第2章　戦略概念を取り入れた管理会計の進展
第3章　日本における原価企画研究
第4章　予算問題とその対応
第5章　目標管理と方針管理の同質化と相互補完性

第1章

わが国における
投資意思決定研究の現状と課題

1　はじめに

　金額的な規模が比較的大きく，その経済効果が中長期に及ぶような投資案件（たとえば，新規設備投資，設備取替投資，情報化投資，研究開発投資，海外事業投資，M&A等）は，いったん実施に踏み切ってしまうと企業経営の基本構造を長期的に固定化させてしまう。そのため，当該投資案件が不調に終わってしまった場合，容易には取り返しがつかなくなる。その一方で，このような新規の設備投資等は，企業が競争優位を維持しつつ長期的に事業を継続していくために，必要不可欠のものでもある。

　このような投資案件の可否判断は，企業の将来を大きく左右するような重大な意思決定となる。それゆえ，これらの論点については，管理会計領域においても，かねてから検討されてきた。かかる論点は，管理会計の体系の中では中長期の個別的計画として扱われてきた。より具体的には，Beyer（1963）のいう「意思決定会計」あるいはAnthony（1965）のいう「戦略的計画」に位置づけられるトピックスとして検討がなされてきた。

　本章では，管理会計の体系において「意思決定会計」あるいは「戦略的計画」に位置づけられるような，金額的規模が大きくて経済効果が中長期に及ぶような非経常的な投資案件の可否判断のことを「投資意思決定」と呼ぶこととする。なお，投資意思決定は，管理会計の具体的な技法あるいは仕組みとして

は，「資本予算」または「投資経済計算」と関連づけて議論されることが多い。企業によっては，投資案件単位で予算を策定することで，投資案件の事前評価はもちろん，事後管理もあわせて実施しようとする場合がある。このような投資案件単位で策定される予算のことを一般に「資本予算」と呼ぶ。また，具体的な個別の投資案件の可否判断を行うために，投資案件単位で事前に採算計算を行うことがあるが，このような採算計算を一般に「投資経済計算」と呼ぶ。資本予算を策定する場合，投資経済計算は，資本予算プロセスの一部となるものの，当該プロセスにおける事前評価の核心部分となるため，特に注目を集めるところとなる。これらを整理すると，第1表のようになる。すなわち，投資意思決定を，具体的な投資案件について事前評価・選択・実行・事後評価をするマネジメント・プロセスであると捉えるとき，管理会計技法としては資本予算に焦点を当てることになる。他方で，投資意思決定を「意思決定」そのものと捉えると，管理会計技法としては，資本予算プロセスのコアをなす投資経済計算について検討することとなる。

第1表 投資意思決定と管理会計技法

	視　角	管理会計技法
投資意思決定	意思決定	（資本予算プロセスにおける）投資経済計算
	マネジメント・プロセス	資本予算

　本章では，資本予算あるいは投資経済計算として議論されることの多い投資意思決定に関連するわが国の先行研究のレビューを行い，この研究領域におけるこれまでの展開と将来の課題を明らかにする。なお，海外・国内を問わず，この領域に関する優れたレビュー論文，またはレビュー部分が含まれた研究書等はすでに存在している（Northcott, 1998; Gordon et al., 2006; Haka, 2007; Northcott and Alkaraan, 2007; 山本, 1998; 杉山, 2002; 清水, 2004; 清水ほか, 2010; 尾畑, 2011; 香取, 2011など）。したがって，本章では特に，これまでにさほどレビューの対象となっていない近年のわが国の研究動向に主軸を置きつつ，投資意思決定研究の近未来の展望を示すこととしたい。

2　わが国の先行研究の展開

　第1図は，わが国の投資意思決定研究の研究動向を大まかに確認するために，関連する研究論文について，年代ごとに論文数を集計した結果を示したものである。なお，この論文数は，CiNii（NII学術情報ナビゲータ）を活用して検索を行い，投資意思決定関連の研究論文として考えられる論文をカウントしたものにすぎない[1]。そのため，当該領域の研究成果であっても，CiNiiでは検索できない論文や著書についてはカウントされていない。また，検索結果に基づきつつ，筆者の定性的な判断により，管理会計領域の論文と思われないものや書評等については排除している。したがって，あくまでおおよその傾向として捉えてほしい。なお，対象となった論文の総計は287本であり，すべての文献を参考文献に掲載することは紙幅の都合上不可能である。この点もご容赦いただきたい。

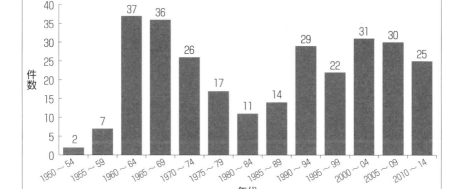

第1図　投資意思決定研究の論文数

　さて，わが国における投資意思決定に関する先行研究は，基本的に1950年代前半から始まっているが，1960年代前半から1970年代半ばにかけて，多数の論文が公表されている。この時期のわが国における主要な研究テーマは，主にアメリカの財務論の領域で展開されていた投資経済計算における評価技法の紹介

やその論点整理などであった。具体的には，正味現在価値法（NPV法），内部利益率法（IRR法）など，貨幣の時間価値を考慮する割引キャッシュ・フロー（DCF）系の評価技法が注目の対象となり，その計算方法や，割引率となる資本コストについての検討がなされていた。

しかし，1970年代半ばから，しばらくの間，研究論文の公表が減少する。その理由としては，アメリカで展開されてきたNPV法やIRR法に関する一通りの紹介を終えてしまったことが影響していると推察される。なお，この時期の論文では，不確実性への対処について検討されており，キャッシュ・フローの見積りに確率分布を組み込んだ方法や，線形計画法を用いた解法などが紹介されている。これらも当時のアメリカで展開されていたものであるが，単純なNPV法などと比較するとやや発展的で複雑なものであった。NPV法などが紹介されても，わが国の実務にはほとんど普及しなかったこの時期に，さらに複雑な方法を紹介することは，学術上の意義はあっても，実務上，大きなインパクトを与えることにはならなかった。加えてこの時期は，第1次オイルショックを乗り越えた以降の安定成長期からバブル経済期に至る期間であり，多くの企業が積極的に拡大投資の姿勢を見せた時期でもある。いわば日本経済の絶頂期であり，実務における傾向として，慎重な投資意思決定を行うという発想は総じて重視されない気運にあった。

しかし，1990年前後から，投資意思決定研究は再び盛んに行われることになる。これにはいくつかの要因があるものと思われる。まず，第1に，この時期の直前にあたる1980年代後半に，アメリカの財務論の領域において，モンテカルロ・シミュレーションを利用したDCF法や，オプション・プライシング・モデルを実物資産投資に応用したリアル・オプション法などが開発され始めたことが挙げられる[2]。すなわち，新しい評価技法が登場したのである。したがって，これらの新しい評価技法について検討する論文が公表されるようになった。第2に，わが国の実務の現場において，情報システムと統合した工場の自動化投資，海外への事業投資，あるいは，環境関連投資といった新しいタイプの設備投資が増加したため，それらに注目した設備投資の意思決定に関する研究が行われるようになった。第3に，2000年代に入ると，理論的には優れているといわれるNPV法が実務では普及しないこと，すなわち理論と実務の

ギャップに対する注目が高まり、いくつかの調査研究が行われることになった。それゆえ、それ以前の調査研究とは若干異なり、投資経済計算にどの評価技法を利用しているのかということのみならず、資本予算プロセスを意識しながら投資意思決定の実務の状況を包括的かつ丁寧に把握しようとする研究アプローチが増えてきた。また、質問票調査以外に、ケース研究も行われるようになってきた。近年の調査研究とケース研究の成果からは、実務の多様性が浮かび上がってきている。

また、このような1990年代以降のこの領域における研究の活性化は、バブル崩壊とともに日本企業に慎重な設備投資が求められるようになったという背景事情とも無関係ではないものと考えられる。

3　投資意思決定の実態調査

わが国の企業を対象とした投資意思決定の実態調査は、特に投資経済計算における評価技法の利用状況に焦点を当てて、古くから繰り返し行われてきた（宮下ほか, 1962; 河野, 1964; 津曲・松本, 1972; 吉川, 1979; 井上, 1984; 加登, 1987; 柴田・熊田, 1988; 櫻井, 1991; 櫻井, 1992; 吉川, 1994; 日大, 1996; 鳥邊, 1997; 山本, 1998; 清水ほか, 2007; 篠田, 2008; 吉田ほか, 2009; 清水・田村, 2010; 篠田, 2011; 北尾, 2013b）。また、これらの実態調査について、総合的に集約した近年の研究成果として香取（2011）があり、IRR法とNPV法の利用状況に注目してサーベイしたものとして北林ほか（2013）がある。

各種の評価技法の利用の推移の詳細については、香取（2011）の第2章を参照いただきたいが、これらの各種調査は、調査対象や質問形式が異なっているために容易に比較できない。そのようななかで、清水・田村（2010）では、調査対象（東証1部上場の製造業のみを対象としているか、またはその区分が可能な調査）と質問形式（yes-no形式の調査）について比較可能な過去調査のみを取り上げて、評価技法の利用状況の推移を整理している。第2表は、単純回収期間法（SPP法）、会計的利益率法（ARR法）、NPV法、IRR法に注目したわが国の企業の利用率の推移である。

この結果から、近年のわが国における投資意思決定、特に投資経済計算の状

第2表 日本企業の評価技法の利用率の推移

	調査年	SPP法	ARR法	NPV法	IRR法
津曲・松本（1972）	1971	61.7%	34.3%	9.7%	8.5%
加登（1987）	1985	83.6%	35.2%	14.5%	15.7%
櫻井（1992）	1992	76.2%	32.2%	17.5%	20.3%
日大（1996）	1996	65.8%	35.6%	15.8%	15.3%
吉田ほか（2009）	2009	82.8%	26.9%	37.3%	22.4%
清水・田村（2010）	2009	91.8%	39.2%	34.0%	24.7%

(出所：清水・田村，2010(4)：1644を一部修正)

況を要約すれば，次の3点にまとめることができる。すなわち，①DCF系の評価技法の利用が増加しているということ，②ARR法の利用について明らかな増減はみられないこと，③最も利用されている評価技法が回収期間法であるということは変化しておらず，その利用率は減少していないということ，である。特に，理論的に優れた方法といわれているNPV法の利用率が年々増加してきていることは注目に値する。この点と関連して，篠田（2010）は，投資案件ごとに企業が投資経済計算の評価技法を使い分けており，特にNPV法は，M&A投資および海外事業投資の投資経済計算の方法として使用されていることを明らかにしている。したがって，NPV法の利用の増加傾向は，M&Aや海外事業投資といった戦略的投資行動の重要性が近年において増してきていることと関連があるものと考えられる。また，北尾（2013a）は，IRの充実度や株価を重視する程度が高い企業ほどNPV法を利用する傾向が高いということを発見している。さらに，北林ほか（2013）では，自己資本比率が高くなるほどDCF系の方法が普及するという関連性を発見しており，資金調達の方法の変化がDCF系の評価技法の普及を促している可能性もある。他方で，SPP法が利用され続けている点については，北尾（2009）が指摘するように，借入れによる資金調達との間の制度的補完性が影響しているという見解もある。

さらに，櫻井（1992），清水ほか（2007），篠田（2008）などが明示しているとおり，各種の評価技法は，多くの企業によって併用されているということも看過できない。たとえば，篠田（2008）によると，単独の評価技法のみを頻繁に利用している企業は約48%であり，半数強は複数の評価技法を併用している

ことが示されている。さらに，SPP法または割引回収期間法（DPP法）といった回収期間系の評価技法はかなりの程度で併用されており，複数の評価技法を併用している企業のうち76%は，回収期間系の評価技法を併用している。このように，全般的に見ると，回収期間系の評価技法が軸となり，それに加えて他の評価技法を追加的に利用するという傾向がみられる。

また，清水（2012）では，事業の置かれている環境と事業の戦略タイプの相違が評価技法の選択に影響を及ぼしていることを明らかにしている。主要な発見事項としては，事業環境の不確実性が低いほどNPV法が利用されること，事業環境の複雑性が高ければSPP法やARR法が利用されること，生産ラインの自動化が進むほどNPV法やIRR法が利用されること，また，Miles and Snow（1978）の提示した戦略タイプのうち防衛型に該当する企業はNPV法を積極的に利用するが，分析型に該当する企業はNPV法を採用しない傾向にある，といったことである。

このように，投資経済計算の利用には多様性がみられており，その多様性を理解するための検討が，現在活発になされているところである。

4 投資意思決定のケース研究

投資意思決定に関連して，個別の企業に注目したケース研究は，大規模な質問票を利用したサーベイ調査と比べると研究蓄積が乏しい。とはいえ，いくつかの貴重なケース研究も行われている。

ケース研究には，特定の企業が置かれている状況に依存した分析となってしまうという限界がある一方で，管理会計技法の個別具体的な運用状況の詳細を明らかにすることができるというメリットがある。

このようなケース研究に関する，わが国の近年の研究成果としては，太田・上總（2012），堀井・上總（2008），上總・浅田（2007），山本（1998）などがある。

太田・上總（2012）は，三井住友銀行がプロジェクト・ファイナンスによる融資判断を行うに際して，収益性指数法と類似の経済性計算を利用していることを紹介している。また，各種の評価要素を総合したスコアリング・モデルに

よって融資判断を行っていることも紹介している。

　堀井・上總 (2008) は，新日本製鐵株式会社が利用している独自の投資経済計算の方法が，実際はDPP法と同質のものであることを発見したものである。また，上總・浅田 (2007) は，株式会社村田製作所による独自の投資経済計算の方法が，これもまた実際はDPP法と同質のものであるということを指摘している。

　他方で，山本 (1998) では，事業撤退に関するケース研究 (山本, 1998: 152-167) と，海外投資に関するケース研究 (山本, 1998: 180-193) を通じて，資本予算プロセスの全体像に迫ろうと試みている。事業撤退に関しては，合理的な財務計算よりも政治的なプロセスであることが指摘されている。また，海外投資については，それを評価する公式的な手続きがないなかで投資意思決定が行われていることや，グローバル戦略に従って投資が行われるケースのみならず，投資の結果として戦略が明確化されるようなケースもあることが明らかにされた。

　このように，いくつかの貴重な研究成果はあるものの，わが国のケース研究，特に資本予算プロセスの全体像を対象としたケース研究の蓄積は十分であるとはいえない。投資意思決定は，企業経営のきわめてクリティカルな部分を扱う領域であるため，ケース研究を実施するには困難を伴うが，まずは研究を蓄積していくことが今後の検討課題であるといえる。

5　投資意思決定のプロセス研究

　すでに見てきたように，1990年代以降，投資意思決定の資本予算プロセス全体に注目をする研究が展開されてきている。このような着眼点は，古くから指摘されており，たとえば，Haynes and Solomon (1962)，King (1975) などが，資本予算のプロセス全体を検討する必要性を強調している。また，このような資本予算プロセスを機能させるために，情報処理システムとしてのDSS (Decision Support System：意思決定支援システム) を活用すべきであるという提案もなされるようになった (Larcker, 1981; Gordon and Pinches, 1984; 加登, 1985a, 1985bなど)。

このような資本予算プロセスに着目したわが国の代表的な研究成果としては，山本（1998），清水ほか（2007），清水ほか（2008），清水・田村（2010）などが挙げられる。

山本（1998）は，Gordon and Pinches（1984）の提示する4つのプロセス，すなわち，認識，展開，選択，統制・評価に応じて，日本企業の資本予算プロセスの状況を質問票調査とケース研究によって把握しようと試みている。ケース研究については前節で言及したとおり，事業撤退と海外投資について取り扱っている。質問票調査からは，日本企業は統制局面を重視する傾向が強いことを指摘している。

他方，清水ほか（2007）では，日本企業の資本予算プロセスの全体像を明らかにしようと，質問票調査を行った。調査の結果から，投資経済計算は投資案の選択のみならず目標設定としても利用されていること，審議の方法は多くの場合において形式化されており，規模の大きな企業ほど資本予算のプロセス管理の仕組みが整備されていること，さらに，プロセス管理の方法は，企業を取り巻く技術環境の変化の激しさの程度が高くなるほど，多様な項目についてより形式的に管理を行う傾向が出てくることなどが明らかになった。また，清水ほか（2008）では，質問票調査の結果から，資本予算のマネジメント・プロセスを潜在的な構成要因に分解すると，財務的な事後評価，事前の採算性チェック，案件の順位設定，慎重な検討，という4つの機能的構成要因を析出できることを指摘したうえで，これらの機能的構成要因が，各種のマネジメントの効果に異なる影響を及ぼしていることを示している。たとえば，財務的な事後評価は情報の収集に正の影響を与え，慎重な検討はコンセンサスの形成に正の影響を与える，といったことを明らかにしている。

さらに清水・田村（2010）では，Miles and Snow（1978）の提示した4つの戦略タイプ（防衛型，探索型，分析型，受身型）に従って，日本企業の戦略を分類して，設備投資マネジメントの関係性を分析している。その結果として，それぞれの戦略に応じて設備投資マネジメントのあり方が異なるという結果を発見している。たとえば，防衛型であれば事後的な採算評価を重視し，探索型であれば投資案の作成段階を重視するといったこと等が明らかにされている。

このように，投資意思決定のプロセスの全体像を明らかにしようとする研究

は蓄積されつつあるが，総じていえば，投資意思決定のプロセスも，戦略や環境に応じて多様であり，多様なプロセスが多様な効果をもたらしているということが判明しつつある段階にある。

6 今後の研究課題

6.1 事後監査

Haka（2007）が指摘するように，投資意思決定の領域に関する事後監査，すなわち，フィードバック・プロセスは注目度が低く，まだこれから開拓されていく領域であると考えられる。

投資意思決定は，本質的にフィードフォワードの性質をもつと考えられるため，事前の調査・計画・評価等が重要視される論点となることはやむを得ないが，実施後のフィードバックが丁寧になされていないということになると，実施後の実績値と事前の見積りの間に不利差異が生じていても，適切な対応がとられないままとなってしまう。また，過去に行われた事前の調査・評価の問題点や課題も放置されてしまう。これでは，将来の事前の調査・評価の精度も改善できない。投資意思決定をより有効なものとするためには，フィードフォワードとフィードバックの併用による相互補完を図る必要があろう。しかし，わが国の調査研究（清水ほか，2007; 篠田，2011; 吉田ほか，2012など）をみると，投資意思決定にかかわる事後監査が十分には実施されていないことも指摘されている。

櫻井（2012）は，事後監査を行ううえでの問題点の1つとして，企業における担当者のローテーションを指摘している（櫻井，2012: 489）。確かに，提案された中長期的な投資案件について，その後，担当者がローテーションで異動となることを想定すると，当該案件に対する責任の所在は不明確となる。また，投資案件が重要なものとなればなるほど，その意思決定に対して事後監査を行うことは，トップの過去の意思決定に対して責任を追及するという構図となりかねないため，このようなマネジメント・サイクルを定型化することは難しい。

しかしながら，業績評価のためではなく，企業の合理的な意思決定システム

の構築と収益性向上のための仕組みとして，事後監査を活用する意義はある。実際に，わが国の研究成果として，篠田（2014a）は，質問票調査とアーカイバル・データを併用した実証研究によって，事後監査を実施することが企業業績にプラスの効果を及ぼすことを示している。しかし，わが国における，事後監査の実態を把握するための実証研究の量的な蓄積は十分とはいえない。また，事後監査のケース研究も不足している。事後監査の意義と課題を明らかにするために，よりいっそうの研究成果の蓄積が待たれるところである。

6.2 回収期間法のバリエーション

わが国の先行研究では，回収期間法のバリエーションについて検討されてきた。近年の研究成果の中でも，上總（2003a, 2003b）が提唱した割増回収期間法（PPP法）は，特筆すべきものである。かねてから回収期間法のバリエーションの1つとして，Rappaport（1965）が提唱したDPP法は周知のものとなっていたが，PPP法は，もう1つの貨幣の時間価値を考慮した回収期間法のバリエーションを提示している。PPP法は，DPP法のように回収されるキャッシュ・フローを割引計算することで貨幣の時間価値を考慮するのではなく，初期投資額に利子額を上乗せすることによって，結果として時間価値を考慮した投資経済計算となるというところに，その特徴がある。このようなPPP法は，銀行借入に依存した投資計画を立てる企業が利用する方法であり，これを利用することで，たとえ企業が意識していなくても，実質的に貨幣の時間価値を考慮した回収期間を算定することになるわけである。

このPPP法は，篠田（2010）によるわが国の東証上場企業を対象とした質問票調査の結果に基づくと，回答企業のうち約20%が利用しており，理念上のモデルとしてのみならず，実務における具体的な利用の存在が確認されている。さらに，篠田（2010）の結果が示しているように，同調査の回答企業のうち，SPP法については約78%が，DPP法についても約48%が利用していると回答しており，回収期間を基準とする多様な投資経済計算の評価技法が利用されている。

また，上述した上總・浅田（2007），堀井・上總（2008）のケース研究では，わが国の企業における独自性豊かな実務を紐解くと，実質的にはDPP法を利用

しているのと同様の実務実践であったという指摘もある。さらに，篠田（2014b）が示すように，NPV法を利用していると認識している企業であっても，キャッシュ・フローの予測期間を有限としている場合，投資の可否判断は金額ベースとなるものの，実質的にはDPP法と同様の特徴を有する方法を利用していることになるという指摘もある。

このように，わが国の投資経済計算では，回収期間法が最も利用されているが，そのバリエーションは多様である。

さらに，山本（2010）が指摘するように，わが国の企業には，投資案件の不確実な状況を織り込むために，回収期間を延長して対応することで，簡便なリアル・オプション的な運用をするケースもある。このように，回収期間法の運用についても多様性が認められている。

回収期間法が利用され続ける理由について，たとえば北尾（2009）が指摘するように，かつての借入れ中心による資金調達と回収期間法の間に制度的補完性が働いていたために回収期間法が選好され，結果として，その利用が現在まで続いているという見解もある。

今後，このような回収期間法のバリエーションや運用方法の多様性を前提としたうえで，回収期間法が今なお利用され続けている積極的な理由について検討していくことが重要な研究課題となろう。

6.3 リスクマネジメント

太田・上總（2012）では，三井住友銀行のプロジェクト・ファイナンスに関するケース研究において，融資判断にリスク評価を織り込むという手法が紹介されている。リアル・オプションなど金融工学のモデルを応用することで，将来のリスクを織り込んだ経済性計算を実施する理論的モデルは開発されているが，実務の現場ではほとんど利用されていない。

三井住友銀行のケースでは，複数の定性的なリスクを織り込んで案件の経済性を評価するために，スコアリング・モデルを構築している。各種のリスクを得点化して，リスクの重要度に応じた重みづけを行ったうえで合計得点を算出するという方法である。このような評価方法は，シンプルな仕組みではあるが，案件を取り巻く多種多様なリスクを事前に検討しているという点で意義がある。

いずれにせよ，現代の企業は，変化がきわめて激しい経営環境にさらされているため，多様なリスク要因を検討しながら投資意思決定を行うことが求められるようになっている。このようななかで，多様なリスク要因を総合的に評価するような投資意思決定モデルを構築する可能性についても検討する必要はあろう。

6.4 投資意思決定の対象領域の拡張

かねてから最も典型的な投資意思決定の対象であった設備投資の意思決定を超えて，近年，投資意思決定の対象領域が拡張している。特に重要視されているものに，環境対応の投資意思決定，IT関連投資などがある。これらは，現代の企業にとって非常に重要な投資案件となりつつある領域でありながら，その投資経済計算を行ううえで，典型的な設備投資とは違った難しさを抱えているものである。

環境に配慮した設備投資を行う場合は，単に経済性だけを判断基準としえないケースが多い。経済性を考慮に入れつつも，他の判断基準も重ね合わせたうえで投資意思決定が行われることになる。ここに，環境配慮型の投資意思決定の複雑さがある。このような複数の判断基準が求められるなか，國部（2000）が提示しているようなコンジョイント分析を活用して投資意思決定を行うという提案は傾聴に値する。また，この領域に関連して，山根ほか（2013）は，環境配慮型の設備投資に焦点を当てたうえで，そのプロセスマネジメントの実態を把握しようと試みた研究成果を提示している。環境配慮型の設備投資の特徴を反映したプロセスマネジメントのあり方について検討しようとしているものである。

IT関連投資は，その導入コストを測定することは可能であるが，その効果を測定することは容易ではないという特徴がある。もちろん，IT関連投資の結果として，経費等の削減が達成される場合などは，その経済効果を把握できる。他方で，IT関連投資は，いまや企業活動のインフラ整備の一環ともなっており，ITインフラなくしては事業が成り立たないようなケースもある。しかし，このようなインフラ整備による経済効果を直接的に測ることは困難である。また，強力なITインフラが，差別化された事業戦略と結びつくことで，

いわゆる競争優位をもたらすケースもあろう。このような競争優位の獲得を包括した経済効果の測定は容易なことではないが，櫻井（2006）が提案するように，BSCを応用的に活用するような方法で，IT関連投資の評価を，戦略との整合性や戦略的効果の観点から行うことについても検討する意義がある。いずれにしても，このようなIT投資の投資意思決定の重要性が近年増大してきている反面，それに対応する効果的な投資意思決定の方策に関する研究は十分に行われていない。

このように，現代においては，投資意思決定の判断基準を明確にすることが困難であるにもかかわらず，企業にとって重要な投資案件が増加している。このような領域に対してより立ち入った検討を行うことが，今後の重要な研究課題といえよう。

7　おわりに

ここまで，投資意思決定の研究領域について，わが国の近年の先行研究を中心に，その概要を見てきた。本章の最後に，上總（2010）の枠組みを用いて，現在の投資意思決定の研究を整理しておきたい。

第2図によれば，会計実務から課題となっている点を析出するために，聞き取り調査や質問票調査などを活用したケース研究やサーベイ研究が実施される。これらを調査研究とすれば，かかる調査研究から，会計実務の課題の検討がなされ，課題が生じる原因の究明等が行われる。これにより，会計実務において生じる結果と原因の関係を理論化する理論研究が実施される。この理論研究と連携して，課題を解決するための具体的手段を開発する応用研究が行われ，そこで提示された手段を実務に適用した結果について検討する会計処方研究が実施される。以上のような研究は，サイクルとして結びつきながら，会計実務の改善や環境適応に関連している。

第1章　わが国における投資意思決定研究の現状と課題　17

第2図　管理会計学の研究領域

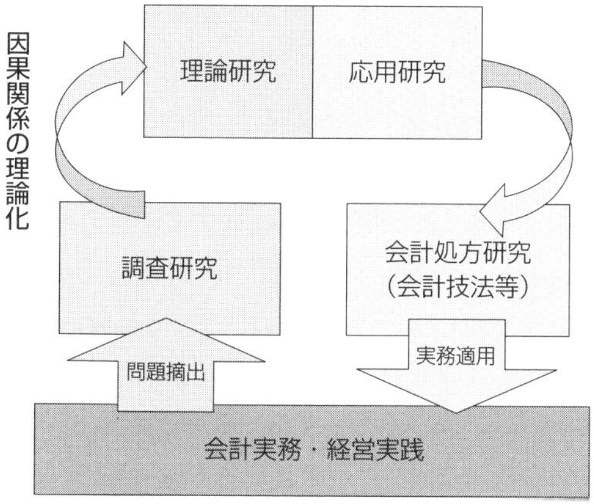

因果関係の理論化

問題解決手段の開発

理論研究　応用研究

調査研究　会計処方研究（会計技法等）

問題摘出　実務適用

会計実務・経営実践

（出所：上總（2010：325））

　ここで，投資意思決定の研究領域を振り返ってみよう。近年におけるわが国の投資意思決定の研究は，その多くが調査研究または理論研究の段階にある。

　本章で見てきたように，近年の投資経済計算に関する調査研究によれば，わが国の企業における投資経済計算の評価技法の利用には，多様性が認められるということが判明してきている。こういった状況を理解するために，その原因を分析するための研究も活発に行われ，進展しているところである。

　また，資本予算プロセスの全体像についても，その実態を把握するための調査研究が盛んに行われるようになってきている。調査結果に対する分析・検討も進んでおり，資本予算プロセスも企業を取り巻く経営環境等に応じて異なるものとなることが明らかになりつつある。

　他方で，応用研究の成果の代表格としては，新しい投資経済計算の評価技法として登場したリアル・オプションが挙げられる。しかしながら，その「思考方法」が企業の投資意思決定の現場において生かされているという可能性については指摘されているものの（山本，2010; 北尾，2013b），そのモデルが評価技法として実務実践に広く活用されるには至っていない。

　そもそも，応用研究の成果として海外で開発された技法が，そのままわが国の会計実務として定着するわけではない。このことは，投資意思決定の領域でいえば，かつて応用研究の成果として紹介されたNPV法が，長い期間，わが

国の企業に利用されてこなかったという歴史的事実からも明らかである。他方で，NPV法は，近年になって，一部の日本企業で利用されるようになってきているが，その要因についても分析が進んでいる。このような理論研究が進展すれば，そこからNPV法の適切な実務適用に関する処方も体系化できるはずである。

また，回収期間法は，DPP法やPPP法など多様なバリエーションがあるものの，総じて長期間にわたり，わが国の企業に利用され続けている。その要因についても分析を進める必要がある。この点についての理論研究が進展すれば，回収期間法の適切な利用の仕方についても提示できることになる。あるいは，長年，理論と実務のギャップについて指摘されてきたが，実は日本企業は独自の適切な処方をすでに見出しているということもありえよう。上總（2003a, 2003b）で提示されたDPP法は，まさに日本独自の適切な処方の1つとして検討する価値がある。

このように，応用研究の成果は，わが国の会計実務を踏まえた調査研究・理論研究と連携しながら展開されていくことが望まれる。そのためにも，まずは，わが国の多様で柔軟な投資意思決定の会計実務に関する調査研究・理論研究をよりいっそう進展させていく必要があろう。その結果として，これまでの応用研究の成果が，より多くの企業により適切な形で実務適用される可能性も広がり，また場合によっては，わが国独自の応用研究の成果が得られる可能性も広がるものと思われる。

●注
1 なお，論文の検索にはCiNii（NII学術情報ナビゲータ）を活用した。検索ワードとして，「資本予算」，「投資決定」，「投資意思決定」，「設備投資」，「経済性」，「回収期間」，「正味現在価値」，「内部利益率（内部収益率）」を入力して検索結果を得たうえで，検索された論文の中から，筆者が管理会計領域の論文と考えられるものを判断したうえでカウントした。また，論文とは思われないもの（書評や1頁程度の解説等）は除外している。
2 リアル・オプションおよびモンテカルロDCF法の具体的内容については，紙幅の都合もあり本章では言及しない。詳しくは，Mun（2002），小林（2003），今井（2004）などを参照されたい。
3 フィードフォワード，フィードバックの利点と欠点，両者の相互補完に関する一般的整理については，丸田（2005: 11-14）を参照されたい。

【参考文献】

Anthony, R. N. (1965) *Planning and Control Systems: A Framework for Analysis*, Harvard University Press（高橋吉之助訳（1968）『経営管理システムの基礎』ダイヤモンド社）.

Beyer, R. (1963) *Profitability Accounting for Planning and Control*, The Ronald Press Company.

Gordon, L. A. and G. E. Pinches (1984) *Improving Capital Budgeting : A Decision Support System Approach*, Reading, MA: Addition-Wesley.

―――, M. P. Loeb, and C. Y. Tseng (2006) "Capital budgeting and informational impediments : a management accounting perspective," in A. Bhimani, ed., *Contemporary Issues in Management Accounting*, Oxford University Press : 146-165.

Haka, S. F. (2007) "A Review of the Literature on Capital Budgeting and Investment Appraisal : Past, Present, and Future Musings," in C. S. Chapman, A. G. Hopwood and M. D. Shields, ed., *Handbooks of Management Accounting Research*, Elsevier : 697-728.

Haynes, W. W. and M. B. Solomon Jr. (1962) "A Misplaced Emphasis in Capital Budgeting," *The Quarterly Review of Economics and Business*, Vol. 2, No. 1 : 39-46.

King, P. (1975) "Is the Emphasis of Capital Budgeting Theory Misplaced ?," *Journal of Business Finance and Accounting*, Vol. 2, No. 1 : 69-82.

Larcker, D. F. (1981) "The Perceived Importance of Selected Information Characteristics for Strategic Capital Budgeting Decisions," *The Accounting Review*, Vol. 56, No. 3 : 519-538.

Miles. R. E. and C. C. Snow (1978) *Organizational Strategy, Structure and Process*, Mc-Grow-Hill（土屋盛章・中野崇・中野工訳（1983）『戦略的経営―戦略選択の実践シナリオ』ダイヤモンド社）.

Mun, J. (2002) *Real Options Analysis*, John Wiley & Sons Inc（川口有一郎監訳（2003）『実践 リアルオプションのすべて』ダイヤモンド社）.

Northcott, D. (1998) *Capital Investment Decision-Making*, Thomson（上總康行監訳（2010）『戦略的投資決定と管理会計』中央経済社）.

――― and F. Alkaraan (2007) "Strategic investment appraisal," in T. Hopper, R. Scapens and D. Northcott, ed., *Issues in management accounting*, Prentice Hall : 199-221.

Rappaport, A. (1965) "The Discounted Payback Period," *Management Services*, (Jul.-Aug) : 30-36.

井上信一（1984）「設備投資の経済性計算の方法」『香川大学経済論叢』第56巻第4号：61-81。

今井潤一（2004）『リアル・オプション』中央経済社。

太田純・上總康行（2012）「三井住友銀行のプロジェクトファイナンスと投資経済計算・収益性指数法の事例研究」『企業会計』第64巻第8号：1166-1176。

尾畑裕（2011）「設備投資の収益性分析」浅田孝幸・伊藤嘉博編『戦略管理会計』中央経済社：235-266。

上總康行（2003a）「資本コストを考慮した回収期間法―割引期間法と割増回収期間法―」『管理会計学』第12巻第1号：41-52。

――― (2003b)「借入金利子を考慮した割増回収期間法―回収期間法の再検討―」『原価

計算研究』第27巻第2号：1-11。
─────・浅田拓史（2007）「村田製作所のマトリックス経営と管理会計―正味投資利益計算と割引回収期間法」『企業会計』第59巻第1号：150-159。
─────（2010）「機会損失の創出と管理会計―京セラとキヤノン電子の事例研究から」『企業会計』第52巻第3号：324-333。
加登豊（1985a）「資本予算とDSS」『企業会計』第37巻第9号：1232-1239。
─────（1985b）「資本予算意思決定支援システムの意義」『産業経理』第45巻第3号：135-144。
─────（1987）「わが国企業における管理会計実務(1)(2)」『産業経理』第46巻第3号：119-125，第46巻第4号：118-124。
香取徹（2011）『資本予算の管理会計 DCF法の生成と発展』中央経済社。
北尾信夫（2009）「わが国企業の回収期間法選好に関する比較制度分析」『メルコ管理会計研究』第2号：13-21。
─────（2013a）「わが国企業の投資意思決定におけるステークホルダーの影響」『原価計算研究』第37巻第2号：46-54。
─────（2013b）「わが国企業の投資意思決定におけるオプション価値評価行動」『管理会計学』第21巻第2号：61-75。
北林孝顕・藤原靖也・福嶋誠宣・新井康平（2013）「管理会計研究のエビデンスを統合する：メタ分析の可能性」『原価計算研究』第37巻第1号：107-116。
河野豊弘（1964）「設備投資の成長効果と経済計算」『産業経理』第24巻第7号：74-81。
國部克彦（2000）「環境調和型製品開発のためのマネジメント手法の統合：コスト情報と意思決定の関連性を求めて」『原価計算研究』第24巻第1号：1-10。
小林啓孝（2003）『デリバティブとリアル・オプション』中央経済社。
櫻井通晴（1991）『企業環境の変化と管理会計―CIM構築』同文舘出版。
─────（1992）「わが国原価管理の実態」『産業経理』第52巻第3号：2-14。
─────（2006）『ソフトウエア管理会計―IT戦略マネジメントの構築（第2版）』白桃書房。
─────（2012）『管理会計（第5版）』同文舘出版。
篠田朝也（2008）「わが国企業の資本予算評価技法の利用実態：時間価値重視の評価技法へのシフトと技法併用の状況」『原価計算研究』第32巻第2号：24-35。
─────（2010）「わが国企業の投資経済性評価の多様性と柔軟性」『原価計算研究』第34巻第2号：90-102。
─────（2011）「日本企業における資本予算実務：上場企業を対象とした調査データの報告」『経済学研究』第61巻第1・2号：61-84。
─────（2014a）「洗練された資本予算実務と企業業績の関連性」『管理会計学』第22巻第1号：69-84。
─────（2014b）「予測期間を限定した正味現在価値法―割引回収期間法との同質性―」『産業経理』第74巻第2号：117-129。
柴田典男・熊田靖久（1988）「わが国企業の予算管理制度(1)(2)」『企業会計』第40巻第4号：81-89，第40巻第6号：80-87。
清水信匡（2004）「日本における設備投資予算研究の現状と課題」『桃山学院大学総合研究所紀要』第29巻第3号：5-21。
─────・加登豊・坂口順也・河合隆治（2007）「設備投資マネジメントの実態調査(1)(2)(3)

⑷」『企業会計』第59巻第8号：1177-1183，第59巻第9号：1290-1297，第59巻第10号：1464-1471。
─────・─────・─────坂口順也・河合隆治（2008）「マネジメント・プロセスとしての設備投資の実態分析：質問票調査からの発見事項」『原価計算研究』第32巻第2号：1-14。
─────・─────・─────梶原武久・坂口順也（2010）「資本予算」加登豊・松尾貴巳・梶原武久編『管理会計のフロンティア』中央経済社：153-172。
─────・田村晶子（2010）「日本企業における設備投資マネジメント⑴⑵⑶⑷」『企業会計』第62巻第8号：1185-1191，第62巻第9号：117-125，第62巻第10号：1487-1495，第62巻第11号：1641-1649。
─────（2012）「事業環境・事業戦略と経済性評価技法との整合性：経済性評価技法多様性の説明理論構築に向けて」『原価計算研究』第36巻第1号：68-83。
杉山善浩（2002）『投資効率を高める資本予算』中央経済社。
津曲直躬・松本譲治（1972）『わが国の企業予算─実態調査と今後の課題』日本生産性本部。
鳥邊晋司（1997）『企業の投資行動理論』中央経済社。
日本大学商学部会計研究所（1996）「原価計算実践の総合的データベースの構築」『会計学研究』第8号。
堀井悟志・上總康行（2008）「新日本製鐵株式会社における設備投資管理─割引回収期間法に基づく投資経済計算」『企業会計』第60巻第2号：281-288。
山根里香・小倉昇・國部克彦（2013）「マネジメント・プロセスの側面からみた環境配慮型設備投資の現状と課題」『原価計算研究』第37巻第2号：33-45。
山本昌弘（1998）『戦略的投資決定の経営学』文眞堂。
─────（2010）「日本企業におけるリアルオプション指向」千田亮吉・山本昌弘・塚原康博編『行動経済学の理論と実証』勁草書房：103-129。
吉川武男（1979）「昭和53年度原価計算実態調査」『経営実務』第306号：5-33。
─────（1994）「日英における予算管理システムの実態調査」『企業会計』第46巻第12号：51-56。
吉田栄介・福島一矩・妹尾剛好（2009）「日本企業の管理会計実態⑶─実態調査研究の文献サーベイを中心として─」『三田商学研究』第52巻第1号：25-35。
─────・─────・─────（2012）『日本的管理会計の探究』中央経済社。
丸田起大（2005）『フィードフォワード・コントロールと管理会計』同文舘出版。
宮下藤太郎・諸井勝之助・大沢豊・岡本康雄（1962）「市場競争と企業の行動─我が国企業における経営意思決定の実態⑶」『東京経済研究センター リプリントシリーズno.14』東京経済研究センター。

第2章

戦略概念を取り入れた管理会計の進展
——戦略と管理会計の相互構成関係へ——

1　はじめに

　本章の目的は，戦略という視点を導入することで管理会計研究は企業経営のどの部分を明らかにしようとしてきたのかについて先行研究のレビューを行うことである。また，この整理により，戦略と管理会計を合わせて考察する意義を見出し，管理会計研究が戦略マネジメント分野へのインパクトを与えるための指針を示すことも目的とする。

　管理会計と戦略との関係を意識した研究が盛んになってきたのは，Johnson and Kaplan (1987) のレレバンス・ロストが発刊された時期と前後する頃からだろう。戦略の概念を取り入れた管理会計研究は，さまざまなアプローチで取り組まれてきた。戦略的な情報利用の研究である初期の戦略管理会計論，特定の戦略と管理会計技法と業績との関係を明らかにしようとするコンティンジェンシー理論に基づいた研究 (Langfield-Smith, 1997を参照)，諸個人の行動に焦点を当て戦略が実行されていくプロセスに注目した研究 (Chenhall, 2005を参照) 等がそれぞれ発展しながら続けられてきている。

　そこで本章では，まず戦略概念を取り入れた管理会計研究の大きな潮流を概観し，戦略という視点がどのように扱われてきたのか整理する。そのうえで，近年登場してきた，管理会計が戦略に与える影響を扱う研究のレビューを行い，戦略マネジメントに関する管理会計研究の今後の指針を示したい。まず，次節

では管理会計研究に戦略がどのように取り入れられてきたのかについて簡単に振り返る。続く第3節では，管理会計から戦略に与える影響についての研究のレビューを行い，第4節でまとめと今後の研究の方向性を考察する。

2 戦略の視点と管理会計研究の変化

2.1 戦略の視点——合理的策定プロセスと限定合理性への対応——

　組織において，戦略はどのように生まれ，実現されていくのだろうか。その中でどのような技法が活用され，意思決定に影響を与え，誰によって形成されるのか。企業の戦略策定および実行は合理的なプロセスに基づいて実施されるはずである。戦略策定→実行という合理的なプロセスにおいては，戦略は外部環境と組織の能力との関係性の中で決まると考えられている（たとえばPorter, 1980; Barney, 1991）。したがって管理会計の研究においても，戦略を取り込む際には，いかに戦略策定に有用な情報を提供できるかという視点から，外部環境や組織能力を会計システムに取り込む方法が探究されてきた。また，策定された戦略の実行を担保する管理会計技法の研究も盛んに行われてきた。戦略策定と実行が合理的なプロセスをたどるという前提のもとでは，管理会計は有効なツールとして研究され，効力を発揮できるものと見なされていた。

　一方で諸個人は限定合理性と呼ばれる認知的限界を持っているため，複雑な経済環境のなかで将来を正確には予測できず，策定した戦略どおりに物事が進まない。ゆえに，最初から成功が約束された完璧な戦略立案はできそうにもない。Mintzberg（1987）はこれを考慮して「実現された戦略は発展していく状況に応じて現れる，または，実行と連続した形成プロセスによって，意図してもたらされる」(Mintzberg, 1987: 69) と述べた。これは，事後的に見ると当初は計画になかったような戦略的な決定や行動が多々あることに注目した見方である。一度合理的に戦略が策定されたとしても，想定外の事象に対応し，戦略が修正される，あるいは新しく作られることを前提としている。そのような前提に立つと，重要になってくるのは変化への対応や，最新の戦略情報の収集であろう。管理会計の研究でも，近年この想定のもと，戦略の創発やイノベー

ションを促進する仕組みや利用の仕方が探究されている[1]。

以上のように，管理会計の研究においても戦略の視点には，合理的なプロセスに基づいた戦略と，限定合理性にいかに対処し戦略を成功させるかという2つの側面がある。次の項では，それぞれの側面をさらに分類し，戦略管理会計の大まかな流れを示す。

2.2 戦略管理会計研究の焦点の変化

戦略概念を取り込んだ管理会計研究の焦点は以下のように拡大してきた。1980年頃から①戦略策定有用情報提供，②コンティンジェンシー・アプローチ，③戦略展開のための仕組みの研究が，戦略と管理会計を積極的に結びつける研究として現れてきた。これらは合理的なプロセスを前提とした戦略観に基づく研究群である。また2000年前後から，限定合理性を前提に戦略そのものより，戦略が実施されるプロセスに注目した研究が現れてくる。以下ではもう少し詳細にこの流れを説明する。

2.2.1 戦略の展開と管理会計

そもそも戦略と管理会計を合理的なプロセスの中で捉える枠組みとしては，Anthony（1965）のモデルが挙げられる。Anthony（1965）は，戦略的計画設定，総合管理，現業統制という経営管理のフレームワークを提起した。上總（1989）は，このフレームワークに対応する形で管理会計システムの体系を整理している。たとえば，戦略的計画設定では長期利益目標と中期計画，総合管理では予算，現業統制では原価管理などが扱われてきた。しかし1980年代，米国企業のシステマティックな経営に陰りが見えたことを受けて，Johnson and Kaplan（1987）は，以下のように述べた。

> 技術が急速に変化し，グローバルあるいはドメスティックな競争が激しく，情報処理能力が急速に発展した今，管理会計システムは有用で，適時的な情報をプロセス・コントロールや製品原価計算，管理者の業績評価に対して提供できていない。
> （Johnson and Kaplan, 1987: xix）

Johnson and Kaplanの問題提起に応えるかのように，1980年代から，戦略に有用な情報を提供しようと企業外部の競合他社分析や，顧客満足度などを取

り入れることを目指した戦略管理会計論が提唱されてきた（Langfield-Smith, 2008を参照）。それをさらに発展させる形でShank and Govindarajan（1993）は，Porter（1980）の産業組織論に基づく戦略論を参考に，価値連鎖分析，戦略的ポジショニング，戦略的コスト分析の3つの手法からなる戦略的コストマネジメント論を展開した。またKaplan and Norton（1996）は非財務情報と財務情報を統合的に用いるための技法としてバランスト・スコアカード（BSC）を提唱した。BSCは，その後，戦略マップという戦略のプロセスを可視化するツールが追加され（Kaplan and Norton, 2004），戦略展開や戦略の組織内への周知といったコミュニケーション・ツールとしての側面が強調され研究が進められている。しかし，Langfield-Smith（2008）によれば，戦略と管理会計を積極的に結びつけようとしてきた戦略管理会計技法の適用は少ない。またNixon and Burns（2012）も戦略管理会計研究と実務とのギャップについて言及しており，研究の余地は残されているといえる。

2.2.2 戦略と管理会計の組合せの最適解

戦略と管理会計の関係を分析する研究のもう1つの流れとして，特定の戦略のもとでどのような管理会計やマネジメント・コントロール・システム（MCS）が有効であるのかを解明しようとするコンティンジェンシー・アプローチによる研究が1980年代，90年代に盛んに行われた。Langfield-Smith（1997）やChenhall（2005）はMCSと戦略の関係の研究に関する包括的なレビューを行っている。Langfield-Smith（1997）は，戦略を戦略的ポジショニング，戦略類型，戦略的ミッションという3つの軸で分類し，それまでの実証的コンティンジェンシー・アプローチの研究とケーススタディの研究との成果がどの部分のことであるかを当てはめている。そのうえでコンティンジェンシー・アプローチには限界があると指摘している。その指摘の1つめは，多くの研究は「広範なパースペクティブや手法が用いられている」がために「そのリサーチ・デザインのある側面によって利用可能な事実の統合が阻害される」ということである（Langfield-Smith, 1997: 225）。2つめは，「多くの研究において，コントロールの存在とコントロールの使用という重要な区別が認知されていない」ということである。3つめには，戦略の運用における弱点があると述べている。戦略

を運用する際に，戦略にはさまざまな側面があるが，「ほとんどの研究は多側面の存在を認識していない」という問題や，「特定の戦略類型を使うことで潜在的に堂々巡りなリサーチ・デザインという結果になってしまう」こと，「意図された戦略と認識された戦略が区別されていない」こと，「いくつかの調査法は戦略の相対的な本質を認識していない」こと，最後に「戦略は継続的な発展プロセスであるという認識を欠いている」ということが挙げられている（Langfeild-Smith, 1997: 227）。

2.2.3 戦略をプロセスとして捉える研究

Chenhall（2005）は戦略の内容に焦点を合わせた戦略コンテンツ・アプローチと戦略が形成され実行されるプロセスに注目する戦略プロセス・アプローチの二分類でレビューを行っている。戦略内容アプローチによると，戦略は，戦略策定，戦略分析，そして戦略実行という論理的で直線的なプロセスをたどるとされ，理想的な戦略や戦略の最適な組合せを提示するとし，「最適な組織業績へと導く戦略とは何か，あるいは何であるべきか，といった戦略の内容を明らかにすることを意図している」（Chenhall, 2005: 11）と述べている。また「戦略の内容は，組織が競争できる効果的なポジショニングを提示したり，その組織の環境内にある資源への効果的なアクセスを提示すること」とされている。このアプローチの研究例としては，「戦略の策定，実行の諸方法が適切かをある一定時点で判断するものもあれば，戦略の変化を管理する理想的な方法を経時的に明らかにすること」（Chenhall, 2005: 17）などが挙げられている。一方，戦略プロセス・アプローチは「戦略的ポジション，資源，および成果の間の動的な関係とは何か」あるいは，「戦略はどのように形成されるのか，もしくは形成されるべきなのか」，「戦略プロセスに関与しているのは誰であり，個性の違いはどのように影響を与えるのか」，「戦略の変化を引き起こすものは何であり，そのプロセスに関係しているものは何か」，「望ましい戦略が識別されている場合，どのようなプロセスが生じてその戦略に悪影響を及ぼしてしまうのか」といった疑問を取り扱うものだとしている（Chenhall, 2005: 16）。言い換えると，戦略プロセス・アプローチは，「諸個人が戦略的課題に関する意思決定をどのように行うかに注目する」（Chenhall, 2005: 31）アプローチであ

る。そこでのMCSは,「組織において戦略がどのように展開されたかを理解し,実現された戦略と意図された戦略をどのように比較するかという問題の検討に役立つ」(Chenhall, 2005: 32) とされている。つまり戦略プロセス・アプローチというのは,戦略が管理会計を通して,誰によって,どのように実行されているのかという点に注目し,戦略の実現や創発といった漸進的な変化のプロセスの中での管理会計の役割やメカニズムを明らかにする研究だといえる。ここでは,「諸個人には限定合理性と呼ばれる認知的限界がある」(Chenhall, 2005: 31) という前提に立つため,やや乱暴にいってしまえば同じ戦略,同じシステムを採用していたとしても,関係している人の違いをはじめさまざまな影響のもとで違う結果が得られると考えるのである。

2.3 戦略と管理会計の研究焦点の変化と概念の変化

このように,戦略概念を取り込んだ管理会計研究においては,管理会計の仕組みそのものに注目し,どのように戦略を立てるべきなのか,戦略を成功させる管理会計の最適解は何か,戦略実行はどのような仕組みで行うのかといったことが探究されてきた。近年ではそれに加え,仕組みそのものよりも人に注目し,変化のプロセスを見ようとする研究も出てきた。プロセスに注目することで,管理会計変化と組織変化はどのように関係するのか[2],管理会計によってイノベーションが促進されるのか (Davila, 2005),管理会計によってどう環境変化に対応するのか (戦略目標管理システム,Beyond Budgeting,FF型予算など),人の行動に戦略志向を与えることができるのかなどを明らかにしようとしている。

また,戦略の捉え方も,戦略の中身そのものを問題とするコンテンツとしての戦略から,どのように戦略が生まれ実現されていくかを問題とする,プロセスとしての戦略へと変わってきたため,管理会計の位置づけも変わってきた。当初は,Anthonyのフレームワークを踏襲し,合理的に策定された戦略という長期の方向性と,それを実行するための短期の計画という関係のなかで管理会計が扱われてきた。すなわち,戦略策定のための管理会計と,戦略展開あるいは実行のための管理会計である。その後,プロセスに注目が集まるようになってから,戦略はある特定時点の方向性を表している事項ではなく,ある時点で

は組織に存在していないものを将来的に獲得するための取り組みとして捉えられるようになってきている。そこでは変化に対応するための管理会計や，イノベーションのための管理会計，あるいは両利き経営を促進する管理会計などが扱われるようになってきた。すなわち戦略形成のための管理会計である[3]。第1表は，以上の要点をまとめたものである。

第1表　戦略の捉え方と管理会計研究

研究分野	対応するアプローチおよび技法	戦略策定の前提	戦略と会計の接合概念
戦略策定のための管理会計	戦略的計画設定会計，ABC，投資決定など	合理的プロセス	長期短期
戦略展開のための管理会計	BSC，戦略的予算管理		
戦略と管理会計の組合せの最適解の探究	コンティンジェンシー・アプローチ (cf. Longfield Smith, 1997)		
戦略形成のための管理会計	制度設計へのアプローチ	限定合理性漸進的プロセス	環境変化
	成員の行動へのアプローチ		

　以上の流れからわかるように，研究者は管理会計と戦略とを合わせて戦略マネジメントのプロセスを見ようとしていることがわかる。Chapman（2008）は「戦略と会計を，現代組織における行為の2つの分離した側面・次元として理解するものではなく，根本的なところで戦略と会計は相互に構成し合っていると理解できるし，そう理解すべきである」（Chapman, 2008: 1）と述べている。合理的な戦略策定・実行プロセスを前提とし，戦略がいかに管理会計を規定するかという疑問に対しては多くの研究がなされてきた一方で，管理会計と戦略とが相互作用をしているという前提の研究はまだ多くない。そこで次節では管理会計と戦略との相互作用を前提とした，管理会計が戦略に与える影響についての研究を紹介する。

3　管理会計が戦略に与える影響についての研究

3.1　MCSは戦略変化・形成に影響を与えるか？

　ここまで述べてきたように，戦略→管理会計という展開のみならず，管理会

計やMCSが戦略に影響を与える，すなわち戦略変化や戦略形成を促進するという見方が現れている（Hopwood, 1987; Dent, 1990; Macintosh, 1994; Roberts, 1990; Chenhall and Euske, 2007; Abernethy and Brownell, 1999; Tuomela, 2005; Henri, 2006; Naranjo-Gil and Hartmann, 2007; Chenhall et al., 2011; Bisbe and Malague, 2012）。Hopwood（1987），Dent（1990）やMacintosh（1994）が理論的な示唆を与えた後に，多くの実証研究によってその理論的な示唆が支持されるようになってきた。

たとえば，Abernethy and Brownell（1999）は，戦略の策定と実行あるいはその変更においてMCSが学習のメカニズムとしていかに使われているかについて研究した。予算管理実践についてSimonsのインタラクティブ／診断型コントロールという分類を適用し，どのような利用スタイルが戦略変更のプロセスに影響を与えるのかを調査している。その結果として，予算管理のインタラクティブな利用が戦略変化による破壊的な業績効果を軽減させることができるということが示された。

また，Chenhall and Euske（2007）は，計画的な組織変化におけるMCSの役割への注目が高まっているとし，組織変化にMCSがどのような影響を与えているのかを調査した。既存の研究は合理的で技術的な方針の変更によって，もしくは，より社会的で政治的な解釈のどちらかによって変化を促進するMCSを説明しようとするものであった。彼らは，2つの似たような組織の研究の中で変化を促進するMCSへのアプローチを行動的アプローチに組み合わせることでこの課題を検討した。彼らは，組織変更を促進するMCSに関する先行研究を，規範的アプローチ（ABCやBSCなどの技術的な発展），文脈，社会問題アプローチ，歴史的外的文脈アプローチ，アカウンタビリティ，組織間，従業員管理に分けて捉えている。その中で近年の研究は変化を促進するMCSへ個々人がどのように反応するかに焦点を当てた行動的アプローチとMCSの技術的アプローチを統合することで，補完的な研究や調査の幅を広げようとするものだと位置付けた。それを拡張するために彼らはHuy（2001）のフレームワークに従い，計画された変化を，命令型（公式な構造），工学型（ワークプロセス），教育型（信頼），社会化型（社会的相互関係）に分けた。この研究によってMCSのライフサイクルが明らかになった。MCSは，その設計者によっ

て生み出され，その後使用者の利益を欠いている場合，システムは萎縮していくが要素的なフォームはまだ生き残る。最後にはリニューアルの段階に進む。MCSの進化はこのライフサイクルを通して起きると考えられる。MCSは変化のプラットフォームとして効果的に使われるとした。

　Henri（2006）は，リソース・ベースド・パースペクティブから，MCSの使用と組織的な能力の関係を調査した。リソース・ベースド・パースペクティブとは，企業の競争優位の源泉は企業のリソースにあるとする考え方で，そのリソースが稀少で模倣できず，置き換えが不可能であることが重要であるとされている。企業がリソースを使うプロセスは統合（integrate），再構成（reconfigure），増加（gain），公開（release）からなっており，マーケットに合わせる，もしくは新しいマーケットを生み出すとしている（Henri, 2006: 532）。このリソースの中でもイノベーション，組織学習，市場志向，アントレプレナーシップは競争優位をもたらし，市場に適合し，市場の変化を生み出す根本的なケイパビリティだと認識される（Henri, 2006: 532）。4つのケイパビリティに対するMCSの影響を調査している。特にMCSの診断的（diagnostic）利用とインタラクティブな利用と4つの能力（市場志向，アントレプレナーシップ，イノベーション，組織学習）との関係に焦点を当てた。この研究では3つの疑問が調査された。(1)診断的，インタラクティブなMCSの使用は，どの程度戦略を導く能力の創造や維持に貢献しているのか，(2)ダイナミックテンションを生み出すためにMCSをインタラクティブかつ診断的な使い方を組み合わせることは，どの程度戦略を導く能力の創造や維持に貢献しているのか，(3)MCSの利用は，どの程度組織の業績に貢献しているのか。結果は業績評価システム（PMS）のインタラクティブな利用が組織の注意を戦略的な優先事項に向けさせ，対話を刺激することで4つの能力を促進しているというものだった。この研究の限界としては，ケイパビリティを4つにしぼったこと，MCSを1種類しか考慮していないこと，主観的な手段で業績を評価しているし，財務的な側面しか反映していないこと，今回の方法論では，ケイパビリティと業績におけるテンションの効果について有利不利の区別ができないことが挙げられている。

　Naranjo-Gil and Hartmann（2007）は，戦略の変化について，トップ・マネ

ジメントの構成と管理会計システム（MAS）の特徴という2つの要因について探究した。特にトップ・マネジメント・チーム（TMT）の異種混合性が管理会計システムを通して直接的にも，間接的にも戦略の変化にどのように影響を与えているかを調査した。彼らは，スペインの103の公的病院での調査を行った。結果としては，プロスペクター（探索）戦略への変更に関してTMTの異種混合性は正の相関があったが防御型への変更では関係が見出せなかった。TMTの異種混合性はMASのインタラクティブな利用に正の相関がある。TMTの異種混合性とMASの広範なデザインには関係がなかった。MASはTMTに直接影響を受けたり，TMTメンバーの個別の特徴に関連したりはしていないと考えられる。プロスペクターポジションに組織が動いているときはMASの広範な利用が戦略の変化に正の相関をもっている。MASの広範性とインタラクティブな利用には正の相関があるというものだった。この研究の限界としては，1つの産業しか扱っていないこと，ミドルマネジメントやロワーマネジメントを考慮していないことなどが挙げられている。

　Chenhall et al.（2011）は，MCSとイノベーションと戦略との関係をアンケート調査で明らかにしようとした。この研究では，MCSをコントロールのパッケージと捉え，その構成要素はソーシャルネットワーキング，有機的なイノベーション文化，そして公式的なコントロールとしている。ロシアの企業の調査を利用し分析した結果，イノベーションと製品差別化との関係があることが確認された。また，製品差別化はMCSのそれぞれの側面に関係していた。有機的なイノベーション文化と公式的なコントロールはイノベーションに直接影響があったが，ソーシャルネットワーキングは有機的イノベーション文化を通してイノベーションに影響することが明らかとなった。

　Bisbe and Malague（2012）は，意図された戦略の（再）形成の過程から生じる戦略的課題と戦略的意思決定の配列の形成を通して，戦略的業績評価システム（SPMS）が組織業績にどのような影響を与えるのかを調査した。彼らはスペイン企業267社のアンケート調査とアーカイバルデータを組み合わせたデータを用い，SPMSと，組織業績との間に包括的な戦略的意思決定の配列を媒介とした正の関連性があることを発見した。この媒介は環境のダイナミズムのレベルによって調整され，戦略の（再）形成プロセスから生じる戦略的意思

決定の配列の包括性は，環境のダイナミズムが低いときには関連性をもち，環境ダイナミズムが高いときには関連性をもたないことも発見した。

これらの研究から，管理会計が戦略の形成になんらかの影響を与えるということは実証的におおむね支持されており，現在も影響を与える要素の探究は進められていることがわかる。次項以後では，より具体的な影響のプロセスに関する研究を紹介する。

3.2 管理会計を通した戦略変化のプロセス研究

前項では，管理会計が戦略形成に与える影響を明らかにしてきた研究群を紹介したが，ここではその与える影響の具体的なプロセスに関する研究を紹介する。このプロセスを明らかにするために，定性的な研究が徐々に蓄積されてきている。私見ではプロセスに注目したときに2通りの視点が存在している。1つめは，伝統的な合理的な戦略展開プロセスの存在を認めた上で制度設計の工夫によって限定合理性に対応する戦略形成プロセスとなっているのではないかという視点である。これらは，Simonsのコントロール・レバーのフレームワーク（Simons, 1990, 1994）を利用した研究（Kober et al., 2007; Marginson, 2002など）や予算管理への批判に対応する形で登場してきている脱予算論（Hope and Fraser, 2000, 2003）や戦略的予算管理の研究（Abernethy and Lillis, 1995; Gosselin, 1997; Perera et al., 1997; Hansen et al., 2003; 清水 2009），戦略目標管理システム（上總ほか, 2008; 篠原, 2009）などが挙げられる。2つめは，近年注目を集めている議論で，管理者や現場の従業員の行動に着目した研究である（Ahrens and Chapman, 2005; Mouritsen et al., 2009; Skærbæk and Tryggestad, 2010; Jørgensen and Messner, 2010など）。

3.2.1 制度設計が戦略変化に与える影響の研究

ここで，制度設計というのは，どのように使うのかという利用スタイルまで含めた概念である。管理会計を戦略マネジメントの技法と捉えた際に，Simonsが提示したような利用スタイルの探索，BSCやABBのように追加的な機能の工夫，あるいは一般的な想定の外の機能の発揮などの研究がここに分類される（Kober et al., 2007; Simons, 1990; Marginson, 2002; Mouritsen et al.,

2009; Skærbæk and Tryggestad, 2010)。

3.2.1.1 制度設計と利用スタイルに注目した研究

　Simons (1990) は, Miles and Snow (1978), Mintzberg (1973), Porter (1980) といった戦略論の研究を援用し, 戦略のプロセスモデルを提示している。経営戦略が戦略的不確実性を規定し, 戦略的不確実性がインタラクティブなMCSの選択を経営者に促し, それによって組織学習が起こり, そのなかで新たな戦略が生まれるとしている。Simons (1990) は同じ産業に属するコストリーダーシップ戦略を採る企業と差別化戦略を採る企業の2社を取り上げ分析した。この研究の結果, 構造化された公式のプロセスがインタラクティブに組織学習を促すとされ, その推進力は既存の戦略を開発するため, および戦略的不確実性を先読みするために生み出される。そして, 情報はインタラクティブなMCSの利用によって共有され翻訳される。このようなMCSを通した一連の流れのなかでアクション・プランが試され, 新しい戦略が現れるとしている。

　Marginson (2002) は情報通信産業の企業の調査を通してインタラクティブな管理者コントロール (administrative control) と業績評価制度の利用によって戦略的不確実性に気づくことができ, 創発プロセスの一部分である管理者の戦略的な活動に影響することを示した。その中で, 信条システムや価値システムが戦略変更のメカニズムとして使われたこと, 管理者コントロールは戦略実行を担保するために企業の各レベルで使われたこと, 重要業績指標 (KPI) の範囲は戦略プロセスの鍵となる領域で最低限の業績を確保するために使われたことなどを描いている。

　Kober et al. (2007) は, 公的医療機関の研究を通して, 戦略変化にMCSのメカニズムがどう影響を与えたのかを分析している。彼らは, Miles and Snowの戦略分類を援用し, 反応型から戦略なし, あるいは強いていうなら分析型へ, 分析型から探索型へという戦略変化のプロセスに, New Public Management (NPM) の変更とどのような相互関係があったかを長期的な分析から描いている。結果のモニタリングとコスト・コントロールのインタラクティブな利用が戦略の変更を促進していたことを示した。ビジネスや運営の問題におけるインタラクティブな会合の導入が階層を超えたコミュニケーション

や議論を促進し，またロワー・レベルの管理者は予算作成や変数のモニタリングにおいて上司と対話していた（Kober et al., 2007: 447）。

Mouritsen et al.（2009）は，アクターネットワーク理論を援用し，管理会計をアクターとして捉え，どのように戦略へ影響しているのかを3社の事例から研究した。そこでの結論は，管理会計の計算は革新活動を2つのタイプの翻訳によって企業に関連づけるということであった。それは「現実の，もしくは可能性のある業績変動を考慮してイノベーション活動を助長，もしくは減殺する短期的翻訳」と「イノベーションのための競争的文脈を発展させ，企業のイノベーション戦略と調達準備に影響を与える長期的翻訳である」（Mouritsen et al., 2009: 1）。そして「管理会計の計算が，イノベーションのための活動を記述し説明するというよりは，イノベーションのための活動を企業全体の関心へとつなげるということだ」（Mouritsen et al., 2009: 1-2）としている。

また同様にアクターネットワーク理論を適用したSkærbæk and Tryggestad（2010）は，ある企業の複雑な変化のプロセスにおいてどのように会計が戦略オプションと外部経済状況を形成するかを明らかにした。会計が専門家以外の関係者や当事者グループを動員することで，企業戦略を排除したり，防御したり，変化させるのだとした。

3.2.1.2　制度設計の全体像を扱う研究

技法研究としてHopeやFraserが主張した脱予算論がある（Hope and Fraser, 2003）。清水（2009）は，この脱予算論の本質は，「環境変化にタイムリーに対応する組織を作り上げることにある」とし，予算の廃止を主張しているわけではないとしている。このような目的のために予算管理のもつ弊害がやり玉に挙げられているのである。

実際多くの論者が予算管理の問題点を指摘している。Hansen et al.（2003）はそれらの批判の対象となっている予算管理実践上の問題点を3つに分類し検討した。その問題点の中でも，戦略との関係で捉えられているのは，予算管理が感応性を抑制ししばしば変化の障壁となること，ほとんど戦略的な焦点が当たっておらずしばしば矛盾していること，コスト削減に向いており価値の創造には向いていないこと，組織内で適用されている創発的なネットワーク構造を

反映していないこと，柔軟にアップデートされず普通年次でしかアップデートされないことなどである。

これらに対して，上總ほか（2008）や篠原（2009）は戦略と管理会計の有機的な連携によって環境への対応を図っている事例を考察している。中期計画のローリングを通して戦略内容の細かい変更と優先順位付けが行われ，それが目標管理制度と密に連携することによって戦略の組織展開を可能にしたうえで，組織内外の情報を定期的に計画に取り入れる仕組みを完備することで変化する状況に対応できるようにしていた。

以上のような研究は，制度設計の工夫に注目することで戦略と管理会計との相互関係を再考し，今まであまり考えられていなかった戦略をプロセスとして捉え，その形成に管理会計技法がいかに働いているかという問題意識をもった研究群だといえる[4]。

3.2.2 組織成員の行動を介して導かれる戦略変化・形成の研究

一方で，会計の技法そのものよりも，組織成員がシステムの中でどのように反応して戦略を形成していくかというプロセスに注目した研究が登場してきた（Ahrens and Chapman, 2005; Tuomela, 2005; Jørgensen and Messner, 2010; Adler and Chen, 2011; 李, 2011）。これらの研究は，戦略が形成されるプロセスに注目するときに，会計システムを組織成員がどのように受け入れ，戦略との折り合いを付けながら未来志向的な行動と現業とのバランスを取っているかということに注目している。この発想は，Mintzbergらが採用する，人間の限定合理性という概念に従い，組織内で活動する人々はさまざまな制限のもと限定合理的に意思決定を行っており，たとえ制度的に支持されていたとしても，必ずしもそのままの行動をとるとは限らないという前提に基づいている。すなわち，管理会計制度，戦略，そして個人の認識との間で対立あるいはズレが生じているはずで，それを解明することで管理会計と戦略との相互関係の理解を深めようとする研究であるといえる。

たとえば，Ahrens and Chapman（2005）は，どのようにして現場の管理者の努力が本社の計画の継続的な追求のために利用されるのかについて，Schatzki（2001）の実践理論を適用し現場レベルの活動に注目することで解明

しようとした。取り上げられたレストラン・チェーンのケースでは，成長戦略の目標を達成するためにマーケティング担当役員が当初は差別化されていなかったブランド概念を構築しようと模索するプロセスが描かれた。マーケティング担当役員は，各レストランの管理者1人ひとりの努力が，本社の方針に合致し，1つひとつの戦略目標の達成に貢献するようにしようとした（Ahrens and Chapman 2005: 160）。このようなプロセスから認識されたことは，戦略の形成にあたって，本社スタッフ，各運営階層のさまざまな管理者たちが，多様な事実や願望に反復的な行動を結びつけようとする努力のなかで業績情報の利用の仕方だと主張されている。戦略化のプロセスは，経営情報の助けを得ながら，顧客に望んでほしいと会社の側から望むものをそれぞれが探求し，その望みに応じて実行プロセスを開発するものとなっていたとしている。

　Tuomela（2005）は，FinABB（ABBグループのフィンランド事業部／業種：インフラメーカー）において業績評価チームとして制度設計者の行動の視点からMCSと戦略の相互作用を考察した。このリサーチ・サイトでは，戦略に関する文章を読めば明確な因果関係を展開することは可能だが，戦略それ自体を正確に定義することは難しい状態であったとされている。調査の結果，業績評価チーム会議は，初期には戦略の背後にある想定を説明したり，仮説を立てたりすることを可能にするために，より特定された内容を与えるという点で重要な役割を果たした。また業績評価システムは，たとえば潜在的な因果関係を学習したり，異なる尺度の相対的な重要性を学習したりするのに使われていた。つまり，ボーナスや罰則とは結びつけずに，議論の種となるような使われ方をしていた。また，新しい非財務指標の導入は激しい抵抗にあうこともみられた。このような制度を背景に，対話を通じて戦略と目標を正しいものに調整していったことが示されている。彼らは，評価チームと経営グループとともに個別のプロフィットセンターにおける結果を話し合った。あるタイミングで特定の評価軸に注目し，報告資料に因果関係といえるものを挿入するようにした。3Kスコアカードのインタラクティブな利用は，背景にある目標と戦略を継続的に問うための討論の場を与え（Tuomela, 2005: 310），新しい業績評価制度によって全社レベルでもプロフィットセンター・レベルでも戦略的不確実性に関する継続的な議論が促進されたことを描いている。

Jørgensen and Messener（2010）は実践理論を適用し，プロセス的な理解が新製品開発（NPD）の戦略化における会計の役割を理解するのに有用な概念を提供していると述べている（Jørgensen and Messener, 2010: 19-20）。各事業部の戦略の理解に注目すると，各事業部はそれぞれにさまざまな戦略目標を持っており，特定の戦略に焦点を当ててはいなかった。モジュール性に関する戦略目標の多様性の結果，NPDの解釈と実践によれば考慮すべき行動の自由が存在していたことが明らかになった。そして，会計数値に対する強い依存はみられず，そのコントロールは水平的な情報共有を形成しており，それは戦略目標と利益を出す必要性に関する一般的な認識によって導かれていた。会計情報は事業部の組織的実践に「間接的な影響」を及ぼしていることが示されたとしている。

　Adler and Chen（2011）は「高い不確実性の中では，MCSがパフォーマンスの向上に寄与している」という研究結果と，「MCSは効果的な業績のために必要な内発的動機を損なうリスクをはらんでいる」という研究結果との矛盾から，個人のモチベーションに焦点を当て社会心理学を援用して考察した（Adler and Chen, 2011: 63-64）。彼らは，認知された因果律（perceived locus of causality）と自己解釈の理論から15個の命題にまとめて，それを大規模な共創活動（個人の創造性と他者との協業的活動を調整する管理との二項対立状態を持つ組織的な創造活動）に注目して分析した。大規模な共創活動においては，内発的な動機も特定された動機も，独立した自己解釈も相互依存した自己解釈も包括的に活性化する必要があることがわかった。また，このような包括は不可能に見えるが適正な誘引・選択・削減（attraction-selection-attrition）政策とMCSのデザインを通して促進できるとした。

　李（2011）は，Adler & Borys（1996）の強権的（coercive）コントロールと授権的（enabling）コントロールの概念を用い，管理会計が能動的に戦略を形成する事例の分析を行った。この研究では，管理会社が，外部環境に変化が生じたときに，それを組織成員に意識させ，戦略的活動を引き起こす文脈として作用し，また，戦略の具体的展開のための枠組みを提供していたことを明らかにしている。

　これらは，会計の機能についてをその技法そのもののみならず，組織構成員

の行動というマイクロ・プロセスまで視野を広げて具体的にどのように使われているのかを明らかにしようとした研究である。やや複雑ではあるが，会計技法と戦略，そして組織構成員の行動の3つの関係を描き出そうと試みている。

4　おわりに

　本章では戦略概念を取り入れた管理会計研究の潮流を概観したうえで，管理会計が戦略に与える影響についての研究のレビューを行った。当初は戦略と管理会計との関係は，戦略策定→戦略実行という合理的プロセスとして捉えられた戦略観に従い，戦略策定のための管理会計，戦略実行のための管理会計ともいえる領域が研究されてきた。近年では，限定合理性による戦略の不完全性や，環境変化への対応を前提にし，管理会計と戦略とが相互構成的に機能して，戦略が形成され実現されていくプロセスの研究が行われるようになってきた。戦略の形成に対して管理会計が影響を与えるという点で，戦略論や戦略マネジメント領域へ与えるインパクトは大きいと考えられる。しかし，マイクロ・プロセスに注目するという研究の性質上，どうしても細かい話になってしまい，組織の一部分の分析で終わってしまう危険性もはらんでいる。管理会計実践のマイクロ・プロセスが本来の戦略がもっていた全社的な方向性や，資源配分の大方針としての機能に対して与える影響まで含めて考察していく必要性があるのではないだろうか。

　また，本章では扱いきれていないが，コンティンジェンシー・アプローチで研究されてきた戦略概念と管理会計技法との最適関係についても継続的に研究していく必要があるだろう。それも戦略論の伝統的な戦略分類との関係ではなく，Nixon and Burns（2012）が問題意識として挙げたように，今現在企業が現実に直面している戦略上の課題に対して管理会計はどのような手助けをできるのかを研究すべきである。たとえばグローバル化というテーマでも，グローバル展開の手順の問題や，グローバル企業のローカライズ問題，ボトム・オブ・ピラミッドの問題などトピックは多い。また，ベンチャー・ビジネスのように既存の環境を劇的に変えようとする企業において，管理会計がどのような役割を果たすのかという点も，管理会計と戦略の相互構成的視点が重要となる

だろう。

　最後になるが，本章では大きな潮流を示すことが目的であった点と紙幅の都合上，戦略と管理会計の関係を扱った研究という広大な領域のごく一部しか扱えていない。たとえば，それぞれの戦略トピックごとに領域を絞ったうえで，網羅的に詳細なレビューが必要となるだろうが，これも今後の研究で取り組むべき課題として挙げておきたい。

●注
1　Davila（2005）はこの部分をイノベーションとして扱い，イノベーションのためのMCS研究をレビューしている。
2　管理会計変化研究に関しては本書の第10章で扱っている。参照されたい。
3　Strategizingやstrategy as practiceなどと同じで，戦略は企業の実践のなかで徐々に形作られていくという発想である。
4　また，戦略と予算などの業績評価制度の関連性に注目した研究も行われており，これらの研究との接続も検討する必要があるだろう（Abernethy and Lillis, 1995; Gosselin, 1997; Perera et al., 1997ほか）。

【参考文献】
Abernethy, M. A. and Brownell, P.（1999）"The Role of Budgets in Organizations Facing Strategic Change: An Exploratory Study," *Accounting, Organizations and Society* 24(3) : 189-204.
Abernethy, M. A. and Lillis, A. M.（1995）"The impact of manufacturing flexibility on management control system design," *Accounting, Organizations and Society* 20(4) : 241-258.
Adler, P. S., and Chen, C. X.（2011）"Combining creativity and control: Understanding individual motivation in large-scale collaborative creativity," *Accounting, Organizations and Society* 36(2) : 63-85.
Ahrens, T. and Chapman, C. S.（2005）"Management control systems and the crafting of strategy: a practice-based view," in Chapman, C. S. ed., *Controlling Strategy : Management, Accounting, and Performance Measurement*, Oxford University Press（澤邉紀生・堀井悟志監訳（2008）『戦略をコントロールする』中央経済社）.
Anthony, R. N.（1965）*Planning and Control Systems : A Framework for Analysis*, Boston Division of Research, Graduate School of Business Administration, Harvard University（高橋吉之助訳（1968）『経営管理システムの基礎』ダイヤモンド社）.
Barney J. B.（1991）"Firm Resources and Sustained Competitive Advantage," *Journal of Management* 17(1) : 99-120.
Bisbe, J. and Malague, R.（2012）"Using strategic performance measurement systems for

strategy formulation : Does it work in dynamic environments?," *Management Accounting Research* 23 : 296-311.
Chapman, C. S.（2008）（澤邉紀生・堀井悟志監訳『戦略をコントロールする』中央経済社）.
Chenhall. R. H.（2005）"Content and Process Approaches to Studying Strategy and Management Control Systems," in Chapman, C. S. ed., *Controlling Strategy : Management, Accounting, and Performance Measurement*, Oxford University Press（澤邉紀生・堀井悟志監訳（2008）『戦略をコントロールする』中央経済社）.
Chenhall, R. and Euske, K.（2007）"The role of management control systems in planned organizational change : An analysis of two organizations," *Accounting, Organizations and Society* 32（7-8）: 601-637.
────, Kallunki, J. P. and Silvola, H.（2011）"Exploring the Relationships between Strategy, Innovation, and Management Control Systems: The Roles of Social Networking, Organic Innovative Culture, and Formal Controls," *Journal of Management Accounting Research* 23（December）: 99-128.
Davila, T.（2005）"The promise of management control systems for innovation and strategic change," In Chapman, C. S. ed., *Controlling Strategy : Management, Accounting, and Performance Measurement*, Oxford University Press（澤邉紀生・堀井悟志監訳（2008）『戦略をコントロールする』中央経済社）.
Dent, J. F.（1990）"Strategy, organization and control: some possibilities for accounting research," *Accounting, Organizations and Society* 15(1), 3-25.
Gosselin, M.（1997）"The effect of strategy and organizational structure on the adoption and implementation of activity-based costing," *Accounting, Organizations and Society* 22(2): 105-122.
Hansen, S. C., Otley, D. T. and Van der Stede, W. A.（2003）"Practice Developments in Budgeting: An Overview and Research Perspective," *Journal of Management Accounting Research* 15(1): 95-116.
Henri, J.（2006）"Management control systems and strategy: A resource-based perspective," *Accounting, Organizations and Society* 31(6): 529-558.
Hope, J. and R. Fraser.（2000）"Beyond budgeting," Strategic finance, 82(4): 30-35.
──── and ────. 2003. *Beyond budgeting: how managers can break free from the annual performance trap*. Boston, MA : Harvard Business School Press（清水孝監訳（2003）『脱予算経営』生産性出版）.
Hopwood, A. G.（1987）"The archeology of accounting systems," *Accounting, Organizations and Society*, 12(3): 207-234.
Huy, Q. N.（2001）"Time, Temporal, Capability and Planned Change," *The Academy of Management Review* 26(4): 601-623.
Johnson, H. T. and Kaplan, R S.（1987）*Relevance Lost: The Rise and Fall of Management Accounting*, Boston: Harverd Buisiness Press.
Jørgensen, B. and Messner, M.（2010）"Accounting and strategising: A case study from new product development," *Accounting, Organizations and Society* 35(2): 184-204.
Kaplan. R and D. Norton（1996）*The Balanced Scorecard: Translating Strategy into Action*, Harvard Business School Press（吉川武男訳（1997）『バランススコアカード【新しい

経営指標による企業変革】』生産性出版).
―――― (2004) *Strategy Maps*, Harvard Business School Press (櫻井通晴監訳 (2005)『戦略マップ』ランダムハウス講談社).
Kober, R., Ng, J. and Paul, B. (2007) "The interrelationship between management control mechanisms and strategy," *Management Accounting Research* 18(4) : 425-452.
Langfield-Smith, K. (1997) "Management control systems and strategy: a critical review," *Accounting, Organizations and Society* 22(2) : 207-232.
―――― (2008) "Strategic management accounting: how far have we come in 25 years?," *Accounting, Auditing and Accountability Journal* 21(2) : 204-228.
Macintosh, N. B. (1994) *Management accounting and control systems: a behavioral and Organizational perspective*. NewYork: wiley.
Marginson, D. E. W. (2002) "Management control systems and their effects on strategy formation at middle-management levels: evidence from a U.K. organization," *Strategic Management Journal* 23(11) : 1019-1031.
Miles, R. E. and Snow, C. C. (1978) *Organizational Strategy, Structure, and Process*, Stanford University Press.
Mintzberg, H. (1973) *The Nature of Managerial Work*, Harpercollins College Div.
―――― (1987) "Crafting strategy," *Harvard Business Review* (July) : 66-75.
Mouritsen, J. Hansen, A., and Hansen, C. Ø. (2009) "Short and long translations: Management accounting calculations and innovation management," *Accounting, Organizations and Society*, 34 (6-7) : 738-754.
Naranjo-Gil, D. and Hartmann, F. (2007) "Management accounting systems, top management team heterogeneity and strategic change," *Accounting, Organizations and Society* 32 (7-8) : 735-756.
Nixon, B. and Burns, J. (2012) "The paradox of strategic management accounting", *Management Accounting Research* 23(4) : 229-244.
Perera, S., Harrison, G. and Poole, M. (1997) "Customer-focused manufacturing strategy and the use of operations-based non-financial performance measures: A research note," *Accounting, Organizations and Society* 22(6) : 557-572.
Porter, M.E. (1980) *Competitive Strategy*, Free Press, New York, 1980 (土岐坤・中辻萬治・小野寺武夫訳 (1985)『競争優位の戦略―いかに高業績を持続させるか―』ダイヤモンド社).
Roberts, J. (1990) "Strategy and accounting in a UK conglomerate," *Accounting, Organizations and Society* 15 (112) : 107-126.
Shank. K. and V. Govindarajan (1993) *Strategic Cost Management: The New Tool for Competitive Advantage*, The Free Press (種本廣之訳 (1995)『戦略的コスト・マネジメント―競争優位を生む経営会計システム―』日本経済新聞社).
Simons. R. (1994) *Levers of Control: How Managers Use Innovative Control Systems to Drive Strategic Renewal*, Boston: Harvard Business School Press (中村元一他訳 (1998)『ハーバード流「21世紀経営」4つのコントロール・レバー』産能大学出版部).
Schatzki, T. R. (2001) "Introduction. Practice theory," in T. R. Schatzki, K. Knorr Cetina, and E. von Savigny eds., *The practice turn in contemporary theory*, London and New

York: Routledge : 1 -14.
Skærbæk, P., and Tryggestad, K. (2010) "The role of accounting devices in performing corporate strategy," *Accounting, Organizations and Society* 35(1), 108-124.
Tuomela, T. (2005) "The interplay of different levers of control: A case study of introducing a new performance measurement system," *Management Accounting Research* 16(3) : 293-320.

上總康行(1989)『アメリカ管理会計史(上・下)』同文舘出版。
─────・足立洋・篠原巨司馬(2008)「総合繊維メーカー「セーレン」の戦略目標管理システム」『福井県立大学経済経営研究』第20巻第3号 : 31-55。
篠原巨司馬(2009)「総合繊維メーカー「セーレン」の戦略マネジメントシステム」『ふくい地域経済研究』第8号 : 77-92。
清水孝(2009)「脱予算経営における経営改革の方法」『早稲田商学』第418・419合併号 : 279-303。
李燕(2011)「戦略化における管理会計の役割」『メルコ管理会計研究』第4号-1 : 23-40。

第3章

日本における原価企画研究

1 はじめに──本研究の出発点──

　原価企画に関する研究は，これまで多くの研究者によって活発になされ，さまざまな議論が展開されている。現在でも，原価企画の研究領域は拡大し続けており，新たな領域における原価企画研究が提示されている。さまざまな問題に対して多様な議論が展開されることは，基本的に管理会計学にとって学問の発展や領域拡大として意義のあることだと思われる。研究領域や研究手法などの拡大傾向は，原価企画研究に限ったことではないし，研究そのものの意義を毀損するものではない。一方「管理会計学」の研究として考えたとき，その独自性や強みを確保できるのか，また，この傾向が継続することで，管理会計学の存在意義を失うことはないだろうかと個人的に危惧しているのも事実である。

　そこで，これまでの先行研究を総括することで，原価企画研究の現状を確認したい。総括にあたっては，2つの視点から行っている。まず，原価企画研究を，会計的計算構造を中心とした議論と，管理機能を中心とした議論とに分類を行う。日本会計研究学会（1996: 23）は，原価企画の発展すべき「あるべき姿」として「品質・価格・信頼性・納期等の目標を設定し」，「それらの目標の同時的な達成を図る，総合的利益管理活動」としている。田中隆雄は「原価企画の過程で使われるデーターは基本的には会計情報であり，成果の測定も会計データーによって行われる」（田中隆雄, 1994a: 18）としており，原価企画に

おける会計情報の重要性を指摘している。また，岡野（1995a, 1995b）は原価企画を「計算システム」と「マネジメント・システム」の二側面に分類している。これらを参考に，原価企画研究の議論を，会計的な計算構造を中心として説明しようとする議論と，多様な目標の達成のための管理機能を中心に説明する議論とに分類する。

同時に，それらの原価企画研究が展開されていると考えられる背景によって分類を行う。原価企画の発祥・普及・発展の経緯に加えて「原価企画は，多くの組み付け部品やコンポーネントで構成される組立加工製品で大きな効果が挙がることは広く知られている」（加登，1990a: 22）とされることから，原価企画に関するケース研究は加工組立型産業の企業を中心になされてきた。結果として，原価企画研究での議論の多くは，主に加工組立型産業に対する研究結果を基礎として展開・発展していると考えることができる。「普遍的」原価企画の議論を行おうとしても，議論の根拠として積み重ねられてきている実務のケース研究が，加工組立型産業という「特定」の産業に対する調査結果に強く依拠しているのである。むろん本質的な構造については，「普遍的」な結論と同じである可能性は高いと思われる。原価企画理論の本質的議論のために，加工組立型産業に依拠する議論かどうかで分類を行い，現状を確認しておく意義があると考える。

これらのことから，本章では原価企画研究を，計算構造に関する議論と管理機能に関する議論とに分け，加工組立型産業に依拠しない議論について別に分類を行う。また，計算構造に関する議論においては，概念図を利用して説明を行う。この枠組みでの分類にはなじまない研究については別途分類する。

2 原価企画の計算構造

2.1 加工組立型産業に依拠する議論

2.1.1 原価企画の概念図

原価企画研究では，企業の中で展開されている原価企画活動を説明するために，原価企画の実態調査研究が多く行われている。その中で，原価企画の全体

像の説明のため，原価企画活動体系図や概念図が示されている。登・門田（1983: 105）および門田（1991: 36）はダイハツのケースとして「原価管理（原価企画）の体系図」を提示している。ここでは，全社的な中長期利益計画を立てるステップである総合経営計画と，原価企画としての4ステップとして，個別新製品企画，個別新製品基本計画，製品設計，製品移行計画を示し，最後に本格生産開始後の原価改善活動について示し，3つのプロセスに分けて原価管理体系を説明している。田中雅康（1984: 47）は，コスト・エンジニアリングの展開方法として「製品与件・製造与件の決定プロセス」を提示している。ここで，構想設計，基本設計，詳細設計，製造準備の段階に分類し，さらにその内部において製品の仕様や原価目標などの製品与件，および製造与件が決定されるプロセスを説明している。田中隆雄（1995a: 19-22）は豊田自動織機製作所における新製品開発の仕組みを提示し，「商品企画から始まって，号口生産（量産），販売に至るフローが示され」ているほか，松下電器TV事業部の製品開発フローとVE活動を示す詳細な図（1995b: 80-81）を提示している。

　他にも，企業のケース研究の中で原価企画がどのように展開されているかについて検討がなされている。自動車産業であれば，田中隆雄（1990）によるトヨタ自動車の研究，海老坂（1990: 34）や木村（1992: 62），川嶋（1996: 58）による日産自動車の研究，佐藤・武田による自動車部品メーカーの研究（1996: 77）など，電機産業であれば，青田（1992: 67）によるリコーの研究や佐藤成紀（1994: 42）による東芝の研究，山本（1994: 50）によるシャープの研究，高橋（1995: 141）によるカシオの研究，成田（1994: 62, 1995: 158-159），有賀（1996: 52）によるキヤノンの研究，種子田（1995: 176, 178）による村田機械の研究，澤本（1996: 68）による三菱電機の研究などがある。

　これらの研究において示されている原価企画活動のフロー図や体系図は，それぞれのケースや原価企画の実践を理解できるように，詳細に記述されており，とても示唆に富んでいる。これらの図は個別事例の説明には適しているが，全体像を理解するためには，より概念化した図が必要になる。原価企画の計算構造に関する議論を整理するため，原価企画の全体像を概念化した上總による原価企画の概念図（上總, 1999: 114, 2014: 69）を利用する（第1図）。

第1図　原価企画の概念図

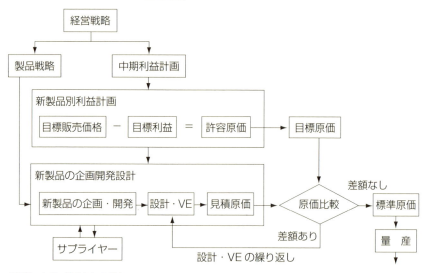

(出所：上總（2014: 69））

　この図によれば，企業の経営戦略は，中期利益計画と製品戦略とに分解される。中期利益計画を実現するため，新製品別利益計画が決定され，新製品が目標とする目標販売数量と目標販売価格・目標利益・許容原価が決定される。これを受けて目標原価が決定されることになる。次に，製品戦略を実現すべく，新製品の企画・開発・設計活動が展開される。ここでは，設計部門の技術者を中心としたVE（Value Engineering：価値工学）などによる設計変更や，サプライヤーによるVE提案や設計プロセスへの参加などによる原価低減活動が展開される。新製品の企画開発設計活動を経て達成した見積原価は，新製品別利益計画において決定された目標原価と比較され，目標を達成するまで，新製品の企画開発設計が繰り返される。この比較による新製品開発の進捗判断が繰り返され，最終的に開発段階から量産段階へと移行することになる。原価企画段階における目標原価は，量産段階に移行すると標準原価として設定されることになる。

2.1.2 経営戦略から製品戦略,中期利益計画へ

第1図にあるように,原価企画はまず,経営戦略が製品戦略と中期利益計画に展開され,経営戦略を実現するような新製品戦略が立案されることになる。登・門田（1983）と門田（1991）は,トヨタ・グループの各企業において実践されている総合的原価管理システムとしてダイハツ工業株式会社の事例を紹介し,総合的原価管理システムの一環としての原価企画について説明している。ここでは,原価管理システムが,総合計画の段階・原価企画の段階・原価改善の段階に分けられ,原価企画を個別新製品の企画・基本計画・製品設計・生産移行計画の段階としている[1]。近藤恭正（1989b, 1990b）は,原価目標が新製品の開発プロセスにおいてどのように策定されるかを明らかにしている。この中で,中長期計画の策定と,新製品別利益計画の策定について説明している。

加登（1990a）は,松下電工での原価企画の取り組みを説明するなかで,原価企画が単なる原価削減活動ではなく,本社から示された中期経営計画目標達成のための「総合的で体系的な取り組みの一部として組み込まれてい」(ibid.: 30）ることを指摘している。同様に,ダイハツ工業への調査においても,原価企画への取り組みが変化したことを示したうえで,「車両毎に利益目標を立てた後に,原価目標を導出する」として,原価企画が,「単なる原価削減プログラムではなく,総合的な利益管理活動の一環として実施されている」(加登, 1990b: 51）と主張してその取り組みを説明している。

田中隆雄（1990）は,トヨタ自動車の原価企画について調査を行い,原価企画の目標がトップ・マネジメントによって決定されること,「売上高利益率は,長期目標利益率を参考にして設定される」(ibid.: 17）ことを指摘している。さらに,松下電器の原価企画に関する研究（田中隆雄, 1995b）において,原価企画活動が事業部全体で展開され,中期戦略を達成した戦略的活動であると主張している。また,「企業は新製品の開発を軸に競争優位の戦略を展開して」おり,「原価企画は製品開発戦略,市場競争戦略の一環であり,それらとの関連で位置づける必要がある」(田中隆雄, 1994b: 25）とし,コスト優位,価格優位などを可能にし,戦略的意思決定に有用な情報を提供することなどから,原価企画を「戦略的原価管理」(ibid.: 32）と位置づけ,「原価企画は原価管理であるだけでなく,戦略的利益管理システムでもある」(田中隆雄, 1994a: 17)

としている。
　上總（1995）は，自動車産業における原価企画について，競争戦略であると同時に固定費が不可避的に増大することを指摘し，戦略的原価管理ないし戦略的利益管理であると同時に，規模の経済性を前提とした成長志向型原価管理の特徴を有するとしている。楊（2004）は，中長期経営計画の中に原価企画を位置づけるため，中長期経営計画における原価企画の融合について検討をしている。木下（2006b）は，ライフサイクルの短期化により，原価企画の日常化・定型化が促進され，これまで中期利益計画によって設定されていた原価企画の目標利益が，短期利益計画を受けて設定されるように変化し，目標利益の管理可能性が拡大していることを指摘している。
　実務における事例研究の中では，本橋（1991）が，日産自動車の研究において，機能別・商品別利益管理と原価企画プロセスについて分析をしている。そのほかに，カシオ電卓事業本部の原価企画（高橋, 1995: 141）では，中期計画が商品企画会議において，短期計画がラインアップ戦略会議において検討され，個別新製品へとつながっていることが示されている。

2.1.3　新製品別利益計画

　中期利益計画を実現するため，新製品別利益計画が決定される。ここでは，新製品が目標とする目標販売価格・目標販売数量・目標利益・許容原価が決定され，これを受けて目標原価が決定される。
　田中雅康（1977, 1980, 1981, 1984）は，早くから設計段階における原価管理に着目している。当初は原価工学（コスト・エンジニアリング）[2]の領域の問題として，「設計仕様，製造方法，製造手段等の与件をいかにして設定するかの指標」（田中雅康, 1977: 83）としてターゲット・コストを捉え，利益計画や技術計画などによるターゲット・コストの設定方法について指摘している。また，ターゲット・コストと見積原価とを比較し，技術的与件の変更による目標の達成についても言及している。
　田中隆雄（1990, 1991）は，目標利益や原価目標がトップ・マネジメントによって設定されることを示すとともに，「原価企画目標は，一義的には目標利益を指す」が「実務的には，目標利益の達成を可能とする原価，すなわち設計

段階で低減すべき目標として具体化される」(田中隆雄, 1990: 17) とした。この中で, 目標利益は目標売上高 (つまり販売価格と販売数量) と売上高利益率によって決定されること,「原価企画目標は, 目標利益に対する見積利益の不足額であり, 原価企画によって改善すべき利益額である」(ibid.) ことを示し, 原価企画活動の目標は, 目標利益を達成するために「見積原価と目標原価の差額」(田中隆雄, 1990: 18) を0にすることであると説明している。

原価目標の設定について, 田中雅康 (1992a: 11-12) は, その設定方法として, 割付法と積上げ法, 統合法を説明している[3]。伊藤和憲 (1995b) は, 目標原価の設定方法, 原価範囲, 原価見積りとの関係など目標原価のあり方について検討している。

原価目標は, 最終的には製品ごとに達成されているかを確認する必要があるが, 複雑な新製品の企画開発設計では, 原価目標をなんらかの基準によって分解し, 細分化することで, 原価目標の達成と管理可能性を高めている。田中雅康 (1992a: 13-16) は, この基準として, 製品の機能や構造, 原価要素別に細分化するモノ別細分割付と, 開発設計者の担当領域により開発グループもしくは個人に細分化する人別細分割付について指摘している。また, 原価目標の達成状況を評価するためには, 原価目標の決定, 細分割付, 設計の分担が,「合理的であり, 納得ずくのもの」であることに加えて,「原価見積が合理的になされなければならない」としている。

また, 目標販売価格について, 田中雅康 (1993: 62) は,「原価企画における売価設定問題は, 製造原価目標設定の基礎をなすものであると同時に, 製品別利益管理の基本」であるとして, 工学的アプローチによる売価設定 (ibid.) や数理的アプローチによる売価設定 (田中雅康, 1997) について研究を行っている。門田 (1994a, 1994b) は, 原価企画と原価改善による原価低減と, 販売価格の推移について説明した後, 市価基準方式による目標販売価格の決定方法として, 設計特性と販売価格により, 競合製品データから推定する重回帰分析法と, 2次計画法を利用した多目標計画法とを検討している。

新製品別利益計画における販売価格・販売数量の決定によって固定費に関する問題が発生する。小林啓孝 (1995a) は, 企画段階で想定した利益を確保するためには, 原価に加えて「企画された販売量が確保され」る必要があること,

「原価企画の視点からみた利益と財務会計上の利益の概念が異なること」（ibid.: 41）を指摘している。長谷川拓三（1993: 92-95）は，「量産後に，予定していた販売量の大幅な落ち込みが明らかとなった場合，予定価格および予測販売量にもとづいて実施された設備投資のその負担の重さによって，大きく利益は圧縮され，原価企画の中期利益計画への寄与目的は不成功に終わる」にもかかわらず，「予定販売価格と合理的な予測販売量の決定段階でしか，本来的に固定費増の問題に関われない」こと，「原価企画は，特に変動費の低減活動ではあるが，不確実性下における「固定費の増大問題」に関して，別言すると固定費管理に関して積極的に対処する方式ではないし，リスクを伴った方式である」ことを示し，固定費に関する原価企画の問題を指摘している。

また，長谷川拓三（1993）は，原価企画を展開している企業は外注部品依存率が高いことから，完成品メーカーが部品を内製化した場合に発生する固定的費用について「かなりの部分，購入部品費の中に含めて負担」しており，これを「一種の固定費の変動費化をもたらす現象」（ibid.: 91）と指摘している。上總（1997）は，原価企画において下請企業の協力により目標原価の引下げが可能となると同時に，固定費の変動費化により下請企業へ固定費が転嫁され，固定費管理が先送りされたとしている。この固定費管理の先送り問題は，生産量が高水準に維持される限り問題とならないが，生産量が低下したときに固定費の問題が顕在化したことを指摘している。

末松（1997）は，競争構造・収益構造や企業戦略の変化によって，従来の原価企画で計算される目標原価に問題が生じていることを示し，原価企画活動で利用される目標原価算定方法としてキャッシュ・フロー原価計算の利用を検討している。また，末松（1999）は，各製品の原価企画段階ですでに投下済みの汎用投資について，汎用投資の回収額を含めて原価企画の目標原価を設定する方策について検討を行っている。

2.1.4 新製品の企画開発設計

製品戦略を実現するため，新製品の企画・開発・設計活動が展開される。上總（1995）は，原価低減活動の設計への重点移動が，事後統制から事前統制への重点移動であると同時に，設計技術者の頭脳を利用した原価低減であると指

摘している。この設計部門の技術者やサプライヤーなどにより展開される原価低減活動の成果に対して，原価が見積られることになる。

　田中雅康（1987）は，従来の開発設計段階での原価見積りは，「製品の仕様や物量計画がほぼ確定した段階」で行われる「詳細見積，またはこれに準じた」，「物」の原価を見積る方法であるとし，開発設計段階の早期において実施するには「原価見積の正確性に難点がある」（1987: 68-69）ほか，見積りの熟練，時間を要するなどの問題点があるとした。このため，「開発設計者が自らの設計案を構想設計段階や基本設計段階で自ら経済性評価できる」（1987: 71）「機能レベル」による原価見積方法を展開する必要があるとして，その方法について説明している。また，田中雅康（2012）は，原価見積りを行ううえでの考え方，方法などが未成熟で，客観的な評価が行えないという問題を指摘し，原価見積りを合目的に実施するためのインフラストラクチャーの整備・充実について検討を行っている。

　大槻（2003b, 2004）は，原価企画における原価見積りを狭義と広義に分け，それぞれ製品開発プロセスにおける適用段階とPDCAサイクルにおける適用局面において検討を行うとともに，原価見積りを原価企画におけるコントロール活動を促進するものとして捉え，フィードフォワード・アプローチによる戦略的コントロール概念に基づいた原価企画における原価見積りシステムのアーキテクチャについて検討している。

　近藤恭正（1988, 1989a, 1989c, 1990a, 1990c）は，自動車メーカーに対する調査をもとに，標準原価計算と原価企画を比較し，原価企画の新製品の開発設計段階における市場志向について述べるとともに，新製品の企画開発設計段階において，目標コストの達成プロセスについて説明している。伊藤和憲（1995a）は，日産自動車の原価企画において，購買部門が展開している活動について検討している。

　清水信匡（1995）は，原価企画における「原価の作り込み」という用語について，「原価低減」という用語と「数多くの研究でこの違いが曖昧なままに2つの用語が相互互換的に使用されている」（ibid.: 29）が，原価の作り込みとは，知識創造である「技術革新を伴う原価低減と原価最小化とが組み合わされた概念である」（ibid.: 39）と指摘している。また，「原価の作り込み」の概念を基

礎としながら「利益の作り込み」の概念を整理することで,「利益管理活動としての原価企画は,原価管理活動としての原価企画よりもさらに製品開発の源流に遡り,製品ライフサイクル全体から得られる収益と原価の両面を勘案しながら利益の最大化を目指すもの」(清水信匡,1996: 85)としている。控除法と加算法および折衷法という目標原価設定方法の違い(清水信匡,2001)についても検討を行っている。

2.1.5 原価目標の評価

新製品の企画開発設計活動により達成した見積原価は,新製品別利益計画で決定された目標原価と比較され,目標を達成するまで,新製品の企画開発設計が繰り返されることになる。つまり,新製品開発の進捗判断が繰り返されることになる。

最後の進捗判断によって,新製品は開発段階から量産段階へと移行することになるが,原価企画における目標原価は,量産段階において標準原価に設定される。櫻井(1988: 21)は,工場において目標原価が「標準原価または予算原価に組み入れられる」としており,また門田は,生産段階における原価目標の設定に際して,「目標低減率を乗ずるベースとなる数字が,新製品については原価企画上の目標原価である」(門田,1988: 29)としており,原価企画における目標原価を基準として,生産段階における目標原価が設定されることを示している。田中嘉穂(2002: 319)は,原価企画における標準原価の設定の役割について検討を行い,「製品開発の最終段階において設計規範を執行規範に変換するプロセスが必要であり,それが原価企画における標準原価設定の役割である」としている。

小林啓孝(1995b)は,「原価企画における目標原価は,一方で,製品ライフ・サイクルのステージを異にする全社的なプロダクト・ミックスを視野に入れた中長期の経営計画の中で要請される利益と,他方で,その製品のモデルライフを通して得ることが要請される利益の確保を可能とする原価として設定されるべき」(ibid.: 175)であり,「製造段階における原価の維持活動は標準原価を使用して行うのが一般的である」(ibid.: 179)としている。

西村(1995)は,原価企画における見積原価と目標原価との比較が,フィー

ドフォワードな論理に立っているとし，事前行動的，予防的性格を低減しているとしている。さらに，西村（1996, 1999）は，原価企画の戦略面での限界性を明らかにし，二重のフィードフォワード的な計画と統制の構造を有する戦略的な原価企画について検討を行うとともに，原価企画を統合的管理会計として捉え，従来の管理会計と比較しながら，その特質と会計的な意味を分析している。丸田（1998, 2002, 2003, 2004, 2005）は，フィードフォワード管理会計の一形態として原価企画を捉え，原価企画の構造や成立問題などに関して分析を行い，原価管理・利益管理においてフィードバックからフィードフォワードへとコントロールの重点が移動していることを指摘し，原価企画を含む戦略的管理会計におけるダブルループ・フィードバックとフィードフォワードのメカニズム，およびフィードバックからフィードフォワードへの展開について検討をしている。

　また，最終的な原価企画の成果である目標の達成度合いの評価について，田中・大槻（2004a, 2004b）は，原価企画を狭義と広義に分けて分析し，それぞれについて活動の評価となる項目を示している。木下（2005）は，原価企画における時間管理機能について検討を行うことで，目標未達の問題点を指摘し，原価企画における経営者や原価企画管理者が経営戦略や目標達成度，日程などを考慮しながら継続的に意思決定を行っていることを指摘している。また，木下（2006a）は，リコール事例を題材に，原価企画の目標未達に対する時間管理と意思決定の問題について検討している。

2.2　加工組立型産業以外の産業に依拠する議論

　櫻井は，FA（Factory Automation）やソフトウェアの発展した企業など，加工組立型産業以外の産業に早い段階から着目し調査・研究を行っている。この中で，ソフトウェア開発において「重視されねばならないのは，プロジェクト開発時における開発スケジュール，工数計画，基準生産量，機械作業時間，品質指標などの目標値の設定と，設計段階における原価低減活動」であり「この要請に応えるのが原価企画である」（櫻井，1986: 15-16）として，ソフトウェア開発における原価企画について検討を行っている。この中で，「ソフト開発の計画・設計段階における原価管理が重要性をもつ」ため，原価企画は

「ソフトウェア原価管理のために有用な手法」(櫻井，1988: 22) であり，「ハイテク環境下において最も効果的な手法」(ibid.: 23) であると主張している[4]。櫻井のほかに，川野 (2010) が受注ソフトウェア製作事業における管理会計事例の考察において，プロジェクト開始までの期間に実施される原価企画について指摘している。

　宮本 (2004，2005) は，建設業における受注前の設計段階における原価削減活動について指摘している。木下 (2006c，2011) は，建設業において展開されている設計段階での原価削減の取り組みについて調査を行い，建設業における原価企画活動として検討を行ったほか，建築設計事例を詳細に調査分析することで，管理体系図を提示し，設計段階で展開されている原価企画活動について検討している。田坂 (2010a，2010b) は，建設業のケースを通じて，原価企画の特徴と建設業における原価・利益管理活動や，建設業における原価企画について検討するとともに，原価企画の本質について考察している。また，宮地 (2014) は，造船業の企業に対して調査を行い，原価企画の取り組みにおける材料費に対するVEについて検討を行い問題点を指摘している。

　製造業ではなくサービス業における原価企画の研究もなされている。庵谷 (2009) は，ホテルと鉄道の例を用いて，サービス業におけるコスト・マネジメント手法として原価企画の適用可能性について検討している。

　岡田 (2007) は，サービス業への調査を通じて原価企画の特徴を有するサービス原価企画について分析を行っている[5]。荒井 (2009a，2009b，2010a，2010b，2010c) と荒井・栗栖 (2010) は，医療サービスにおける原価企画として，診療プロトコル開発活動における原価企画について分析・検討を行っている。田坂 (2010c，2012) は，サービス業における原価企画の特徴や位置づけ，原価企画の適用可能性について検討している。谷守・田坂 (2013) は，サービス業である銀行業における原価企画の実施状況の分析を行っている。

3 原価企画の管理機能

3.1 加工組立型産業に依拠する議論

ここでは，原価企画活動において展開される管理機能に関する議論を中心に分類を行う。目標を達成するための方策として，さまざまな管理機能が議論されているが，その代表としてVEが挙げられる。

田中雅康（1986b, 1995, 2002）は，新製品の機能評価と原価目標の割付や重要度の評価などについて議論するとともに，製品のライフサイクル・コストを最低にしつつ，必要な機能を確実に達成するVEによる原価改善（田中雅康，1989, 1995, 2002）について詳細に検討している[6]。また，手島（1992, 1993）は，製品開発時における技術の導入・開発や原価企画の遂行について，新製品開発段階における開発VE推進技法の視点や，原価企画を遂行する手順から検討を行っている。

門田（1993a: 17）は，製造原価のうち，直接材料費についてはVEの主たる担当者である製品設計部門が見積り，加工費については工程設計担当者がIE（インダストリアル・エンジニアリング）の手法を適用して，「加工費最小になるように工程設計したうえで，工程別の加工費を見積る」として，IEの適用による加工費の低減について検討している。

小林啓孝（1990）は，原価管理とVEについて考察を加え，VEが原価低減策として受容された内在的理由を指摘している。稲場（2003）は，VEがなぜ原価企画の構成要素とされるのかに着目し，0 Look VEを中心に検討を行っている。山本（2012）は，価値創造原価計算の展開可能性における議論において，原価企画におけるVEに着目し，価値創造の方策について検討を行っている。鈴木（2011）は，原価企画の中でもVEに着目し，「新しい会計史」アプローチにより，日本におけるVEの普及について検討を行っている。佐藤嘉彦（2000）は，VEをはじめとする原価企画において活用される管理技術について，主なステップごとの相関図や分類を提示している。

原価見積管理のために，コストテーブルに関する研究がなされている。田中

雅康（1986a, 1995, 2002）は，コストテーブルとは「原価見積りを正確・迅速・簡便に行うために作成された諸々の資料」（1986a: 37）であり，「開発設計活動におけるコストテーブルは『物』の原価を見積るためのものではなく，『機能』の原価を見積るためのものでなければならない」（1986a: 53）と述べている。

谷（1999）は，コストテーブルを機能コストテーブルとエンジニアリング・コストテーブルに分けて分析を行っている。伊藤・田坂（2002）は，コストテーブルについて原価企画のフェーズごと，アセンブリメーカーとサプライメーカーごと，利用目的ごとに分類し検討を行っている。朴元熙（2006）は，コスト・機能・品質・技術を含む，ITを用いた開発・設計のためのデータベースについて示し，その設計や構築，共有について検討している。大槻（2003a）は，コストベンチマーキングにより，自社の競合他社との相対的競争地位を明らかにし，原価企画のレベル向上をもたらすことを説明している。

原価企画活動では，製品のライフサイクル・コストを管理対象とすべきであるとされている。小林哲夫（1996）は，ライフサイクル・コストをメーカーとユーザーとで区別し，原価企画におけるライフサイクル・コストへの取り組みについて検討をしている。中島（2004a, 2004b, 2005）は，原価企画とライフサイクル・コスティングとの統合の必要性，原価企画におけるライフサイクル・コスト最小化に向けた取り組みの必要性と意義，ライフサイクル・コストの「理想」と「現実」を示し，ライフサイクル・コストを目標原価とする原価企画の実現に向けた課題について検討している。田坂・矢澤（2006）は，企業の社会的責任に配慮しながら原価企画に取り組むために，「メーカーおよびユーザー側の双方で発生するライフサイクル・コストだけでなく，社会的コストを含めたライフサイクル・全コスト」（ibid.: 44）を目標原価の範囲に含めるべきだとして，検討を行っている。

総合的利益管理活動としての原価企画活動では，品質に関する目標も管理する必要がある。伊藤嘉博（1994, 1995）は，品質機能展開とタグチ・メソッドおよびライフサイクル・コストに関して，新製品開発における展開・実践方法，原価企画における原価目標の維持と品質の確保について検討している。山本（1995a, 1995b, 2001）は，原価企画が商品開発の源流に遡って展開されるために生じる問題や，商品開発におけるファジィ多属性評価の応用，「顧客の感性

に関わる項目を感性品質」(山本，2001: 79) として考慮することで，顧客満足度を達成するためのコスト・マネジメントについて検討している。浜田 (1999) は，品質と原価の作り込みのため，品質機能展開の方法について検討を行っている。持本 (2001) は，原価企画における市場価格決定のための品質展開技法について検討を行っている。林 (2008) は，原価企画において許容原価と成行原価を擦り合わせる目標原価設定が，品質・原価・開発期間を高次元でバランスさせる技術マネジメント手法の1つとして考えることが可能であるとして検討を行っている。

また，品質のうち，地球環境などの観点に着目した研究もなされている。伊藤嘉博 (1992, 2001, 2006) は，製造物責任や地球環境保全の観点から原価企画の役割について検討しているほか，環境配慮型の製品設計を実践するために原価企画が環境配慮型へ変化することの必要性，環境配慮型の原価企画として原価企画の拡張的な解釈や実務の状況について検討している。國部・中嶌 (2003) は，リコーにおける原価企画活動のなかで，環境配慮と原価削減を両立させる取り組みについて紹介している。

朴鏡朼 (2003) は，環境配慮型設計の問題点と，環境保全の観点から原価企画の問題点と可能性を指摘し，環境配慮型設計と原価企画を相互補完するライフサイクル・マネジメントについて検討している。梶原 (2009) は，郵送質問票調査に基づき，環境配慮型設計の実態を把握するとともに，原価企画活動における環境コストの内部化の規定要素や環境配慮型設計と成果について検討を行っている。蒋 (2012) は，環境経営の実践において，環境配慮型原価企画は環境保全と利益創出を同時に目指す環境経営を支援する手法であるとして，その有用性について指摘している。

井上 (1993, 2001) は，日本の海外進出企業に対する郵送調査をもとに，アセンブリメーカーが，国内外の協力メーカーと研究開発・設計の段階から協力するデザイン・インや原価企画の海外移転について検討を行っている。園田 (1998) は，原価企画へのサプライヤーの参加について問題点を指摘し，戦略的外注管理会計について検討を行っている。稲場 (2005) は，日本的なバイヤー／サプライヤー関係を原価企画の重要な要素と位置づけ，その関係について検討している。木村彰吾 (2008) は，原価企画のサプライヤーとアセンブ

ラーの協働におけるコンフリクトの解消について,「貸し借り」の役割によって説明している。窪田（2001）は, アセンブラーの立場から見たサプライヤーとの関係に関する調査に基づき, 組織間コスト・マネジメントについて原価企画活動を中心に検討を行っている。

門田（1996）は, 自動車メーカーと部品メーカーの開発スケジュールの関係を示し, それぞれの原価企画活動が同時並行的に展開されていることを指摘している。李・門田（2000）は, 製品メーカーと部品メーカーの情報共有や利益・リスクの分担の程度と製品目標原価の達成度について, 質問票調査に基づく実証的分析を行っている。山本（2013）は, 事例に基づいて自社開発しない部品サプライヤーにおける原価企画活動について検討を行っている。

また, 原価企画活動において目標が達成できているかを節目節目に確認することで管理する方法として, 加登は「マイル・ストーンとなる試作図および正規図作成時に原価達成額をモニターする方法」（加登, 1992: 126）を指摘している。

原価企画における組織の役割を中心に検討している議論も多くなされている。岩淵（1992, 1994）は, 原価企画活動を情報共有化の促進と知識創造プロセスとして捉え, 日本的原価管理機能として説明するとともに, 組織のコンテクストが原価企画の重要な成功要因になっているとして,「企業組織を情報的相互作用の集合とみなす「場のパラダイム」という観点から原価企画の特質を説明」（岩淵, 1994: 39）している。さらに, 岩淵（1995a, 1995b）は, 原価企画において「組織のコンテクストが重要な成功要因となっている」だけでなく,「原価企画の導入と成功を通じて, 組織のコンテクストそのものも変革していく場合がある」（岩淵, 1995a: 39）として, 原価企画活動の組織への影響について指摘している。清水信匡（1992）は, 原価企画を集団的知識創造活動と捉え, 目標原価情報による知識創造への働きや知識・情報伝達の触媒機能について説明している。

谷ほか（1993）は, 原価企画会議と商品企画会議について取り上げ, サイマルテニアス・エンジニアリングの実現, 価値観や情報の共有, 垂直的および水平的相互作用によるコントロールについて分析を行っている。谷（1994a, 1994b, 1995）は, 原価企画の職能横断的な側面として, サイマルテニアス・

エンジニアリングによる効果や，商品企画会議や原価会議が職能部門間の水平的インタラクションや上司と部下の垂直的インタラクションによるインタラクティブ・コントロールに果たす役割について検討し，原価企画を発展させるために，コンカレント・エンジニアリングからトップ・マネジメントのリーダーシップや組織変革，情報システムのサポートを学ぶべきであるとしている。

近藤恭正（1991a）は，原価企画活動が展開される開発組織の伝統的組織から主査などの開発責任者を中心とする組織形態への変化や，新しい組織形態の特質について検討している。近藤隆史（2000a, 2000b）は，原価企画活動におけるプロダクト・マネージャーについて，他の開発に関わる成員との関係や「システム文化」の視点から考察し，プロダクト・マネージャーの役割や機能について検討を行っている。

吉田（1999, 2001, 2002, 2003）は，原価企画に関する組織能力という視点から，原価企画の成功と失敗の関係について原価企画活動を支援するツールや組織に着目し，分析を行っている。また，吉田（2011, 2012a, 2012b）は，テンション・マネジメントとしての管理会計として，その機能・役割を探索するため，製品開発成果に加え組織や人への影響を含む原価企画の役割・機能について考察を行い，さらに郵送質問票調査に基づき，原価企画と業績管理に関する分析などを行っている。

原価企画を他の管理会計技法などと統合する試みについても検討されている。佐藤成紀（1999）は，活動基準原価計算（ABC）と原価企画の手法が共有する領域を探ることにより，管理手法の一貫性・有意性について検討している。山本・松尾（2000: 42）は，実態調査をもとに「原価企画活動におけるABC/ABMの適用の意義・可能性に関する議論を試み」，その意義を強調しているが，一方でABCに対する評価の厳しさについても指摘している。

田坂（2001, 2002, 2003, 2004, 2007）は，ABCを活用した原価企画を具現化するために，3種類のコストテーブルを用いることを提案し，ABCを原価企画に組み込むことの意義と問題点など，適用可能性について検討を行っているほか，原価企画とBSCを結合することのメリットを示し，結合するために原価企画の実施ステップを戦略マップに落とし込むための改善モデル，「マーケティングの視点とコスト・マネジメントの手法である原価企画を統合」して

「原価企画に適する新製品のタイプ」(2001: 231)，Shank & Govindarajan (1993) を参考にしたコスト・ドライバー分析を原価企画に活用することで，原価低減効果を高める可能性について検討している。

伊藤和憲 (1998) は，新製品開発の統合的コスト・マネジメントとして，戦略・環境と新製品開発，管理工学ツール，原価企画とABC，社内・社外の関連担当組織の統合について検討している。これをベースに，朴・伊藤 (2000a, 2000b) は実証研究を行い，新製品開発における3つの統合モデルや，3つの管理工学ツールの影響と役割について分析を行っている。

3.2 加工組立型産業以外の産業に依拠する議論

加登ほか (1996) は，流通業における原価企画として，製販同盟を結ぶ流通業と食品製造を「ネットワークされた1つの仮想企業として捉え」(ibid.: 117)，食品製造業の企業にアンケート調査を行い，顧客満足度や原価削減への効果，逆機能について検討している。西口・森光 (2011) は，ライフサイクル・コストと部門横断的組織の活用の観点から，政府調達における原価企画の意義と適用可能性について検討を行っている。妹尾・福島 (2012) は，サービス業における原価企画が展開されているコンテクストが明らかにされていないとして，原価企画の利用に影響するコンテクスト要因の，サービス業と製造業との違いについて検討している。

4 多様な研究：調査・海外移転・逆機能など

原価企画全般に関する研究として，まず原価企画の実態調査が挙げられる。さまざまな研究者により，研究課題に合わせた調査が行われているが，中でも原価企画の全体像を明らかにすべく実施され，他の研究の基礎となるデータを提供する代表的なものとして，田中雅康を中心とし，1983年からほぼ4年ごとに実施されている調査（東京理科大学・原価工学研究室, 1985, 1993; 田中雅康, 1991～1993, 2001～2002; 田中雅康ほか, 1997; 田中雅康ほか, 2007; 田中雅康ほか, 2010; 田中雅康ほか, 2014），神戸大学管理会計研究会 (1992, 1993) による調査，吉川 (1992) による日本と英国における原価管理の実態調査，櫻井 (1991)

による調査などがある。中でも，田中雅康は，大量かつ継続した調査結果を提供しており，田中雅康（1990, 1992b, 2005）や田中・奥原（2006），伊藤和憲（2008）は，これらの調査結果に基づき，原価企画の課題や解決策について検討を行っている。

　原価企画の全体像や定義についても，さまざまな研究者が検討を行っている。代表的なものとして，日本会計研究学会（1996）による，さまざまな発展段階を経た後の「あるべき姿」を提示しているものや，田中雅康（1994, 1995）による狭義・広義の定義と，原価企画の発展段階を，第1段階の開発設計後期における原価低減活動から，中長期利益計画を具体化するものとして戦略的に展開される第5段階の原価企画に分けて説明しているものなどが挙げられる。

　岡野（1993, 1995a, 1995b, 1995c, 1995d, 1995e, 2002）は，「原価企画活動は，実体管理と会計管理との密接な関係をはかり，双方の相互浸透を目指すものとして位置づけ」（岡野, 1993: 24），「計算システム」と「マネジメント・システム」の二側面と，「設計原価型」と「利益企画型」の二類型を示して原価企画を類型化し，会計機能の分散化と統合化，原価企画の本質や拡張について検討しているほか，管理会計の有用性向上の視点から原価企画研究のあり方について検討を行っている。また，岡野（2004, 2006, 2012）は，社会的・制度的アプローチによって，近年における原価企画の変容について，日本的管理会計の典型である原価企画の特徴とABCの受容プロセス，両者の差異と接合の可能性について，また，「文化編集」概念を用いた文化史的アプローチによる原価企画について検討を行っている。

　また，近藤恭正（1991b）は，原価企画活動が管理会計の研究対象となる根拠について，意思決定説と会計責任説の視点から検討を行っている。古賀・松尾（1996a, 1996b）は，原価企画の類型として，「原価低減による生存領域の拡張に力点を置く」原価低減型と，「目標原価ならびに目標機能の調整を通じた生存領域内での最適化に注力する」（古賀　松尾, 1996b: 110）原価調整型の2つの類型を提示している。福田（2000）は，伝統的標準原価管理の問題点と原価企画を対比させて考察することで，原価企画を伝統的な原価管理の課題を克服する原価管理手法であるとして検討を行っている。清水信匡（2002）は，「1988年に原価企画が管理会計になったという事実」を説明しつつ，「管理会計

進化論ともいえる研究領域を提起」（清水信匡, 2002: 29）している。

　原価企画活動による結果は常に良いものばかりとは限らない。加登（1993, 1994a）は，サプライヤーの疲弊やエンジニアの燃え尽き症候群など，「原価企画という薬の処方のせいではなく，その投薬方法の誤りに起因する」(ibid.: 281) 原価企画の誤った運用により生じる問題を，原価企画の「逆機能」[7]として指摘している。清水・岩淵（1995）は，自動車産業における原価企画の特徴として，サプライヤー関係のいきづまりとゆらぎのない定型化した原価企画を挙げ，逆機能が発生していることを指摘している。窪田（2003）は，新製品開発におけるサプライヤーの視点からアセンブラーとの関係について調査を行い，サプライヤーの疲弊と克服について検討を行っている。

　加藤（2005, 2006a, 2006b, 2007, 2010, 2011）は，サプライヤーとバイヤーとの関係に着目し，原価企画活動による逆機能におけるサプライヤーの疲弊問題について，疲弊問題や逆機能の必然性，サプライヤーの疲弊の種類，サプライヤーの疲弊を防ぐサプライヤーとバイヤーの関係，組織内のサポートシステムなどをはじめとして検討を行っている。また，加藤（2009, 2013, 2014）は，サプライヤーの疲弊を解決する手段の1つとして，目標原価の達成と目標利益の達成の関係を強化する必要があるとし，そのために原価企画と直接原価計算の結合について検討を行っているほか，サプライヤーの疲弊軽減とコスト競争力向上のため，原価企画を導入していないサプライヤーに対する原価企画導入の必要性と，導入において解決すべき問題について検討を行い，原価企画研究における心理学研究の必要性について検討し，目標原価の未達問題や，逆機能などの課題の解決に心理学研究が寄与できると指摘している。

　吉田（2007）と吉田・近藤（2008）は国産自動車メーカーの品質問題について，多発するリコールの原因分析を行い，担当者の業務過多による疲弊をはじめ，設計段階での原価企画能力の低下について指摘している。近藤隆史（2007）は，わが国の自動車メーカーのリコールと原価企画の関連について，組織，ツール・システム，管理会計の側面から原価企画の検討を行い，担当者の疲労や組織内コンフリクト，サプライヤーの疲弊など逆機能をはじめとした問題を指摘している。

　原価企画は日本発祥の管理会計とされたことから，海外への原価企画の移転

が議論となった。加登（1993, 1994b, 1997, 2000）は，日本企業の海外進出に伴う原価企画の海外移転の研究や，原価企画の海外移転に伴うメーカー・サプライヤーに関する研究や，海外企業に対する原価企画導入の研究をしているほか，原価企画の海外移転を例に，移転・適用における「コンセプト主導型導入」アプローチの有効性について検討している。卜（2003）は，原価企画の海外移転の困難性に着目し，原因となる特性の分析を行い，克服策の提案をしている。

岡野（1996, 1997, 1998, 2000a, 2000b, 2003）は，海外拠点との共同開発・設計などグローバルな製品開発において，原価企画活動の効果的展開のため，国際分業の深化や「海外展開」，デザイン・インのグローバル化や，国際比較，概念フレームワークの構築について検討・分析を行うとともに，海外企業における原価企画の取り組みとして，積極的に原価企画を導入しているアメリカの企業を取り上げ検討している。

イタリアの企業への原価企画の導入事例に関する研究をもとに，伊藤嘉博（1999）は，知識創造プロセスの移転とその実践について分析を行っており，加登（1999）は本社・事業部の関係から，清水信匡（1999）はVEの導入プロセスから，岡野（1999）は人材マネジメント・システムとしての原価企画のあり方から分析を行っている。

海外で原価企画を展開している企業への調査として，伊藤・モーセン（2000）は，原価企画を海外に移転すべきか親会社に集中すべきかという原価企画の分散と集中の問題について，効果的に実現している企業への調査による分析を行っている。長屋（1999）はアメリカに進出している日系自動車企業の原価企画の状態に対する調査を行っている。中川（2005a, 2005b）は，タイ，アメリカおよびヨーロッパの日系企業における原価企画についてアンケート調査・分析を行い，原価企画の現地への適用の地域差について検討を行っている。

海外における原価企画と日本の原価企画とを比較する研究として，谷（1996a, 1996b）は，原価企画の海外移転や海外への発信を念頭に原価企画のエレメントを考察するとともに，ドイツにおける原価企画の展開の観察を通じた日独の比較を行うことで，原価企画の本質と海外への展開について検討している。尾畑（2000）は，ドイツにおける原価企画の状況を分析し，日本とドイツにおけ

る原価企画の展開の違いについて指摘している。田中・関谷（1996）は，自動車関連企業へのアンケート調査による原価企画の日米独比較を行い，原価企画の観点から，新製品の開発管理体制，開発管理システム，開発諸目標の達成方策などの面で日本メーカーの先行性を指摘している。

　原価企画の発展・変化に関する議論として，門田（1993b: 42）は，トヨタ自動車が原価企画・原価改善・原価維持を開発したものであり，その体系と内容の起源を探ることは，「トヨタ自動車においてこれらの用語・概念・システムがいつ，どのように生み出されてきたかを調べることになる」として，トヨタ自動車の社史をもとに，原価企画の起源や発展について検討している。また，畑田（1999）は，トヨタ自動車における原価企画の生成・確立過程について検討している。

　丸田（2006, 2009, 2011, 2013）は，原価企画の系譜を明らかにするため，トヨタ・パブリカ開発における原価企画の実状や背景，原価企画という管理会計技法の生成を促した状況や要因，1950年代から1960年代前半にかけての原価企画の実践やその形成・伝播について検証し，原価企画の成立にかかる経緯を明らかにしている。本間（2013）は，トヨタ・パブリカ開発において，特定個人が重量配分を原価割付に応用できた理由と，仕入先に対する強力なコストダウン要請が実現した理由について検討を行っている。

　諸藤（1999, 2007, 2009a, 2009b, 2010, 2011, 2013）は，「原価企画にコミットする組織単位やその組織成員は，自律的組織であるといえる」（2013: 182）とし，部門間インタラクションや複数プロジェクト原価企画活動について分析を行い，その変化を進化プロセスとして捉えて検討・分析を行っている。

　清水孝（1998）は，トヨタ自動車の新製品開発組織における，従来の原価企画の変化について検討している。卜（2009）は，原価企画研究の生成と発展の過程を年代別に区分して原価計算研究の傾向について分析している。西居ほか（2010）は，原価企画に関連する諸要素の変化とその程度について定量的／定性的に把握するため，質問票郵送調査とインタビュー調査に基づき，原価企画を取り巻く環境や原価企画の導入状況，業績評価との関連などについて検討を行っている。

　吉田（2004, 2012b）は，管理会計チェンジ研究として，制度論的パースペ

クティブによる原価企画の導入と変更の整理を行い，制度論的パースペクティブに基づく事例と，普及論に基づく事例の分析をしている。近藤隆史（2004）と近藤・吉田（2005）は，管理会計チェンジ研究として電気機器メーカーにおける原価企画導入から成果に至る調査を行い，制度論的パースペクティブに依拠して分析を行っている。

コスト・マネジメントの視点から原価企画を検討する議論については，伊藤克容（2005）は，コスト・マネジメント手法が効果的に機能するための経営戦略について考察するため，コスト・マネジメント手法である原価企画を経営戦略の観点から取り上げ，検討を行っている。梶原ほか（2008）は，コスト・マネジメント研究に関する研究フレームワークを提示し，具体例として原価企画にフレームワークを適用して，先行研究の整理と研究課題の抽出を試みている。吉田・福島（2010）と吉田ほか（2008a, 2008b, 2012）は，日本の製造業に対する郵送質問票調査に基づき，コスト・マネジメント手法としての原価企画やミニプロフィットセンター制の利用とその効果に対する組織コンテクストの影響について検証を行っている。

大崎（1993）は，製造段階のCIMの構築により，製造段階における原価低減可能性の低下と原価企画の役割について検討している。田中雅康（1998）は，原価企画・原価改善・原価維持の機能について検討し，原価企画の重要性や改善・維持活動との関連性について指摘している。畑井ほか（2013）は，製造業3社へのインタビュー調査に基づき，原価企画と原価改善の関係性に焦点を当て，両者が影響し合いながら実施されている事例について検討を行っている。

卜（2001, 2004）は，競争戦略の視点から原価企画について検討を行い，「競争直面戦略を実施する基本的なツールである」（卜, 2001: 41）としているほか，情報技術の進展により情報の非対称性が変化した経営環境における原価企画の役割と，情報技術の進展に伴う原価企画活動の進化について検討している。陸（2003, 2005）は，アンケート調査に基づく実証分析により，企業の集団成熟度による原価企画推進成果との関連や，製造戦略のタイプと先端製造技術のレベル，統制システムとしての原価企画のレベルによる企業の成果に及ぼす影響について分析を行っている。楊（2006）は，日本における原価理論の発展を踏まえて，原価企画と標準原価との違いについて検討を行い，数量的視点から価値

的視点への変化に着目して説明している。

　加藤・望月（2010）は，原価企画を製品プロジェクトの進行の可否を判断する意思決定支援に利用する傾向が見受けられるとして，原価企画の新たな役割期待として意思決定支援の機能について検討を行っている。望月・加藤（2011）は，事例の分析から，原価企画における業績評価について責任会計論の観点から考察を行い，組織横断的なプロジェクト組織における原価企画と活動評価基準責任会計の概念との一致点を指摘している。林（2010）は，「イノベーション見える化グラフ」を提示し，原価企画とイノベーションの促進・阻害について検討を行い，原価企画の貢献と逆機能について説明している。山本ほか（2010）は，郵送質問票調査に基づき，原価企画を実施している日本企業において環境不確実性と報酬とインタラクションと成果の関係について分析を行っている。長谷川泰隆（2000, 2001a, 2001b）は，原価企画の本家である自動車メーカーのリコールコストについて研究を行い，既存の原価企画論に対して問題を提起している。上東（2005）は，新製品の開発投資においてマーケティングや原価企画担当が投資意思決定に必要なデータを提供するため，投資計画の精度を精緻にするために原価企画の意義が高いとして，原価企画の投資意思決定への影響を検討している。奥山（2005）は，投資家を意識することによって，原価企画とライフサイクル・コスティングを代表とするコスト・マネジメントにおいて提供される情報への質的・量的変化と会計情報の意義について検討している。

　田坂（2005, 2008）は，原価企画に関する先行研究のレビューから，原価企画研究の研究アプローチや発展段階について検討している。さらに，わが国と欧米の原価企画研究アプローチの対比によって，欧米における原価企画研究の特徴について検討している。田坂（2014）は，新興国向け新製品の開発における原価企画について，自動車部品メーカーへの調査を行い，特徴と課題について検討を行っている。

5　おわりに

　本章では，原価企画研究の総括のため，原価企画に関する研究を会計的計算

構造に関する研究と管理機能に関する研究とに分け，中でも加工組立型産業に属さない事例に基づく研究を分けた。さらに原価企画の調査研究や海外展開，逆機能などに関する研究を別にまとめた。分類にあたっては，主たる主張・指摘・分析に関連する議論を軸に，初出論文や代表的文献を中心に選び，発表年と著者がまとまるように心掛けた。このため，複数の論点について検討している文献は，研究の一部を取り上げるに留まるなど，すべての文献を分類ごとに網羅して整理することはできていない。また，わが国の原価企画研究の状況を総括するため，日本語の原価企画研究論文を中心に，可能な限り多く検討することを目指した。残念ながら事例紹介を主とするものや，主とする議論が異なるものなどは割愛している。

　産業別分類については，さらなる検討が必要だと考える。牧戸（1999, 2000）と牧戸ほか（1999）は，グローバル・マーケット・シェアや事業のライフサイクルが，原価企画の導入や効果に影響していることを指摘している。このことから，原価企画事例の分析にあたっては，原価企画を展開している企業の経営環境などにも配慮する必要があることがわかる。ただ，先行研究を読み解くとき，この分析を行うことは困難であるため，比較的判断しやすい基準を選ぶ必要があった。たとえ，加工組立型産業に依拠する議論かどうかという基準による分類に課題があったとしても，原価企画を総括するという目的であれば，十分機能していると考えている。この点については，今後の研究における課題としたい。

● 注

1　「原価企画の領域は，広義に解するとき」は，総合計画の段階も入る（登・門田, 1983: 106）としている。
2　田中雅康は実質的なコスト・エンジニアリング活動が「幾つかの主要企業」で「原価企画」という名称で展開されているとし「原価企画と同義とみなし」(1984: 1 , 1985: 51)ている。
3　割付法は控除法と，統合法は折衷法と同じ。
4　櫻井は，この論文における原価企画の定義を「製品の企画・設計の段階から生産に至るまで，製造，技術，開発，販売，経理など企業の関連部署の総意を結集して，総合的原価引下げを意図した原価管理の手法である」(櫻井, 1988: 19) とし，また「原価企画は，(1)製品企画─顧客のニーズを満たす製品を企画し，(2)目標原価の設定─その製品の目標原価を決めてそれを設計上でVE的に達成し，(3)原価改善─製造活動の実施上でその目

標原価を実現するプロセス，からなる」（櫻井，1988: 20）ともしており，生産段階における原価低減活動を含む定義による分析を行っている。
5　サービス業の原価企画として，会計計算構造の議論に限定せず，岡田・荒井（2009）は，サービス業における戦略的コスト・マネジメントが必要だとしてサービス原価管理論について検討を行い，その中でサービス業の原価企画について指摘している。また岡田（2010）はサービス開発の論理の整理・体系化や実態の分析を行っているほか，岡田・堀（2014）は，サービス原価企画の実態をより正確に捕捉することを目指し，日本の第三次産業に分類される上場企業に対するアンケートによる実態調査と分析を行っている。
6　田中雅康による原価企画に関する研究は，特に多岐にわたり数多くあり，ここですべてを挙げることはできないため，初出論文や代表的な論文に限定している。また貴重な論文や助言をいただいた。ここに深く感謝申し上げる。
7　原価企画の逆機能について，日本会計研究学会は「意図されない欠点や盲点としての逆機能が存在する」（日本会計研究学会，1996: 121）としているが，田中隆雄（1994a: 17）は，「原価企画の負の効果として，『原価企画の逆機能』と呼ぶ見解」について，「原価企画の失敗として取り扱われるべき」であり，「原価企画はこうした現象を不可避的に発現させる逆機能を内包しているわけではな」く，「製品開発管理に問題があるわけで，原価企画の逆機能が不可避的に導く現象とは言い難い」としている。

【参考文献】

Shank, J. K. and V. Govindarajan (1993) Strategic Cost Management : The New Tool for Competitive Advantage, New York : Free Press（種本廣之訳（1995）『戦略的コストマネジメント：競争優位を生む経営会計システム』日本経済新聞社）．

青田英輔（1992）「複写機事業での原価企画活動」『JICPAジャーナル』第4巻第3号：66-71。
荒井耕（2009a）「日本医療界における診療プロトコルマネジメントの展開―医療サービス原価企画への進化―」『會計』第176巻第3号：92-107。
―――（2009b）「済生会熊本病院における診療プロトコル開発活動の展開：医療サービス原価企画の先進事例」『産業經理』第69巻第3号：82-95。
―――（2010a）「日本医療界における診療プロトコル開発活動を通じた医療サービス原価企画の登場 ―その特質と支援ツール・仕組みの現状―」『原価計算研究』第34巻第1号：56-65。
―――（2010b）「DPC環境下の病院原価計算―病院特性別の実施状況分析―」『会計プログレス』第11号：1-11。
―――（2010c）「DPC環境下の診療プロトコル原価企画の実態―病院特性別の実施状況分析―」『産業經理』第70巻第3号：85-99。
―――・栗栖千幸（2010）「管理会計による診療プロトコル原価企画本格化の可能性―DPC対象病院アンケート調査を基に」『企業会計』第62巻第8号：129-138。
有賀將雄（1996）「キヤノンの原価企画」『企業会計』第48巻第11号：47-55。
伊藤和憲（1995a）「日産自動車の購買管理と原価企画」田中隆雄・小林啓孝編著『原価企画戦略』中央経済社：185-204。
―――（1995b）「原価企画の本質と目標原価のあり方」『品質』第25巻第3号：11-16。

―――（1998）「新製品の統合的コスト・マネジメント」『品質』第28巻第2号：33-39。
―――（2008）「原価企画の実態調査」『会計学研究』第34号：19-37。
―――・モーセン・スイシー「原価企画における集中と分散の新たなアプローチ」『企業会計』第52巻第9号：132-137。
―――・田坂公（2002）「原価企画活動におけるコスト・テーブルの意義」『産業経理』第62巻第3号：40-48。
伊藤克容（2005）「コスト・マネジメントにおける経営戦略概念についての考察―ポジショニング・アプローチと学習アプローチの相補関係―」『経理研究』第48号：165-178。
伊藤嘉博（1992）「変革を迫られる原価企画―製造物責任・地球環境保全論議の高まりのなかで―」『産業経理』第52巻第1号：73-82。
―――（1994）「原価企画と品質管理―品質機能展開とタグチ・メソッドを中心とした考察―」『成蹊大学経済学部論集』第25巻第1号：75-98。
―――（1995）「製品開発とライフサイクル・コスティング」田中隆雄・小林啓孝編著『原価企画戦略』中央経済社：43-61。
―――（1999）「日本的知識創造プロセスの海外移転の可能性と困難性―イタリア企業における原価企画導入プロジェクトに関するフィールドリサーチ―」『国民経済雑誌』第179巻第2号：13-30。
―――（2001）「わが国の環境管理会計の現状と課題」『税経通信』第56巻第15号：33-40。
―――（2006）「環境配慮型原価企画の課題」『會計』第170巻第4号：27-41。
稲場建吾（2003）「原価企画とVEの関係に関する一考察」『岩手県立大学宮古短期大学部研究紀要』第14巻第2号：76-89。
―――（2005）「原価企画と日本的なバイヤー／サプライヤー関係に関する一考察」『岩手県立大学宮古短期大学部研究紀要』第16巻第2号：1-13。
井上信一（1993）「オーバーラップ型研究開発と原価企画の国際移転：グローバル化した日本企業への実態調査」『産業経理』第52巻第4号：52-65。
―――（2001）「デザイン・インと原価企画の国際移転再考―1992年と1997年の比較を中心に―」『香川大学経済論叢』第74巻第3号：71-91。
岩淵吉秀（1992）「原価企画の機能―情報共有化と知識創造の観点から」『企業会計』第44巻第8号：41-47。
―――（1994）「原価企画における場のマネジメント」『會計』第146巻第3号：29-40。
―――（1995a）「原価企画による組織変革の促進」『甲南経営研究』第35巻第1・2号：27-44。
―――（1995b）「戦略的コスト・マネジメントとしての原価企画」『原価計算研究』第19巻第1号：21-30。
上東志麻（2005）「投資意思決定における原価企画の有用性」『経理研究』第48号：345-354。
海老坂外幸（1990）「新車開発段階における原価管理」『経営実務』第438号：32-39。
大崎美泉（1993）「CIMと原価企画」『大分大學経済論集』第45巻第2・3合併号：36-55。
庵谷治男（2009）「サービス業におけるコスト・マネジメントの限界と原価企画の適用可能性―原価計算の技術的側面と利用目的的側面から―」『商学研究紀要』第68号：207-218。
大槻晴海（2003a）「原価企画におけるコストベンチマーキングの意義」『原価計算研究』第27巻第1号：73-82。
―――（2003b）「原価企画における原価見積システム構築のための概念的フレームワーク」

『會計』第164巻第5号：72-85。
――――（2004）「原価企画における原価見積システムのアーキテクチャ―フィードフォワード・アプローチによる戦略的コントロール概念に基づいて―」『産業経理』第64巻第1号：86-95。
岡田幸彦（2007）「サービス原価企画の理論的考察　サービス・マネジメント論を中心として」一橋大学日本企業研究センター編『日本企業研究のフロンティア　第3号』有斐閣：107-126。
――――（2010）「サービス原価企画への役割期待―わが国サービス分野のための研究教育に求められる新たな知の体系の構築に向けて―」『會計』第177巻第1号：63-78。
――――・荒井耕（2009）「わが国サービス原価管理論の展望」『原価計算研究』第33巻第1号：54-63。
――――・堀智博（2014）「サービス原価企画の実態分析」『會計』第185巻第6号：82-94。
岡野浩（1993）「日本的管理会計理論の可能性―会計における可視性と不可視性―」『會計』第143巻第2号：16-30。
――――（1995a）「原価企画と製品開発―トヨタ自動車を中心として―」大阪市立大学経済研究所　明石芳彦・植田浩史編『日本企業の研究開発システム』東京大学出版会：63-82。
――――（1995b）「原価企画の類型化―会計機能の分散化と統合化との関わりから―」『會計』第147巻第4号：17-27。
――――（1995c）「原価企画の有用性向上アプローチ―原価企画との関連から―」『企業会計』第47巻第12号：54-60。
――――（1995d）『日本的管理会計の展開「原価企画」への歴史的視座』中央経済社。
――――（1995e）「原価企画・戦略・組織―原価企画研究の方向性」『経営研究』第46巻第4号：1-12。
――――（1997）「製品開発のグローバル化と原価企画―概念フレームワークへの試案―」『産業経理』第57巻第1号：88-94。
――――（1998）「欧米企業における原価企画実践の現状―CAM-I原価企画プロジェクトを中心として」『企業会計』第50巻第6号：46-52。
――――（1999）「人材マネジメント・システムとしての原価企画―イタリア自動車部品メーカーにおける目標管理（MBO）の事例研究―」『国民経済雑誌』第179巻第2号：31-45。
――――（2000a）「日本的管理会計のグローバリゼーション―原価企画の国際比較―」『會計』第157巻第3号：15-25。
――――（2000b）「ボーイング社およびクライスラー社における原価企画の浸透プロセス―原価企画のグローバル展開についての事例研究―」『競争優位の管理会計』中央経済社：63-79。
――――（2002）『日本的管理会計の展開「原価企画」への歴史的視座（第2版）』中央経済社。
――――（2003）『グローバル戦略会計』有斐閣。
――――（2004）「日本的管理会計の変容―社会的・制度的アプローチからみた原価企画―」『會計』第166巻第5号：66-76。
――――（2006）「管理会計の受容と創造―計算モデルとしての原価企画とABCとの差異―」『経営研究』第57巻第1号：1-13。
――――（2012）「原価企画の文化史的含意―動詞化・述語的包摂による文化編集の視点か

ら―」『會計』第182巻第4号：25-38。
奥山茂（2005）「資本市場志向のコストマネジメントの意義―管理会計ツールとしての原価企画とライフサイクル・コスティングの同質性に関連して―」『商経論叢』第41巻第1号：1-21。
尾畑裕（2000）「ドイツにおける原価企画の受容と展開」『會計』第157巻第3号：26-38。
上總康行（1995）「成長志向型原価管理の終焉―現代原価管理の動向―」『名城商学』第45巻第3号：29-55。
―――（1997）「現代企業のコスト管理―グローバル企業への酷しい道―」『京都経済短期大学論集』第4巻第2号：65-83。
―――（1999）「戦略的計画設定と予算管理との結合―戦略的管理会計論に関する一考察―」『経済論叢』第164巻第6号：103-124。
―――（2014）『ケースブック管理会計』新世社。
梶原武久（2009）「環境配慮型設計と原価企画 ―サーベイ調査に基づく予備的考察―」『国民経済雑誌』第199巻第6号：11-28。
―――・吉田栄介・山田伊知郎（2008）「コスト・マネジメント研究の回顧と展望」『国民経済雑誌』第198巻第1号．133-149。
加登豊（1990a）「原価企画と管理会計―松下電工㈱Ａ工場の取り組み」『国民経済雑誌』第162巻第2号：15-35。
―――（1990b）「原価企画活動の新展開―ダイハツ工業㈱の事例」『會計』第138巻第4号：46-62。
―――（1992）「原価企画の意味―日産自動車の事例―」『国民経済雑誌』第166巻第1号：101-132。
―――（1993）『原価企画―戦略的コストマネジメント』日本経済新聞社。
―――（1994a）「原価企画の逆転機能とその克服」『原価計算研究』第18巻第1号：16-26。
―――（1994b）「自動車産業におけるサプライヤー関係―製品開発・原価企画活動の海外移転のための基礎分析―」『現代企業の管理システム』税務経理協会：197-219。
―――（1997）「原価企画の海外移転に関する予備的考察」『国民経済雑誌』第175巻第6号：29-47。
―――（1999）「事業部・本社関係が原価企画普及活動に及ぼす影響―Magneti Marelli社電子システム事業部の事例―」『国民経済雑誌』第179巻第2号：61-83。
―――（2000）「日本的管理会計の海外移転―手法主導型導入とコンセプト主導型導入の比較分析―」『會計』第157巻第3号：59-76。
―――・橋元理恵・平岡幸一郎・博野英二（1996）「流通業における原価企画」『會計』第149巻第1号：113-127。
加藤典生（2005）「サプライヤーとバイヤーとの関係が原価企画に及ぼす影響」『大学院研究年報 理工学研究科篇』第35号：89-100。
―――（2006a）「原価企画におけるサプライヤーの実態―サプライヤーの疲弊を中心に―」『経理研究』第49号：395-409。
―――（2006b）「原価企画におけるサプライヤーの疲弊を防ぐメカニズムの研究―アイシン機構の調査を踏まえて―」『企業研究』第10号：203-221。
―――（2007）「原価企画におけるホールドアップ問題―サプライヤーの疲弊を防ぐメカニズムの援用可能性の検討―」『産業経理』第67巻第3号：136-145。

─────（2009）「原価企画と直接原価計算の結合可能性に関する一考察—サプライヤーの疲弊問題との関係から—」『商学論纂』第50巻第5・6号：97-121。

─────（2010）「原価企画におけるサプライヤーの疲弊問題の論点」『大分大学経済論集』第62巻第1号：23-49。

─────（2011）「競争優位を獲得するための原価企画研究の課題：逆機能に焦点を当てて」『大分大学経済論集』第63巻第4号：117-146。

─────（2013）「サプライヤーにおける原価企画導入問題—サプライヤーの疲弊軽減とコスト競争力向上を中心に—」『産業経理』第73巻第1号：93-101。

─────（2014）「原価企画における心理学研究の重要性」『商学論纂』第55巻第4号：21-40。

─────・望月信幸（2010）「原価企画に求められる役割期待の多様化—意思決定支援機能が及ぼす業績評価とサプライヤーの疲弊問題への影響」『企業会計』第62巻第12号：73-80。

川嶋正人（1996）「日産自動車の原価企画」『企業会計』第48巻第11号：56-63。

川野克典（2010）「受注ソフトウェア制作の管理会計の現状と今後」『原価計算研究』第34巻第1号：11-21。

木下和久（2005）「原価企画における時間管理の重要性」『原価計算研究』第29巻第2号：27-35。

─────（2006a）「リコール問題に起因する業績悪化—時間管理の視点から—」『原価計算研究』第30巻第1号：65-75。

─────（2006b）「製品ライフサイクルの短縮と原価企画」上總康行・澤邉紀生編著『次世代管理会計の構想』中央経済社：83-97。

─────（2006c）「建設業における原価企画の展開—希望社における原価削減事例調査を中心として—」『経済論叢』第178巻第4号：101-116。

─────（2011）「建築設計における原価企画活動—希望社建築事例の分析—」『メルコ管理会計研究』第4号-II：43-50。

木村勝利（1992）「商品を軸とした原価企画活動」『JICPAジャーナル』第4巻第3号：61-65。

木村彰吾（2008）「企業間管理会計設計における「貸し借り」の役割」『原価計算研究』第32巻第1号：33-41。

神戸大学管理会計研究会（1992）「原価企画の実態調査【1】～【3】」『企業会計』第44巻第5号：86-91，第6号：74-79，第7号：84-89。

─────（1993）「原価企画の実態調査〔第2部〕原価企画のコンティンジェンシー理論【1】～【3】」『企業会計』第45巻第4号：75-81，第5号：113-119，第6号：77-84。

窪田祐一（2001）「原価企画における組織間インターラクティブ・コントロール・システム」『原価計算研究』第25巻第2号：10-18。

─────（2003）「製品開発の新展開と組織間コスト・マネジメント—サプライヤーの疲弊の存在と克服」『経営総合科学』第81号：17-42。

古賀健太郎・松尾貴巳（1996a）「原価企画の類型と事業戦略に関する理論と実証」『三菱総合研究所所報』第29号：68-87。

─────（1996b）「原価企画の類型と事業戦略」『企業会計』第48巻第7号：118-124。

國部克彦・中嶌道靖（2003）「リコーの環境会計：ベスト・プラクティスの研究」『国民経済雑誌』第188巻第3号：41-56。

小林哲夫（1996）「ライフサイクル・コストと原価企画」『国民経済雑誌』第173巻第3号：1-13。

小林啓孝（1990）「原価管理とVE」『會計』第137巻第3号：62-74。

─── (1995a)「製品開発と原価企画」田中隆雄・小林啓孝編著『原価企画戦略』中央経済社：25-42。
─── (1995b)「製品開発戦略と原価企画」『慶應経営論集』第12巻第3号：169-181。
近藤隆史 (2000a)「原価企画活動におけるプロダクト・マネージャーの役割」『企業会計』第52巻第7号：117-122。
─── (2000b)「原価企画でのプロダクト・マネージャーの意味づけ―システム分化の視座から―」『六甲台論集 経営学編』第47巻第2号：19-37。
─── (2004)「原価企画の導入に関する予備的考察：ある電気機器メーカーの事例研究」『経営と経済』第84巻第2号：81-118。
─── (2007)「わが国における自動車リコールと原価企画の関係」『経営と経済』第87巻第3号：137-168。
───・吉田栄介 (2005)「制度論的パースペクティブに基づく原価企画の導入と変更の経時的ケース研究」『會計』第167巻第3号：103-116。
近藤恭正 (1988)「わが国製造企業の管理会計実務―某自動車メーカーの事例（覚書）―」『同志社商学』第40巻第2号：96-106。
─── (1989a)「原価管理の変貌―技術志向から市場志向へ―」『同志社商学』第40巻第6号：1-25。
─── (1989b)「ターゲット・コストの策定プロセスに関する一考察―自動車メーカーの事例に関連して―」『同志社商学』第41巻第1号：94-110。
─── (1989c)「新製品開発段階における試作図面設計とその特徴点―自動車メーカーの目標コスト達成活動に関連して―」『同志社商学』第41巻第3・4号：320-335。
─── (1990a)「新製品開発段階における量産図面設計及び生産移行準備プロセスとその特徴点―自動車メーカーの目標コスト達成活動に関連して―」『同志社商学』第41巻第5号：1-13。
─── (1990b)「新製品開発段階のターゲット・コスト（計画コスト）の設定プロセスとその特徴点―自動車メーカーの事例に関連して―」『社会科学』第44号：1-26。
─── (1990c)「原価管理の変貌：技術志向パラダイムから市場志向パラダイムへ」『會計』第137巻第4号：64-78。
─── (1991a)「原価企画における管理会計の役割―セクション志向からチーム志向へ―」『原価計算』第303号：1-10。
─── (1991b)「原価企画に関する一参考―管理会計の研究対象としての位置づけについて―」『同志社商学』第42巻第4・5号：201-218。
櫻井通晴 (1986)「ソフトウェア原価管理」『産業経理』第46巻第2号：11-21。
─── (1988)「ハイテク環境下における原価企画（目標原価）の有効性」『企業会計』第40巻第5号：17-23。
─── (1991)『CIM構築 企業環境の変化と管理会計』同文舘出版。
佐藤亀雄・武田憲勝 (1996)「ゼクセルの原価企画」『企業会計』第48巻第11号：73-81。
佐藤成紀 (1994)「東芝の原価企画」『企業会計』第46巻第7号：41-47。
─── (1999)「ABCと原価企画の接点をめぐる一試論」『會計』第155巻第1号：82-94。
佐藤嘉彦 (2000)「原価企画プロセスにおける管理技術に関する考察」『原価計算研究』第24巻第1号：11-18。
澤本和男 (1996)「三菱電機中津川製作所の原価企画」『企業会計』第48巻第11号：64-72。

清水孝(1998)「組織間活動による新規事業戦略の創発―トヨタ自動車の原価企画を超えた新たな挑戦―」『早稲田商学』第378号:133-151。
清水信匡(1992)「集団的知識活動としての原価企画における目標原価情報の役割」『企業会計』第44巻第10号:91-96。
─────(1995)「「原価企画」における「原価の作り込み」の概念」『會計』第147巻第4号:28-41。
─────(1996)「利益管理活動としての原価企画の意味内容―「作り込み」の概念の検討を通して―」『會計』第149巻第2号:75-87。
─────(1999)「原価企画海外移転の困難性―Magneti Marelli社のVE導入事例を中心として―」『国民経済雑誌』第179巻第2号:47-59。
─────(2001)「原価企画における目標原価設定の理論」『會計』第160巻第5号:56-68。
─────(2002)「原価企画が管理会計になったとき」『會計』第162巻第12号:28-41。
─────・岩淵吉秀(1995)「自動車産業の原価企画の現状と問題点」日本証券経済研究所編『日米自動車産業の経営分析』日本証券経済研究所:103-146。
蒋飛鴻(2012)「環境配慮型設計を組み込んだ原価企画」『経営論集』第59巻第1・2号:117-128。
末松栄一郎(1997)「企業環境変化と原価企画の対応―発生基準原価計算からキャッシュフロー原価計算への転換―」『経営経理研究』第58号:109-129。
─────(1999)「汎用投資の製品別回収計画―汎用投資回収目標額の設定方法―」『産業経理』第59巻第1号:74-82。
鈴木新(2011)「バリューエンジニアリングの正統性―原価企画の社会学的分析に向けて―」『メルコ管理会計研究』第4号-Ⅰ:13-22。
妹尾剛好・福島一矩(2012)「日本企業における原価企画の探索的研究―製造業と比較したサービス業の実態―」『原価計算研究』第36巻第1号:45-57。
園田智昭(1998)「戦略的外注管理会計」『三田商学研究』第41巻第3号:47-63。
高橋史安(1995)「カシオ〈電卓事業部〉の原価企画」田中隆雄・小林啓孝編著『原価企画戦略』中央経済社:131-148。
田坂公(2001)「原価企画が適する新製品のタイプ―マーケティング戦略と原価企画の結合―」『専修社会科学論集』第27号:217-236。
─────(2002)「ABCの活用によるコスト・テーブルの構築―原価企画への提言―」『原価計算研究』第26巻第2号:52-61。
─────(2003)「原価企画へのコスト・ドライバー分析の活用―Shank & Govindarajanの見解を中心として―」『原価計算研究』第27巻第1号:61-72。
─────(2004)「BSCを活用した原価企画―Ansari [1997], Kaplan [2003]に基づく改善提案―」『専修大学経営研究所報』第160号:1-15。
─────(2005)「原価企画の発展段階における研究アプローチと展望」『経理研究』第48号:367-380。
─────(2007)「ABCと原価企画の統合可能性」『経理研究』第50号:283-293。
─────(2008)「欧米とわが国の原価企画研究アプローチ―文献レビューを中心として―」『商学論纂』第49巻第3・4号:21-50。
─────(2010a)「原価企画の建設業への適用と原価企画の未来像―㈱フジタのケースを中心として―」『久留米大学商学研究』第16巻第1号:113-131。

───（2010b）「原価企画の本質と適用可能性─㈱フジタのケースを中心として」『企業会計』第62巻第11号：120-127。
───（2010c）「原価企画の新展開と課題─サービス業への適用可能性─」『久留米大学商学研究』第16巻第2号：49-69。
───（2012）「サービス業における戦略的コスト・マネジメント─原価企画の本質からの考察─」『久留米大学商学研究』第17巻第3・4合併号：61-87。
───（2014）「新興国市場における原価企画の留意点─先進国市場との比較の視点から─」『商学論纂』第55巻第4号：167-189。
───・矢澤信雄（2006）「原価企画とライフサイクル・コスティングの結合─CSRの視点から─」『原価計算研究』第30巻第1号：44-53。
田中隆雄（1990）「自動車メーカーにおける新製品開発と目標原価─トヨタの原価管理」『企業会計』第42巻第10号：14-23。
───（1991）「トヨタの原価企画とカイゼン予算」田中隆雄編著『フィールド・スタディ現代の管理会計システム』中央経済社：29-58。
───（1994a）「原価企画の基本モデル─トヨタの原価企画を参考に─」『會計』第145巻第6号：1-19。
───（1994b）「市場競争戦略と原価企画」『企業会計』第46巻第7号：25-33。
───（1995a）「市場競争戦略と原価」田中隆雄・小林啓孝編著『原価企画戦略：競争優位に立つ原価管理』中央経済社：3-24。
───（1995b）「松下電器「画王」の原価企画」田中隆雄・小林啓孝編著『原価企画戦略：競争優位に立つ原価管理』中央経済社：65-96。
田中雅康（1977）「原価工学におけるターゲット・コストの役割」『理大経営工学研究報告集』第1巻：81-89。
───（1980）「DTCと設計原価管理」『原価計算』第233号：21-31。
───（1981）「原価管理の展開─技術与件決定プロセスにおける原価管理」『原価計算』特別号第12冊：3-32。
───（1984）「日本におけるコスト・エンジニアリングの展開─製品に関するcost engineeringの実態調査を踏まえて─」『原価計算』特別号第18冊：37-66。
───（1984）「コスト・エンジニアリングの本質と日本の現状について」『原価計算』第274号：1-58。
───（1985）「新製品開発と原価企画」『企業会計』第37巻第2号：51-58。
───（1986a）「コスト・テーブルの本質と活用」『原価計算』第281号：35-53。
───（1986b）「製品開発におけるプロフィット・エンジニアリングについて（下）」『原価計算』第283号：28-61。
───（1987）「製品の開発設計段階における原価見積の方法」『原価計算』特別号第22冊：58-88。
───（1989）「製品の開発設計段階における原価管理(8)」『経営実務』第423号：42-58。
───（1990）「日本における原価企画の現状と課題」『原価計算』特別号第28冊：43-65。
───（1991～1993）「『原価企画に関する実態調査』の結果について(1)～(8)」『バリュー・エンジニアリング』第145号：5-11，第148号：37-42，・第150号：27-31，第151号：31-36，第152号：15-21，第153号：15-20，第155号：9-13，第156号：5-10。
───（1992a）「原価企画の本質と推進」『商学論纂』第33巻第2・3号：1-29。

────（1992b）「原価企画の現状と課題」『JICPAジャーナル』第4巻第3号：53-60。

────（1993）「原価企画の進め方［Ⅶ］―売価設定の方法―」『IEレビュー』第34巻第3号：61-67。

────（1994）「原価企画のキーコンセプトとその発展」『原価計算研究』第18巻第1号：1-15。

────（1995）『原価企画の理論と実践』中央経済社。

────（1997）「原価企画における売価設定法に関する研究」『経理研究』第41号：262-274。

────（1998）「原価維持から原価企画・原価改善の原価管理へ」『企業会計』第50巻第2号：63-72。

────（2001～2002）「先進企業の原価企画 第1回～第4回」『企業会計』第53巻第11号：102-111，第12号：121-130，第54巻第1号：149-159，第2号：97-104。

────（2002）『利益戦略とVE』産能大学出版部。

────（2005）「日本の主要企業における原価企画の課題」『企業会計』第57巻第2号：4-12。

────（2012）「新製品開発段階における望ましい原価見積システムのための前提事項と整備事項」『経理研究』第55号：266-280。

────・大槻晴海（2004a）「原価企画活動の評価について(1)～狭義の原価企画を対象として～」『バリュー・エンジニアリング』第221号：9-14。

────・────（2004b）「原価企画活動の評価について(2)～広義の原価企画を対象として～」『バリュー・エンジニアリング』第222号：31-36。

────・────・井上善博（2007）「日本の主要企業の原価企画（第1回～第6回）」『企業会計』第59巻第2号：105-114，第3号：121-128，第4号：55-63，第5号：70-77，第6号：106-117，第7号：71-79。

────・奥原正夫（2006）「日本の主要企業の原価企画の現状と課題および解決方法」『バリューエンジニアリング』第237号：21-27。

────・小柴達美・藤田敏之・佐藤幸治（1997）「日本の先進企業における原価企画の実態と動向の分析（第1回～第4回）」『企業会計』第49巻第7号：89-96，第8号：88-96，第9号：152-159，第10号：89-96。

────・田中潔・大槻晴海・井上善博（2010）「日本の主要企業の原価企画(1)～(6)」『企業会計』第62巻第2号：68-74，第3号：120-128，第4号：120-127，第5号：114-123，第6号：111-123，第7号：123-130。

────・────・増田譲二・管康人・眞田崇（2014）「主要企業における原価企画の現状と課題(1)～(10)」『企業会計』第66巻第3号：66-71，第4号：106-111，第5号：138-144，第6号：116-122，第7号：136-141，第8号：126-131，第9号：146-151，第10号：144-149，第11号：122-127，第12号：141-149。

────・関谷和之（1996）「原価企画に関する日米比較―自動車・同関連企業の実態調査に基づいて―」『産業経理』第56巻第1号：23-33。

田中嘉穂（2002）「標準原価設定の役割―標準原価管理と原価企画との関連に関して―」『香川大学経済論叢』第75巻第2号：299-319。

谷武幸（1994a）「原価企画におけるインターラクティブ・コントロール」『国民経済雑誌』第169巻第4号：19-38。

────（1994b）「リエンジニアリングと管理会計―インターラクティブ・コントロールを接点として」『企業会計』第46巻第5号：26-31。

――――(1995)「コンカレント・エンジニアリング―原価企画を超えて」『企業会計』第47巻第6号：26-30。
――――(1996a)「原価企画のエレメント：日独比較」『国民経済雑誌』第173巻第3号：35-49。
――――(1996b)「日本的管理会計の課題―原価企画を中心に―」『會計』第149巻第4号：45-58。
――――(1999)「2つのコストテーブルとその機能」『国民経済雑誌』第179巻第2号：1-11。
――――・清水信匡・岩淵吉秀・福田淳児(1993)「原価企画の会議体での相互作用」『會計』第144巻第3号：380-392。
谷守正行・田坂公(2013)「銀行業への原価企画適用の事例研究―サービス業における原価企画の進展―」『産業経理』第73巻第3号：66-76。
種子田穣(1995)「村田機械〈ファックス〉の原価企画」田中隆雄・小林啓孝編著『原価企画戦略』中央経済社：165-183。
手島直明(1992)「原価企画に関する一提言―製品開発段階へのVE手法の適用」『企業会計』第44巻第8号：55-62。
――――(1993)「原価企画に関する一技術」『経理研究』第37号：204-216。
登能暉・門田安弘(1983)「自動車工業における総合的原価管理システム」『企業会計』第35巻第2号：104-112。
東京理科大学・原価工学研究室(1985)『新製品開発における原価目標・VE・原価見積の実態調査』日本VE協会。
――――(1993)『原価企画についての実態調査』東京理科大学・原価工学研究室。
中川優(2005a)「在外日系企業におけるコスト・マネジメント―在外日系企業における原価企画を中心に―」『原価計算研究』第29巻第2号：16-26。
――――(2005b)「コスト・マネジメントの新展開―在外日系企業におけるコスト・マネジメント―」『経理研究』第48号：22-34。
中島洋行(2004a)「原価企画とライフサイクル・コスティングの統合に関する一考察」『経営学研究論集』第20号：395-414。
――――(2004b)「原価企画におけるライフサイクル・コストへの取り組み―先行研究のレビューと残された課題の検討―」『経営学研究』第21号：119-138。
――――(2005)「ライフサイクル・コストを目標原価とする原価企画―克服されるべき課題の考察を中心として―」『産業経理』第64巻第4号：93-102。
長屋信義(1999)「海外進出企業の原価企画―アメリカにおける日系自動車企業の現状―」『原価計算研究』第23巻第1号：25-32。
成田博(1994)「キヤノンの原価企画」『企業会計』第46巻第7号：57-63。
――――(1995)「キヤノン〈事務機〉の原価企画」田中隆雄・小林啓孝編著『原価企画戦略：競争優位に立つ原価管理』中央経済社：149-163。
西居豪・窪田祐一・山本浩二(2010)「原価企画活動の展開と課題」『大坂府立大学経済研究』第56巻第3号：67-89。
西口敏宏・森光高大(2011)「政府調達における原価企画と部門横断的組織の適用可能性」『ファイナンシャル・レビュー』2011年第3号(通巻第104号)：76-104。
西村明(1995)「日本的管理会計の構造と特質」『経済学研究』第61巻第3・4合併号：83-97。
――――(1996)「日本的管理会計の新たな展開―原価企画から戦略的原価企画へ―」『経済

学研究』第62巻第1～6合併号：241-252。
─────（1999）「原価企画と原価低減分析」『経済学研究』第65巻第5号：1-10。
日本会計研究学会（1996）『原価企画研究の課題』森山書店。
畑井竜児・鈴木新・松尾貴巳・加登豊（2013）「原価改善と原価企画の実践における連携─製造業3社の事例から─」『原価計算研究』第37巻第1号：40-52。
朴元熙（2006）「原価企画活動を支援するデータベースに関する研究」『管理会計学』第15巻第1号：3-19。
─────・伊藤和憲（2000a）「原価企画の統合的コスト・マネジメントに関する実証研究」『日本経営工学会論文誌』第50巻第6号：355-362。
─────・─────（2000b）「原価企画活動を支援する管理工学ツールの有効性」『管理会計学』第9巻第1号：25-42。
朴鏡杓（2003）「製品開発における環境マネジメントとコストマネジメントのリンケージ」『原価計算研究』第27巻第1号：39-50。
長谷川拓三（1993）「原価企画の特徴と本源的機能の考察─グローバル化を前提とした企業の管理活動展開」『岐阜経済大学論集』第27巻第2号：79-100。
長谷川泰隆（2000）「リコールコストの研究─原価企画の記憶能力（Total Recall of Target Costing）─」『麗澤経済研究』第8巻第2号：65-79。
─────（2001a）「原価企画の再検討─自動車産業におけるリコールコスト─」『原価計算研究』第25巻第2号：19-29。
─────（2001b）「原価企画の再検討─自動車産業におけるリコールコスト─」『麗澤経済研究』第9巻第1号：37-51。
畑田康則（1999）「原価企画の生成と機能についての検討─トヨタ自動車の事例から─」『経営研究』第12巻第3号：391-411。
浜田和樹（1999）「原価企画の意義と市場戦略─原価低減と品質向上の同時達成─」門田安弘・浜田和樹・李健泳編著『日本のコストマネジメント─日本企業のコスト構造をいかに変えるか─』同文舘出版：101-114。
林久嗣（2008）「品質・原価・開発期間をバランスさせる目標原価設定のしくみ」『原価計算研究』第32巻第1号：54-63。
─────（2010）「イノベーションを促進・阻害する原価企画」『日本経営学会誌』第25号：62-73。
福田哲也（2000）「管理会計における原価企画の意義」『関東学院大学経済経営研究所年報』第22号：145-157。
卜志強（2001）「競争優位のツールとしての原価企画」『経済科学』第49巻第3号：29-44。
─────（2003）「原価企画の海外移転に関する一考察─移転の困難性を中心に─」『原価計算研究』第27巻第1号：51-60。
─────（2004）「情報技術の展開と原価企画の進化─自動車産業の事例を中心に─」『オフィス・オートメーション』第25巻第1号：82-87。
─────（2009）「原価企画研究の回顧と展望」『経営研究』第60巻第2号：21-35。
本間正人（2013）「トヨタ・パブリカの原価企画─トヨタの基盤と元軍用航空機技術者が与えた影響について─」『産業経理』第73巻第1号：126-138。
牧戸孝郎（1999）「日本企業の競争力の現状と各種経営手法の影響」『企業会計』第51巻第9号：4-11。

―――― (2000)「日本的管理会計の特質と海外移転」『會計』第157号第3号：1-14。
―――― ・皆川芳輝・木村彰吾 (1999)「日本企業の国際競争力と経営手法」『調査と資料』第108号：1-41。
丸田起大 (1998)「フィードフォワード管理会計としての原価企画―原価企画から何を学ぶか」『産業経理』第57巻第4号：91-99。
―――― (2002)「原価企画のフィードフォワード構造」『佐賀大学経済論集』第34巻第5号：21-48。
―――― (2003)「原価企画と原価改善のフィードフォワード構造」『原価計算研究』第27巻第1号：28-38。
―――― (2004)「戦略経営と管理会計―フィードフォワード・コントロールの視点から―」『管理会計学』第12巻第2号：19-33。
―――― (2005)『フィードフォワード・コントロールと管理会計』同文舘出版。
―――― (2006)「トヨタ・パブリカ開発における原価企画―原価企画の系譜学に向けて」『経済論叢』第178巻第4号：50-68。
―――― (2009)「トヨタ・パブリカ開発における原価企画」『原価計算研究』第33巻第1号：28-40。
―――― (2011)「原価企画の形成と伝播―1950年代を中心に―」『原価計算研究』第35巻第1号：48-58。
―――― (2013)「原価企画の形成初期の実務例」『経済学研究』第79巻第5・6合併号：175-202。
宮地晃輔 (2014)「A社造船所における原価企画の動向と問題点―韓国造船業の動向も含めて―」『會計』第184巻第4号：31-41。
宮本寛爾 (2004)「建設業における戦略的原価管理」『企業情報学研究』第4巻第1号：51-62。
―――― (2005)「建設業における管理会計の課題―大手ゼネコンのケース―」『JICPAジャーナル』第17巻第6号：32-37。
望月信幸・加藤典生 (2011)「責任会計論から見た原価企画における業績評価―プロジェクト組織と活動基準責任会計の概念に着目して―」『産業経理』第71巻第2号：166-174。
持本志行 (2001)「原価企画と品質展開の理論」『管理会計学』第9巻第2号：15-28。
本橋正美 (1991)「日産自動車の利益管理と原価企画」田中隆雄編著『フィールド・スタディ現代の管理会計システム』中央経済社：59-83。
諸藤裕美 (1999)「原価企画における情報共有の必要性」『産業経理』第59巻第1号：104-113。
―――― (2007)「自律的行動のための原価企画システムとその進化―トヨタ自動車の事例を用いて―」日本会計研究学会特別委員会『企業組織と管理会計の研究 最終報告書』：254-285。
―――― (2009a)「複数プロジェクトを対象とした原価企画システム」『會計』第175巻第6号：44 55。
―――― (2009b)「原価企画における部門間インタラクションを促進するための管理会計システム」『立教経済学研究』第63巻第1号：55-67。
―――― (2010)「製品開発プロジェクトの情報処理負荷の増加に伴う原価企画のあり方に関する研究：トヨタの事例を用いて」『産業経理』第70巻第1号：42-50。
―――― (2011)「総合的利益管理活動としての原価企画の生成プロセス―トヨタの事例を用いて―」『原価計算研究』第35巻第1号：59-68。

―――（2013）『自律的組織の管理会計』中央経済社。
門田安弘（1988）「JIT生産方式と原価計算・原価管理　ダイハツ工業㈱のケースを中心に」『企業会計』第40巻第5号：24-32。
―――（1991）『自動車企業のコスト・マネジメント―原価企画・原価改善・原価計算―』同文舘出版。
―――（1993a）「原価企画における工程設計の役割」『企業会計』第45巻第10号：17-23。
―――（1993b）「原価企画・原価改善・原価維持の起源と発展」『企業会計』第45巻第12号：42-46。
―――（1994a）「原価企画における目標販売価格の意義とその決定法」『産業と経済』第8巻第3・4号：11-19。
―――（1994b）『価格競争力をつける原価企画と原価改善の技法』東洋経済新報社。
―――（1996）「自動車産業の原価企画―自動車メーカーと部品メーカーの原価企画スケジュールの関連づけ―」『品質管理』第47巻第4号：66-72。
山本浩二（1994）「シャープの原価企画―新携帯情報ツール「ザウルス」の商品開発と原価企画」『企業会計』第46巻第7号：48-56。
―――（1995a）「原価企画と商品開発の本質―商品の機能・デザイン評価の考え方―」『大阪府立大学経済研究』第40巻第3号：119-133。
―――（1995b）「ファジィ多属性評価と原価企画―顧客満足に結びつく商品価値創造と目標原価の設定―」『會計』第148巻第3号：54-67。
―――（2001）「品質・機能のコスト展開の限界と原価管理部門の役割認識―戦略的品質作り込みへの感性コストマネジメントの可能性―」『會計』第160巻第6号：74-87。
―――（2012）「価値移転的原価計算からの脱却―価値創造的原価計算試論―」『原価計算研究』第36巻第1号：1-9。
―――（2013）「自社開発しない部品サプライヤーにおける原価企画」『會計』第183巻第4号：50-64。
―――・西居豪・窪田祐一・簱下智之（2010）「原価企画におけるインターラクションと報酬システム―実態調査にもとづく予備的考察―」『メルコ管理会計研究』第3号：17-26。
―――・松尾貴巳（2000）「原価企画とABC/ABMの統合に関する現状と課題―実態調査を中心にして―」『大阪府立大学経済研究』第45巻第2号：25-44。
楊霞（2004）「原価企画と中長期経営計画」『青山社会科学紀要』第33巻第1号：89-117。
―――（2006）「日本における原価理論の発展―標準原価，原価改善の原価企画の非連続性―」『青山社会科学紀要』第34巻第2号：141-170。
陸根孝（2003）「集団成熟度と組織能力が原価企画成果に及ぼす影響についての実証研究」『管理会計学』第11巻第1号：3-14。
―――（2005）「製造戦略，先端製造技術，原価企画システム間の適合性が成果に及ぼす影響」『原価計算研究』第29巻第2号：36-44。
吉川武男（1992）「日英両国における原価管理の実態調査」『横浜経営研究』第13巻第1号：81-108。
吉田栄介（1999）「原価企画に関する組織能力とアウトプットとの関係：概念的フレームワークの提示」『六甲台論集 経営学編』第46巻第1号：85-103。
―――（2001）「原価企画を支援する組織能力とパフォーマンスとの関係―某電機メーカーにおける事業間比較」『原価計算研究』第25巻第2号：1-9。

―――（2002）「原価企画活動を支援する組織能力―質問票調査による基礎分析―」『管理会計学』第10巻第1号：39-52。
―――（2003）『持続的競争優位をもたらす原価企画能力』中央経済社。
―――（2004）「原価企画の導入と変更の研究：制度論的パースペクティブに基づく概念化」『三田商学研究』第47巻第1号：225-235。
―――（2007）「高品質と低コストのジレンマ：自動車リコール原因分析による考察」『三田商学研究』第49巻第7号：47-61。
―――（2011）「原価企画の新機能―テンション・マネジメントとしての役割期待―」『三田商学研究』第54巻第3号：46-59。
―――（2012a）「テンション・マネジメントとしての管理会計―原価企画と業績管理の実証分析―」『三田商学研究』第54巻第6号：75-86。
―――（2012b）『原価企画能力のダイナミズム』中央経済社。
―――・近藤隆史（2008）「自動車リコール問題と原価企画」『企業会計』第60巻第5号：108-115。
―――・福島一矩（2010）「日本企業におけるコストマネジメントに関する実証研究―原価企画とMPCを中心として―」『原価計算研究』第34巻第1号：78-90。
―――・―――・妹尾剛好（2008a）「日本企業の管理会計実態(1)―実態調査研究の文献サーベイを中心として」『三田商学研究』第51巻第3号：53-74。
―――・―――・―――（2008b）「日本企業の管理会計実態(2)―実態調査研究の文献サーベイを中心として」『三田商学研究』第51巻第5号：33-49。
―――・―――・―――（2012）『日本的管理会計の探究』中央経済社。
李超雄・門田安弘（2000）「原価企画におけるサプライヤー関係が原価低減に及ぼす効果に関する実証的研究」『管理会計学』第8巻第1・2合併号：119-137。

第4章

予算問題とその対応
――戦略的計画設定とマネジメント・
　コントロールの連携強化の観点から――

1　はじめに
――戦略的計画設定と予算管理の連携強化問題――

　本章の目的は，環境変化が激しく予測がより困難な状況において予算管理実践がどのように対応を図って戦略的計画設定との連携を図ろうとしてきたのかについて先行研究の整理を行うことである。予算管理は管理会計研究で最も広範に研究されてきたテーマの1つである（Luft and Shields, 2006）。予算は潜在的な便益があり，計画と調整を通じて効率性を高めることができ，計画と実績の結果の対比を通じて統制と学習の両方を支援できる（Otley, 1999）。

　しかし，予算は，運用にコストがかかり，柔軟性に欠け，厳格さを作り出し，協働と創造的な対応を限定し，短期的な原価削減とトップダウンの権威性を促進し，従業員の意欲を失わせる可能性があるというように，さまざまな点から批判されてきた（Hansen et al., 2003; 小菅, 2010; Hope and Fraser, 2003）。

　後述するように，予算には不確実性への対応問題，長期的・戦略的視野の欠如の問題，組織的柔軟性が欠如する問題，運用に時間とコストがかかるといった問題がある。そのうち，不確実性への対応問題や戦略的視野に欠ける短期志向性の問題が生じる大きな要因として，戦略的計画設定と予算管理の連携が図られていない点がある（Kaplan and Norton, 1996; 上總, 1999）。上總は戦略的計画設定とマネジメント・コントロール（総合管理）の連携強化の必要性につ

いて次のように述べる。

> ひとたび経営戦略が設定されたならば，戦略計画設定→総合管理→現業統制という経営管理プロセスを通じて，それが日常的な企業活動の中で実現されなければならない。グローバル競争が激化する中でより競争優位性を獲得するためには，よりスピードのある競争戦略を展開する必要があり，したがってより機敏な意思決定が求められている。戦略的計画設定の一部を定型化し，これと総合管理との連携強化することが求められているのである。　　　　　　　（上總, 1999: 124）

戦略的計画設定とマネジメント・コントロールの連携強化，あるいは統合を図るため，1990年代以降を中心にバランスト・スコアカード（BSC）の利用（Kaplan and Norton, 1992, 1996, 2001; 櫻井, 2008），原価企画をはじめとする計画機能の重視（丸田, 2005），活動基準予算管理（ABB）（櫻井, 2004）や改善予算（田中, 1990; 門田, 1988）といった予算の改良，さらには伝統的な予算を放棄するという脱予算（BB）の議論（Hope and Fraser, 2003; 清水, 2013）がなされてきた。

本章では，予算管理問題のうち，主として不確実性に対応できない問題，長期的・戦略的視野に欠ける短期志向性の問題，組織的柔軟性が欠如する問題に予算管理実践はどのように対応してきたのかに着目して，先行研究をレビューし，今後の研究課題を述べる。

本章の構成は次のとおりである。次節では，まず予算管理の問題をNeely et al. (2001) の調査から4点に整理し，既存の予算管理研究の概略を述べる。そこで，不確実性問題や短期志向性の問題に対して予算管理の仕組みがどのように対応しているかについて今後さらに検討が必要であることを指摘する。そして，第3節ではBBとバランスト・スコアカード（BSC）を組み合わせて予算問題に対応しようとしている手法を，第4節では予算管理と戦略計画を柔軟に運用して予算問題に取り組んでいる手法を取り上げる。最後に第5節では，今後の研究課題を述べる。

2　予算管理研究の概観

予算管理は管理会計研究における中心的なテーマの1つであり，ここ数年の

間だけでも予算管理に関する数本のレビュー論文が出されている（Covaleski et al., 2006; 李ほか, 2010; 小菅, 2010）[1]。本節ではまず，予算管理にはどのような問題があるのかを整理し，予算管理研究の全体像を述べ，予算問題にどのように対処してきたのかについて概説する。

2.1 予算が抱える問題

Neely et al.（2001）では，12項目の予算管理の具体的問題が指摘されている。

---

① 予算は時間を浪費しコストがかかる。
② 予算は責任と柔軟性を制約し，しばしば変化の制約となる。
③ 予算はほとんど戦略に焦点を当てず，しばしば戦略と矛盾する。
④ 予算は準備にかかる時間に比してほとんど価値を生まない。
⑤ 予算は費用削減に焦点を当て，価値創造に注意を向けない。
⑥ 予算はコマンド＆コントロール（指揮統制）を強化する。
⑦ 予算はいくつかの組織が適用しようとしているネットワーク構造を反映しない。
⑧ 予算は予算ゲームを助長し，不適切な行動を生み出す。
⑨ 予算の策定・改定は頻繁にはなされず，通常は年度ごとにしか行われない。
⑩ 予算は不確かな仮定や推測に基づいている。
⑪ 予算は知識共有を促すよりは部門間障壁を強化する。
⑫ 予算は人々を過小評価されていると感じさせる（権限委譲を阻害する）。

本章では，これらの具体的問題を生ぜしめている本質的問題は何かという観点から，12項目を次の4つのカテゴリーに分類する。

第1に，不確実性に対応できないことにより生じる問題である（⑨⑩）。これは，予算が実際の組織活動が行われる相当期間前に策定されることにより，状況の変化を十分に織り込めないという問題である。このような問題は，予算の頻繁な改定や予測精度の向上といった予算制度の仕組みをより適切にすることによって対応できると理解できる。

第2に、長期的・戦略的視野の欠如である（③⑤⑧⑫）。これは年次の罠と読み替えてもよい。予算が主に年度予算を中心として策定されるために、組織成員の思考を近視眼的にせしめ、長期的には望ましい行動であったとしてもこれを回避するように仕向ける。また、短期的に成果につながりにくい価値創造的活動から組織成員を遠ざけ、安易な費用削減を動機づけるという問題である。

第3に、組織成員の行動を過度に制約するという、組織的柔軟性の欠如に関する問題である（②⑥⑦⑪⑫）。予算は組織成員の注意を自部門の予算の達成に向け、行動計画によって彼らの行動を限定するため、予算の枠組みを超えた他部門との協働を遠ざける。その結果、組織成員の行動を制約することで分権化を阻害し、柔軟な組織構造をとることを阻害する。固定的な組織構造のもとでは、セクショナリズムを助長しさえする。

このような第2、第3の問題は、予算を組織成員の業績評価に用いることと関連している。すなわち、予算と給与・賞与などの報酬が強く関係している場合には、予算達成が強く動機づけられる結果、自部門の年次予算に固執することになると考えられる。第2の問題は、このような動機づけによって、組織成員の思考が時間的に制約を受ける結果生じる問題であり、第3の問題は、組織成員の思考が空間的に制約を受ける結果生じる問題である。

第4に、時間・コストを浪費するという問題である（①④）。この問題は、他の問題と質的に異なっている。具体的な問題が生じるというよりは、予算がコストに見合う価値を生み出さないことについての批判である。相対的により安価な方法がある場合には、このような批判が生じると考えられるが、業績評価や資源配分のための方法として、必ずしもこれを代替する有効な方法が確立されている状況にはない。また、このような問題は必ずしも多く指摘されているわけではない（Libby and Lindsay, 2010）。

これらの問題に対して、予算管理実践ではどのように対応されているのだろうか。次項以下では、予算管理の全体像を概観し、予算問題にどのように対応しているのかについて確認する。

2.2　Argyrisの研究に原点をもつ予算管理研究

Covaleski et al.（2006）では、予算管理研究を、経済学に基づく研究、心理

学に基づく研究，社会学に基づく研究に分類する。これらは，Controllership Foundation（Argyris, 1952, 1953）のフィールド・スタディから得られた予算に関する実務家の共通の関心から生まれてきたのだが，それぞれ別個に発展し，特定の領域を重点的に研究するに至った。Covaleskiらは，それぞれの前提条件，研究対象が異なるため，それぞれが孤立しているのが現状であり，今後はそれらを統合する研究の必要性を主張する。

これら3つの理論がどのような枠組みをもって研究されてきたのかを示すのが，第1表である。①基本的な研究課題，②分析レベル，③合理性の仮定，④均衡の仮定，⑤予算変数，⑥非予算変数，⑦因果モデルの形態についての特徴を示す。基本的な研究課題でみても，経済学ベースの研究課題はオーナーと従業員にとっての予算の経済価値とは何か，心理学ベースの研究課題は個人の心と振る舞いに影響する予算変数とは何か，社会学ベースの研究課題は社会・組織的資源の計画と統制に関する多様な利害のもとにおける意思決定と予算ゲームに対して予算はいかなる影響を与えるかというように，それぞれの研究課題を異にする。

また，分析レベル，合理性の仮定，均衡の仮定も異にするが，予算変数でみれば，1つの共通点として参加型予算がある。しかし，参加型予算という概念が，曖昧でさまざまな意味で用いられるため，参加そのものの意味が千差万別となっている（Hopwood, 1976）。経済学でいえば，部下が上司よりも情報を有していることに予算参加の意義があり，心理学でいえば予算参加により組織成員の満足度が満たされることに意義があり，社会学でいえば予算参加により予算が正当化されることに意義があるといったように，同じ用語が異なる文脈で用いられている。

以下では，それぞれの初期の研究と，中心的な研究テーマについて簡単に確認しておこう。

初期の心理学研究では，Argyris（1952, 1953）が提案した解決法である参加型予算の影響を受け，社会環境への個々人の反応には，各種の潜在的に対立する心的状態と行動があることを認識し，動機づけ，ストレス，コミットメント，同僚や上司との関係，個人の業績評価に対する予算の影響を調査した。また，予算目標の困難性の度合い，上司の予算関連の業績評価スタイル，従業員の報

第1表 社会科学の理論的フレームワークにおける予算管理の比較

	経済学	心理学	社会学
基本的な研究課題	オーナーと従業員にとっての予算の経済価値とは何か？	個人の心と振る舞いに影響する予算変数とは何か？	社会・組織的資源の計画と統制に関する多様な利害のもとにおける意思決定と予算ゲームに対して予算はいかなる影響を与えるか？
分析レベル	組織や部門における単純化された代表としての（雇用主や従業員という）エージェンシー	個人。上司と部下の二項対立の文脈における部下に焦点が置かれる	組織全体と部門
合理性の仮定	完全な合理性。コストのかからない計算と一貫した選好	限定合理性	1. コンティンジェンシー理論：限定的な合理性で満足する 2. 制度論：限定的な合理性で満足する（意思と選択が重要）
均衡の仮定	ナッシュ均衡	個人の認知的整合性	1. コンティンジェンシー理論：環境と組織特性との適合 2. 制度論：緊張と不均衡は従業員の対立する利害に起因する
予算変数	予算に基づく契約，参加型予算，資本予算，差異分析を含む予算の特徴と報酬実践	参加型予算，予算目標の達成困難度，業務評価における予算の強調，予算に基づく報酬	1. コンティンジェンシー理論：参加型予算，予算に基づく業績評価，予算の重要性，マネジメント・コントロールのための予算利用
非予算変数	1. 労働市場：従業員のスキルと選好 2. 情報構造：公的情報と私的情報，状態の不確実性 3. アウトカム：個人の厚生，組織業績，予算スラック	1. 心的状況：態度，動機づけ，満足度，ストレス 2. 組織的文脈：タスクの不確実性 3. 行為：予算ゲーム 4. 業績：経営管理者レベル	1. コンティンジェンシー理論：組織規模，活動構造，分権化，技術の自動化，部門の独立性，多角化戦略 2. 制度論：会計の象徴的価値，資源配分の交渉，権力の隠蔽と動員，環境変化，組織変化
因果モデルの形態	1. 分析的モデル：双方向非線形相互作用 2. 実証モデル：一方向線形加法	段階1：一方向直接的線形加法 段階2：一方向直接的線形相互作用 段階3：一方向間接的線形加法	1. コンティンジェンシー理論：一方向直接的線形加法／相互作用 2. 制度論：一方向／双方向，直接／間接，線形加法／相互作用

（出所: Covaleski et al., 2006: 591-592）

酬が予算達成度に依存する程度のような特定の予算実践との関係を調査した。

　Argyrisの研究（1952, 1953）と，初期の心理学に基づく研究はまた，初期の経済学に基づく研究に影響を及ぼし，情報経済学に基づく研究が行われるようになった。予算に基づく従業員の評価コストを記述するArgyris（1952）とHopwood（1972）のような社会心理学に基づく研究を引用し，Demski and Feltham（1976）は，予算にコストがかかるものと説明される予算管理実践のコストを相殺する便益は何かを考察する。ある予算管理実践によるコストと便益の組合せが他の実践によるトレードオフよりも望ましいかについて決定するために，どのようにコスト便益のトレードオフの分析は行われるか。経済学に基づく研究（たとえば，Baiman and Evans, 1983; Kanodia, 1993; Penno, 1984）は，実践ベースと心理学ベースの研究からの参加型予算を取り上げ，それに続く経済学ベースの研究は，差異分析の方針，資本コストといった他の予算実践にかかる費用便益の最適なトレードオフ関係を検討した。

　予算管理システムがもたらす人間行動に焦点を当てる経済学ベースと心理学ベースの研究テーマとしては，①目標設定に関する研究，②予算スラックに関する研究（予算参加，インセンティブ・スキーム，交渉プロセス，情報の非対称性，組織コミットメント，成果），③業績評価スタイル（スタイルの分類，管理者の認知，職務関連認知，予算関連の緊張と業績評価方法，上司・同僚・予算スタッフとの関係），④管理者行動への影響，⑤成果への影響に関する研究がある（李ほか, 2010）[2]。

　社会学に基づく予算研究も，Argyris（1952, 1953）の予算に関するコストの説明と，March and Simon（1958）の組織論を結びつけて研究を行う。組織論の文献では，多期間にわたり不確実な環境で多様な活動を行う大規模で，複雑な組織における意思決定と調整の困難さに焦点を当てる。このような状況において最適な組織実践を明らかにすることは，限定的な合理性を持つ個人の能力を超えているものと考えられた。その結果，予算のような組織構造とルーティン活動の重要な役割は，組織の意思決定を単純化することとされた。

　Parsons（1937），Weber（1947）といった社会システム理論の影響を受け，March and Simon（1958）は組織をより大きな観点から見て，予算のようなルールとルーティンは，組織に秩序を持たせ，個人に組織目標をもたらし，限

定合理性を有する従業員の不確実性を最小化して，組織の意思決定を最適化する意思決定モデルを見出した。それを受けて，初期のコンティンジェンシー理論（Lawrence and Lorsch, 1969; Perrow, 1967; Thompson, 1967）は組織，環境，技術要因が組織の意思決定に与える影響に焦点を当てた。特に初期のコンティンジェンシー・アプローチを採用する管理会計研究は，Hofstede（1967）がフィールドワークで得た，予算に重要な影響を与える経済，技術，社会的な変数を採用する。

　その後のコンティンジェンシー理論による予算管理研究では，参加型予算，予算ベースの評価，予算の重要性，マネジメント・コントロールのための業務予算の利用に関心を持つ（Chapman, 1997）。また，予算以外の変数として，組織規模，分権化，自動化技術，タスクの相互依存性，行為の構造化，多角化戦略がある。コンティンジェンシー理論による予算管理研究では，①組織特性（分権化，予算管理実践）と組織コンティンジェンシー（不確実性）との適合度合い，②組織（部門）の業績を従属変数とし，予算とコンティンジェンシー変数を独立変数とした実証研究が行われてきた。

　コンティンジェンシー・アプローチで考えられている命題は次の2点である。(1)ある統制手段は，組織で用いられる他の統制手段を参照しなければ理解されない。(2)厳しい統制システムは安定して，単純な環境に直面する中央集権的な組織で利用されるべきであり，ゆるやかな統制システムは，動的で複雑な環境に直面する分権的な組織で用いられるべきである。したがって，効率的な予算管理実践は，特定の組織にかかる外部環境と技術次第で異なる。組織論のコンティンジェンシー・アプローチに基づく一連の研究によれば，組織は，予算のような業績を改善する実践を適用し，それらは規模，環境の不確実性，技術のような変数によって異なる（Chenhall, 2006）。

　社会学に基づく予算研究が進展するに伴い，組織内の個人は衝突する利害を有し，組織構造とルーティンは権力関係を確立しうることが強調されるようになった。そして，限定的な合理性を有する意思決定者の方針と権力を強調してMarch and Simon（1958）を拡張し，意思決定プロセスに着目し，方針と権力が意思決定プロセスに与える影響に関する研究が行われるようになった（Cyert and March, 1963; March and Olsen, 1976; Pfeffer, 1981）。初期の研究

は，公式予算のようなルーティンがもつ中立性によって権力の存在が隠されることに着目し，予算を用いることでどのように権力への抵抗が減らされるのかといったことを議論する。それは以後の制度論による予算管理研究につながることとなった。

制度論では，予算を構成する，相互に関係する分析，解釈，交渉プロセスの全体に注目し，会計の象徴的な価値，資源制約・資源配分の問題，政治問題，環境変化・組織変化が予算実践に与える影響を分析する。制度論の1つのモデルでは，組織の生存には，生産効率レベルを可能な限り達成する，受容可能な行為の社会規範に組織を合致させることが必要であると論じる（Carruthers, 1995; Carruthers and Espeland, 1991; Meyer, 1986; Meyer and Rowan, 1977）。予算以外の変数は，会計の象徴的な価値，資源制約・資源配分の問題，政治問題の隠匿，環境変化・組織変化が予算実践に与える影響を分析する。

これらの研究は，予算問題の主に第2の短期志向性問題，第3の行動制約問題の視点に対応してきたといえる。というのも，第2，第3の問題は，組織成員の業績評価と関連してくる問題であり，組織成員，部門の方向性を組織と合致させ，組織成員の動機づけをいかに図っていくのかに対処するものであるからである。

2.3 計算構造論と予算問題への対応

他方で，第1の不確実性問題については，予算の策定，運用の期間や予測精度の向上といった問題への対処が求められ，予算の計算構造，仕組みそのものの議論となる。また，近年では，会計計算実践への注目が高まっており，会計計算が組織行動にどのように影響を及ぼすのかについて研究が行われている（Mouritsen et al., 2009; Ahrens and Chapman, 2007; Baxter and Chua, 2003）。

計算構造については，伝統的な予算管理論で論じられてきたほか，近年では予算をなんらかの方法で改善する立場（Better Budgeting）と，予算そのものを放棄すべきとする立場（Beyond Budgeting）があることが知られている（Hansen et al., 2003）。

まずは，伝統的な予算管理論で予算策定，予算修正についてどのように考えられてきたのかについて，ここでは見ておく。予算が批判されるときに想定さ

れているのは，年度予算を固定的に策定するというものであるが，それだけが伝統的な予算策定ではなく，いろいろなバリエーションがあることが以前より知られている。Welsch（1971: 73-74）によれば，予算方針の策定にあたり，長期と短期の利益計画の期間，および公式計画プロセスのサイクルが反復される頻度について考慮に入れなければならず，期間的利益計画と継続的利益計画の2方法がある。

期間的利益計画では，長期と短期の利益計画に対する明確な期間を有する（Welsch, 1971: 73-74）。期間は5年と1年が選択され，1年間は財務報告のための会計年度に合わせて選択される。長期の計画に合わせて，1年間の計画が順次策定される。これらの公式的な計画サイクルは，年度末の2〜4ヵ月が費やされる。

継続的利益計画は，現実的な計画が比較的短期間でしか作成できず，動的な状況によって頻繁な再計画や見直しが必要とされる場合に用いられる。それは半年間の計画や年次の利益計画を毎月，あるいは四半期ごとに見直していく（Welsch, 1971: 73-74）。ある効率的な経営を行っていることで知られている会社では四半期ごとに会社の各部門で年次計画が策定され，それらが集計されて全社計画とされる。年次計画は，次の四半期については月次の詳細計画として，残りの9ヵ月については四半期ごとの計画として用意される。四半期末に年次計画は次の四半期分延長される。これに対して10年間の長期計画が策定され，2年ごとに見直される。継続的利益計画では，経営者は将来の一定期間で詳細な計画を継続的に策定しローリングするが，期間的利益計画では年度末には短期利益計画は満期を迎える。

Welschの指摘のように長期計画と短期予算を関連づけることは重要であり，「短期予算はその期間目標を長期計画に関連して見いだすことが好ましい」（小林, 1996: 75）が，内部・外部環境により，その関連性は異なる。比較的安定した環境のもとでも，毎年の予算を長期計画の第一年次の計画として設定する方法をとる例が珍しくない（小林, 1996）。毎年，前年の実績と予想される環境の変化に基づいて長期計画を見直すが，大綱的な目標と計画の概要を示すにとどめ，第一年次の計画を具体的な実行計画を含んだ予算として設定する。これは，いわゆる戦略計画のローリングである。

他方で，長期間には環境の変化も著しいので，長期計画と年次予算を数字的に関連づけることは困難との理由から，年次予算は長期計画を参考にはするが，それ自体の環境予測から独自に編成される例も珍しくない（小林, 1996）。特に国際的な為替相場の変動等の環境変化が著しい時期には，両者がそれぞれの目的に合わせて個別に設定される例が多くなり，長期計画と年次予算は分離することになる。

　次に，会計年度の1年間の年次予算と月別に設定された月次予算との関係をみると，「年次予算と月次予算とは，単なる期間的な長短の相違だけではなく，機能面での重点的な相違をもたせるように作成され」（小林, 1996: 76），年次予算には調整された計画としての機能に重点を置き，予算と実績を比較するために月次予算では統制機能に重点が置かれる。したがって，年次予算と月次予算を別のものとして作成する例がみられる（小林, 1996）。すなわち，年度のはじめに予算担当役員が調整のための年次予算を作成し，これに基づいて各部門の管理者は年次目標を達成するための月次予算を作成する。その際に，月次予算は，年次予算の月割額よりも厳しい水準で設定されることが少なくない。また，月次予算は，年度のはじめに12ヵ月分を設定するのではなく，年度の途中でそれまでの状況の変化を考慮して作成する方法をとる会社も多い。その場合には，当初の年次予算は基本予算として，月次予算は実行予算として運用されることになる（たとえば，小林, 1996; 櫻井, 2012）。

　このように中長期と短期の目標，短期の目標と1年内の目標（四半期・月次）は，必ずしも一致するわけではなく，それぞれの目的に応じて数値目標が設定され，各種プロセスが実行される。戦略計画と予算管理がゆるやかであっても連携している限りは，不確実性への対応という第1の問題に対処できているはずだが，迅速に変化する予測困難な経済環境のもとでは，戦略計画と予算管理の連携が難しくなる（清水, 2004）。

　そこで，新しい経済的なシナリオに対処できる環境適応的で柔軟な組織の経営に資するため，KPIの頻繁な更新をするローリング予測を用いるという手法の1つが，BBである（Hope and Fraser, 2003; Østergren and Stensaker, 2011; Bourmistrov and Kaarbøe, 2013; 清水, 2013）。BBでは，経営計画と予算をやめて，その代替としてBSCを用いることが推奨されることが多い（Bogsnes,

2009)。本章では，BBとBSCを組み合わせて1つのパターンと考える。

　一方で，Lorain（2010）による調査は，ローリング予測は動的な戦略計画手法として考えられ，行動志向的であり，キャッシュ・マネジメントや日々の意思決定プロセスに非常に有用であるが，業績評価や動機づけ目的に用いられる予算に取って代わることはないと示唆する。ローリング予測では，詳細な予算が策定されるわけではなく，少数のKPIに絞って予測されており，変わらず実務では戦略計画と年次予算が用いられている（Frow et al., 2010; Simons, 1987）。

　次節以降では，継続的利益計画手法たるBBとBSCの組合せと，期間的利益計画のもとで現代企業が予算問題にどのように取り組んでいるのかについて検討する。

3　BBとBSCの組合せによる予算問題の克服

　BBを提唱したHopeとFraserは，上司と部下との間で年度ごとに決定される固定業績目標値に基づいた部下への評価が行われる限り，予算管理プロセスにおいて，さまざまな問題が生じることを指摘する。たとえば，彼らは，固定業績報酬契約に基づく予算管理プロセスにおいて，手続きが煩雑なため手間とコストがかかること，不確実な変化に直面している現代の企業環境と，安定した環境向けに設定された予算とが適合しておらず，マネジャーの要求を満たせないこと，固定目標値が引き金となり部下による数字のゲーミングが起こることなどの問題を指摘する。

　BBでは，資本利益率，フリー・キャッシュ・フロー，収益対費用率のようなKPIに基づいて中期的にはストレッチ目標が設定される。短期的には翌5四半期分のローリング予測に基づいて会計計画と行動計画の継続的な見直しが行われる。翌1年の見通しと実行予算はタイトな関係にある。彼らが否定する予算管理は，いったん定めた予算について見直しを行わない年次予算のことである。

　BBでは，予算管理の代替としてBSCを利用することにより，戦略的計画設定とマネジメント・コントロールの連携を図ることが可能になると捉えられている。KaplanとNortonは，ROIに代表される財務業績指標だけで企業活動を

管理していくと，長期的な競争力を犠牲にし，短期的な財務業績を向上させる可能性があることを問題視した。そして，短期志向の諸問題を解決するために，BSCを提案した。BSCは，将来の業績向上を導く顧客，内部プロセス，学習・成長といった視点から導き出される非財務指標を財務指標と併用し，戦略を日々のアクションに落とし込むことにより，長期的競争力の構築と短期的な業績の双方を管理することを目指している[4]。

　ここでいう目標値とは，戦略目標を達成するために設定される具体的な到達目標であり，実施項目とは，戦略を遂行するための第一歩となる具体的な活動である。BSCにおいては，3年から5年ぐらいの範囲で達成できれば企業を変革するような目標値を，成果尺度に対して設定しなければならない（Kaplan and Norton, 2001）。このとき，3年から5年の目標値に対して，次年度の間にどのレベルまで達成するかという中間目標が設定される。この実施項目を決定した際に，実施項目に必要な資源の量が認識される。そして，必要資源が年次予算に組み込まれる。

　このようにBBとBSCを組み合わせることで，予算問題にどのように対応しようとしているか。第1の不確実性の問題に，ストレッチ目標としてのKPIの設定と5四半期のローリングをすることにより対処しようとしている。第2の長期的・戦略的視野の欠如に対して，BSCにより戦略と短期的な計画を結びつけることで，戦略的視野をもたせようとしている。第3の組織成員の行動を過度に制約する問題に対して，ボトムアップによって作成することで対処できるとしている。

4　予算管理と戦略計画の柔軟な運用による予算問題の克服

　ここでは予算管理と戦略計画を柔軟に工夫して用いることで予算問題に対応している事例として，Frow et al.（2010）の「継続」予算を取り上げる[5]。

　文書技術とサービスを提供する多国籍企業であるA社の公式のコントロール枠組みは，方針展開と業績評価システムからなる「業績卓越性評価プロセス」（Performance Excellence Process: PEP）を中心としている。

　経営者陣は，計画プロセスにおいて過去の業績，市場トレンド，顧客要求，

ベンチマーク・データ，事業の優先順位の分析に基づき，組織の方向性と戦略を定義し，組織の長期目標を説明する目標と尺度を取締役会で決定する。3〜5年間の戦略計画を年度更新し，進行年度の全社目標を定めている。年度においては，上級管理者が「重点目標」（the "vital few"）を定めることが重要であり，これらが事業上の重要なドライバーとなり，優先すべき戦略に焦点を当てさせている。この重点目標は報酬システムとリンクしており，重要なドライバーについて社内でコミュニケーションを実施している。それを，特定の行動に翻訳させることを目的としている。PEPに即した個人レベルの目標の達成度の設定も行われ，個人レベルは半期に一度で評価される。また，組織レベルの目標は年度で財務，業務面から評価される。

予算管理システムはPEPに含まれており，「重点目標」と財務目標を管理者に割り当てて，管理者らが予算を策定している。これは管理者が予算策定に参加するという意味における参加型予算であり，資源要求のための水平的コラボレーション，戦略目標に合致するかについての垂直的交渉が行われる。

四半期レベルの年度業績見込みについては月次レビューが実施され，計画との乖離について記述した差異報告書が作成され，その中で，予算責任者は現状報告と計画との乖離を改善するための適切な処置が要求される。ここでは，事前に設定された個別目標を達成するためだけに注力するのではなく，差異に対応する戦略的な行動の探索が期待される。

「継続」予算の特徴は，四半期ごとに，実績と見込みにより年次目標への達成のための行動計画を修正していくプロセス管理を行うことである。それは，3ヵ月＋9ヵ月，6ヵ月＋6ヵ月，9ヵ月＋3ヵ月というように，実績と見込みを合計して1年間となるようにして年度の管理を行うものである。予算と実績に大幅な乖離がない状況において会計情報は診断的に用いられ，変化した外部環境のもとで戦略的目標を達成するために計画を見直す場合に，会計情報は双方向的に利用される。このようにして，不確実性の問題に対応しようとしている。また，このように予算管理を柔軟に運用できているのは，他のコントロール要素が予算管理を補完しているからである。特に，公式な方針展開や業績モニタリング・システムが信条システムとして機能し，管理者の意思決定や行動を全社的な戦略目標に整合するように方向づけ，調整することで，戦略的

な視野に対応し，組織成員の行動を制約しないようにしている。

　そして，予算は複数の方法で用いられ，他のマネジメント・コントロールがそれを補完することで，「継続」予算プロセスを通じて管理者は予期せぬ出来事に裁量的に対処する。これにより，管理者はより大きな組織目標に対応するために計画の見直しや資源の再配分の優先順位づけを必要に応じて行うことができる。「継続」予算は管理者への権限委譲のみならず，組織の財務目標を達成することへの厳格なアカウンタビリティを管理者へ課す。

　結論として，「継続」予算は障害どころか，戦略の効果的な実行に必要な柔軟性と財務的な規律づけに資することが明らかになった。では，「継続」予算は予算問題にどのように対応しているといえるか。第1の不確実性の問題に年次目標を変更することなく，「継続」予算の差異分析を通じて，探索的な活動を行わせることで対処しようとしている。第2の長期的・戦略的視野の欠如に対して，公式な方針展開や業績モニタリング・システムが信条システムとして機能し，戦略的視野をもたせようとしている。第3の組織成員の行動を過度に制約する問題に水平的・垂直的な調整によって対処している。

5　おわりに
――計算構造論と組織行動の関係に関する研究の必要性――

　原価企画や，ABB，BSCが戦略的計画設定のための管理会計システムとして展開され，さらに戦略会計システムが総合予算と結合することを通じて，総合予算と表裏一体で展開されているマネジメント・コントロールと戦略計画設定とが連携を強化されると理論的に示唆されていた（上總, 1999）。

　第4節で見たように，Frow et al., (2010) の事例のように方針展開や信条システムとしてPEPによって，戦略的計画設定とマネジメント・コントロールとの連携が強化される。林 (2005) は，戦略計画と予算管理の整合性と戦略という視点に着目し，戦略計画と予算とを相互補完的に使用しているほど戦略共有効果が高いことを実証している[6]。

　これに対して，中期経営計画では具体的に利益を獲得するための方法を詳細に述べず，予算の実行が長期的な戦略の修正・立案に影響するものではなく，

両者が有機的にリンクしないという考えもある（清水, 2004）。

　第3節で見たように，予算そのものを放棄して，BBとBSCを組み合わせる方法によれば，BSCは戦略的計画設定とマネジメント・コントロールを補完するものではなく，代替的なものとして使われることになる。BSCは「ビジネス・ユニットの戦略を，長期的な戦略目標とその達成度合いのメカニズムを規定する一連の指標へと変換する装置」（Kaplan and Norton, 1996: 32）であり，その特徴は，(1)非財務的指標の利用，(2)因果関係，(3)戦略的フィードバック，(4)コミュニケーション，(5)インセンティブとのリンクといった5つに整理できる。林（2006）の調査によると，日本においてBSCは，現状では補完的に用いられており，戦略の共有についてどのような機能が効いているのかについては十分に明らかにされなかった。

　BBとBSCが戦略計画と予算を代替していくのか，中期経営計画と予算管理をうまく運用し，他のコントロールによる補完を得ながら予算は発展をしていくのかについて，予算が他のコントロールとどのような関係性をもっているのかについて，今後さらなる検討が必要である（Malmi and Brown, 2008）。

　また，京セラ，キヤノン電子（上總, 2010），日本電産（浅田ほか, 2013），村田製作所（上總・浅田, 2007）といったように高い目標を掲げて高い成長率を維持している企業についてユニークな経営管理方法が報告されている。達成困難に思える高い目標を掲げることができる理由の1つは経営者がオーナー経営者であり，長期的な観点から経営を続けられる企業であるといった点が前提条件としてあるかもしれない。上記のような企業において予算の達成度と金銭的報酬とのリンクが弱い場合には，予算は高いレベルに設定されるのか（Hofstede, 1967），そのような場合に，組織学習が促進されているのか（Argyris, 1990），それは，どのようにして可能となるのか（李ほか, 2010）。また，従来いわれてきた予算参加が，分権化が進むなかで，どのように変化しているのか（Covaleski et al, 2006），それぞれの予算管理と他のマネジメント・コントロールがどのように関連しているのか，計算構造がもつ特徴と組織行動の関係を明らかにしていくことで日本企業の予算管理の特質が明らかになっていくものと考えられる[7]。

● 注

1 小菅（2010）では，第二次世界大戦前から現代にかけての日本における予算管理研究を整理する。1920年代中頃から展開されてきた米国の予算管理実践の輸入研究，戦後の復興期における国家による予算管理実践導入の推奨と海外研究の紹介，高度成長期における，コンティンジェンシー・アプローチ，数理計算モデルといったさまざまな研究の展開がみられた高度成長期，平成不況期における経営戦略との関係を実証研究（浅田，1993），比較文化論の立場からの日米比較（上埜，1993），環境適応の観点からの予算管理研究（津田，1994），予算管理の行動論的研究の成果の体系的な集約（小菅，1997; 大塚，1998），そしてABBの積極的な提唱（櫻井，2004），ABBとバランスト・スコアカードとの統合モデルの提唱（櫻井，2008）が行われた。
2 予算管理システムがもたらす人間行動に焦点を当てる経済学ベースと心理学ベースの研究に関する詳細な文献レビューは，李ほか（2010）を参照されたい。
3 また，Lorain（2010）の調査によれば，ローリング予測の重要成功要因には管理者の関与，目標の伝達，戦略との連携，ITによるサポートがあるという。
4 たとえば，澤邉（2007）は，東京三菱銀行米州本部の事例を用いて，BSCによるトップダウンの意図された戦略の浸透と，COSOベースの内部統制によるボトムアップの創発戦略の形成による，ダブルループのフィードバックが行われることを明らかにした。
5 このほかには，Simons（1987）では，戦略計画と予算管理を連携させることにより不確実性問題に対応している事例が紹介されている。
6 ただし，中期経営計画と予算の統合により，戦略の共有効果は促進されるが，戦略の実行についてはあまり役立っておらず，その原因は明らかになっていない。
7 日本企業の予算システムの特徴としては，次のような点が指摘されている。まず，目標として，米国ではROIが重視される一方で，日本企業では売上高が重視されている（浅田，1989a, 1989b）。日本企業では，統制機能よりも計画機能を重視する傾向がある（浅田，1989a, 1989b; 浅田，1997; 朴・浅田，2003）。また，予算に関する調整やコミュニケーションは，公式な場よりもインフォーマルな場で行われるといわれている（上埜，1993）。日本企業では，上司が部下の個人業績評価を行う際には，予算をあまり重視しない傾向があり，管理者に対するコントロールの目的で使用する割合は低い（安達，1992; 長屋ほか，2004）。日本企業は評価対象期間が長く米国企業よりもスラックを予算に織り込む傾向が少ない（上埜，1993）。

【参考文献】

Ahrens, T. and Chapman, C. S. (2007) "Management accounting as practice," *Accounting, Organizations and Society* 32（1-2）: 1-27.
Argyris, C. (1952) *The impact of budgets on people*. New York : Controllership Foundation（内田昌利訳（1979, 1980）アージリス, C. (1952)「人間にたいする予算の影響（上・中・下）」『経済論集』（北海学園大学経済学部紀要）第26巻第4号：133-161, 第27巻第2号：77-104, 第27巻第3号：97-117）.
――― (1953) "Human problems with budgets", *Harvard Business Review* 31: 97-110.
――― (1990) "The dilemma of implementing controls: the case of managerial

accounting," *Accounting, Organizations and Society* 15(6) : 503-511.
Baiman, S. and Evans, J. (1983) "Pre-decision information and participative management control systems," *Journal of Accounting Research* 22 : 371-395.
Baxter, J. and Chua, W. F. (2003) "Alternative management accounting research-whence and whither," *Accounting, Organizations and Society* 28(2) : 97-126.
Bogsnes, B. (2009) *Implementing Beyond Budgeting : Unlocking the Performance Potential*, John, Wiley & Sons(清水孝訳(2010)『脱予算経営への挑戦』生産性出版).
Bourmistrov, A. and Kaarbøe, K. (2013) "From comfort to stretch zones: A field study of two multinational companies applying "beyond budgeting" ideas," *Management Accounting Research* 24(3) : 196-211.
Carruthers, B. (1995) "Accounting, ambiguity, and the new institutionalism," *Accounting, Organizations and Society* 20 : 313-328.
―――― and Espeland, W. (1991) "Accounting for rationality : double-entry bookkeeping and the rhetoric of economic rationality," *American Journal of Sociology* 94: 31-69.
Chapman, C. (1997) "Reflections on a contingent view of accounting," *Accounting, Organizations and Society* 22 : 189-205.
Chenhall, R. H. (2006) "Theorizing contingencies in management control systems research," *Handbooks of Management Accounting Research* 1 : 163-205.
Covaleski, M., Evans III, J. H., Luft, J. and Shields, M. D. (2006) "Budgeting research: three theoretical perspectives and criteria for selective integration," *Handbooks of Management Accounting Research* 2 : 587-624.
Cyert, R. and March, J. (1963) *A behavioral theory of the firm*, Englewood Cliffs, NJ: Prentice-Hall.
Demski, J. and Feltham, G. (1976) *Cost determination : a conceptual approach*, Ames, IA: Iowa State University Press.
Frow, N., Marginson, D. and Ogden, S. (2010) " 'Continuous' budgeting : Reconciling budget flexibility with budgetary control". *Accounting, Organizations and Society* 35(4) : 444-461.
Hansen, S., Otley, D. and Van der Stede, W. (2003) "Practice developments in budgeting : an overview and research perspective," *Journal of Management Accounting Research* 15 : 95-116.
Hofstede, G. (1967) *The game of budget control*, Assen, Netherlands : Van Gorcum.
Hope, J. and R. Fraser (2003) *Beyond Budgeting: How Managers Can Break Free from the Annual Performance Trap*, Harvard Business School Press(清水孝監訳(2005)『脱予算経営』生産性出版).
Hopwood, A. (1972) "An empirical study of the role of accounting data in performance evaluation," *Journal of Accounting Research* 10 (Suppl.) : 56-182.
―――― (1976) *Accounting and human behavior*, Englewood Cliffs, NJ : Prentice-Hall.
Howard, C. (1997) *The hidden welfare state: tax expenditures and social policy in the United States*, Princeton: Princeton University.
Kanodia, C. (1993) "Participative budgets as coordination and motivation devices," *Journal of Accounting Research* 31 : 172-189.

Kaplan, R. S. and D. P. Norton (1992) "The Balanced Scorecard : Measure that Drive Performance," *Harvard Business Review* 70(1) : 71-79.
―――― and ―――― (1996) *The Balanced Scorecard : Translating Strategy into Action*, Boston, Massachusetts : Harvard Business School Press(吉川武男訳(1997)『バランス・スコアカード―新しい経営指標による企業変革―』生産性出版).
―――― and ―――― (2001) *The Strategy-FocusedOrganization: How balanced scorecard companies thrive in the new business environment*, Boston, Mass : Harvard Business School Press(櫻井通晴監訳(2001)『キャプランとノートンの戦略バランスト・スコアカード』東洋経済新報社).
Lawrence, P. and Lorsch, J. (1969) *Organizations and environment*, Homewood, IL : Irwin.
Libby, T. and R. M. Lindsay (2010) "Beyond budgeting or budgeting reconsidered? A Survey of North-American budgeting practice," *Management Accounting Research* 21 (4), 56-75.
Lorain, Marie-Anne (2010) "Should Rolling Forecasts Replace Budgeting in Uncertain Environments?," in Epstein, M., Jean-Francosi Manzoni, and A. Davila ed., *Studies in Managerial and Financial Accounting*, Volume 20 : 177-208.
Luft, J. and Shields, M. D. (2006) "Mapping management accounting: graphics and guidelines for theory-consistent empirical research," *Handbooks of Management Accounting Research* 1 : 27-95.
Malmi, T. and Brown, D. A. (2008) "Management control systems as a package―Opportunities, challenges and research directions," *Management Accounting Research* 19(4) : 287-300.
March, J. G., Olsen, J. P. and Christensen, S. (1976) *Ambiguity and choice in organizations*, Bergen: Universitetsforlaget.
―――― and ―――― (1976) *Ambiguity and choice in organizations*, Oslo : Universitetsforlaget.
―――― and Simon, H. (1958) *Organizations*. New York : Wiley.
Meyer, J. (1986) "Social environments and organizational accounting," *Accounting, Organizations and Society* 11 : 345-356.
―――― and Rowan, B. (1977) "Institutional organizations: formal structures as myth and ceremony," *American Journal of Sociology* 80 : 340-363.
Mouritsen, J., Hansen, A. and Hansen, C. Ø. (2009) "Short and long translations: Management accounting calculations and innovation management," *Accounting, Organizations and Society* 34(6) : 738-754.
Neely, A., Sutcliff, M. R. and Heyns, H. R. (2001) *Driving value through strategic planning and budgeting*, New York : Accenture.
Østergren, K. and I. Stensaker (2011) "Management Control without Budgets: A Field Study of 'Beyond Budgeting' in Practice," *European Accounting Review* 20 (1) : 149-181.
Otley, D. T. (1999) "Performance management: A framework for management control systems research," *Management Accounting Research* 10 : 363-382.
Parsons, T. (1937) *The structure of social action*, Chicago : Chicago Free Press.
Penno, M. (1984) "Asymmetry of predecision information and managerial accounting,"

Journal of Accounting Research 22 : 177-91.
Perrow, C. (1967) "A framework for comparative organizational analysis," *American Sociological Review* 32 : 194-208.
Pfeffer, J. (1981) Power in organizations. Marshfield, MA : Pitman.
Simons, R. L. (1987) "Codman & Shurtleff, Inc.: Planning and Control System," *Harvard Business School Case* 9 -187-081, Boston, MA: Harvard Business School Publishing.
Thompson, J. (1967) *Organizations in action*, New York : McGraw Hill.
Weber, M. (1947) "T*he theory of social and economic organization*," Glencoe, IL : The Free Press.
Welsch, G.A. (1971) *Budgeting-Profit Planning and Control, third ed*, Prentice-Hall, Inc., New Jersey.

浅田孝幸(1989a)「予算管理システムの日米企業比較について(1)」『企業会計』第41巻第4号:603-610。
―――(1989b)「予算管理システムの日米企業比較について(2・完)」『企業会計』第41巻第5号:761-769。
―――(1993)「リストラと予算管理システム」『企業会計』第45巻第5号:623-630。
―――(1997)「日本企業の予算管理システムの進展と国際化の影響:1995年調査を中心にして」『會計』第151巻第2号:266-280。
浅田拓史・吉川晃史・上總康行(2013)「日本電産株式会社の経営改革と管理会計―知識創造理論の視点から―」『管理会計学』第21巻第2号:41-60。
安達和夫(1992)「わが国企業における期間予算制度管見」『産業経理』第52巻第3号:131-142。
上埜進(1993)『日米企業の予算管理:比較文化論的アプローチ』森山書店。
大塚裕史(1998)『参加型予算管理研究』同文舘出版。
上總康行(1999)「戦略的計画設定と予算管理との結合―戦略的管理会計論に関する一考察―」『経済論叢』第164巻第6号:103-124。
―――(2010)「機会損失の創出と管理会計―京セラとキヤノン電子の事例研究から」『企業会計』第62巻第3号:324-333。
―――・浅田拓史(2007)「村田製作所のマトリックス経営と管理会計―正味投資利益計算と割引回収期間法」『企業会計』第59巻第1号:150-159。
小菅正伸(1997)『行動的予算管理論(増補第2版)』中央経済社。
―――(2010)「利益管理」谷武幸・小林啓孝・小倉昇責任編集『業績管理会計』中央経済社:167-195。
小林健吾(1996)『体系予算管理』東京経済情報出版。
櫻井通晴(2004)『ABCの基礎とケーススタディ―ABCからバランスト・スコアカードへの展開(改訂版)』東洋経済新報社。
―――(2008)『バランスト・スコアカード―理論とケース・スタディ(改訂版)』同文舘出版。
―――(2012)『管理会計(第5版)』同文舘出版。
澤邉紀生(2007)「戦略管理会計とリスクマネジメントの融合」『商学論集』第76巻第2号:161-174。

清水孝（2004）『戦略マネジメントシステム』東洋経済新報社。
―――（2013）「予測型経営の理論と実務」『早稲田商学』第433巻：511-540。
田中隆雄（1990）「トヨタの"カイゼン"予算―日本的予算管理の原像」『企業会計』第42巻第3号：379-386。
津田博士（1994）『予算管理論―環境適応と業績統合』同文舘出版。
長屋信義・建部宏明・吉村聡（2004）「わが国企業予算制度の実態（平成14年度）(4) 予算実績差異分析の実際と予算制度の問題点」『産業経理』第63巻第4号：116-128。
朴景淑・浅田孝幸（2003）「企業規模と予算管理システムとの関連性に関する研究：2001年の日本企業におけるアンケート調査結果に基づいて」『管理会計学』第12巻第1号：15-29。
林攝子（2005）「マネジメント・システム間の統合化と戦略共有効果について―中期経営計画，予算管理，目標管理の相互補完関係に関する考察」『会計プログレス』第6号：86-102。
―――（2006）「マネジメント・システムの統合による戦略共有と戦略実行への効果について」『會計』第169巻第6号：913-927。
丸田起大（2005）『フィードフォワード・コントロールと管理会計』同文舘出版。
門田安弘（1988）「JIT生産方式と原価計算・原価管理―ダイハツ工業㈱のケースを中心に―」『企業会計』第40巻第5号：632-640。
李建・松木智子・福田直樹（2010）「予算管理」加登豊・松尾貴巳・梶原武久編集『管理会計研究のフロンティア』中央経済社：109-152。

第5章

目標管理と方針管理の同質化と相互補完性
――医療機関における
　アカウンタビリティの共有化と総合管理――

1　はじめに――問題意識――

　本章は，文献調査に基づく目標管理と方針管理に関する考察である。目標管理と方針管理は実践されている組織ごとに多様な形態があり，特に日本においてその洗練された手法は深く根づいている。そして，目標管理と方針管理は組織の総合管理（マネジメント・コントロール）と密接な関係にある。しかし，両者の体系的な比較分析は上總（2014）を除き，現在まだなされているとはいえない。さらに，総合管理と密接な関係があるにもかかわらず，目標管理および方針管理が，管理会計システムの一部分であるとの認識に基づいて分析されているとはいえない。上記の問題意識に加えて，本研究の背景には，医療機関などの（管理会計が生成・発展において分析対象としてきた企業とは異なる）組織に適した管理会計システムのあり方の探索という問題意識がある。
　医療機関は組織活動をプロフェッショナルが牽引し，その活動は自律的・相互依存的であるという特徴が挙げられる（Abernethy et al., 2006）。このような，医師や看護師などのプロフェッショナルが組織内で主力となるという環境下では，プロフェッショナルの自律性および主体性を阻害することなく，また裁量性を侵すことなく，管理会計システムを機能させるための配慮が必要となる。
　病院では診療科間や部門間の相互依存性が高いため，「責任はないけれど関

与している」,「個人の業績としてカウントされないが貢献している」,「責任はあるが他部門の権限と重複している活動が多い」といった業務が多く想定されている。そこへ実態と合わない管理会計システムを適用しようとすれば，当然，組織構成員からは忌避されることになる。なぜなら活動を阻害する要因を他ならぬ管理会計システムが作ってしまうからである。

これらのことは，従来の責任会計論の議論において，あまり注目されていなかったアカウンタビリティのあり方，すなわち共有されたアカウンタビリティ (shared accountability) の存在に対する考慮が重要となってきていることを示している（衣笠, 2013）。プロフェッショナルの自律性等，考慮すべき要因が多い医療機関などの組織では，アカウンタビリティの再構築が要請される。そして，その状況下において実行システムとしての予算管理システムなどの管理会計システムは，組織構成員の情報共有と，それに基づいた自律的・主体的行動を促進するツールとして機能することが期待される。

本章では目標管理と方針管理の先行研究の整理を行い，目標管理と方針管理の同質性と相互補完性を指摘する。そして，責任の範囲が曖昧で共有化されたアカウンタビリティの存在が重要となっているような状況において，プロフェッショナルの自律的・主体的行動を促進する総合管理（マネジメント・コントロール）としての予算管理システムと目標管理・方針管理の連結の可能性とその有効性を指摘する。

2 目標管理

2.1 目標管理とは——その理論的背景と手法展開——

目標管理とは，組織目標と個人目標を統合し，各従業員に自主管理させていくことによって組織目標を達成する手法である（菅野, 2009）。会社が成果を上げるために，個々人の力を会社全体の目標に向けることが必要であるとして，そのために，各人の仕事の目標を会社全体の目標に結びつけ，成果を目標との関係において評価する，というものである（産業・組織心理学会, 2009: 48）。具体的には，部下に1年間（または半年）の業務目標を年度初めに設定させ，上

司との面接を通じて確定させたのち，年度末（または半年後）に，その達成度を自己評価させ，上司と評価の確定を行うとともに上司からフィードバックが提供される，というものである（産業・組織心理学会, 2009: 175）。

この技法の背景には，個人の目標を本人の欲求と調和させれば，個人は外側からの指示・命令によってではなく，内側から自分自身の行動を管理し，自律的・意欲的に責任を持って行動するようになるという考え方がある（産業・組織心理学会, 2009: 48）。このアイディアはPeter F. Druckerの著書 "*The Practice of Management*"（Harper and Row, 1954）の中で「目標による管理（Management by Objects: MBO）」として提唱されたものである（奥田, 1995）。

このDruckerの理念に理論的基盤を与えたのがD. McGregorのY理論的人間観とされる（岡田, 2008）。このY理論的人間観[1]とは，人は目標決定に参加することによって高次欲求（達成，独立，自己統制，承認など）を満たすことができ，その結果，会社の目標を自ら達成しようとする，というものである（産業・組織心理学会, 2009: 48）。そのほかにも理論的基盤として，Maslowの自己実現欲求，Herzbergの動機づけ要因などが挙げられる（幸田, 2008）。

Druckerの「目標による管理」の理念に具体的な展開手法を示したのが，E. H. Schleh，G. S. Odiorne，C. L. Hughesらによる著作であり，これらによって目標管理という管理技法としてアメリカの実務界において用いられるようになった（奥田, 1995）。

目標管理の技法は日本にも紹介され，1960年代後半から一時期ブームの状況を呈したとされる（奥田, 1995; 麻生, 1983）。目標管理の導入の効果に関する検証も多く行われ，目標管理の導入により組織構成員（マネージャー）の認知レベルでの組織改善効果があったという指摘や（Tosi and Carroll, 1973），目標管理が製造会社において導入された結果，業績が向上したという研究報告（Ivancevich, 1973）が行われている。また，目標管理のシステム設計についても研究が行われ，Tosi et al.（1970），Carroll and Tosi（1970, 1971）は組織全体の目標から個人の目標に至るまでのレビュープロセス構築について報告している。ただし，これらの研究は総合管理と結びついた形での目標管理といった意味合いでのシステムではない。

2.2 目標管理の「マイナス面」から再認識されるその二面性

目標管理は脚光を浴び、多くの企業において導入される一方で、さまざまなマイナス面も指摘されてきた。Ivancevich et al. (1970) は目標管理が必要充足といった行動科学的分野の理論基盤を考慮せずして機能しないことを強調しているが、Jamieson (1973) は目標管理そのものが人へストレスを与えるという負の部分 (behavioral problem) を内包したシステムであると指摘している。さらにHofstede (1978) は、目標管理はサイバネティクスであるとしたうえで、対して計画設定などの予算システムは政治的なパラダイムにあるために、目標管理と予算は性質的に結びつかないとして「マネジメント・コントロールのフィロソフィの貧しさ」について指摘している。

実務界からも「目標管理は新たなノルマ制である」といった非難が寄せられ (奥田, 1995)、このようなノルマ制が及ぼす影響について、林 (2002) は産業衛生の立場から、目標管理がストレスの要因になることを指摘している。また西川 (2005) は、目標管理の理論的背景に立ち返り、内発的動機づけが成立するところや自発的に目標を確定できるところでは目標管理は有効であったが、システムにのみ関心が向かった結果、目標管理は職場においてストレスを与えるものとなり、システムとして機能しなくなると指摘している。

西川 (2005) の指摘は先のHofstede (1978) の指摘と似ており、これは、目標管理の「弊害」といわれるものは、目標管理の「有効性」と端を同一にするものであることを示しているといえよう。つまり、目標管理はその成り立ちからして、組織のシステムと、個人が内包する自己という意識との折り合いをつける意味合いがあり、ゆえに個人の自己実現のための原動力が組織全体の目標達成の原動力と「も」なる、という二面性をもっている。ゆえに、目標管理は「有効」なのであり、その二面性が崩れたときには、もはや本来の目標管理とはいえず、ゆえに「弊害」が発生するのである。

2.3 日本の実務界における目標管理の定着と他分野への発展

目標管理が及ぼすマイナス面の指摘がある一方で、日本では目標管理が企業の実務に根づき (関, 2004; 今野, 2005; JMAM目標管理プロジェクト, 2003; 串

田, 2004; 古畑・高橋, 2000), 精緻な発展を遂げている。日本経団連出版（2008）では目標管理システムの先行事例としてYKK, 旭硝子, リコー, 日本たばこ産業, 大日本印刷, TOTO, 第一三共, 富士重工業, アメリカン・エキスプレス・インターナショナル, サトー, コマツ, サントリー, 日本ゼネラルモーターズ, ロイヤルホールディングス, 双日, キヤノンマーケティングジャパン, カゴメ, 日本アイ・ビー・エム, SMK, 大丸, 協和発酵工業, 日本電信電話, コニカミノルタホールディングス, 宇部興産, 中村屋, オーエムシーカード, カシオ計算機, 小林製薬, オムロン, サイボウズの目標管理シートとその制度設計が、また日本経団連出版（2012）では東洋インキSCホールディングス, シスメックス, 三枝協, 第一生命保険, 住友林業, フジクラ, 昭和産業, スーパーホテル, ネクスト, 旭化成グループ, 日本たばこ産業, 森永製菓, トレンドマイクロ, 河村電器産業, モロゾフ, 昭和電工, ディップ, カネカ, 商船三井, 神戸製鋼所, 大丸松坂屋百貨店, ブラザー工業の目標管理シートとその制度設計について挙げられている。これらの特徴としては、人事評価システムとの結びつきが強いことが挙げられる。

　目標管理の手法は企業以外の分野にも広がりを見せている。塩見（2001）は、独立行政法人化した組織における目標管理の導入とその可能性について指摘している。また、医療分野、特に看護部門における目標管理手法の導入も行われている（河野, 2013a, 2013b; 陣田ほか, 2004）。山口（2007）は病院における目標管理の活用の可能性について指摘し、本間（2004, 2005）は、看護師長研修会における目標管理研修の実施の結果、参加者の達成動機の変化がよい方向にあったと報告している。また、松岡（2004）は病院の看護職における人事考課の実態調査を行い、目標管理の活用について挙げている。さらに谷川（2010）は病院看護部門において目標管理を通じた職員の育成がなされている現状に対し、クリニカル・ラダー[2]という医療機関の指標との結合による体系的なシステムの構築を提唱している。また遠藤（2014）は、高齢者福祉施設において目標管理を導入し、「おむつゼロ」の達成が可能となったことを挙げて、企業以外の組織においても動機づけが重要であり、目標管理の手法が有用であることを主張している。

　このように、企業以外の組織においても目標管理の手法の有用性が指摘され

ており，またその運用においては，業績評価の側面よりも個々人の動機づけと納得性の確保という心理状態と，そのためのコミュニケーションとが重要となっていることが指摘できる。

2.4 目標管理の二面性──目標管理の可能性──

以上のように他分野へも広がりを見せる目標管理の手法であるが，先述のように他分野においては，企業における運用形態よりも，よりDruckerの理念に近い用いられ方がなされている。

また，企業の運用においても，本来の意味における目標管理の運用の必要性が指摘されている。永井（2005）は，成果主義的な使われ方をされがちな目標管理を，個々人の自主性を重視し主体性の発揮につなげるというDruckerの本来の意味の理念に回帰させることで，運用上のマイナス部分を払拭できると主張する。同様に岡本（2004）も「ヒューマン主義」の雇用形態を実現する目標管理の運用の必要性を主張している。川端（1997）は「加点評価」の目標管理の実施により目標管理の心理的なストレスを除く提案などを行っている。

以上のことから，従来より指摘されている目標管理のマイナス面は，目標管理の運用上の問題に起因するといえ，このことは先に指摘したように，目標管理の弊害は目標管理の二面性を無視したときに発生するといえる。すなわち，目標管理のマイナス面の指摘は，目標管理の二面性の存在の指摘にほかならない。

目標管理の二面性とは，①組織目標が個人レベルにブレークダウンされた形での組織のシステムの受入れと，②個人が内包する自己という意識とが，個人の中で折り合いがつけられ，自己の目標を達成し自己実現を図ることが，組織全体の目標達成にもつながる，というものである。そして，この目標管理の二面性を踏まえたうえで，目標管理システムを再認識し，管理会計システムと連結することで，新たな可能性が広がると考えられる。

以下では，この目標管理の二面性を念頭に置きながら，目標管理の進化形ともいえる2つの運用形態を見ていく。

2.4.1 目標管理の進化形①――コミュニケーション・ツール

目標管理の実施においては「コミュニケーションのキャッチボール」（岩崎・村上, 2001）が重要とされる。つまり，目標管理の目標設定において，管理職が面接で果たすコミュニケーションの役割が重要となる（八代, 1999）。これは，目標管理を業績評価と結びつける際に，個々人の特性によって，業績給を受け入れる価値観や評価の受け取り方が異なるため，個々人への対応，すなわちコミュニケーションが不可欠ということである（豊島, 2001; Creasy and Anantatmula, 2013）。

このように，もとより目標管理の運用においてはコミュニケーションの重要性が指摘・認識されてきているが，目標管理の「本来の意味での利用」を重視した結果，目標管理が情報共有のためのコミュニケーション・ツールとして機能することが指摘されている。いわばコミュニケーション・ツールとしての目標管理の進化である。

岡田（2008）は，目標管理について，背景となっている理論のうちのMcGregorのX-Y理論に立脚して考察を行い，目標管理は動機づけとしてのみ用いられるべきであると主張している。その理由は，個々人の業績評価とリンクさせた形で目標管理を導入することにより，現場やチーム作業が崩壊するというものである。つまり，目標管理シートに書けない隙間業務がかなりの割合で存在する現場に目標管理が導入されることにより，「誰の目標にも書かれていない仕事」を自発的に行う姿勢が失われるというものである。また，個々の作業が明確に分かれていない開発部門などのチーム作業において，目標管理が導入されると個々人が自分だけの目標に固執する，というのである。また奥野（2000）はアンケート調査に基づき，目標管理がうまく展開されていない理由の1つに製造部門，間接部門，研究開発部門などの部門の違いが考慮されていないことを指摘している。

これに対して，齊藤一雄（2002）は，自律性を重視した研究開発向きの目標管理の運用を行うことで，研究開発部門のマネジメント手段としての目標管理の可能性を指摘している。この研究開発やチームプロジェクトにおける目標管理の有用性は近年特に指摘されるようになっており，組織構成員の自律的な活動と協働作業が主となる組織における管理会計システムのあり方への示唆と

なっている。

　French and Hollmann（1975）はすでに協働的なチーム中心の活動における目標管理の有効性について指摘していたが，Antoni（2005）は，タスクの相互依存性が高い自律的なチーム活動を導く手法としての目標管理に明示的に着目し，その調整・解決機能について指摘している。またPardo-del-Val et al. (2012) は組織変化過程での参加型経営が必要となる際の目標共有のツールとしての目標管理の可能性について指摘している。同様にNederveen Pieterse et al. (2013) は，目標共有と学習の機会としての目標管理に着目し，チーム活動における各員のバックボーンの文化の多様性は目標管理の場があることでプラスに働くことを指摘している。さらに横山・大林（2005）は製品開発における部門調査を行い，製品開発において市場調査結果に依存する企業と依存しない企業のあり方を比較し，市場調査結果に依存しない企業では，研究初期段階から多様な人材が協働し，目標管理を徹底しコミュニケーションを図ることで製品化の確実性を高める工夫がなされ，革新性を得ていたことを指摘している。

　江原ほか（2013）は，分業の線引きが明確でなく，調整行為がより重要となるようなプロジェクトチームなどのチーム作業において，目標管理を「目標共有管理システム」として用いることで，個々人の目標達成の意識が高くなると主張している。また五十嵐（2012）はノルマ主義に陥ることなくチームや組織を発展させる目標管理の運用においては，納得感や責任感の醸成が重要となってくることを指摘している。

　このように，目標管理をコミュニケーション・ツールとして運用することにより，目標の共有が促進され，個々人の目標達成への動機づけと納得性が，自律性を阻害することなく高まるというのである。このことは，管理可能性原則に基づく責任会計を適用しづらい，曖昧さを内包する組織形態において，目標管理がコミュニケーション・システム，情報共有システムとして機能する可能性を指し示すと考えられる。

2.4.2　目標管理の進化形②——戦略的目標管理

　目標管理は組織管理における一技法として出現したが，目標管理の効果的な運用が考えられた結果，組織全体の管理会計システムである総合管理に目標管

理をコミットさせシステムに組み込むという発想が出てきた。

　目標管理は，個人の自主性と組織目標との調和を図る際に有効な手法であり，結果として組織が活性化する（小野, 2005）という形で，目標管理が総合管理に及ぼす影響が指摘され，また目標管理制度が「経営管理システム」になりうるのかという問題意識の明示的な提示（丹生谷, 2007）がなされている。またCao et al.（2010）はサプライチェーン・マネジメントにおいて，有効なマネジメントの特質の1つとして目標管理を挙げている。これは具体的な目標管理システムの提示ではないが，目標管理がマネジメント・システムに有効であるという示唆ではある。

　金津（2000）は，実際の運用上では「人事制度のサブシステム」としての側面が強調された運用形態すなわち人事考課の道具として，目標管理の利用がなされがちであると指摘したうえで，本来の目標管理は「人事制度のサブシステム」としての側面と，「経営管理システム」としての側面をもつ二面性システムであると指摘している。

　さらに，経営戦略と目標管理の結合の必要性が指摘されるようになり（五十嵐, 2003），戦略策定プロセスを含む仕組みとしての総合管理の中に目標管理が位置づけられる可能性が示唆されるようになっている。これは，目標管理のもう1つの進化形である。

　この進化形の延長線上として，具体的なシステムを提示するに至ったと位置づけられるのが，上總ほか（2008）である。上總ほか（2008）は総合繊維メーカーのセーレンにおけるケーススタディを行い，管理者や従業員という個人に対して，行動計画と予算（売上高，原価，利益など）とが同時に設定され，それが「目標」と称されているシステムを明らかにし，この戦略と目標管理とが結合されたシステムをもってして日本発の「戦略目標管理システム」であると指摘している。このように，目標管理は戦略レベルまで含んだ総合管理のシステムの一環に組み込むことが可能であることが示されている。今後は，トップダウンの方向に加えてボトムアップの方向から，目標管理の特性を生かした戦略策定プロセスまで含んだ戦略目標管理システムを明らかにすることが必要であろう。

2.5 まとめ：目標管理のもつ二面性とその機能

以上，目標管理について，その成り立ちと理論的背景，運用形態について先行研究に基づき整理を行った。そのうえで明らかになったことは，目標管理のもつ二面性と，それに対応した2つの異なる機能である。

目標管理とは，個人の掲げる目標の達成が組織全体の目標達成へとつながる手法であり，組織全体の掲げる目標達成が，ブレークダウンされた個人の目標達成へとつながる手法である。その根幹には，個人の自己実現のための欲求が原動力として存在している。

目標管理の二面性とは，組織全体の目標を個人の目標へとブレークダウンしていく総合管理としての機能をもつ面と，個人の目標達成が自己実現へとつながる動機づけとしての機能をもつ面である。前者は金津（2000）のいうところの「経営管理システム」に近く，後者は現状においては金津（2000）の「人事制度のサブシステム」に近いともいえよう。

ここで，組織全体の目標を個人の目標へとブレークダウンしていく総合管理としての機能，いわば組織の構成をなす目標一貫化ともいうべき機能を「目標管理の目標共有機能」と呼び，個人の目標達成が自己実現へとつながる動機づけとしての目標管理の機能を「目標管理の動機づけ機能」と呼ぶことにする。

この目標管理の二面性，すなわち目標管理の2つの機能は，これまで述べてきたように表裏一体の関係にあるため，どちらかのみを強調させると，その効果はなくなる。たとえば目標共有機能のみを強調した場合，成果主義の弊害が発生し，目標管理はただの「ノルマの貼り付け」となる。また，動機づけ機能のみを強調した場合，目標管理はただの自己啓発に矮小化される。ゆえに，2つの機能を有することを認識し，うまく働くよう注意する必要がある。

さらに，この目標管理の2つの機能の概念を用いると，前述の目標管理の進化形の説明も容易になる。すなわち，目標管理の目標共有機能をうまく働かせるよう注力するプロセスにおいて，目標管理がコミュニケーション・ツールとして機能すると理解でき，また，円滑なコミュニケーションの実現により目標共有機能が働きをなし，加えて動機づけ機能が発揮された結果，目標管理は組織の戦略実現の手段，すなわち戦略的目標管理となると理解できる。

3　方針管理

3.1　方針管理とは——その理論的背景と手法展開——

　方針管理とは，組織目標達成のために，目標と方策（手段）の対応関係を明らかにしながら，PDCAのサイクルを回し，各部門・各階層にわたる活動を管理する手法である（細谷, 2012）。それは品質管理の工程における，プロセス重視のデータ解析と対策の抽出に着眼点を置く，工学的な品質管理の理論を背景とした手法である。

　具体的な方針管理の手順は，①方針・方策を定める，②実施項目を選定する，③各実施項目を年度・期へ細部展開する，④各実施項目の重要度評価を行い，最終的に実施する内容を整備する，⑤各実施項目の細部展開を時系列に配列する，⑥月次の実施項目を決める，⑦月次の評価，⑧期中におけるトップの診断，⑨年度末の総合評価，といった手順で進められる（納谷, 1978）。また，方針管理のプロセスにおいては，前述のように工学的な品質管理の理論を背景としているため，系統図やマトリックス図法，マトリックスデータ解析法，関連図法，KJ法，PDPC法，アロー・ダイヤグラム法といった品質管理（QC）の手法が用いられる（納谷, 1978）。

　方針管理の理論的背景は，総合的品質管理（TQC）にあり，日本で生まれたものである。TQCは，戦後にアメリカから入ってきた統計的品質管理（SQC）をもとに，1950年代に日本で形成されたものである（能見, 1990）。日本発の方針管理の原点は，1960年代初期に開発・導入された小松製作所の管理設定図（「旗方式」）や，ブリヂストンタイヤが実施した総合管理体制にあるとされる。1960年代に小松製作所はキャタピラーに対抗すべく「起死回生の④作戦」（赤尾, 2006）を展開する。これは，パレート図・特性要因図を組み合わせた目標展開「管理点設定図」（旗方式）による品質管理の総合管理体制の確立であり，これをもってして能見（1990）は方針管理の原型の確立とみている。この総合管理体制は，垂直的な統制と，部門間の水平的な統制の結合である。また，ブリヂストンタイヤはこの総合管理体制の枠組みをより簡略・抽出化した形態を

作り出しており，これらの形態は，目標管理では解決できない点を補って形成された，プロセス重視のQC的な重要問題点の解決手法であるとして，「方針管理と名付けた」(能見, 1990) とされる。

3.2 方針管理の定着・発展

方針管理は高度成長期の品質志向・技術志向を背景に，多くの企業の中核的な工程管理手法として定着し，発展してきた。(金津, 2000)。目標管理が，その対象として、より個人に重点を置くのに対し，方針管理では対象は経営者，管理者であるとされる (長田, 1996)。方針管理は経営トップの思いを具現化し，その進捗管理ができるところから多くの経営トップに支持され，その定着が促進されたという指摘がある (金津, 2000)。また，金津 (2000) は方針管理やQCサークル活動 (小集団活動) を通じて優れた品質管理を実践した企業にデミング賞が与えられるなどのトップに対するインセンティブの存在も，方針管理の定着を促進したと指摘している。デミング賞を受賞した企業の方針管理の手法については，日本品質管理学会の学会誌『品質』において，受賞企業による報告が多数行われている (齊藤純一郎, 2012; 鈴木・藤井, 2012; 栄永, 2012; 荒井, 2012)。方針管理は，現在では品質管理のみならず，品質管理と製品開発を融合させたデザインレビューのプロセス手法としても用いられている (苗代, 1993)。

目標管理の手法は，日本の企業が海外の子会社や合弁会社を設立した際にも，その地において用いられ，方針管理の訳語「Policy Management」よりも「Hoshin Kanri」の名称にて知られるところとなっている。「Hoshin Kanri」は「Japanese methodologyの方針管理という品質計画の実行とレビュー」(Beecroft, 1999)，「Hoshin Kanriというブレイクスルーをもたらすシステマチックなアプローチ」(Wood and Munshi, 1991) として受け止められ，日産南アフリカの方針管理や (Vinh and Witcher, 2005; Witcher et al., 2008)，ポーランドの日系企業における方針管理 (Cwiklicki and Obora, 2011)，ゼロックスでの方針管理 (Witcher and Butterworth, 1999)，イギリスの製薬会社における方針管理 (Tennant and Roberts, 2001a) など，「Hoshin Kanri」に関するケース・スタディが積極的に行われている。

Tennant and Roberts（2000）は，品質管理を戦略的品質経営のテクニックであるとし，「個人の目標を立てて追跡する」というコンセプトは新しいものではないが，そのやり方が新しく，西洋にはなかったものだ，としている。

3.3 方針管理の機能の多様化

方針管理は，部門別管理（部長，課長，係長などの職制に準じた垂直的な統制）と，機能別管理（業務機能に応じた，部門間の水平的な統制）を結合させた総合管理体制のもと，計画（方針の策定），実施（方針展開），診断（実施結果の反省），改善（診断に基づく処置）のPDCAを繰り返し，企業目標・経営目標を計画的に実現していく仕組みであり，データに基づき実績をレビューするプロセスを重視しながら経営トップ以下，全員参加で進めるものである（金津, 2000）。

ここで，目標管理が，各個人が目標設定に参画し，目標達成に挑戦する過程で実現される動機づけや自己実現の効果が組織の目標達成と活性化につながるというのに対して，方針管理は「その実施過程で自己実現や動機づけの効果があったとしても，それはあくまで副産物」（長田, 1996）であるとされ，個人の動機づけや個人の能力向上は方針管理の意図するものではないとされている。

しかしながら，長田（1996）が「副産物」，すなわち結果として生じる効果として個人の自己実現やモチベーションの向上を指摘しているように，方針管理の実施の結果，個人の動機づけや学習の効果があり，その「副産物」としての方針管理の効果も方針管理の期待される機能としてみられるようになってきている。

さらに，方針管理においては方針策定のプロセスにおいて職位の上下間，部門間の左右（水平間）で「すりあわせ」あるいは「キャッチボール」と呼ばれる十分な話し合いによる調整が重要視されており（細谷, 2012），これによって方針の一貫性と整合性の担保が図られているが，このプロセスが生み出すコミュニケーション活性化の効果と組織目標の共有効果も，方針管理の機能として着目されるようになってきている。

このように，TQCの理論に基づく方針管理の手法を実施した結果，生じる効果も含めて，方針管理の機能と捉え，その効果をより生かすような方針管理

の実施の仕方により,方針管理を発展させている形態が多くみられるようになってきている。以下では,そのような従来は「結果としての副産物」だった効果に着目し発展させた方針管理の形態を見ていく。

3.3.1 動機づけ・自己実現

方針管理では方針の展開にあたり,目標展開と方策展開が併せて実施される。この目標・方策展開により,1人ひとりが明確な自分の目標を持ち,組織と個人のベクトルが合致して個人の成果と組織全体の成果が連動する(小林ほか,1997)。この際に,自分の目標を達成し,また改善を経て新たな方法を確立することによる達成感と創意工夫を通した自己実現の効果が,方針管理の機能としても注目されている(Tsung-Ming and Chao-Ton, 2007)。

また,Tenannt and Roberts(2003)はランド・ローバー社のケーススタディを行い,方針管理の中での新製品導入のための個人評価プロセスの創出と適用の機能を捉え,「リアルタイムの組織学習の創出と個人のたゆまぬ改善の獲得」としている。長田(1996)は個人の能力向上の意図の有無について,目標管理にはあるが方針管理にはない(副産物としてはある)としているが,結果としての個人の能力向上による組織の活性化・組織の能力向上効果が,方針管理の機能としても認識されてきている。

ただし,目標管理では,個人の自己実現,能力向上や動機づけが,目標管理という手法が機能する原動力となっているのに対し,方針管理では,あくまで「結果として発生」するということに留意する必要がある。

3.3.2 コミュニケーション・ツール

方針管理のプロセスにおける上下・左右の「すり合わせ(キャッチボール)」が,コミュニケーション・ツールとして機能することも着目されている。Evans et al.(2012)は「方針管理フィロソフィ」が組織構成員全員を共通のゴールへと向かわせるコミュニケーションを促進するコミュニケーション・ツールであるとする。また武石(2012)は,方針管理において,水平間の調整である機能別管理の徹底により,組織間の関係が組織構成員にとって明確となった結果,全社にまたがる横断的意思疎通が容易となり,コミュニケーショ

ンが良好になったとして，方針管理のコミュニケーション・ツールとしての機能を指摘している。

3.3.3 チーム・マネジメント

方針管理をチーム・マネジメントの手法として用いる場合も出てきている。Vinh and Witcher（2008a）は方針管理をチームパフォーマンス向上のマネジメント・システムとして機能することを指摘している。ただこれはTQCの中のQCサークル活動（小集団活動）の機能を，「方針管理の機能」として捉えていると考えられるが，QCサークル活動が方針管理と一体化・併用して行われる以上，方針管理の機能（効用）と捉えることも可能であろう。

3.3.4 コンセンサス・ビルディングと組織内アカウンタビリティ

コミュニケーション・ツールとしての機能や，チーム・マネジメントの機能を形成している要素の抽出概念機能として，コンセンサス・ビルディングと組織内の構成員に対するアカウンタビリティ（説明責任）を果たす機能も，方針管理に見出されている。Tennant and Roberts（2001b）は，ランド・ローバー社の方針管理の「キャッチボール・プロセス」に着目し，"Hoshin Targets"のコンセンサスがチーム内において形成される過程を分析している。また，村上（1984）は，小松製作所の技術研究所の方針管理についての形態を提示しており，そこでは，研究所員の活動計画と目標・方策展開表が形成される過程でのタテ・ヨコのコンセンサスが形成される重要性が指摘されている。技術研究所のような個人の発想・能力・裁量性がより重要となる機関においては，辞書的な意味での方針，つまり方向性の共有がより重要になるものと考えられる。この方針管理のコンセンサス形成機能は，医療機関のようなプロフェッショナルによる活動が主で，自律性やチーム活動が重要となる組織において，より注目されるものであろう。

さらに荒井（2012）は小松製作所の方針管理について述べたなかで，方針管理を実行する際に，上司と部下のコミュニケーション，部門間のコミュニケーションを重視し，その上で共通認識を持つために「説明会」を実施しているとする。そして組織構成員に対する説明責任を果たすという組織内アカウンタビ

リティの重要性を指摘している。これは責任感の醸成ともなっており，共有されたアカウンタビリティに対応する総合管理のあり方に対し示唆を与える。

3.3.5 サービス・マネジメント（他分野への方針管理の広がり）

方針管理は製造業における工程の品質管理から生成・発展したものだが，サービス業において方針管理を活用しているケースがみられる。「サービス・セクター」における方針管理の活用の可能性についての言及（Marsden and Kanji, 1998）から，トルコの五つ星ホテルにて実践されていた方針管理のケース（Erbasi and Unurar, 2012），ウォーリック大学（University of Warwick）における方針管理（Roberts and Tennant, 2003），イギリスの国民保健サービスであるNational Health Service（NHS）における方針管理（Kunonga et al, 2010），日本の病院における経営方針から部門別計画の実践までに至る方針管理（土井, 2005）などである。これらは，組織の活動の流れにおいて会計数値以外のデータも分析指標として活用し，組織目標を共有する効果が求められているものと考えられる。

3.3.6 戦略的方針管理

方針管理は長期の経営計画を組織活動に落とし込む手法であるが，長期の経営計画のもととなる戦略と方針管理との関係にまでその範囲を広げて捉え，方針管理の機能とする指摘がある。これらは戦略的方針管理と呼ばれる。この戦略と方針管理の関係については，3つの形態がある。それは，①戦略を方針管理によって組織の中とアクションプランへ落とし込む方向のものと，②方針管理によって組織とその現状から戦略をすくい上げ，戦略を策定する方向のもの，そして③戦略と方針管理の双方向型のものである。

3.3.6.1 戦略→方針管理

まず，戦略を方針管理によって組織の中とアクションプランへ落とし込む方向の意味での戦略的方針管理である。これは，方針管理の体系を戦略策定のプロセスにまで拡大し，組織目標の形成段階から方針管理として，それが組織の中に落とし込まれていくというものである。この戦略→方針管理の流れの「戦

略的方針管理」として，Witcher et al. (2007) の方針管理による戦略的レビューや，Witcher (2003) による，戦略の日々の行為への落とし込みのための方針管理手法という分析がある。

栄永 (2012) は，ボルト，ナットなどの製造を行う株式会社メイドーにおける方針管理体系について述べた中で，経営戦略シートによる経営戦略の策定から始まる流れを示しており，具体的な戦略形成プロセスから最終的なアクションにまで落とし込まれるシステム，すなわち戦略方針管理を提示している。また，長田 (1996) は，それまでの方針管理が，形式的には経営戦略と方針管理が結びついているようだが，具体的には結びついていないとして，経営戦略を形成する段階からのフレームワークを示している。それは，戦略立案→方針策定→展開→監視という経営戦略の策定と方針管理の一体化を図った戦略的方針管理である。

3.3.6.2 方針管理→戦略

次に，方針管理によって組織とその現状から戦略をすくい上げ，戦略を策定する方向である。畠中・長田 (2001) は戦略的方針管理と事業のリスクマネジメントを一体化させる提案を行うなかで，「戦略→方針管理」の関係を利用して，「戦略←方針管理」のシミュレーションの可能性を示唆した。すなわち，方針管理プロセスにおける必要条件である評価指標のシミュレーションにより，リスクの予測管理を可能にするなかで，戦略形成に寄与するというものである。さらに同様の流れを利用して，畠中・長田 (2002) は投資意思決定のための戦略的方針管理の提示を行っている。

3.3.6.3 戦略⇔方針管理

長田 (2014) は，先の①戦略→方針管理の流れと，②方針管理→戦略の流れを結合させたともいうべき，戦略と方針管理の双方向型の戦略的方針管理を提案している。従来の方針管理には方針策定のプロセスが不透明という問題点があったこと，また，方針管理→事業戦略・中長期計画という流れが欠落していたこと，戦略立案はさまざまな部門・レベルでなされているのに，すくい上げられていなかったこと，さらに組織がフラット化してきたことへの対応が必要

なこと，といった点を踏まえて，方針管理と経営戦略を，双方向型で結合させるフレームワークを提示している。

4 目標管理と方針管理の異質性と同質性
―相互補完性と総合管理―

4.1 目標管理と方針管理の違い

目標管理と方針管理の違いを確認するうえで，両者の出現の背景を今一度確認する必要がある。Soltero（2007）は，「方針管理はピーター・ドラッカーの目標管理より影響を受けたもの」とする。目標管理は先に確認したようにDruckerの思想に端を発し確立された手法であり，日本にも翻訳・導入され大きな影響を及ぼしたことは確かである。また，実務における技法は，創意工夫のもとに徐々に形成・確立され，抽出されたパターンに名前が付けられていくものである。よって方針管理が目標管理の「影響を受けた」とするのは，必ずしも間違いではない。しかし，能見（1990）は1965年2月に「方針管理」と名付ける際の逡巡について，「（方針管理の体系について）目標管理と同じ名前の"結果による割り付け"と名付けては，と提案を受けたが拒否した」（能見，1990: 52）と記し，その理由として，「目標管理と名付けては，品質管理における管理が埋没すること，管理図に基づくプロセス重視の解析と対策の考え方が排除されてしまう」（能見，1990: 52）としている。また，先に確認したように，目標管理の依拠している理論は行動科学であり，個人の自己実現や内面的な動機づけなどの心理状態が重要な位置を占めている。そして対象は組織であると同時に個人でもある。一方，方針管理は工学的な発想と品質管理の理論に依拠したものであり，対象は個人ではなくあくまで組織である。ゆえに，①方針管理体系の確立期の描写，②依拠する理論の違い，③手法の対象の違い，この3点をもって，方針管理は目標管理の延長線上に位置づけられるものではなく，異なるものであるといえよう。

第1表では，目標管理に依拠した金津（2000）による「方針管理と目標管理の比較表」と，方針管理に依拠した長田（1996）による「方針管理と目標管理

の比較表」を示す。

第1表 方針管理と目標管理の比較

金津（2000）による方針管理と目標管理の比較

比較対象	手法	方針管理	目標管理
マネジメントコンセプト	位置づけ	経営管理システム	人事考課サブシステム　経営管理サブシステム
	スタイル	トップダウン	トップダウン／ボトムアップ
	責任単位	トップ／部長／課長	
	資源配分	重点志向	
	導入効果	トップ方針の徹底	経営者，人事部，管理者，担当者それぞれの立場でさまざまな効果
	拠り所の考え方	「事実に基づく」，「ばらつきを抑える」，「品質管理」を原点	目標設定参画，自己統制，共働
目標設定	設定単位	全社／部長／課長，組織目標のみ	全社／部長／課長／担当者，課長は組織目標中心，担当者は個人目標中心
	目標の条件	上位方針との連動数はさまざま	上位，ほかからの要求，内在する要求は3〜7，ほかにいろいろな条件がある
	進め方	会議運営主体	面接の義務づけ
	サイクル	年1〜2回	
達成推進	サイクル	月1回	不定期で管理者のマネジメントの裁量に任されている。部下に合わせた支援基準の設定，定期化
	進め方	会議運営主体　方針監査	面接中心
	サイクル	年1〜2回	
評価	進め方	会議運営主体　方針監査	面接中心
	評価の主目的	経営上の業績評価	人事処遇の効果（育成含む）。共働による目標管理では経営上の評価を仕向けている

長田（1996）による方針管理と目標管理の比較

		方針管理	目標管理
ねらい		革新による企業の業績向上	企業の業績向上，自己啓発，モチベーション，組織の活性化
管理		マネージャー以上	マネージャー以下
	組織レベル	個人レベルが主	
目標の設定		トップダウンへの方針展開，組織の階層に沿った系統的な方針展開（系統図，マトリックス図の適用），上司と部下のすり合わせにより決定	部下の自主性を尊重，部下を職場目標の設定にも参画させる，上司と部下のすり合わせにより決定
目標の設定種類		業務目標，目標と方策が対になり方針を形成する	業務目標が主だが能力目標も対象（リーダーシップ，対人関係能力などの開発）
目標の達成方法		QC的問題解決方法（QC手法，QCストーリーなど）の適用	基本的には部下に任せ上司は適宜指導し，支援する。達成方法は特に規定していない。従来の固有技術や経験に基づく方法がとられている
成果の測定と評価		目標の達成度を適宜チェックする。さらにトップ診断などで定期的（1〜2回/年）に評価する。達成度は事実（データ）で評価される。PDCAサイクルに従い原因分析の後，改善がなされる	目標の達成度の評価を定期的（2回/年程度）に自己と上司の双方が行う。評価は絶対評価。目標が未達成の場合，その原因分析を行い，次期の計画へ反映させる。評価結果は人事考課に提出され，人事考課の補伝材料として使われる。個人の育成計画に反映される

4.2 目標管理と方針管理の同質化

　先に目標管理と方針管理の違いについて確認をしたが，それらは，理論における目標管理，方針管理それぞれの原型である。

　一方，実務における使用と改善を通して，目標管理と方針管理が非常に近くなっている現状が指摘できる。目標管理と方針管理の同質化である。この同質化には，2つのパターンがみられる。①目標管理が方針管理の要素を取り込み「改善型・目標管理」となったり，あるいは方針管理が目標管理の要素を取り込んで「改善型・方針管理」となる改善型のパターンと，②「手法として意図したものではなかったが結果として得られている効果」が着目された結果起こる同質化，という潜在的機能の発現型のパターンである。

　①や②のパターンにより同質化した目標管理と方針管理の特徴は，先の目標管理と方針管理それぞれの先行研究の整理により明らかにすることができる。その同質化した特徴として，以下が挙げられる。

A．戦略的目標管理／戦略的方針管理──戦略との結合

　これは，戦略策定と戦略の落とし込み，および戦略（組織目標）の可視化，共有化機能である。

B．自己実現，個人の能力向上に起因する動機づけ

　これは，目標管理ではシステムとしての成立根拠となっている。また，方針管理においても，結果として得られる効果であり，機能として認められる。

C．コンセンサス・ビルディング

　Aの目標共有化機能に近いが，より「納得性」の獲得に焦点を当てた機能である。また結果としてコミュニケーション・ツールとしても機能する。

　以上が，目標管理と方針管理が同質化していった結果，共通する機能として明らかになったものである。なお，ここでAの戦略的目標管理／戦略的方針管理に関連して，戦略と目標管理あるいは方針管理を結合させることを目的として，BSCと目標管理の結合の提案（林，2006），あるいはBSCと方針管理の結合の提案などや（乙政，2005a；山田・伊藤，2005; Asan and Tanyas, 2007; Witcher et al., 2007; 乙政・梶原，2009），戦略部分はBSCに，実行と落とし込みを目標管

理／方針管理に，という提案などがいくつかある。一方，BSC自体においても，Kaplan and Norton（2008）は「方針管理などの戦略落とし込みの手法はあるが従来のBSCにはその点が欠けていた」として戦略落とし込みの部分を補った"新しいBSC"を「プレミアムBSC」として提唱している。しかし，同等の機能がすでに目標管理／方針管理に存在している。

4.3 目標管理と方針管理の相互補完性と総合管理

以上，目標管理と方針管理の同質化がなされていることを指摘したが，目標管理と方針管理がまったく同じものになったかというと，そうではない。依拠する理論の違いから発生する特徴は，それぞれの手法において，より顕著な機能として現れる。行動科学に依拠する目標管理は結果の重視と個人の動機づけとボトムアップに優れ，TQCの手法である方針管理はデータに基づくプロセス管理とトップダウンの落とし込みに優れる。アプローチに相違があるのである。よって，両者のシステムを意識的に融合し，また予算管理システムと融合することにより，経営の仕組みとしての会計と結びついた総合管理の，より有用な枠組みが提供される可能性がある。この仕組みについては別稿にて展開したい。

　目標管理と方針管理は，取り入れている企業がどのような位置づけにて用いているかによって，取扱部門が異なる。業績評価システムと結びつけている場合は人事部の取扱いとなり，総合管理システムとして認識している場合は経営企画部などの取扱いとなっている。総合管理システムの枠組みを考える際には，予算管理システムの取扱部門も含めて，これらの内部整合性を図った上で，予算管理システムとの連結を考える必要がある。

　相互補完された目標管理と方針管理のシステムは，同質化の項で確認したように，次の3つの主たる機能が考えられる。
　A．戦略策定と戦略の落とし込み，および戦略の可視化・共有化
　B．自己実現，個人の能力向上に起因する動機づけ
　C．コンセンサス・ビルディング
　Aの戦略の可視化・共有化機能は，フラット化が進む組織形態や，環境変化に即応する戦略形成と浸透が必要とされる組織に有効である。また，現場に自

律性の高い活動を行うプロフェッショナルが多い医療機関においては，特に有用となる機能である。

Bの動機づけ・個人の能力向上といった自己実現の機能については，組織の現状が可視化されたうえでの求められる目標が明らかになることと，それが自分に得るものがあるものである場合の両立により生じるが，これはプロフェッショナルなどの，帰属する組織以外の組織や価値観にロイヤリティを抱き，コミットメントするという特徴を持つ集団のマネジメントを考える際に有効な機能である。

Cのコンセンサス・ビルディングの機能は，共有化されたアカウンタビリティ（shared accountability）における責任会計システムを再考するにあたり，有用な概念となる。すなわち，責任の範囲の区分が曖昧となりがちで，共有されたアカウンタビリティが存在するような組織における管理会計システムとしての，責任感の醸成とコンセンサス・ビルディングである。

5　おわりに

以上，目標管理と方針管理の先行研究の整理を行い，目標管理の二面性とそれに対応した機能，また，方針管理の機能の多面化とを指摘した。そのうえで目標管理と方針管理が同質化していること，また，両者の相互補完性が高いこと，予算管理システムと結合させて総合管理として機能する有用性が高いことを示した。

さらに，目標管理と方針管理で相互補完したシステムを総合管理システムに組み込むことで，責任の範囲が曖昧で共有化されたアカウンタビリティの存在が重要となっているような状況において，プロフェショナルの自律性・主体的行動を促進する総合管理として機能する可能性について示した。

目標管理と方針管理は総合管理の重要な一角を占め得る可能性に満ちた分野であり，またBSCを導入せずともすでに目標管理や方針管理において同等あるいはより優れた機能が発現されていることを認識する必要があるかと思われる。

●注

1 Y理論に対し，X理論がある。X理論とは，人間は生来仕事が嫌いで，できれば仕事はしたくないと思っており，そのため，統制や命令などで強制的でなければ十分な力は出さない，と考えるものである（幸田, 2002: 17）。このようにMcGregorは対照的な人間の性質観を「X理論」と「Y理論」と名付けて表したのである。
2 クリニカル・ラダー（clinical ladder）は臨床実践レベル昇進システムとも訳され，人事考課の1つのツールとして用いられる。1970年代にシカゴ市のRush-Presbyterian-St. Luke's Medical Centerの看護管理者が他部門の専門家の援助を得てシステムを開発し，1974年に始まったものである（松岡, 2005）。

【参考文献】

Abernethy, M. A., W. F. Chua, J. Grafton and H. Mahama (2006) "Accounting and Control in Health Care: Behavioural, Organizational, Sociological and Critical Perspectives," in Chapman, C.S., Hopwood, A.G., Shields, M.D. ed., *Handbook of Management Accounting Research*, 2, Elsevier Science Ltd.: 805-829.

Antoni, C. (2005) "Management by Objectives – an effective tool for teamwork?," *International Journal of Human Resource Management*, Vol.16, Issue 2: 174-184.

Asan S. S., Tanyas, M. (2007) "Integrating Hoshin Kanri and the Balanced Scorecard for Strategic Management: The Case of Higher Education," *Total Quality Management & Business Excellence*, Vol.18, Issue 9: 999-1014.

Beecroft, G. D. (1999) "The Role of Quality in Strategic Management," *Management Decision*, Vol.37, Issue 5 / 6: 499-502.

Cao, M., Vonderembse, M. A., Zhang, Q., Ragu-Nathan, T. S. (2010) "Supply Chain Collaboration: Conceptualization and Instrument Development," *International Journal of Production Research*, Vol.48, Issue22: 6613-6635.

Carroll, S. J., Tosi, H. L. (1970) "Goal Characteristics and Personality Factors in a Management-by-Objectives Program," *Administrative Science Quarterly*, Vol.15, Issue 3: 295-305.

―――, ――― (1971) "The Relationship of Characteristics of the Review Process to the Success of the 'Management by Objectives' Approach," *Journal of Business*, Vol.44, Issue 3: 299-305.

Creasy, T., Anantatmula, V. S. (2013) "From Every Direction – How Personality Traits and Dimensions of Project Managers Can Conceptually Affect Project Success," *Project Management Journal*, Vol.44, Issue 6: 36-51.

Cwiklicki, M., Obora, H. (2011) "Hoshin Kanri: Policy Management in Japanese Subsidiaries Based in Poland," *Management & Education*, Vol. 9 , Issue 2: 216-235.

Drucker, Peter F. (1954) "The Practice of Management"（上田惇生訳 (1996)『新訳 現代の経営』ダイヤモンド社), Harper and Row.

Erbasi, A., Unuvar, S. (2012) "The Levels of Using Strategic Management Tools and Satisfaction with Them: A case of Five-Star Hotels in Turkey," *International Journal*

of Business & Management, Vol. 7, Issue20 : 71-80.
Evans, M. T. P., Tisak, D. J., Williamson, D. F. (2012) "Twenty-First Century Benchmarking: Searching For the Next Generation," *Benchmarking : An International Journal*, Vol.19, Issue 6 : 760-780.
French, W., Hollmann, R.W. (1975) "Management by Objectives: The Team Approach," *California Management Review*, Vol.17, Issue 3 : 13-22.
Hofstede, G. (1978) "The Poverty of Management Control Philosophy," *Academy of Management Review*, Vol. 3, Issue 3 : 450-461.
Hughes, C.L. (1965) "Goal Setting"（小野豊明，戸田忠一訳（1966）『目標設定』ダイヤモンド社），AMA.
Ivancevich, J. M. (1974) "Changes in Performance in a Management by Objectives Program," *Administrative Science Quarterly*, Vol.19, Issue 4 : 563-574.
―――, Donnelly, J. H., Lyon, H. L. (1970) "A Study of the Management by Objectives on Perceived Need Satisfaction," *Personnel Psychology*, Vol.23, Issue 2 : 139-151.
Jamieson, B. D. (1973) "Behavioral Problems with Management by Objectives," *Academy of Management Journal*, Vol.16, Issue 3 : 496-505.
Jolayemi, J. K. (2008) "Hoshin Kanri and Hoshin Process: A Review and Literature Survey," *Total Quality Management & Business Excellence*, Vol.19, Issue 3 : 295-320.
Kaplan, R. S., Norton, D. P. (2008) *The Execution Premium: Linking Strategy to Operations for Competitive Advantage*, Massachusetts, Harvard Business School Press（櫻井通晴・伊藤和憲監訳（2009）『バランスト・スコアカードによる戦略実行のプレミアム―競争優位のための戦略と業務活動とのリンケージ』東洋経済新報社）.
Kunonga, E., Whitty, P., Singleton, S. (2010) "The Applicability of Hoshin Kanri for Strategic Planning and Deployment in the Public Sector: A Case Study From NHS North East," *Journal of Management & Marketing in Healthcare*, Vol. 3, Issue 1 : 87-97.
McGregor, D. (1960) "The Human Side of Enterprise"（高橋達男訳（1970）『企業の人間的側面』産業能率短期大学），McGraw-Hill.
Marsden, N., Kanji, G. K. (1998) "The Use of Hoshin Kanri Planning and Deployment Systems in the Service Sector: An Exploration," *Total Quality Management*, Vol. 9, Issue 4 / 5 : 167-171.
Nederveen Pieterse, A., Van Knippenberg, D., Van Dierendonck, D. (2013) "Cultural Diversity and Team Performance : The Role of Team Member Goal Orientation," *Academy of Management Journal*, Vol.56, Issue 3 : 782-804.
Odiorne, G.S. (1967) "Management by Objects"（広田寿亮訳（1967）『目標管理システム』産能大出版），Pitman Pub.
Pardo-del-Val, M., Martinez-Fuentes, C., Roig-Dobon, S. (2012) "Participative Management and Its Influence on Organizational Change," *Management Decision*, Vol.50, Issue10: 1843-1860.
Roberts, P., Tennant, C. (2003) "Application of the Hoshin Kanri Methodology at a Higher Education Establishment in the UK," *TQM Magazine*, Vol.15, Issue 2 : 82-87.
Schleh,E.C. (1965) "Management by Results"（上野一郎訳（1963）『結果の割り付けによる経営』池田書店），McGraw-Hill.

第5章 目標管理と方針管理の同質化と相互補完性 131

Soltero, C. (2007) "Hoshin Kanri for Improved Environmental Performance," *Environmental Quality Management*, Vol.16, Issue 4 : 35-54.
Tennant, C. and Roberts, P. (2000) "Hoshin Kanri : A Technique for Strategic Quality Management," *Quality Assurance*, Vol. 8 , Issue 2 : 77-90.
――― and ――― (2001a) "Hoshin Kanri : A Tool for Strategic Policy Deployment," *Knowledge & Process Management*, Vol. 8 , Issue 4 : 262-269.
――― and ――― (2001b) "Hoshin Kanri : Implementing the Catchball Process," *Long Range Planning*, Vol.34, Issue 3 : 287-308.
――― and ――― (2003) "The Creation and Application of a Self-Assessment Process for New Product Introduction," *International Journal of Project Management*, Vol.21, Issue 2 : 77-87.
Tosi, H., Carroll Jr., S. J. (1973) "Improving Management by Objectives : A Diagnostic Change Program," *California Management Review*, Vol.16, Issue 1 : 57-66.
―――, Rizzo, J. R., Carroll, S. J. (1970) "Setting Goals In Management by Objectives," *California Management Review*, Vol.12, Issue 4 : 70-78.
Tsung-Ming,Y., Chao-Ton, S. (2007) "Application of Hoshin Kanri for Productivity Improvement in a Semiconductor Manufacturing Company," *Journal of Manufacturing Technology Management*, Vol.18, Issue 6 : 761-775.
Vinh S. C. and Witcher, B. J. (2005) "Longitudinal Tracer Studies : Research Methodology of the Middle Range," *British Journal of Management*, Vol.16, Issue 4 : 343-355.
――― and ――― (2008) "Dynamic Capabilities for Strategic Team Performance Management : The Case of Nissan," *Team Performance Management*, Vol.14, Issue 3 / 4 : 179-191.
Witcher, B. J. (2003) "Policy Management of Strategy (Hoshin Kanri)," *Strategic Change*, Vol.12, Issue 2 : 83-94.
――― and Butterworth, R. (1997) "Hoshin Kanri: A Preliminary Overview," *Total Quality Management*, Vol. 8 , Issue 2 / 3 : 325-329.
――― and ――― (1999) "Hoshin Kanri : How Xerox Manages," *Long Range Planning*, Vol.32, Issue 3 : 323-332.
――― and ――― (2001) "Hoshin Kanri : Policy Management in Japanese-Owned UK Subsidiaries," *Journal of Management Studies*, Vol.38, Issue 5 : 651-674.
――― and Vinh S. C. (2007) "Balanced Scorecard and Hoshin Kanri : Dynamic Capabilities for Managing Strategic Fit," *Management Decision*, Vol.45, Issue 3 : 518-538.
―――, ――― and Harding, P. (2007) "Top Executive Audits: Strategic Reviews of Operational Activities," *Managerial Auditing Journal*, Vol.22, Issue 1 : 95-105.
―――, ――― and ――― (2008) "Dynamic Capabilities: Top Executive Audits and Hoshin Kanri at Nissan South Africa," *International Journal of Operations & Production Management*, Vol.28, Issue 6 : 540-561.
Wood, G. R. and Munshi, K. F. (1991) "Hoshin Kanri: A Systematic Approach to Breakthrough," *Total Quality Management*, Vol. 2 , Issue 3 : 213-226.

赤尾洋二（2006）「管理項目・方針管理・TQMの体系化について」『品質』第36巻第4号：382-384。
麻生幸（1983）「目標管理の今日的意義」『經營學論集』第53号：208-214。
荒井秀明（2012）「コマツの方針管理」『品質』第42巻第1号：14-18。
五十嵐英憲（2012）『個人，チーム，組織を伸ばす目標管理の教科書―ノルマ主義に陥らないMBOの正しいやり方』ダイヤモンド社。
――――（2003）『新版―目標管理の本質―個人の充足感と組織の成果を高める』ダイヤモンド社。
猪原正守（2012）「方針管理に関する討論と要約」『品質』第42巻第1号：45-59。
岩崎秀一・村上和成（2001）『管理者のための目標設定マネジメント―成果主義型目標管理の手引き―』社会生産性本部生産性労働情報センター。
栄永昌幸（2012）「メイドーにおける方針管理の軌跡とその課題」『品質』第42巻第1号：23-29。
江原直太郎・寺林樹矢・服部光郎（2013）「プロジェクトチームにおける目標の共有に関する研究」『研究発表大会予稿集』2013（春季）：40-49。
遠藤可奈美（2014）「高齢者福祉施設における組織マネジメントと人材育成との関連に関する研究：「おむつゼロ」を達成した施設における取り組みを通して」『北星学園大学大学院論集』第5号：83-102。
奥田順一（1995）「わが国の企業における目標管理実践の経過と問題点」『追手門経営論集』第1巻第1号：37-61。
奥野明子（2000）「目標管理の部門別・階層別展開」『経済研究年報』第20号：99-104。
岡田寛史（2008）「成果主義における目標管理・基礎理論からの一考察」『総合政策』第9巻第2号：157-168。
岡部泉・本野省三（2000）『目標達成のマネジメント―ブレークスルー発想で理想的な経営革新を』中央経済社。
岡本英嗣（2005）「グローバル競争下の働き甲斐のある組織環境」『目白大学経営学研究』第3号：1-17。
――――（2004）「日本企業のグローバル競争下における雇用の効率化：コスト利益主義からヒューマン主義へ」『目白大学経営学研究』第2号：1-16。
長田洋（1998）「戦略的方針管理のコンセプトとフレームワーク」『品質』第28巻第1号：156-168。
――――編著（1996）『TQM時代の戦略的方針管理』日科技連出版社。
乙政佐吉（2005a）「わが国企業のバランスト・スコアカード導入における促進・阻害要因に関する研究：A社のケースを通じて」『原価計算研究』第29巻第1号：58-73。
――――（2005b）「方針管理とバランスト・スコアカードの関係に関する研究」『桃山学院大学環太平洋圏経営研究』第6号：103-135。
乙政佐吉・梶原武久（2009）「バランスト・スコアカード実践の決定要因に関する研究」『原価計算研究』第33巻第2号：1-13。
小野宗利（2005）「目標管理の組織活性化側面に関する一考察」『労務理論学会誌』第14号：219-230。
梶原武久（2005）「日本企業における主観的業績評価の役割と特質」『管理会計学』第13巻第1・2号：83-94。
上總康行（2014）「4.4 方針管理と目標管理」『ケースブック管理会計』新世社：76-81。

―――・足立洋・篠原巨司馬（2008）「総合繊維メーカー「セーレン」の戦略目標管理システム」『福井県立大学経済経営研究』第20号：31-55。

金津健治（2007）『モチベーション―目標管理―成功失敗事例と技法に学ぶ運用実務』労務行政。

―――（2000）『目標管理の定着推進マニュアル―成果を生み出す実践ノウハウ』日本経団連出版。

川端大二（1997）「加点評価の本質と人事考課への適用」『経営研究』第11巻第2号：255-272。

菅野篤二（2009）『目標管理―実践マニュアル』すばる舎リンケージ。

衣笠陽子（2013）「医療管理会計を機能させる要件について考える―プロフェッショナリズム，相互依存性と組織内アカウンタビリティ―」『産業経理』第73巻第3号：176-191。

串田武則（2004）『会社を元気にする目標管理の成功手順』中経出版。

幸田一男（2002）『最新　目標による管理　その考え方進め方』（第14版）産業能率大学出版部。

河野秀一（2013a）『モチベーションアップのための目標管理―看護マネジメントが変わる』（第2版）メジカルフレンド。

―――（2013b）『Q&A看護師長のための目標管理―病棟の成果とスタッフの成長が見える運用法』メジカルフレンド。

小林禮次郎，富田徹，池山登（1997）「化粧品の品質保証：コーセーにおける活動事例」『品質』第27巻第1号：123-131。

小林朱男（1973）「目標管理と事務：わが国における実態調査をもとにして」『経営学論集』第43巻：124-135。

今野能志（2005）『目標による管理MBO』生産性出版。

齊藤一雄（2002）「研究開発における目標管理の再吟味：個人の創造性とテーマ管理・成果主義を結ぶマネジメントへ」『年次学術大会講演要旨集』第17号：391-394。

齊藤純一郎（2012）「新潟ダイヤモンド電子における方針管理の発展と課題」『品質』第42巻第1号：19-22。

澤根哲郎（2004）「バランスト・スコアカードの新たな視点」『広島大学マネジメント研究』第4号：239-249。

産業・組織心理学会編（2009）『産業・組織心理学ハンドブック』丸善株式会社出版。

塩見正（2001）「独立行政法人となった通信総合研究所」『映像情報メディア学会誌』第55巻第11号：1411-1414。

清水龍螢（1997）「能力開発と企業成長」『三田商学研究』第40巻第1号：1-15。

JMAM目標管理プロジェクト（2003）『成果を出す管理者のための目標管理の進め方』日本能率協会マネジメントセンター。

陣田泰子・北原知子・宮城領子・藤昭子（2004）『聖マリアンナ医科大学病院看護部の成果を導く目標管理の導入方法―学習する組織の創造』日総研出版。

鈴木北吉・藤井暢純（2012）「サンデンにおける方針管理とその課題について」『品質』第42巻第1号：40-44。

鈴木研一・浅田孝幸（1999）「日本におけるABMの発展方向に関わる一考察：方針管理とABMの融合システム」『原価計算研究』第23巻第1号：33-42。

関聡彦（2004）「八海クリエイツにおける付加価値賃金制度と多面人事評価」『オペレーションズ・リサーチ』第49巻第10号：630-634。

武石健嗣（2012）「ジーシーにおける方針管理の軌跡とその課題」『品質』第42巻第1号：30-

39。

谷川千佳子（2010）「看護職員に対する能力評価と能力主義：病院における職能資格制度の設計・運用とクリニカルラダーへの期待」『社会政策』第2巻第1号：107-119。

TQM委員会編著（1998）『TQM21世紀の総合「質」経営』日科技連出版社。

土井章弘監修（2005）『財団法人操風会岡山旭東病院の経営指針実践実例集―経営理念に基づく経営方針の作成から部門別計画の実践まで』経営書院。

豊島維大（2001）「目標管理制度の成否に対する達成動機等の効果の一考察」『経営行動科学学会年次大会：発表論文集』第4号：278-280。

永井隆雄（2005）「成果主義における目標管理の位置付け：求められる業績評価の転換」『労務理論学会誌』第14号：233-249。

─────（2004）「米国人事管理システムの日本への移入をめぐる諸問題：目標管理とコンピテンシーの日本的展開を中心に」『労務理論学会誌』第13号：205-223。

納谷嘉信（1982）『TQC推進のための方針管理―新QC七つ道具を活用して』日科技連出版社。

─────（1978）「方針管理におけるQC手法の応用」『品質』第8巻第1号：25-31。

苗代享祐（1993）「KOMATSUにおけるデザインレビューの実際―品質保証体制に組み込まれたデザインレビュー―」（菅野文友・額田啓三・山田雄愛共同編集『日本的デザインレビューの実際』第2刷，日科技連，1999年，第1刷1993年）：151-177。

西川一廉（2005）「成果主義に関する心理学的考察：動機づけ理論から考える」『桃山学院大学経済経営論集』第47巻第2号：55-81。

丹生谷晋（2007）「経営管理システムとしての目標管理制度（MBO）」『経営行動科学学会年次大会：発表論文集』第10号：71-74。

日本経団連出版編（2012）『コミュニケーション重視の目標管理・人事考課シート集―意欲と納得性を高め，人と組織を強くする』日本経団連出版。

─────（2008）『最新―目標管理シート集』日本経団連出版。

能見時助（1990）「日本の品質管理における垂直的な管理：部門別管理・方針管理について」『品質』第20巻第1号：48-55。

畠中伸敏・長田洋（2002）「競争優位性の時間的変化の評価指標と戦略的方針管理での活用」『品質』第32巻第3号：381-395。

─────・─────（2001）「投資リスクを考慮した戦略的方針管理」『品質』第31巻第4号：119-130。

林剛司（2002）「産業経済変革期の職場のストレス対策の進め方」『産業衛生学雑誌』第44巻第5号：175-179。

林昌芳（2006）「シャープグループの戦略実行と戦略目標のカスケード」『管理会計学』第14巻第2号：11-15。

古畑仁一・高橋潔（2000）「目標管理による人事評価の理論と実際」『経営行動科学』第13巻第3号：195-205。

細谷克也（2012）「方針管理の基本：方針管理の進め方とそのポイント」『品質』第42巻第1号：6-13。

本間千代子（2005）「看護師長がとらえた担当部署の職場診断：17職場単位の内容分析」『日本赤十字武蔵野短期大学紀要』第18号：97-105。

─────（2004）「看護師長の「目標管理」研修：達成動機からみた研修効果と目標管理要素の抽出」『日本赤十字武蔵野短期大学紀要』第17号：47-53。

松岡緑 (2004) 「九州北部地方における看護職の人事考課に関する実態調査」『九州大学医学部保健学紀要』第3号:1-12。
村上智昭 (1984) 「技術研究所の方針管理」『品質』第14巻第1号:77-81。
八代充史 (1999) 「配置・昇進・人材育成と管理職の機能」『三田商学研究』第42巻第4号:23-41。
山口千鶴子 (2007) 「目標管理とキャリア開発」『富山大学看護学会誌』第6巻第2号:11-15。
山田義照・伊藤和憲 (2005) 「BSCと方針管理における役割期待とその結果:戦略プロセスとの関連を中心に」『原価計算研究』第29巻第1号:47-57。
横山準・大林厚臣 (2005) 「成熟市場における消費者行動と企業の研究開発マネジメント」『年次学術大会講演要旨集』第20巻第2号:557-560。

第Ⅱ部 管理会計研究の新潮流

第6章 管理会計研究におけるフィードフォワード・コントロール論の系譜
第7章 組織学習を促進するマネジメント・コントロール・システム
第8章 責任会計論
第9章 アメーバ経営研究の体系的理解と今後の方向性
第10章 管理会計変化研究
第11章 分析的アプローチによる資本予算の研究

第6章

管理会計研究における
フィードフォワード・コントロール論の系譜

1　はじめに

　管理会計研究におけるフィードフォワード・コントロール論（以下，「FF論」という）は，総論的なレベルや個別の管理会計技法をめぐるレベルで，フィードバック・コントロール（FB）だけでなく，シングルループ・コントロール（SL）／ダブルループ・コントロール（DL）との関連性も絡めながら，国内外のさまざまな論者によって展開されてきた。拙著（2005）では，2000年代初頭までの文献レビューを行っているので，本章ではその後の2013年までを対象として，海外主要ジャーナルや国内の論文・研究書等の系統的な整理・分析を通じて，管理会計研究におけるFF論の系譜を跡づけ，その到達点を明らかにするものである。本章での分析方針は以下のとおりとした。

　海外主要ジャーナルについては，拙著（2005）でのレビュー結果を踏まえて，まず比較的にFF論の掲載が多いと思われる*The Accounting Review*（TAR），*Accounting, Organizations and Society*（AOS），および*Management Accounting Research*（MAR）の3つのジャーナル（以下，「主要3誌」という）を選び，それぞれの掲載元サイトの検索機能を利用して，feedfowardやfeed-forwardというキーワードで全文検索を行い，フィードフォワード・コントロールへ言及のある論文（以下，「FF論文」という）を抽出した。次に，これら主要3誌に掲載されていたFF論文の中でFF論に関連して引用されている主要3誌以外の

論文・著書や，主要3誌のFF論文を引用している主要3誌以外の論文・著書も，芋づる式にたどってみた。結果として，上記の主要3誌以外にも，*Accounting, Auditing and Accountability Journal*（AAAJ，2本），*British Accounting Review*（BAR，3本），*European Accounting Review*（EAR，1本），*Journal of Management Accounting Research*（JMAR，1本），および*Qualitative Research in Accounting and Management*（QRAM，4本）といった海外ジャーナルで，本数は少ないがFF論文が掲載されていた。

　国内文献については，管理会計・原価計算関連の研究書，テキスト，ビジネス書，辞典，学術雑誌，学会誌，商業誌，大学紀要などを対象として，可能な場合は雑誌の掲載サイトのキーワード検索を併用して，網羅的にFF論文を抽出した。その際，国内の媒体で公刊されている英文のFF論文や，海外の媒体で公刊されているが国内でのFF論を海外に発信している国内論者による英文のFF論文も，国内文献として扱った。結果として，『會計』，『企業会計』，『原価計算研究』，『管理会計学』，『産業経理』，『税経通信』，『JICPAジャーナル』，*International Journal of Accounting*，*International Journal of Accounting Literature*，*Asia-Pacific Management Accounting Journal*といった学術雑誌・学会誌・商業誌で，国内論者による和文・英文のFF論文が掲載されていた。

　最終的に，抽出された国内外のFF論文は224本となった。そして，この抽出されたFF論文を，発行年月順に，定義（FBとの違いなど），FF論に関連した引用・被引用関係，分析対象となっている個別の管理会計技法などの観点から分析した。ここで，本章での引用・被引用関係の意味は，関連箇所にかかわらず単に論文が引用されているという形式的引用ではなく，FF論に関連した箇所で実質的に引用されている場合のみに限定している。以下で，海外主要ジャーナルと国内文献のそれぞれについて分析結果を示す。

2　海外主要ジャーナルにおける系譜

　海外ジャーナル主要3誌には，33本のFF論文が掲載されていた。内訳は，MARが17本，AOSが10本，TARが6本であった。ジャーナル別・掲載年月順のFF論文の著者名インデックスと相互の引用・被引用関係を図示したものが

第6章 管理会計研究におけるフィードフォワード・コントロール論の系譜　141

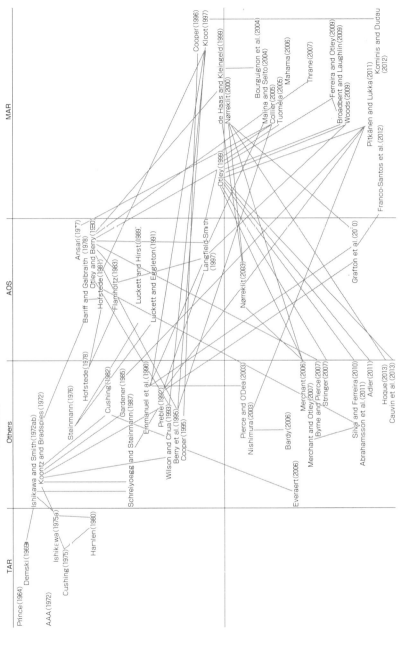

第1図　海外主要ジャーナルにおけるFF論の系譜

第1図である。ここで，主要3誌に掲載されていたFF論文の中でFF論に関連して引用されている主要3誌以外の論文・著書，および主要3誌のFF論文を引用している主要3誌以外の論文・著書は，「Others」の欄にまとめている。OthersのFF論文も含めると，海外FF論文は61本となった。

雑誌別の各年代の掲載数の推移をまとめた第2図にあるとおり，主要3誌におけるFF論は，1970年代はTARで展開されたが，主要3誌以外の文献も媒介となって，1980年代になるとAOSへと移り，1990年代以降は現在までMARで主に展開されている。主要3誌上のFF論文の最も古いものは，TARに掲載されたPrince (1964) であったが，その後に引用された形跡はなかった。1970年代のTARと1980年代以降のAOSやMARでのFF論には，直接的なつながりは認められなかったが，Koontz and Bradspies (1972), Schreiyoegg and Steinmann (1987), Preble (1992), Wilson and Chua (1993) といった主要3誌以外での文献が媒介となって，またAOSではOtley and Berry (1980), MARではOtley (1999) の登場を契機として，AOSやMARでのFF論が活発化していた。また，国内のFF論を海外に発信したNishimura (2003) が，MARやQRAMでのFF論に影響を与えていた。

FFの定義については，FBとの関連性を明示している以下のようなものが主張されてきた。たとえばKloot (1997) では，FBは事後（after the event）に計画アウトプット（planned output）と実際アウトプット（actual output）を

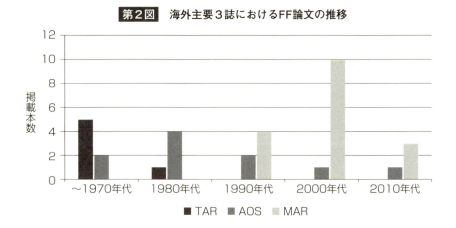

第2図　海外主要3誌におけるFF論文の推移

比較するのに対して，FFは事前（before the event）に計画アウトプットと予測アウトプット（predicted output）を比較するもの，と定義されている。またGrafton et al.（2010）では，FBは期待アウトカムと実際アウトカムの差異を確認して既存の組織能力（capabilities）の維持や更新を促すものであるのに対して，FFは期待アウトカムと予測アウトカムの差異を確認して新規の組織能力の開発や探索を促すものである，と定義されている。

次に，主要3誌のFF論文のうち，分析対象となっている管理会計技法に焦点を当てて系譜をたどったものが第3図である。

主要3誌上のFF論文でのFF論の大多数は総論的な議論であり，特定の管理会計技法を議論しているものは，意外にもわずか6本と少なかった。その中で焦点となってきた管理会計技法は，Target CostingとBalanced Scorecard（BSC）であった。

Target Costingは，Cooper（1995）を踏まえたCooper（1996）がMARで，Cooper（1995）やNishimura（2003）の影響を受けたEvraert（2006）やBardy（2006）がQRAMで，それぞれFF論の視点から議論している。たとえばCooper（1996）は，Target Costingは将来製品のコストを対象としたFFのツールであるが，Standard CostingやKaizen Costingは既存製品のコストを対象としたFBのツールであるという位置づけを提示している。

BSCは，Otley and Berry（1980）やNishimura（2003）の影響を受けて，de Haas and Kleingeld（1999），Nørreklit（2000），Pitkänen and Lukka（2011）が，それぞれMAR上でFF論の視点から議論している。たとえばde

第3図　海外FF文献における分析対象

Target Costing		Balanced ScoreCard		
Book/QRAM	MAR		AOS	AAAJ/BAR
Cooper(1995)	Cooper(1996)			
		de Haas and Kleingeld(1999)		
		Nørreklit(2000)		
Nishimura(2003)			Nørreklit(2003)	
Evraert(2006)				
				Merchant(2006)
Bardy(2006)			Grafton et al.(2010)	
		Pitkänen and Lukka(2011)		Hoque(2013)

Haas and Kleingeld（1999）とNørreklit（2000）は，BSCのプロセス指標はFFのためのKPIであり，成果指標はFBのためのKPIであるという位置づけを提示し，その後のAOS，AAAJ，BARなどでのFF論の視点からのBSCの議論に影響を与えている。

3　国内文献における系譜

　国内のFF論文としては163本を抽出した。学会誌・商業誌・大学紀要など雑誌論文と，研究書・テキスト・ビジネス書・辞典などの書籍に大別すると，雑誌論文が82本，書籍が81本と，ほぼ半々であった。発表先別（国内／海外）・掲載年月順の国内FF論文の著者名インデックスと相互の引用・被引用関係を図示したものは第4図，年別のFF文献数の推移は第5図のとおりであり，国内のFF論文は，1970年代初めに登場し，1990年代から増加し始め，2003年をピークにして一時的に減少したが，近年は再び増加している。国内のFF論文の最も古いものは青柳（1971）であった。またNishimura（1995）以降，国内のFF論の成果を海外の媒体でも発信する動きが生じている。さらに，FF／FBとSL／DLの関係性についても，Schreiyoegg and Steinmann（1987）やTuomela（2005）などの影響を受けて，安酸（1998），大槻（2002），新江（2008）などで議論されてきた。

　次に国内FF論文の系譜を分析対象となっている管理会計技法別に分類したものが第6図，管理会計技法別・年代別の文献数の推移は第7図のとおりであり，わが国において焦点となってきた管理会計技法は，予算管理，原価企画，BSC，ABC，およびアメーバ経営などであった。

第6章 管理会計研究におけるフィードフォワード・コントロール論の系譜 145

第4図 国内におけるFF論文の系譜

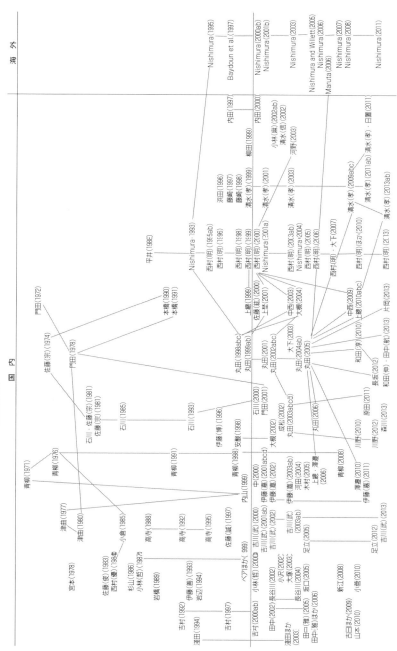

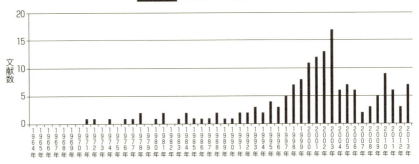

第5図　国内FF文献数の推移

まず1970年代から1990年代初めにかけては，Demski（1969），Ishikawa and Smith（1972ab），Welsh（1976）といった海外FF論文の影響を受けて，予算管理論を中心にFF論が展開された。次に，Morgan and Weerakoon（1989）の議論を紹介したNishimura（1993）などを契機として，1990年代半ばから2000年代半ばにかけて，原価企画論においてFF論が展開された。そして，de Haas and Kleingeld（1999）やNørreklit（2000）の議論を紹介した小林（哲）（2000）などを契機として，2000年代初めから現在まで，BSC論においてFF論が展開されている。近年では，清水（孝）（2009a）などによる脱予算経営論を契機として，再び予算管理論におけるFF論が再燃している。そのほか，数は多くないが，ABC論においては藤崎（1997）や小林（麻）（2002a, b）が，アメーバ経営論においては上總（2010a, b）が，それぞれFF論を展開している。また，わが国におけるFF論の成果を海外に発信したNishimura（2003）は，海外でのFF論にも一定の影響を与えていた。

個別の管理会計技法レベルでのFFの定義については，以下のような主張がみられた。予算管理論では，期首の予算編成過程における予算編成方針のもとでの予算案の練り直し（門田，1972; 津曲，1977; 淺田，1994など）や予算編成過程への参加による動機づけ（青柳，1971; 清水（孝），2001; 小菅，2010など），期中の予算と予測（実績見込み）との差異の把握（石川，1985; 丸田，2003b; 川野，2010; 上總，2010cなど），および期中の予算の改訂やローリング（門田，1978; 佐藤（宗），1981; 本橋，1990; 吉村，1992; 伊藤（博），1996; 清水（孝），2009aなど），などSLプロセスだけでなくDLプロセスに対してもFF概念の適用がみら

第6章 管理会計研究におけるフィードフォワード・コントロール論の系譜 147

第6図 国内FF文献における分析対象

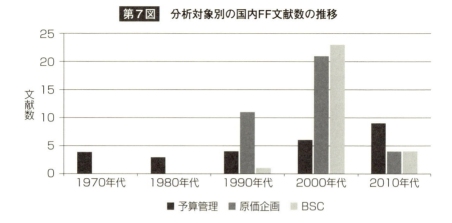

第7図 分析対象別の国内FF文献数の推移

れた。一方で，原価企画論では開発設計段階における目標原価と見積原価の差異の把握（西村，1996），BSC論では非財務的なプロセス指標による財務的な成果指標の先行管理（小林（哲），2000），アメーバ経営論ではマスタープランと月次予定の差異の把握（上總，2010a, b），といった定義にそれぞれ集約できると思われる。以上の所説を踏まえて，管理会計論におけるFF／FB論の到達点を，第1表のように整理しておきたい。

第1表

管理会計技法	FFコントロール	FBコントロール
予算管理	予算編成方針と予算案 参加型予算編成による動機づけ 予算と実績見込み 予算の改訂	予算と実績
原価企画	目標原価と見積原価 目標原価の改訂	標準原価と実際原価 原価改善目標と原価改善実績
BSC	非財務的なプロセス指標	財務的な成果指標
アメーバ経営	マスタープランと月次予定	月次予定と実績

4　おわりに

以上のように，管理会計研究におけるFF論は，1970年代から現在まで，海外主要ジャーナルではTARからAOSそしてMARへと，個別の管理会計技法では予算管理から原価企画そしてBSCへと，媒体や対象を変えながら議論が続けられてきた。また，そのプロセスでは，海外でのFF論を一方的に輸入するだけでなく，国内でのFF論を輸出して海外での議論に刺激を与えるなど，双方向での交流もみられた。

本章でレビューした議論を総括すれば，FBは期中や期末における目標値と実績値の差異の把握（SLFB）および期末における目標値の改訂（DLFB）であるのに対して，FFは期首や期中における目標値と予測値の差異の把握（SLFF）および期中における目標値の改訂（DLFF）である，という原理的な理解に基づいて，予算管理，原価企画，BSC，アメーバ経営など，管理会計技法の適用対象を拡げながら，その構造的共通性と機能的特殊性の議論が展開されてきたといえよう。

課題としては，これまでは予算管理，原価企画，BSCなどについての個別企業のケーススタディからの帰納的な議論が中心であったが，最近ではGrafton et al.（2010）のように，演繹的に導かれた仮説を大規模標本のサーベイ調査で検証するなど，FF論の実証が進められている。今後も，その時々のトピックとなる管理会計技法に対して，FFとFBを分析視角とした議論を積極的に行い，国内外を問わず成果を発信していくことが期待される。

【参考文献】

Abrahamsson, G., Englund, G. and Gerdin, J. (2011) "Organizational Identity and Management Accounting Change," *Accounting, Auditing and Accountability Journal* 24(3) : 345-376.

Adler, R. (2011) "Performance Management and Organizational Strategy : How to Design Systems that Meet the Needs of Confrontation Strategy Firms," *The British Accounting Review* 43 : 251-263.

American Accounting Association (1972) "The Report of the Committee on Courses in Managerial Accounting," *The Accounting Review*, Supplement : 1-13.

Ansari, S. (1977) "An Integrated Approach to Control Design," *Accounting, Organizations and Society* 2(2) : 101-112.
Atkinson, A. A., Banker, R. D., Kaplan, R. S. and Young, S. M. (1997) *Management Accounting*, 2 nd ed., Prentice-Hall.
Bardy, R. (2006) "Management Control in a Business Network: New Challenges for Accounting," *Qualitative Research in Accounting and Management* 3(2) : 161-181.
Bariff, M. R. and Galbraith, J. R. (1978) "Interorganizational Power Consideration for Designing Information Systems," *Accounting, Organizations and Society* 3(1) : 15-27.
Baydoun, N., Nishimura, A., Willett, R. eds. (1997) *Accounting in the Asia-Pacific Region*, John & Wiley.
Berry, A. J., Broadbent, J. and Otley, D. (1995) *Management Control : Theories, Issues, and Practices*, Macmillan Press Ltd.
Bourguignon, A., Malleret, V. and Nørreklit, H. l. (2004) "The American Balanced Scorecard versus the French Tableau de Bord : The Ideological Dimension," *Management Accounting Research* 15 : 107-134.
Broadbent, J., Gill, J. and Laughlin, R. (2003) "Evaluating the Private finance Initiative in the National Health Service in the UK," *Accounting, Auditing and Accountability Journal* 16(3) : 422-445.
―――― and Laughlin, R. (2009) "Performance Management Systems: A Conceptual Model," *Management Accounting Research* 20 : 283-295.
Byrne, S. and Pierce, B. (2007) "Towards a More Comprehensive Understanding of the Roles of Management Accountants," *European Accounting Review* 16(3) : 469-498.
Cauvin, E., Neumann, B. R. and Roberts, M. (2013) "Management Control Systems and CSR: Information Overload Constraints," *Cost Management*, September/October : 33-46.
Collier, P. M. (2005) "Entrepreneurial Control and the Construction of a Relevant Accounting," *Management Accounting Research* 16 : 321-339.
Cooper, R. (1995) *When Lean Enterprises Collide : Competing through Confrontation*, Harvard Business School Press.
―――― (1996) "Costing Techniques to Support Corporate Strategy : Evidence from Japan," *Management Accounting Research* 7 : 219-246.
―――― and Slagmulder, R. (1999) *Supply Chain Development for the Lean Enterprise: Interorganizational Cost Management*, Productivity Press.
Cushing, B. E. (1975) "A Further Note on the Mathematical Approach to Internal Control," *The Accounting Review* 50(1) : 151-154.
―――― (1982) *Accounting Information Systems and Business Organizations*, 3rd ed., Addison-Wesley Publishing Company.
de Haas, M. and Kleingeld, A. (1999) "Multilevel Design of Performance Measurement Systems: Enhancing Strategic Dialogue through the Organization," *Management Accounting Research* 10 : 233-261.
Demski, J. S. (1969) "Decision-Performance Control," *The Accounting Review* 44(4) : 669-679.
Emmanuel, C., Otley, D. T. and Merchant, K. A. (1990) Accounting for *Management Control*, 2nd ed., London: Chapman and Hall.

Everaert, P., Loosveld, S., Van Acker, T., Schollier, M. and Sarens, G. (2006) "Characteristics of Target Costing: Theoretical and Field Study Perspectives," *Qualitative Research in Accounting and Management* 3 (3) : 236-263.
Ferreira, A. and Otley, D. (2009) "The Design and Use of Performance Management Systems: An Extended Framework for Analysis," *Management Accounting Research* 20 : 263-282.
Flamholtz, E. G. (1983) "Accounting, Budgeting, and Control Systems in Their Organizational Context : Theoretical and Empirical Perspectives," *Accounting, Organizations and Society* 8 (2 / 3) : 153-169.
Fowler, A. (1999) "Feedback and Feedforward as Systemic Frameworks for Operations Control," *International Journal of Operations and Production Management* 19(2) : 182-204.
Franco-Santosa, M., Lucianettib, L. and Bournea, M. (2012) "Contemporary Performance Measurement Systems: A Review of their Consequences and a Framework for Research," *Management Accounting Research* 23 : 79-119.
Gandener, E. P. M. (1985) "A Systems Approach to Bank Prudential Management and Supervision: the Utilization of Feedforward Control," *Journal of Management Studies* 22(1) : 1 -24.
Grafton, J., Lillis, A. M. and Widener, S. L. (2010) "The Role of Performance Measurement and Evaluation in Building Organizational Capabilities and Performance," *Accounting, Organizations and Society* 35 : 689-706.
Hamlen, S. S. (1980) "A Chance-Constrained Mixed Integer Programming Model for internal Control Design," *The Accounting Review* 55(4) : 578-593.
Hixon, M. (1995) "Activity-Based Management: Its Purpose and Benefits," *Management Accounting*, New York, June : 30-31.
Hoque, H. (2013) "20 Years of Studies on the Balanced Scorecard: Trends, Accomplishments, Gaps and Opportunities for Future Research," *The British Accounting Review*, in press.
Hofstede, G. (1978) "The Poverty of Management Control Philosophy," *Academy of Management Review*, July : 450-478.
———— (1981) "Management Control of Public and Non-profit Activities," *Accounting, Organizations and Society* 6 (3) : 192-211.
Ishikawa, A. (1975a) "A Mathematical Approach to the Analysis and Design of Internal Control Systems : A Brief Comment," *The Accounting Review* 50(1) : 148-150.
———— (1975b) *Corporate Planning and Control Model Systems*, New York University Press.
———— and Smith, C. A. (1972a) "A Feedforward Control System for Organizational Planning and Control," *Abacus* 8 (2) : 163-180.
———— and ———— (1972b) "Feedforward Control in the Total Planning and Control System," *Cost and Management* : 36-41.
Jorgensen, B. and Messner, M. (2009) "Management Control in New Product Development: The Dynamics of Managing Flexibility and Efficiency," *Journal of Management Accounting Research* 21 : 99-124.

Kloot, L. (1997) "Organizational Learning and Management Control Systems: Responding to Environmental Change," *Management Accounting Research* 8(1) : 47-73.
Kominisa, G. and Dudaub, A. I. (2012) "Time for Interactive Control Systems in the Public Sector? : The Case of the Every Child Matters Policy Change in England," *Management Accounting Research* 23 : 142-155.
Koontz, H. and Bradspies, R. W. (1972) "Managing trough Feedforward Control : a Future-Oriented View," *Business Horizons* 15(3) : 25-36.
Langfield-Smith, K. (1997) "Management Control Systems and Strategy : A Critical Review," *Accounting Organizations and Society* 22(2) : 207-232.
Luckett, P. F. and Hirst, M. K. (1989) "The Impact of Feedback on Inter-rater Agreement and Self Insight in Performance Evaluation Decisions," *Accounting Organizations and Society* 14(5/6) : 379-387.
―――― and Eggleton, I. R. C. (1991) "Feedback and Management Accounting: A Review of Research into Behavioral Consequences," *Accounting Organizations and Society* 16(4) : 371-394.
Mahama, H. (2006) "Management Control Systems, Cooperation and Performance in Strategic Supply Relationships: A Survey in the Mines," *Management Accounting Research* 17 : 315-339.
Malina, M. A. and Selto, F. H. (2004) "Choice and Change of Measures in Performance Measurement Models," *Management Accounting Research* 15 : 441-469.
Maruta, O. (2006) "Strategic Control and Feedforward Management Accounting," in Monden, Y. et al. eds., *Value-Based Management of The Rising Sun*, World Scientific Publishing : 127-137.
Merchant, K. (2006) "Measuring General Managers' Performances : Market, Accounting and Combination-of-Measures Systems," *Accounting, Auditing and Accountability Journal* 19(6) : 893-917.
―――― and Otley, D. (2007) "A Review of the Literature on Control and Accountability," in Chapman, C. S., Hopwood, A. G. and Shields, M. D., eds, *Handbook of Management Accounting Research*, Elsevier : 785-802.
Morgan, M. and Weerakoon, P.S. H (1989) "Japanese Management Accounting : Its Contribution to the Japanese Economic Miracle," *Management Accounting*, London, 67 (6) : 40-43.
―――― (1992) "Feedforward Control for Competitive Advantage : The Japanese Approach," *Journal of General Management* 17(4) : 41-52.
Neely, A. ed. (2002) *Business Performance Measurement : Theory and Practice*, Cambridge University Press.
Nishimura, A. (1993) "The Recent Developments in Japanese Management Accounting and their Impacts on British and New Zealand Companies"『経済学研究』(九州大学) 59(3/4) : 325-345.
―――― (1995) "Transplanting Japanese Management Accounting and Cultural Relevance," *International Journal of Accounting* 30(4) : 318-330.
―――― (2000a) "Implications of Target Costing and Its International Application,"

International Journal of Accounting Literature 1⑴:55-71.
――― (2000b)"Integrated Management Accounting and Analysis of Cost Reduction," in Dahiya, S.B. ed., *The Current State of Business Disciplines*, Spellbound Publications 1:267-290.
――― (2001a)"Control Function of Accounting and Management Accounting",『九州産業大学商経論叢』42⑶:31-54.
――― (2001b)"Feedforward Cost Accounting and Strategic Management," *International Journal of Accounting Literature*, 1(2/3/4):117-136.
――― (2003)*Management Accounting : Feedforward and Asian Perspectives*, Palgrave Macmillan.
――― (2004)"Enterprise Governance and Management Accounting from the Viewpoint of Feedforward Control,"『商経論叢』(九州産業大学)45⑵:1-20.
――― (2006)"Enterprise Governance and Management Accounting from the Viewpoint of Feed Forward Control," *Asian-Pacific Management Accounting Journal* 1⑴:1-17.
――― (2007)"Conceptual Analysis of Value-based Management and Accounting : With Reference to Japanese Practice," *Asian-Pacific Management Accounting Journal* 2⑴:71-88.
――― (2008)"Effect of Management System on Management Accounting: The Case of Chinese Cellular Phone Terminal Unit Manufacturers," *Asian-Pacific Management Accounting Journal* 3⑴:87-105.
――― (2011)"Uncertainty and Management Accounting: Opportunity, Profit Opportunity and Profit," *Asian-Pacific Management Accounting Journal* 6⑴:81-101.
――― and Willett, R. eds. (2005) *Management Accounting in Asia*, Thomson.
Nørreklit, H. (2000)"The Balance on the Balanced Scorecard : A Critical Analysis of Some of Its Assumptions," *Management Accounting Research* 11:65-88.
――― (2003)"The Balanced Scorecard: What is the Score? : A Rhetorical Analysis of the Balanced Scorecard," *Accounting, Organizations and Society* 28:591-619.
Otley, D. (1999)"Performance Management : A Framework for Management Control Systems Research," *Management Accounting Research* 10:363-382.
――― and Berry, A. J. (1980)"Control, Organization, and Accounting," *Accounting, Organizations and Society* 5⑵:231-244.
Pierce, B. and O'Dea, T. (2003)"Management Accounting Information and the Needs of Managers : Perceptions of Managers and Accountants Compared," *The British Accounting Review* 35:257-290.
Pitkänen, H. and Lukka, K. (2011)"Three Dimensions of Formal and Informal Feedback in Management Accounting," *Management Accounting Research* 22:125-137
Prakash, P. and Rappaport, A. (1975)"Informational Interdependencies : System Structure Induced by Accounting Information," *The Accounting Review* 50, October:723-734.
Preble, J. F. (1992). "Towards a Comprehensive System of Strategic Control," *Journal of Management Studies*, 29⑷:391-409.
Prince, T. R. (1964)"Information Systems for Management Control : The Teachers'

Clinic," *The Accounting Review*, April : 467-472.
Schreiyoegg, G. and Steinmann, H. (1987) "Strategic Control : A New Perspective," *Academy of Management Review* 12(1) : 91-103.
Sengupta, K. and Adel-Hamid, T. K. (1993) "Alternative Conceptions of Feedback in Dynamic Decision Environments : An Experimental Investigation," *Management Science* 39(4) : 411-428.
Silva, P. and Ferreira, A. (2010) "Performance Management in Primary Healthcare Services: Evidence from a Field Study," *Qualitative Research in Accounting and Management* 7(4) : 424-449.
Steinmann, D. O. (1976) "The Effects of Cognitive Feedback and Task Complexity in Multiple-Cue Probability Learning," *Organizational Behavior and Human Performance* 15 : 168-179.
Stringer, C. (2007) "Empirical Performance Management Research: Observations from AOS and MAR," *Qualitative Research in Accounting and Management* 4(2) : 92-114.
Thrane, S. (2007) "The Complexity of Management Accounting Change: Bifurcation and Oscillation in Schizophrenic Inter-organizational systems," *Management Accounting Research* 18 : 248-272.
Tuomela, T. S. (2005) "The Interplay of Different Levers of Control : A Case Study of Introducing a New Performance Measurement System," *Management Accounting Research* 16 : 293-320.
Welsch, G. A. (1976) Budgeting : *Profit Planning and Control*, Prentice-Hall.
Wilson, R. W. S. and Chua, W. F. (1993) *Managerial Accounting : Method and Meaning*, Chapman and Hall.
Woods, M. (2009) "A Contingency Theory Perspective on the Risk Management Control System within Birmingham City Council," *Management Accounting Research* 20 : 69-81.

青柳文司（1971）『会計－情報－管理』中央経済社。
―――（1976）「コミュニケイション」神戸大学会計学研究室編『会計学辞典［第3版］』同文舘出版：427-428。
―――（1991）『会計学の基礎』中央経済社。
―――（1998）『会計物語と時間―パラダイム再生―』多賀出版。
―――（2008）『現代会計の諸相―言語・物語・演劇―』多賀出版。
淺田孝幸（1994）「計画，コントロール，コミュニケーション」林伸二・高橋宏幸・板野友昭編著『現代経営管理論』有斐閣：92-107。
―――・古田隆紀・小林哲夫（2003）「コスト・マネジメントシステムの実態と課題(1)―米国企業の分析から―」『會計』163(6)：113-126。
足立浩（2005）「管理会計史」会計学中辞典編集委員会『会計学中辞典』青木書店：105-106。
―――（2012）『社会的責任の経営・会計論―CSRの矛盾構造とソシオマネジメントの可能性―』創成社。
新江孝（2008）「インターラクティブ・コントロール・システムとしてのBSC―プロセス研究の重要性―」『経理研究』（中央大学）51：218-230。
石川昭（1985）『戦略的予算管理』同文舘出版。

─────（1993）『戦略的予算管理論』同文舘出版。
─────（2000）「戦略予算の実施」日本管理会計学会編（2000）『管理会計学大辞典』中央経済社：182-185。
─────・佐藤宗弥（1981）「会計サイバネティクスの探求─自動制御理論と原価管理の関係─」『企業会計』33(8)：114-127。
伊藤博（1996）「CALSと管理会計変革」『企業会計』48(8)：4-10。
伊藤嘉博（2001a）『管理会計のパースペクティブ』上智大学出版会。
─────（2001b）『環境を重視する品質コストマネジメント』中央経済社。
─────（2001c）『ネオ・バランスト・スコアカード経営』中央経済社。
─────（2002）「デザイン・ツー・パフォーマンス─BSC導入企業にみるその可能性と課題─」『国民経済雑誌』186(1)：51-69。
─────（2003a）「BSCをめぐる主要な論点─グローバルスタンダード経営の羅針盤─」『會計』163(3)：42-58。
─────（2011）「バランスト・スコアカード」淺田孝幸・伊藤嘉博責任編集『体系現代会計学第11巻 戦略管理会計』中央経済社：267-296。
─────編著，矢島茂・黒澤耀貴著（2003b）『バランスト・スコアカード実践ガイド─世界標準の戦略マネジメントツール』日科技連出版社。
─────・清水孝・長谷川惠一（2001d）『バランスト・スコアカード─理論と導入─』ダイヤモンド社。
伊藤善朗（1993）『予算統制システム─その有効性に関する研究─』同文舘出版。
岩橋聰夫（1989）「開発設計段階における原価企画活動とコストテーブル」『経営実務』426：10-19。
岩辺晃三編著（1994）『基本会計』税務経理協会。
上埜進（2001）『管理会計─価値創出をめざして─』税務経理協会。
内田昌利（1997）『行動管理会計論』森山書店。
─────（2000）「管理会計と人間行動─予算の多面的機能に関する研究─」『北海学園大学経済論集』48(1)：1-13。
内山哲彦（1999）「マネジメント・コントロールにおけるコントロール概念の再検討」『三田商学研究』42(1)：69-96。
大下丈平（2003）「現代経営と管理会計─管理会計の発展とは何か(2)」『企業会計』55(5)：100-101。
大塚裕史（2003）「サプライチェーンマネジメントとスループット会計」門田安弘編著『組織構造と管理会計』税務経理協会：135-157。
大槻晴海（2002）「戦略管理会計の意義」山田庫平編著『経営管理会計の基礎知識［改訂版］』東京経済情報出版：147-165。
─────（2004）「原価企画における原価見積システムのアーキテクチャ─フィードフォワード・アプローチによる戦略的コントロール概念に基づいて─」『産業経理』64(1)：86-95。
小倉幸雄（1985）「企業予算制度におけるフィードフォワード・コントロールについて─H.Koontz and R.W.Bradspiesの所説を中心として─」『経営学研究論集』（亜細亜大学）9：121-134。
小沢浩（2002）「セル生産のマネジメント・コントロール的理解に向けて」『西南学院大学商学論集』48(3/4)：337-354。

上總康行（1999）「戦略的計画設定と予算管理との結合―戦略的管理会計論に関する一考察―」『経済論叢』（京都大学）164(6)：103-124。
――――（2010a）「アメーバ経営の仕組みと全体最適化の研究」アメーバ経営学術研究会編『アメーバ経営学―理論と実証―』KCCSマネジメントコンサルティング：58-88。
――――（2010b）「京セラのアメーバ経営の仕組み―機会損失の創出と全員参加経営の視点から―」『関西大学経済・政治研究所セミナー年報』2010：131-146。
――――（2010c）「機会損失の創出と管理会計―京セラとキヤノン電子の事例研究から―」『企業会計』62(3)：4-13。
――――・澤邉紀生（2006）「次世代管理会計のフレームワーク」上總康行・澤邉紀生編著『次世代管理会計の構想』中央経済社：1-37。
片岡健治（2013）『管理会計の理論と実務―大手民鉄とゼネコンの管理会計システム―』税務経理協会。
河田信（2004）『トヨタシステムと管理会計―全体最適経営システムの再構築をめざして―』中央経済社。
川野克典（2010）「管理会計にIFRSが与える影響」『企業会計』62(6)：24-31。
――――（2012）『管理会計の理論と実務』中央経済社。
河野充央（2003）『情報化社会における管理会計の役割―現代競争市場へのアプローチとなる2つの前提を踏まえて―』税務経理協会。
木村彰吾（2005）「自律的組織と関係性のパターン」『企業会計』57(12)：53-59。
小菅正伸（2010）「利益管理」谷武幸・小林啓孝・小倉昇責任編集『体系現代会計学第10巻 業績管理会計』中央経済社：167-195。
小林哲夫（1987）「経営管理プロセスと管理会計」溝口一雄編著『管理会計の基礎』中央経済社：37-67。
――――（2000）「BSCと戦略的マネジメント」『會計』158(5)：1-13。
小林麻理（2002a）「管理会計による政府マネジメント・システムの構築」『JICPAジャーナル』566：16-17。
――――（2002b）『政府管理会計』敬文堂。
坂口博（2005）「フィードフォワード・コントロール」山田庫平編著『基本原価計算用語辞典』白桃書房：119。
佐藤俊徳（1983）『管理会計―利益計画のための会計情報―』愛知大学経営会計研究所叢書2。
佐藤紘光（2000）「フィードバック・システム」日本管理会計学会編（2000）『管理会計学大辞典』中央経済社：69。
佐藤誠（1997）「フィードバック・コントロールとフィードフォワード・コントロール」角谷光一編『原価計算用語辞典』同文舘出版：271。
佐藤宗弥（1974）「フィードフォワード・コントロール―石川博士とC.H.スミス博士の論文を中心に―」『企業会計』26(8)：58-62。
――――（1981）「サイバネティックス会計の展開」『會計』120(3)：37-52。
澤邉紀生（2010）「賢慮を生み出すアメーバ経営―経営理念を体現した管理会計の仕組み―」アメーバ経営学術研究会編『アメーバ経営学―理論と実証―』KCCSマネジメントコンサルティング：89-114。
清水孝（1999）「組織間原価管理の概念と領域」『税経通信』54(5)：234-235。
――――（2001）「予算管理(2)―予算統制―」武田安弘編著『管理会計要説』創成社：222-235。

―――（2003）「統合的戦略マネジメントへの発展―米国におけるBSC最新動向を含めて―」『企業会計』55(5)：78-83。
―――（2009a）「脱予算経営における経営改革の方法」『早稲田商学』418/419：33-58。
―――（2009b）「業績管理会計の現代的意義と体系」『産業経理』69(2)：110-122。
―――（2009c）「脱予算経営の概念とわが国企業の取組み」『企業会計』61(11)：18-26。
―――（2011a）「IFRS導入による管理会計の視点」『企業会計』63(1)：103-109。
―――（2011b）「戦略実行のための組織変革―脱予算経営の導入―」淺田孝幸・伊藤嘉博責任編集『体系現代会計学第11巻　戦略管理会計』中央経済社：63-90。
―――（2013a）「予測型経営の理論と実務」『早稲田商学』434：511-539。
―――（2013b）『戦略実行のための業績管理―環境変化を乗り切る「予測型経営」のすすめ―』中央経済社。
―――・日置圭介（2011）「計画達成の確度を向上させる予測型経営」『税経通信』66(9)：17-25。
清水信匡（2002）「業績管理会計における非財務情報が意思決定に及ぼす影響」『国民経済雑誌』186(1)：89-104。
杉山晃一（1986）「管理会計情報システムの設計とコントロール概念」阪本安一編著『現代企業と管理会計』中央経済社：92-104。
高寺貞男（1988）『可能性の会計学』三嶺書房。
―――（1992）『会計と組織と社会―会計の内と外―』三嶺書房。
―――（1995）『複雑系の会計学』三嶺書房。
田中雅康（2002）『利益戦略とVE』産能大学出版部。
―――（2005）「日本の主要企業における原価企画の課題」『企業会計』57(2)：4-12。
―――・石崎忠司・原田昇（2006）『最新　業績評価会計―多元・多様な評価の展開―』中央経済社。
津曲直躬（1977）『管理会計論―企業予算と直接原価計算―』国元書房。
―――（1980）「管理会計論の展開方向―企業予算論をめぐって―」『會計』118(5)：14-37。
中善宏（2000）「管理会計における可制御性と可観測性」『原価計算研究』24(2)：21-34。
長坂悦敬（2012）「工程シミュレーションによる生産コストのフィードフォワード・コントロール」『原価計算研究』36(2)：56-67。
中西一（2003）「フランス自治体管理会計―マネジメント・コントロールの基礎に向かって―」西村明・大下丈平編著『管理会計の国際的展開』九州大学出版会：233-258。
―――（2009）『フランス予算・公会計改革―公共政策としての公共経営―』創成社。
成松恭平（2002）「戦略的コントロールと企業業績」『経理知識』（日本大学）81：55-68。
西村明・ウィレット, R.・バイドン, N. 編著，西村明監訳（1995a）『アジア太平洋地域の会計』九州大学出版会。
―――（1995b）「日本的管理会計の構造と特質」『経済学研究』（九州大学）61(3/4)：83-97。
―――（1996）「日本的管理会計の新たな展開―原価企画から戦略的原価企画へ―」『経済学研究』（九州大学）62(1-6)：241-252。
―――（1998）「アジア的経済成長と管理会計」『會計』154(1)：95-111。
―――（1999）「原価企画と原価低減分析」『経済学研究』（九州大学）65(5)：1-10。
―――（2000）『会計の統制機能と管理会計』同文舘出版。
―――（2003a）「戦略管理と現代管理会計」『企業会計』55(9)：4-11。

―――(2003b)「アジアの管理会計と日本企業」西村明・大下丈平編著『管理会計の国際的展開』九州大学出版会：1-24。
―――(2005)「財務報告の内実化と内部統制」『企業会計』57(6)：4-11。
―――(2006)『アジアにおける企業経営・管理会計』中央経済社。
―――(2013)「不確実性のスパイラルと管理会計」『経済学研究』(九州大学) 80(1)：1-23。
―――・大下丈平編著 (2007)『ベーシック管理会計』中央経済社。
―――・小野博則・大下丈平編著 (2010)『ベーシック原価計算』中央経済社。
西村優子 (1984)「フィードフォワード・コントロール」山口年一・西澤脩編著『基本管理会計用語辞典』白桃書房：164-165。
長谷川惠一 (2002)「戦略的経営と管理会計―バランスト・スコアカードの可能性―」『原価計算研究』26(1)：1-11。
―――(2004)「バランスト・スコアカードと戦略マップの基礎理論」清水孝編著『戦略マネジメント・システム―企業・非営利組織のバランスト・スコアカード―』中央経済社：24-62。
浜田和樹 (1996)『会計的業績管理モデルの研究』九州大学出版会。
原田昇 (2011)「統一論題「コントロール機能としての管理会計」開題」『管理会計学』19(2)：21-36。
平井孝治 (1988)「線型計画法による利益差異分析」西村明編著『管理会計の分析方法』同文舘出版：67-85。
藤崎晴彦 (1997)「戦略遂行計画における活動基準予算の活用」『商学研究科紀要』(早稲田大学) 45：21-36。
―――(1998)「活動基準予算のマネジメント・コントロール・システムへの適用」『産業経営』(早稲田大学) 24：163-177。
古田清和・中安富紀子・山田善紀 (2009)『基礎からわかる管理会計の実務』商事法務。
ベア,F.X.,他編著 (1999)『一般経営経済学』第2巻：管理, 森山書店。
丸田起大 (1998a)「フィードフォワード管理会計としての原価企画―原価企画から何を学ぶか―」『産業経理』57(4)：91-99。
―――(1998b)「フィードフォワード管理会計の構想」『経済論究』(九州大学) 101：143-160。
―――(1998c)「フィードフォワード管理会計のフレームワーク」『経済論究』(九州大学) 102：159-174。
―――(1999a)「フィードフォワード管理簿記の可能性」『経済論究』(九州大学) 103：173-206。
―――(1999b)「フィードフォワード管理会計の発想」『九州経済学会年報』37：72-78。
―――(2001)「予算管理のフィードフォワード構造」『佐賀大学経済論集』33(3/4)：39-82。
―――(2002a)「原価企画のフィードフォワード構造」『佐賀大学経済論集』34(5)：21-48。
―――(2002b)「原価改善のフィードフォワード構造」『佐賀大学経済論集』34(6)：39-58。
―――(2002c)「管理会計のフィードフォワード構造」『會計』162(3)：62-74。
―――(2003a)「原価企画と原価改善のフィードフォワード構造」『原価計算研究』27(1)：28-38。
―――(2003b)「戦略管理会計のフィードフォワード構造―ダブルループ・フィードバックとフィードフォワード―」『経済学研究』(北海道大学) 53(3)：403-414。

─────（2003c）「管理会計の計算構造に関する一考察」『経済学研究』（九州大学）69(3/4)：161-171。
─────（2003d）「管理会計のフィードフォワード構造─原価企画と原価改善を中心に─」西村明・大下丈平編著『管理会計の国際的展開』九州大学出版会：25-40。
─────（2004a）「フィードフォワード化する管理会計」『會計』165(3)：109-120。
─────（2004b）「戦略経営と管理会計─フィードフォワード・コントロールの視点から─」『管理会計学』12(2)：19-33。
─────（2005）『フィードフォワード・コントロールと管理会計』同文舘出版。
─────（2006）「経営戦略とフィードフォワード管理会計」上總康行・澤邊紀生編著『次世代管理会計の構想』中央経済社：63-82。
宮本匡章（1978）『会計的情報と意思決定』中央経済社。
本橋正美（1990）「管理会計におけるコントロール概念の検討」『経理知識』（明治大学）69：25-44。
─────（1991）「業績管理とコントロール・システム」『経営論集』（明治大学）38(2)：29-45。
森川智之（2013）『決断力を高めるビジネス会計』中央経済社。
門田安弘（1972）「マネジメントの意思決定過程における情報的決定と管理会計」『大阪府立大学経済研究』22(2)：1-36。
─────（1978）『多目標と階層組織の管理会計』同文舘出版。
─────（2001）『管理会計─戦略的ファイナンスと分権的組織管理─』税務経理協会。
安酸健二（1998）「戦略的管理会計の現状と課題─文献レビューを通じて─」『流通科学大学論集 [流通・経営編]』11(1)：59-78。
柳田仁（1999）『環境会計論─主にドイツを中心とした環境保全のための会計とその展開─』森山書店。
山本浩二（2010）「原価管理」谷武幸・小林啓孝・小倉昇責任編集『体系現代会計学第10巻 業績管理会計』中央経済社：197-226。
吉川武男（2000）「バランス・スコアカードの基礎」『企業会計』52(11)：4-9。
─────（2001a）『バランス・スコアカード入門』生産性出版。
─────（2001b）「戦略経営を支援するバランス・スコアカード」『企業会計』53(5)：34-39。
─────（2002）「有視界経営からナビゲーション経営へ」『企業会計』54(8)：4-11。
─────（2003a）『バランス・スコアカード構築』生産性出版。
─────（2013）『決定版 バランス・スコアカード』生産性出版。
─────・ベリングポイント（2003b）『バランス・スコアカード導入ハンドブック』東洋経済新報社。
吉村文雄（1992）『組織の管理会計』高文堂出版社。
─────（1997）「企業予算の機能展開」『金沢大学経済学部論集』17(2)：199-230。
─────（2000a）「マネジメント・コントロールと会計」『金沢大学経済学部論集』20(2)：23-42。
─────（2000b）「計画設定」櫻井通晴編著『管理会計辞典』同文舘出版：65-66。
和田淳三（2010）「会計的コントロール論省察─現代管理会計の桎梏─」『岡山大学経済学会雑誌』42(1)：17-23。
和田伸介・田中航二（2013）「管理会計システムにおけるフィードバック・フィードフォワード結合概念の応用」『大阪商業大学論集』9(1)：17-34。

第7章

組織学習を促進する
マネジメント・コントロール・システム
―― 京セラの利益連鎖管理における組織学習の促進 ――

1 はじめに

　企業を取り巻く環境の多様化，複雑化が進むなかで，組織学習は企業の持続的な競争優位を維持するうえで重要な課題になっている。組織学習に関する研究は，心理学，社会学，経営学，経済学，文化人類学，政治学など，多様な学問の分野において幅広く行われているようである（Dierkes et al., 2001）。一方，マネジメント・コントロール・システム（MCS）は組織の戦略と目標を支援するために，企業と組織構成員の活動を導くものであり，組織学習を通じて組織が持続的かつ体系的に競争優位を維持するためには，それを支援するMCSが必要とされる。近年の研究においては，管理会計やMCSは，階層性，標準化や効率性を追求するために創発性や組織学習を阻害するとの伝統的な認識とは異なり，さまざまな側面から組織学習を促進しうることを示している。李（2014）においては，組織学習を促進するMCSの役割について，これまでの研究蓄積を幅広く紹介している。

　一方，上總を中心とする研究グループでは，現代の日本の管理会計研究が行うべき研究戦略として，アメリカで開発された新しい管理会計技法の紹介や会計処方研究から，会計実務について調査研究へとシフトし，優れた日本企業の管理会計実務の理論化ないし定式化を図るべきだとの認識のもと，京セラのアメーバ経営をはじめとする日本企業の管理会計実務について紹介し，その特徴

を概念化している（上總・澤邉, 2005, 2006; 上總, 2010; 上總, 2014）。本章では，これらの管理会計実務と上總らによって行われたその概念化が，組織学習を促進するMCSの理解における意味と位置づけを明らかにしてみたい。

そのために，まず次節では李（2014）の内容に基づいて，組織学習を促進するMCSについて，これまでどのような理解が得られているかを紹介する。次に，日本企業の優れた管理会計実践としての京セラのアメーバ経営と，その特徴に対して上總が示した理論的概念を紹介する。そして，このような理論化ないし概念化により，京セラを代表とする日本企業の管理会計実践が，組織学習を促進するMCSの研究の体系の中で，どのような意味をもつかについて検討してみたい。

2 組織学習を促進するMCSについて

2.1 概念：MCSと組織学習について

管理会計研究においては，Anthony（1965）によってMCSの概念が最初に提起された。Anthony（1965）では，管理過程論における計画とコントロールについて，「組織のなかでの活動，たとえばそれがいつ，誰が，どのような状況のもとで行う活動であっても，現実に行われる活動をはっきりと識別するための主要ないくつかのカテゴリーとは結びつかない性質のもの」（Anthony, 1965: 10-11）としたうえで，「計画とコントロールの相互作用」（ibid.: 13）をするものとしてMCを提示している。Anthonyによれば，「MCとは，管理者が組織の目的達成のために資源を効果的かつ能率的に取得し，使用することを確保するプロセスである」（ibid.: 17）と定義されている。このように当初のMCSは，管理過程論における計画とコントロールの相互作用を強調した概念であった。

その後MCSは，目標整合性（goal congruence）という概念をもって，組織目標や戦略支援の意味を含むようになった。たとえば，Flamholtz et al.(1985)では，「組織における個人の行動をリードし，組織目標を達成する確率を増加する組織の試み」（Flamholtz et al., 1985: 35）としてMCSは，「組織の個人，

小集団，公式的な部門と全体組織のすべてのレベルの組織構成員の行動に影響するように設計された，目標整合性を達成するための技術とプロセスである」（ibid. 36）としている。

さらに，近年のコントロール・パッケージ論におけるMCSは，戦略支援を超えて，戦略の策定や組織文化なども含む，広い概念となっている（Simons, 1995; Chenhall, 2003; Merchant and Otley, 2007; Malmi and Brown, 2008）。たとえば，Merchant and Otley（2007）では，MCとは従業員の行動および意思決定を，組織の目標および戦略と一致させるためにマネージャーが用いるすべての手段ないしシステムとし，戦略開発，戦略的コントロール，学習プロセスも含むようになっている。

本章では，組織学習を促進するMCSの研究の現状について，幅広く把握していくことを目的とするために，MCSについて，広い概念として，「組織活動パターンを維持・変化させるために経営者が用いる情報をベースとした公式的な手順や手続き」（Simons, 1995: 5）とする。

一方，組織学習についても，経営学における組織学習のマネジメントはさまざまなパースペクティブやアプローチにより広く研究されてきた（Shrivastava, 1983; Edmondson and Moingeon, 1998; Dierkes et al., 2001; Pawlosky, 2001）。Pawlosky（2001）では文献サーベイを通じて，経営学における組織学習の研究は，組織学習のシステム・レベル，形，タイプ，プロセスなど，多面的かつ複数次元の意味を含んでいるとしている。

本章では，組織学習を促進するMCSの役割に注目しており，組織学習について，持続的かつ体系的な競争優位を得るためのプロセスの側面に焦点を絞りたい。Pawlosky（2001）によれば，組織学習のプロセスには，情報や知識の認識（Identification）・生成（Generation），普及（Diffusion），修正（Modification）・統合（Integration），アクションといったフェーズを含む。第1図は，それを示したものである。

第1図 組織学習プロセス

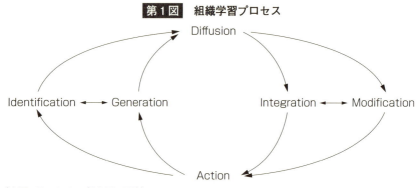

(出所：Pawlosky (2001: 79))

　企業組織は，外部および内部から，組織にとって重要で価値ある情報を認識し，新しい知識を認識・生成する。認識・生成された知識は，次に個人と集合的なレベルにおいて，相互交換，普及される。そして，新しい知識が既存の知識システム，組織の手続き的なルールに統合されるが，そこで既存知識の修正も行われる。最後のアクションは，新しい知識を行動へ転換し，組織的なルーティンに適用することである。李（2014）では，この組織学習プロセスのフレームワークに準拠して，各段階における知識マネジメント上の重要な問題と，それらの問題に対してMCSの役割を，先行研究に基づいて紹介しているが，次項ではその内容を紹介する[1]。

2.2　組織学習プロセスを促進するMCS

　第1表は，前項で紹介した組織学習プロセスの各段階における主要な問題と，それらの対処を支援するMCSの役割を表している[2]。
　まず，組織学習プロセスの第一歩である知識の認識に関しては，組織内外の情報の認識，その情報の評価，情報認識の主体などが，マネジメント上の問題として問われる。知識の認識におけるMCSの役割は，伝統的な予算管理における事実差異分析によるフィードバックにより，組織内部における問題を認識し，それによりシングル・ループの学習を促進すること，公式的なツールによる既存の知識の体系的な認識を助けること，戦略的管理会計や価値連鎖分析による組織外における戦略上重要な情報を認識することなどの側面が先行研究に

第1表 組織学習プロセスにおけるMCSの役割

組織学習の各段階における主要問題	MCSの役割
認識： 組織内外情報の認識，情報の価値判断，情報認識の主体等	・フィードバックによる組織内問題認識，シングル・ループの学習促進 (Preble, 1992; Otley and Berry, 1980; Argyris, 1977; Argyris and Schön, 1978 ; Grafton et al., 2010) ・組織内に存在する知識の見える化を促進 (Mouritsen et al., 2001; Leitner and Warden, 2004; Mouritsen and Larsen, 2005) ・組織外部の情報認識を促進 (Simmonds, 1981; Shank and Govindarajan, 1993)
生成・創造： 新しいアイディアの開発やイノベーションが起こりやすい環境づくり	・イノベーションが起こる構造的・戦略的文脈形成 (Davila, 2005) ・原価企画による知識創造のための文脈形成（加登，1993） ・知識創造のためのグループ，チーム，コミュニティ，ネットワーク（Malone, 2002; McNamara et al., 2004）
普及： コミュニケーションのチャネル，タイプ	・水平的組織設計による学習促進 (Ouksel et al., 1997; Bol and Moers, 2010) ・双方向的なコントロールによる対話促進 (Simons, 1990, 1995; Henri, 2006) ・部分と全体，現業と戦略を結びつけるMCS (Kaplan and Norton, 1996, 2001, 2004; 廣本，2009; Chenhall, 2005)
統合と修正 　統合：知識の維持，貯蔵，保護の問題 　修正：既存の使用理論に対する問題提起	・知識統合メカニズムとしてのMCS (Ditillo, 2004) ・フィードフォワード・コントロールによるダブル・ループの学習を支援するMCS (Preble, 1992; Otley and Berry, 1980; 丸田，2005) ・既存戦略への問題提起と戦略変化の文脈形成 (Mouritsen et al., 2009; Skærbæk and Tryggestad ,2010; Ahrens and Chapman, 2005; Jørgensen and Messner, 2010; 李，2010; Busco et al.,2006; Cullen et al., 2013) ・既存MCSの修復を設計原理とするイネーブリング・コントロール(Adler and Borys, 1996; Ahrens and Chapman, 2004; Wouters and Wilderom, 2008; Chapman and Kihn, 2009; 伊藤，2011)

（出所：李（2014）に基づいて作成）

おいて紹介されている。

　次に，知識の生成・創造は，新しいアイディアの開発やイノベーションを指し，企業の競争優位の維持のためにきわめて重要な要因になる。この段階におけるマネジメント上の重要な問題は，創造性やイノベーションが起こる組織環

境づくりである。知識の生成・創造に関して，MCSは創造性やイノベーションが起こりやすい構造的，戦略的文脈を作り上げる[3]。また，原価企画におけるクロス・ファンクショナルなチームなど，組織は特定のMCS構造をもって，多様な情報や知識を結合し，知識創造のための場を提供することができる。

次に，知識の普及に関しては，組織における情報の流れが問われ，コミュニケーションのチャネルやタイプなどが重要であるとされる。組織設計はMCSの中心的な問題であるために，知識の普及に関しても，それを支援するMCSの役割が紹介されている。たとえば，水平的・協調的コミュニケーションを促進するMCSや，対話的・議論的コミュニケーションを助ける相方向的なコントロールなどが，組織における知識の普及を促進する。また，BSCにおける戦略マップや，ミクロ・マクロ・ループなどのMCSは，部分と全体，現業と戦略の結びつきを強調し，これも組織における知識の普及を促進する。

次のステップにおいて，新しい知識が組織のメモリや，既存の使用理論（Theory-in-use：Argirys, 1990），基準の枠組みに統合されるが，ここでは，知識がどのように維持され，貯蔵され，組織の中で保護されるかが重要な問題になる。企業組織は，アクション・コントロール，結果によるコントロール，理念によるコントロールなどをうまく実施することによって，多様な知識の統合を可能にする[4]。また，新しい知識の統合は，既存の使用理論に対して問題提起し，組織構成員の日々の行動を導く基本的な前提条件について考え直す修正も行われかねない。フィードフォワード・コントロールとそれを支援する管理会計技法，戦略的変化を導く管理会計研究，イネーブリング・コントロールにおける既存システムの修正などは，知識統合における修正を促進するMCSと理解できよう。

以上からわかるように，これまでの先行研究を概観してみると，組織学習プロセスの各フェーズにおいて，MCSは多面的にそれらを促進する役割を果たしている。MCSの範囲は，伝統的な予算管理，標準原価計算から，近年における戦略的業績評価システムやコントロール・パッケージの諸概念も含んでいる。次節では，これまでの内容を踏まえたうえで，近年上總らによって紹介され，概念化された京セラのアメーバ経営を例に，日本企業の管理会計実践が果たした組織学習の促進における役割を確認してみたい。

3 アメーバ経営の組織学習における役割

3.1 京セラのアメーバ経営と管理会計上の特徴

アメーバ経営学術研究会によれば,アメーバ経営とは「機能ごとに小集団部門別採算制度を活用して,すべての組織構成員が経営に参画するプロセス」(アメーバ経営学術研究会,2010:20)と定義されている。

上總(2008)においては,京セラのアメーバ経営の概念図を第2図のように示している。

第2図 アメーバ経営の概念図

(出所:上總(2008:7))

この図によれば,アメーバ経営は,京セラの強烈な経営哲学を全従業員に会得させるためのフィロソフィ教育を基礎として,アメーバ組織,時間当たり採算,そして経営者育成の3つの基本要素として展開されている。上總の一連の研究においては,このような実務における管理会計上の特徴を,いくつかの概念をもって,理論化を行っている。「利益連鎖管理」と「機会損失の創出」がその代表的なものであるので,次にこれらの概念について見てみたい。

上總・澤邉(2005)では,京セラのアメーバ経営の管理会計上の特徴について,次のように述べている。

アメーバ経営では，原型的には，機能的に分化した製造部門と営業部門をそれぞれ別々のプロフィットセンターと見なして，部門別採算が計算される。この部門別採算を介して，一方では，各アメーバの部分最適化をはかりつつアメーバ利益の最大化が追求され，他方では，全体最適化を実現するため，アメーバ間の利益管理の連鎖を通じた会社利益の最大化がはかられる。アメーバ経営では，全社利益の最大化を目指してアメーバ利益の連鎖管理が行われるので，われわれはこれを利益連鎖管理（Profit Chain Management: PCM）とよぶことにした。

(上總・澤邉, 2005：102)

そして，このような利益連鎖管理のもと，全体最適化が図られるプロセスの中で，管理会計が果たす重要な役割として「機会損失の創出」という側面を示した。

私たちは，原価企画に続く第2，第3の日本的管理会計の発掘とその理論化を目指して，これまでいくつかの日本企業の管理会計実務を研究してきた。かかる研究を通じて，現時点で判明したことは，日本的経営を色濃く残した経営実践の下で，①機会損失の創出，②事前管理，③全員参加経営に規定される管理会計技法が開発され，それを中軸として管理会計実践が展開されていることである。

(上總, 2010：326)

機会損失の創出を通じた利益連鎖管理のプロセスについて，上總（2014）では，そのメカニズムを第3図のように説明している。たとえば，生産能力1個/Hの製造アメーバが，60個の受注高を製造するためには，60時間必要とする。ここで，京セラフィロソフィの教育を受けた製造アメーバリーダーが生産スピードアップに成功して，生産能力が2倍となり，1時間当たり2個作ることになったとすると，受注高60個の生産時間は半減し，製造アメーバの時間当り採算は2倍に増大する。このときの30時間の遊休時間は，余剰生産能力を意味し，したがって，機会損失が発生しているという認識を持つようになる。このような状況において，営業アメーバリーダーは管理者の朝礼等を通じて余剰生産能力＝機会損失が発生していることを知らされる。彼もまた京セラフィロソフィ教育を受けているので，同じく強烈な願望と高い持続的目標を持って，製造アメーバで生じた余剰生産能力を解消するため，営業活動のスピードアップ等による追加注文の獲得に努力することになる。60個の追加注文が獲得できれば，余剰生産能力がすべて解消され，その結果，製造アメーバと営業アメーバ

もそれぞれ業績が2倍となり，全社利益の増大に大きく貢献できる（上總, 2014: 204）。

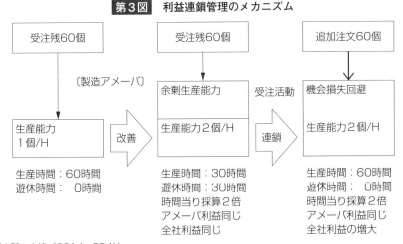

第3図　利益連鎖管理のメカニズム

（出所：上總（2014：204））

このように，京セラフィロソフィの教育→強烈な願望と高い持続的目標→生産スピードアップ→時間当たり採算の向上→余剰生産能力の創出→アメーバ間の速度連鎖効果→追加注文による余剰生産能力の解消→機会損失の回避→全社利益の増大という一連の連鎖プロセスが実現される（上總, 2007: 13）。

3.2　組織学習に対する利益連鎖管理の役割

このように，京セラのアメーバ経営は，機会損失の創出やそれを通じた利益連鎖管理を行い，全体最適化を実現する。では，アメーバ経営における管理会計のこうした特徴が，組織学習の促進においてはどのような役割を果たしているのかを見てみたい。

前節のフレームワークを再確認してみると，組織学習をプロセスの側面から見たときに，それは知識や情報の認識，知識の生成と創造，普及，統合と修正などのフェーズを含んでいる。上總らにおいて提起された「機会損失の創出」は，このフレームワークに照らしてみると，組織学習が行われるための情報の認識を高めるうえで，役割を果たしていることを意味すると考えられる。第3

図でも示したように，あるアメーバのスピードアップにより改善された業績は，業績評価システムとしての時間当り採算制度により測定され，これは同時に余剰生産能力＝機会損失を創出し，この機会損失は次のアメーバの追加的注文，すなわち，さらなる学習により，その余剰生産能力を解消する必要性を明確にする。

　Grafton et al. (2010) では，組織学習を助けるためのMCSの役割について「問題認識とアクション修正の触媒であり，重要なプロセスに注意を向かせる手段であり，組織学習のための価値ある情報」(Grafton et al., 2010: 692) であるとしている。京セラにおけるアメーバ管理会計の特徴を，余剰生産能力＝機会損失の創出と捉えることによって，ここでの「問題認識」の触媒としての役割がより明確になっている。生産能力の余剰は，「工場における人財育成，創意工夫，工程改善，品質改良などなど，将来の生産性向上に向けた活動などに活用」(上總, 2014: 209) されるからである。すなわち，京セラにおける時間当たり採算の管理会計の特徴を，機会損失の創出と捉えることにより，組織学習が行われるべき目標と範囲を特定するうえで，管理会計が果たす役割への理解がより明確になっているといえよう。このように，アメーバ経営における管理会計は，組織学習が行われるための情報の認識活動を支援すると解釈することができる。

　アメーバ経営における利益連鎖管理は，速度連鎖効果（上總・澤邉, 2005: 103）をもつ。速度連鎖効果とは，個別アメーバの努力によって崩れた同期化状態を利用して，緊張状態を生み出し，それを契機としてより高いレベルで新たに同期化を図ることである（上總, 2006: 14）。これは，アメーバ間の相互作用による組織学習という意味においては，第1図のフレームワークの中で，組織設計の問題を取り扱う知識の普及に関連する。知識の普及に関しては，組織設計における情報やコミュニケーションのチャネルのあり方や，コミュニケーションのタイプが問題になるとされる。たとえば，Ouksel et al. (1997) では，階層的よりは水平的な組織設計が，組織学習を早めるとしている。これは，水平的組織設計が組織の構成員間の情報や知識の共有を促進し，したがって，知識の組織における普及を支援するからである。

　京セラの速度連鎖は，アメーバ間の水平的相互作用によるものであるが，組

第7章　組織学習を促進するマネジメント・コントロール・システム　171

織構成員の情報や知識の共有とは異なる形で組織学習が行われることを意味する。「個別のアメーバの努力」という用語からわかるように，京セラにおける組織学習は，個々のアメーバにより行われ，業績管理システムはその学習が行われた個別のアメーバと全体のテンションを生み出し，さらにはそのテンションを解消するための別のアメーバによる組織学習活動が行われるのである。速度連鎖効果という概念により，京セラにおける組織学習は，単一の，片片的な活動ではなく，複数アメーバによる，継続的なダイナミックな活動であることが理解できる。もちろん，このようなダイナミックな組織学習活動は，その基礎となるフィロソフィ教育や全員参加経営，朝礼による情報共有等，アメーバ経営の他の特徴と結びつくことにより可能であったことを理解する必要がある。

4　おわりに

　本章では，組織学習を促進するためのMCSについて，これまでの先行研究を概観したうえで，近年上總らによって明らかになった，京セラのアメーバ管理会計上の特徴が，組織学習の促進に果たす役割を見てきた。Pawlosky (2001)によると，組織学習は知識の認識，生成・創造，普及，統合・修正，アクションなどのステップにより行われるが，MCSは多様な形で，これらの活動を促進しうることが確認できた。

　一方，上總らは，日本を代表する優良企業として，京セラにおけるアメーバ経営を紹介して「機会損失の創出」，およびそれを通じた「利益連鎖管理」にその理論的特徴があると指摘している。利益連鎖管理は，京セラフィロソフィの教育→強烈な願望と高い持続的目標→生産スピードアップ→時間当たり採算の向上→余剰生産能力の創出→アメーバ間の速度連鎖効果→追加注文による余剰生産能力の解消→機会損失の回避→全社利益の増大という一連の連鎖プロセスが実現されるが，この一連のプロセスは，組織学習そのものである。機会損失の創出という特徴は，組織学習が行われるための情報認識を助けるうえでの管理会計の役割を理解させる。また，速度連鎖効果により，組織学習が組織構成員間のダイナミックな活動であることも理解できた。機会損失の創出，利益連鎖管理，速度連鎖効果などは，いずれも組織学習におけるMCSの役割に対

する理解を深く,かつ豊富にしてくれたといえよう。

●注
1 最後のアクションは組織構成員の実際の行動であるために,MCSの役割を考察するうえでは対象にしない。
2 もちろん,各段階におけるMCSの内容には,お互いに重複したり,オーバーラップするところもある。
3 詳しくは,Davila (2005) におけるイノベーション戦略のためのMCSのモデルを参照されたい。
4 詳しくはDitillo (2004) を参照されたい。

【参考文献】
Adler, P. S. and B. Borys. (1996) "Two types of bureaucracy : Enabling and coercive." *Administrative Science Quarterly* 41 : 61-89.
Ahrens, T. and C. S. Chapman. (2004) "Accounting for flexibility and efficiency : A field study of management control systems in a restaurant chain." *Contemporary Accounting Research* 21 (2) : 271-301.
―――― and ―――― (2005) "Management control system and the creating of strategy : A practice-based view." in C.S.Chapman (Ed). *Controlling Strategy : Management, Accounting and Performance Measurement,* Oxford : Oxford University Press : 106-124 (澤邉紀生・堀井悟志監訳 (2008) 『戦略をコントロールする―管理会計の可能性』中央経済社).
Anthony, R. N. (1965) *Planning and Control Systems: Framework for analysis.* Boston : Graduate School of Business Administration Harvard University.
Argyris, C. (1977) "Organizational Learning and Management Information System." *Accounting, Organizations and Society* 2 (2) : 113-123.
―――― (1990) *Overcoming Organizational Defenses : Facilitating organizational learning.* Boston : Allyn and Bacon.
―――― and D. Schön (1978) *Organizational Learning : A theory of action perspective.* Addison-Wesley.
Bol, J. C. and F. Moers (2010) "The dynamics of incentive contracting: The role of learning in the diffusion process." *Accounting, Organizations and Society* 35 : 721-736.
Busco, C., A. Riccaboni and R.W. Scapens (2006) "Trust for accounting and accounting for trust." *Management Accounting Research* 17 : 11-41.
Chapman, C. S and L. A. Kihn (2009) "Information system integration, enabling control and performance," *Accounting, Organizations and Society* 34 : 151-169.
Chenhall, R. H. (2005) "Integrative strategic performance measurement systems, strategic alignment of manufacturing, learning and strategic outcomes : an exploratory study." *Accounting, Organizations and Society* 30 : 395-422.
―――― (2003) "Management control systems design within its organizational context :

Findings from contingency-based research and directions for the future." *Accounting, Organizations and Society* 28 : 127-168.

Cullena, J., M. Tsamenyi, M. Bernon and J. Gorst (2013) "Reverse logistics in the UK retail sector : A case study of the role of management accounting in driving organisational change." *Management Accounting Research* 24 : 212-227.

Davila, T. (2005) "The promise of management control systems for innovation and strategic changing." in C. S. Chapman (Ed). *Controlling Strategy : Management, Accounting and Performance Measurement*. Oxford: Oxford University Press : 37-61 (澤邉紀生・堀井悟志監訳 (2008)『戦略をコントロールする―管理会計の可能性』中央経済社).

Dierkes, M., A. B. Antal, J. Child and I. Nonaka (2001) *Handbook of Organizational Learning and Knowledge*. Oxford University Press.

Ditillo, A (2004) "Dealing with uncertainty in knowledge-intensive firms: the role of management control systems as knowledge integration mechanisms." *Accounting, Organizations and Society* 29 : 401-421.

Edmondson, A and B. Moingeon. (1998) "From organizational learning to the learning organization.". *Management Learning* 1 (29) : 5 -20.

Flamholtz, E., T. Das, and A.Tsui. (1985) "Toward an integrative framework of organizational control." *Accounting Organizations and Society* 10(1) : 35-50.

Grafton, J., A. M. Lillis and S. K. Widener (2010) "The role of performance measurement and evaluation in building organizational capabilities and performance." *Accounting, Organizations and Society* 35 : 689-706.

Habersam, M., M. Piber and M. Skoog (2013) "Knowledge balance sheets in Austrian universities: The implementation, use, and re-shaping of measurement and management practices." *Critical Perspectives on Accounting* 24 : 319-337.

Henri, J. F. (2006) "Management control systems and strategy : A resource-based perspective." *Accounting, Organizations and Society* 31 : 529-558.

Jørgensen, B. and M. Messner. (2010) "Accounting and strategizing : A case study from new product development." *Accounting, Organization and Society* 35 : 184-204.

Kaplan, R. S. and D. P. Norton. (1996) The Balanced Scorecard : *Translating strategy into action*. Boston MA : Harvard Business School Press (吉川武男訳 (1997)『バランススコアカード : 新しい経営指標による企業変革』生産性出版).

───── and D. P. Norton. (2001) *The Strategy-Focused Organization : How balanced scorecard companies thrive in the new business environment*. Boston, Mass: Harvard Business School Press (櫻井通晴監訳 (2001)『キャプランとノートンの戦略バランスト・スコアカード』東洋経済新報社).

───── and ───── (2004) *Strategy Maps: Converting intangibleassets into tangibleoutcomes*. Boston : Harvard Business School Press (櫻井通晴・伊藤和憲・長谷川惠一監訳 (2005)『戦略マップ: バランスト・スコアカードの新・戦略実行フレームワーク』ランダムハウス講談社).

Leitner, K. H. and C. Warden (2004) "Managing and reporting knowledge-based resources and processes in research organisations: specifics, lessons learned and perspectives."

Management Accounting Research 15 : 33-51.
Malmi, T. and D. A. Brown. (2008) "Management control systems as a package - Opportunities, challenges and research directions." *Management Accounting Research* 19 : 287-300.
Malone, D (2002) "Knowledge management A model for organizational learning." *International Journal of Accounting Information Systems* 3 : 111-123.
McNamara, C., J. Baxter and W. F. Chua (2004) "Making and managing organisational knowledge(s)." *Management Accounting Research* 15 : 53-76.
Merchant, K. A., and D. T. Otley (2007) "A review of the literature on control and accountability." in C.S. Chapman, A.G. Hopwood., and M.D. Shields (Eds). *Handbook of Management Accounting Research* 2. Oxford : Elsevier : 785-802.
Mouritsen, J., A. Hansen., and C. Ø. Hansen,. (2009) "Short and long translation: Management accounting calculations and innovation management." *Accounting, Organization and Society* 34 : 738-754.
Mouritsen, J., H. T. Larsen and P. N. D. Bukh (2001) "Intellectual capital and the 'capable firm' : narrating, visualising and numbering for managing knowledge." *Accounting, Organizations and Society* 26 : 735-762.
――――― and ――――― (2005) "The 2nd wave of knowledge management : The management control of knowledge resources through intellectual capital information." *Management Accounting Research* 16 : 371-394.
O'Leary, D. E (2002) "Knowledge management across the enterprise resource planning systems life cycle." *International Journal of Accounting Information Systems* 3 : 99-110.
Otley, D. T and A. J. Berry (1980) "Control, organizations and accounting." *Accounting, Organizations and Society* 5(2) : 231-244.
Ouksel, A. M., K. Mihavics and P. Chalos (1997) "Accounting information systems and organization learning: A simulation." *Accounting, Management & Information Technology* 7 (1) : 1 -19.
Pawlosky, P (2001) "The treatment of organizational learning in management science." in M. Dierkes, A. B. Antal, J. Child and I. Nonaka eds. *Handbook of Organizational Learning and Knowledge*. Oxford University Press : 61-88.
―――――, J. Forslin, and R.Reinhardt (2001) "Practices and tools of organizational learning." In M. Dierkes, A. B. Antal, J. Child and I. Nonaka eds. *Handbook of Organizational Learning and Knowledge*. Oxford University Press : 775-793.
Preble, J. F. (1992) "Towards a comprehensive system of strategic control." *Journal of Management Studies* 29 (4) : 391-409.
Shank, J. K., and V. Govindarajan (1993) *Strategic cost management* (種本廣之訳 (1995)『戦略的コストマネジメント』日本経済新聞社).
Shrivastava, P. (1983) "A typology of organizational learning systems." *Journal of Management Studies* 20 : 7 -28.
Simmonds, K. (1981) "Strategic management accounting." Management Accounting 59(4) : 26-29.
Simons, R. (1990) "The role of management control systems in creating competitive

advantage: New perspective." *Accounting Organizations and Society* 15 (1/2): 127-143.
――――― (1995) *Levers of Control: how managers use innovative control systems to drive strategic renewal*. Boston: Harvard Business School Press(中村元一，黒田哲彦，蒲島史惠訳(1998)『ハーバード流21世紀経営―4つのコントロール・レバー』産能大学出版部).
Skærbæk. P., and K. Tryggestad. (2010) "The role of accounting devices in performing corporate strategy." *Accounting, Organizations and Society* 35 : 108-124.
Widener, S. K. (2007) "An empirical analysis of the levers of control framework." *Accounting, Organizations and Society* 32 : 757-788.
Wouters, M and C. Wilderom (2008) "Developing performance-measurement systems as enabling formalization : A longitudinal field study of a logistics department." *Accounting, Organizations and Society* 33 : 488-516.

伊藤克容(2011)「組織学習活動を促進するマネジメント・コントロールに関する考察」『成蹊大学経済学部論集』42(1): 149-169。
上總康行(2007)「京セラの大家族主義経営と管理会計」『管理会計学』15(2): 3-17。
――――― (2008)「GMと京セラの管理会計比較研究」『立教経済研究』61(4): 1-25。
――――― (2010)「機会損失の創出と管理会計」『企業会計』324-333。
――――― (2014)「日本的経営と機会損失の管理」『企業会計』198-210。
―――――・澤邉紀生(2005)「京セラのアメーバ経営と利益連鎖管理」『企業会計』57(7): 97-105。
加登豊(1993)『原価企画：戦略的コストマネジメント』日本経済新聞社。
廣本敏郎(2009)『自律的組織の経営システム―日本的経営の叡智』森山書店。
丸田起大(2005)『フィードフォワード・コントロールと管理会計』同文舘出版。
李燕(2010)「戦略化における管理会計の役割」『メルコ管理会計研究』4(I): 23-40。
――――― (2014)「組織学習を促進するMCS研究の現状」『明海大学経済学紀要』近刊。

第8章

責任会計論
── 日本企業のライン部門における
　利益責任の設定に関する研究の整理──

1　はじめに

　本章では，伝統的に日本企業において特徴的に観察されてきた，ライン部門を利益中心点として位置づけるという責任会計の実践について，これまでに蓄積されてきた研究知見を整理する。

　責任会計論は，一般的には，Ailman（1950）を起点として生成されたと考えられている（たとえば溝口, 1967; 上總, 1989）。彼は，管理者に委譲された責任と権限に応じて管理可能費について会計責任を付与することを提唱した。この責任会計論では当初，職能部門別組織を想定した考察がなされていたため，管理者の業績は，階層ごとの限定された権限に関係づけられた収益責任または原価責任として測定されることが想定されていた（溝口, 1967）。しかしその後，事業部制組織の普及が進むにつれ，事業部制組織における事業部の業績評価の議論がなされるようになると（たとえばShillinglaw, 1957），事業部間における内部振替価格の設定（たとえばHirshleifer, 1956）や共通費の配賦の問題（たとえばFremgen and Liao, 1981）などについての研究が盛んになされるようになった。アメリカでなされてきたこれらの研究においては通常，製造と販売の両職能を包含した，1つの製品ラインについて一貫して責任を負う事業部が前提とされていた。

　一方，日本企業では以前より，職能部門別組織のもとで販売部門や製造部門

といったライン部門にも利益責任が設定されてきた（廣本・挽, 2006）。そして近年では、ライン部門に利益責任を設定するという実務は、製造現場の工程などの比較的小規模な組織単位に対しても行われていることが明らかにされ、研究知見が蓄積されつつある。

これを受けて本章では、この日本企業に特徴的にみられるライン部門への利益責任の設定という管理会計実践について、蓄積されてきた研究知見を整理し、今後のさらなる展開が期待される研究課題を提示することとしたい。まず次節では、この管理会計実践が初めて注目される契機となった日本の職能別事業部制に関する議論を整理する。次いで第3節では、1990年代中盤以降再びライン部門への利益責任の設定が研究者の注目を浴び、研究蓄積が大きく進んだことを示し、その利益責任の計算構造についての類型化を試みる。そのうえで、第4節では主に利益責任の付与による管理者の動機づけの側面に関する研究知見、第5節ではライン部門に利益責任が設定されるなかでの部門間の利益配分に関する研究知見を整理する。最後に第6節では、第5節までの整理を踏まえ、この領域に関する今後の研究課題を提示したい。

2　日米の事業部制と責任会計

2.1　アメリカ型の連邦的事業部制における責任会計

多角化戦略をとったアメリカの大企業においては、各企業の幹部の活動は範囲・量・複雑さとともに増していった（Chandler, 1962）。これに伴って職能部門間の調整コストが高くつくようになり、職能別専門化のメリットが薄れて、過度の中央集権化、意思決定の遅れ、業績評価の困難さ、経営者能力の枯渇、セクショナリズムの増大などの短所が目立つようになった（占部, 1969）。この事情により当時のアメリカ大企業においては、事業部制組織の採用が進んだ。そこでは、総合本社が多数の事業部を対象に調整・業績評価・計画設定を行い、必要な人材・施設・資本などの経営資源を割り当てる。その一方で、各事業部の長が単一の製品ラインあるいはサービスについて、その財務と市場での成果に責任を負い、そのための職能活動を統括するようになった。

このようなアメリカ大企業における責任会計論の文脈においては，組織単位が特定の市場について生産・販売のライン職能を両方持たないと，利益責任を果たせないと理解されてきた（Solomons, 1965; 谷, 1999）。この考え方は，特に事業部制会計の文献における記述において顕著である。そこでは，事業部に利益責任を与えることの理想的前提条件として，事業部が製造と販売のための設備ないし施設を有し，また事業部間での内部的な製品の振替が比較的少なく，事業部が比較的独立できることが挙げられている（Shillinglaw, 1961）。もちろん，現実には事業部間の取引や事業部への共通費の配賦などが存在するため，完全に事業部の利益業績が他の組織の影響を受けないということはあまり考えられない。とはいうものの，原理的には，事業部に利益責任を付与することの前提としては，事業部の長に対して特定の製品ないし地域別市場における生産ないし仕入と販売についての意思決定権限がすべて付与されていることが望ましいとされてきた。

この理解は，事業部制がわが国において普及し始めた当時の文献においてもみられる。当時の通商産業省産業合理化審議会が通商産業大臣宛てに出した答申書「事業部制による利益管理」では，「職能部門組織においては，管理単位の長は原価責任あるいは収益責任を負うに対し，事業部制においては，管理単位の長は，利益責任をになうものである」（通商産業省企業局編，1960: 8）という記述がみられ，ここからは前述のようなアメリカ型事業部制への移行の推進がなされていたことがうかがえる（鳥居, 2007）。

2.2　日本企業の職能別事業部制における責任会計

一方，日本企業の事情はやや異なっていた。日本企業では以前より，職能部門別組織のもとで販売部門や製造部門といったライン部門にも利益責任が設定されてきた（廣本・挽, 2006）。そのことは，日本で事業部制が普及するようになった1960年代の文献において指摘がなされていた。溝口（1963）によれば，多くの日本企業においては設備投資の過程において事業部制への移行が想定されていなかったため，製造部門を販路別に分割することが難しく，これは1つの事業部として扱われていた。ここで，日本企業において製造部門が販売部門から切り離されて利益責任を負った事業部とされ，製品が製造事業部から販売

事業部へ振り替えられる形態が多数発生したという。

　実際，約20年後に日米の各約1,000社の大規模製造企業を対象として実施された郵送質問票調査の結果からも，日本ではアメリカに比べて製造部門が利益責任を負った事業部として設定されるケースが多い点が指摘されている。加護野ほか（1983）によれば，この仕組みによって販売事業部だけでなく製造事業部においても市場への適応が行われているとされた。

　そこでは，「企業内部に導入された市場経済のメカニズムのなかで，各事業部は満足利潤の原理によって意思決定を行なうことによって，自然予定調和的に，企業全体の満足利潤が達成される」（占部, 1969: 104）。占部（1969）によれば，そこでは事業部間に市場経済のメカニズムを導入するため，社内振替価格の設定や忌避宣言権の原則の設定が行われる。したがって，製造部門も1つの事業単位として位置づけられ，当該部門の取引先は外部の顧客・サプライヤーだけでなく，社内であっても取引先となる部門は市場の構成要素とみなされ，購買事業部や販売事業部との間の内部振替は疑似的な市場取引として扱われる。そして製造部門は利益中心点として位置づけられ，この内部取引も含めた市場取引が製造部門の採算に反映される。

3　ライン部門における利益責任の設定の2類型

　前述のようなライン部門，特に製造部門が独立の利益中心点として設定される責任会計システムは，1980年代終盤になって再び研究者の注目を引くこととなった（Hamada and Monden, 1989; 浜田, 1989）。そして，Cooper（1995）によるこうした責任会計実践のケーススタディが行われて以降，後述のように日本国内を中心として多くの研究成果が生み出されるに至った。

　Cooperが調査した日本の製造企業5社では，製造部門における工程などの比較的少人数からなるライン組織を利益中心点とした責任会計が実践されていた[1]。彼はこの仕組みを総括してミニ・プロフィットセンター[2]（microprofit center：MPC）制と呼んだ。

　このMPCの利益の計算前提については，これまでに報告がなされているケースだけでも，複数の類型が存在している（島, 2004）。以下，それらについて見

てみよう。

3.1 疑似プロフィットセンター（疑似PC）制

なんらかの基準原価を内部振替価格として設定し，その基準原価に数量を乗じた額を製造部門の収益と読み替えて，そこから実際製造経費を差し引いたものを「利益」と読み替えるケースは，疑似プロフィットセンター（疑似PC）制と呼ばれている（Kaplan and Cooper, 1998）[3]。このケースの特徴は，基準原価をベースとして内部振替価格が設定されるため，工程の収益は市場における売価と直接連動しない。このようなMPCは，この売価と連動していない点を強調して疑似PCと呼ばれることが多い。そこでは，製造部門の工程において「基準原価×数量」以下に原価を削減することを促す目的で導入されていることが少なくない（たとえばCooper, 1995; Kaplan and Cooper, 1998; 伊藤, 1998など）[4]。

3.2 ライン採算制組織（LPO）

一方，Cooper（1995）で提唱されたMPC制の中には，前述の疑似PC制とは別に，市場と直接取引を行う販売部門だけでなく，製造部門の業績も売価変動にさらされるケースが存在する。ライン部門に利益責任を設定し，各々の間に内部振替や手数料のやり取りを設けることによって連続プロフィットセンター化した組織は，ライン採算制組織（Line Profit Organization：LPO）と呼ばれている（たとえば上總・澤邉, 2005）[5]。

Cooper（1995）でも取り上げられている京セラのアメーバ経営のケースはその典型である。アメーバ経営では，PC間で内部振替が行われる振替価格方式が採用される場合と，製造部門に売上高が計上され，その一定割合が販売部門の売上高として振り替えられる売上高配分方式による場合とがある（稲盛, 2006, 丸田, 2010）[6]。いずれの場合でも疑似PC制と異なるのは，価格交渉権限が各アメーバの長に委譲されている点である。振替価格方式の場合にはPC間の内部振替価格について当事者間での価格交渉がなされ，売上高配分方式の場合には外部顧客への販売価格をめぐって製造部門と販売部門の間で交渉が行われる。この仕組みを通じて，販売部門だけでなく製造部門の業績も売価変動に

さらされることとなる。

以下，第4節および第5節では，上述の計算構造の2類型を念頭に置きながら，ライン部門への利益責任の設定の意義や機能を論じた研究をテーマ別に整理してみたい。

4　MPC制の適用による現場従業員の動機づけメカニズムに関する研究

4.1　エンパワメントの条件の検討

4.1.1　仮説の構築

谷（1996）は，MPC制を現場へのエンパワメントを支援する仕組みとして位置づけている。エンパワメントという概念は，通常は知識や意欲という形で人間に備わっているパワーを引き出すこととして理解される（Blanchard et al., 1996）。そこには，通常の分権化と同様，権限と責任の委譲という側面が伴われているが，むしろ分権化を通じて自己効力感を高めるプロセス（Conger and Kanungo, 1988），あるいはその自己効力感の向上を促進する組織の設計プロセス（Mohrman, 1997）などとして説明される（青木, 2006）。

ただし，エンパワメントは現場管理者の主体的な意思決定を促すプロセスである一方で，それは上司による管理の緩和を意味するものではない（Simons, 1995）。このことから，エンパワメントの側面に焦点を当てたMPC制研究では，現場管理者による主体的な意思決定を促す仕組みだけでなく，その行動が全体最適を損なわないように上司が現場管理者を管理する仕組みとの組合せが論じられることが多い。

谷（1996）では，現場管理者へのエンパワメントを実現するためには，MPC制を設計するうえで7項目の要件が満たされる必要があるとの仮説が提示されている。それらを要約すれば，以下のようになる[7]。

① 　MPCの業績情報が現場管理者に理解しやすく[8]，現場の業務を進めるうえで有用性が高いこと[9]

② 　当事者たるMPC長間のやり取りを通じたMPC間の活動の調整（水平的

インターラクション）が促されること
③ 利益数値による業績測定を通じて，市場の情報がMPCに取り込まれること（マーケット情報の共有）[10]
④ トップ・マネジメントの方針の現場への伝達と現場の情報のトップ・マネジメントへの伝達（垂直的インターラクション）が促進されること[11]

また，谷（1997）では，これらの要件に加えて，⑤では①～④を支援するのに十分な組織整備上の要件が整っていることが仮説として示されている。それは具体的には，現場管理者への十分な権限と責任の委譲がなされていること，それを支持する文化が全社的に浸透していること，さらにMPC制下で現場管理者の成功体験が蓄積されていくこと，という3点[12]から構成されている。

以後，谷（1996, 1997）で提示された要件の仮説は，ケーススタディの方法によって検証された。以下，その検証結果を整理してみよう。

4.1.2 LPO型MPC制のケーススタディによる検証

谷（1999）は，京セラのアメーバ経営のケーススタディの中で前述の①～⑤の条件が揃っているかどうかを検証した。それによれば，前述のように，アメーバ経営における個々のPCは通常比較的小規模のMPCであるが，組織全体としての構造はLPOの特徴を有している。そのため，「アメーバ」と呼ばれるMPC同士の間での価格交渉は②の水平的インターラクションを活性化し，MPC間での製品の価格動向に関するマーケット情報の共有が行われる（③）[13]。そして，こうした価格交渉権限のMPC長への付与が行われる点や，MPC長に高い目標を設定させることによって達成時の達成感を高めることは，⑤の要件に結びついているとされる。また，このことは，MPCの損益計算書の計算構造や，費用・収益の認識基準を現場管理者に理解の容易なものとすることによって促進されている（①）。さらに，各階層レベルで毎月「アメーバ会議」が行われ，そこで部下から上司に「予定」と呼ばれる次月のアメーバの活動計画が報告される。これを通じ，先行きに関する上司と部下の間の垂直的情報共有が行われる（④）。

とはいえ，市場価格の変動のなかで利益責任を負った管理者同士が水平的なインターラクション（②）を頻繁に行う場合，当然ながら利害の衝突が生じる

可能性もある。ここでアメーバ間の協調を促し，部分最適を全体最適に結びつける要素として，独自の「京セラフィロソフィ」の存在が挙げられている（三矢, 2003, 2004）。ここでは，アメーバ利益の追求と同時に利他の心を持つべきことが強調されており，これがアメーバリーダーに浸透することで，水平的なインターラクションにおける利害衝突の回避が促されうるとされている（谷, 2013）。

4.1.3 疑似MPC制のケーススタディによる検証

一方，疑似MPC制を採用する企業に対するケーススタディから得られた分析結果は，部分的に4.1.2と異なるものであった。たとえば，疑似MPC制の一例として位置づけられたNEC埼玉の「ラインカンパニー制」では，基準原価の設定について市場の状況が考慮されてはいたものの，それはMPC（「ラインカンパニー」と呼ばれる）間の価格交渉を通じてではなく，経理部によって設定されていた。そのため，③マーケット情報の共有は②水平的インターラクションを通じてではなかった。その一方で，MPC間では仕事の繁閑に応じたカンパニー間での人の貸し借りが行われており，これが②水平的インターラクションの内容をなしていた。なお，このケーススタディにおいては，⑤垂直的インターラクションの仕組みが明確には確認されておらず，さらなるケースの蓄積・観察が必要であるとされている（谷・三矢, 1998）。

また，この事情は，同じ疑似MPC制でも，MPCの組織設計や利益計算のあり方によって異なっていた。NEC埼玉ではMPCが製品別に編成されていたのに対し，同じくラインカンパニー制を採用していた住友電気工業では，MPCが工程別に編成されていた。そのため，人員の貸し借りが難しく，②水平的インターラクションはあまり観察されなかった。さらに，住友電気工業では，内部振替は標準原価によってなされており，市場価格は反映されていなかった。そのため，③のマーケット情報の共有も促されてはいなかったとされる[14]。また，この調査では，カンパニーのメンバー全員がカンパニーの損益計算書を理解しているとは言い難い状況であったとされ，この点において①の要件はNEC埼玉ほどには確立されていなかったとされている（吉田・松木, 2001）。

4.2 疑似MPC制における「利益」測定を通じたモラール向上の可能性

前述の疑似MPC制を採用することの意義としては，原価低減効果が挙げられている（Cooper, 1995; 菅本・伊藤, 2003; 松木, 2003）。そして，この原価低減効果は，MPC制を採用することによりMPCの長の原価改善活動に対するモラールを向上させることによって生み出される可能性が論じられている。

こうした研究がなされる以前の報告ケースにおいては，原価改善活動は原価中心点のもとで実践される場合が多かった（たとえば田中, 1990; 門田, 1993）。一方，疑似MPC制の導入ケースにおいては，財務管理上の目標は基準原価の達成となるが，原価差異を「利益」という「前向き」な表現に置き換えることによって，各工程の長の原価改善活動に対するモラールを高めようとする意図があったとされる（Kaplan and Cooper, 1998; 伊藤, 1998）。

このように原価差異を「利益」と読み替えることが動機づけの強化に結びつく1つのメカニズムについて，渡辺（2008）は，「属性フレーミング効果」と称される心理学の概念を援用して説明した[15]。それによれば，ある情報の指す客観的な意味は同じでも，表現の仕方（framing）が異なれば，受け手の意思決定の結果が異なり，特に前向きな表現の仕方がなされる場合には，ある対象や事象の属性に対して情報の受け手が抱く好ましさの程度が高くなる。渡辺（2008）によれば，疑似MPC制においても，原価差異を「利益」と表現することで，この属性フレーミング効果が発揮され，成果獲得への自信，すなわち自己効力感の向上に結びつく可能性が指摘されている。

ただし，自己効力感の醸成については個人差があることも指摘されている。渡辺（2013）によれば，自らが努力をして成果を得たとしても，その成功要因を自分の努力に求める程度が高い場合と，運や他者の支援など個人の外部要因や体調などの個人で統制することができない内部要因に求める程度が強い場合とでは，その成果に関する情報が自己効力感の形成に寄与する程度は異なる（樋口ほか, 1983）。

また，「利益」という表現が原価情報による表現に比べて「達成や成功のシンボル」という前向きな意味合いで受け取られるとは限らない。たとえば，福島ほか（2013）が実施した実験室実験の質問票調査の分析によれば，同じ原価

差異を原価と表示する場合と利益と表示する場合において，評価者が数値に対して抱く印象には有意な差は生まれなかった。ここから，業績の報告を原価でなく疑似的な利益によって実施しても，それだけではポジティブな属性フレーミング効果は生じず，情報の受け手の意思決定に影響を与えないことが推察されている（福島ほか, 2013）。このことを考慮すれば，そもそも利益情報が原価情報に比べて達成や成功のシンボルとしての意味合いをより強く持って受けとられるものであるのか，そうであるとしてもどのような形でモラール向上に結びつくのか，そして，それはいかなる文脈において成り立ちうるものであるのかなど，残された検討課題は少なくない。

4.3 MPC制に対する組織成員の認知と内発的動機づけの可能性

MPC概念が提唱された当初より，MPC制を導入する意義の1つとして，現場管理者の企業家精神（entrepreneurial spirit）の育成という点が挙げられてきた（Cooper, 1995; 松木, 2005）。Cooperによれば，製造現場の組織単位に原価責任ではなく利益責任を課すことによって，企業家精神が育まれるとされる。

これを受けて，この企業家精神育成がどのようなメカニズムのもとで促進されるかを分析した研究がなされたが，その中で特に強調されてきたのは，企業家精神の育成が現場管理者による内発的動機づけによって促進されるという点である。内発的動機づけとは，その行動をとること自体が目的であるような行動，すなわち自己目的的行動を生み出すプロセスであるとされている（Deci, 1975; 渡辺, 2004）。この観点からの研究においては，組織成員のMPC制に対する捉え方により内発的動機づけに結びつく可能性に差異が生じることが考察されている。

たとえば，渡辺（2004）による住友電工のラインカンパニー長への質問票調査の分析結果によると，カンパニー長がラインカンパニー制を通じてモニタリングされていると捉えている場合，不安や緊張といった強制感が増す傾向がある。一方，ラインカンパニー制が自らの努力成果を正確に反映するものと捉えている場合には，同時に有能感に結びつく傾向がある。そして，有能感は内発的動機づけに正の影響を与え，強制感は内発的動機づけに負の影響を与えている。ただし，後の研究において，こうした因果関係は，業務に対する興味の高

低というカンパニー長個人の認知傾向によって左右される可能性が示された（渡辺・菅本, 2004）。

　また，このMPC制に対する捉え方は，その組織が持つ組織文化[16]によっても影響を受けることも示されている。より具体的には，自カンパニーの利益をあげることを最重要視する利益第一主義的文化や，比較的自由にやりたいことをやらせてもらえるという自律性支援型文化のもとでは，ラインカンパニー制を肯定的に捉える組織的認知が高くなる傾向にあるとされる（渡辺, 2005b）。ただし，組織文化を測定することは現実では困難ともいえ，その例として，MPC採用企業39社の製造部長に対して行った質問票調査では，組織文化とMPC制に対する認知のあり方の間には有意な相関関係は見出されなかった（渡辺, 2006）。

　以上のように，現場に利益責任を設定することで企業家精神が育成されるという命題を前提としながら，その育成を促す内発的動機づけはMPC制に対する個人または組織の認知の仕方によって異なるということが示されてきた。ただその一方では，そもそもMPC制の採用が企業家精神の育成に結びつくという命題そのものがなぜ成立するのかという問題については明らかにされていない。この点については，今後の解明が期待される。

5　計算構造から生み出されるダイナミズムの側面に焦点を当てた研究

5.1　LPOにおけるライン部門間の利益配分のメカニズム

　LPOでは，前述の京セラの事例のように，アメーバ間の内部振替価格ないし受注価格の交渉が行われる。この場合，部門間の交渉のなかでどのようにして各ライン部門の利益配分がなされるのであろうか。

　京セラのアメーバ経営の場合，京セラ独自の「京セラフィロソフィ」が影響しているとされる。「京セラフィロソフィ」では，全従業員の信頼関係に基づく「大家族主義」の考え方が強調されており，アメーバ間の価格交渉においては自分の都合だけでなく取引相手の事情を考慮することが求められるとされる。

もちろん，それでも折り合いがつかない場合には上司がアメーバ間の調整を行うことになる（稲盛, 2006）。とはいえ，アメーバ経営の価格交渉は，市場メカニズムのもとで非人格的な価格情報をシグナルとして，自分の都合のみに基づいた行動をとることができ，取引からの離脱が容易であるのとは対照的であり，ここに価格交渉を支える要素の1つとして京セラフィロソフィが取り上げられている（上總・澤邉, 2005）。

とはいえ，時にはアメーバ間での不公平を極力回避すべく，最終的には事業部長などの上司が介入して最終的な判断を下すこともある（稲盛, 2006）。鈴木（2011）は，この点に加え，アメーバ経営において受注生産方式における営業口銭が営業アメーバにとって妥当な水準になるように配慮されている点にも着目した。そのうえで，アメーバ経営では正常利益，すなわち利益の稼得者である経済主体が存続するために必要な利益水準（鈴木, 2010）を考慮したうえで利益を各アメーバへと帰属させる思考が重視されているとした。

ただし，売上高配分方式の場合には，営業アメーバの成果は製造アメーバの業績に反映されるが，製造アメーバの成果は組織全体にしか反映されず，価格交渉とは別に利害調整のメカニズムが働くことも考えられる。丸田（2010）によれば，このような非対称的な贈与返礼関係が存在する場合には，営業アメーバは負の贈与を行うことによる負い目の回避に向け，製造アメーバは正の贈与を一方的に受ける負い目や，負の贈与を受けた場合の影響をあらかじめ回避するように，それぞれが自部門の正の成果を追求することを促されている可能性がある。そして，こうしたいわば「贈与の競争状態」の存在が京セラの企業組織の集団主義的な文化を形成・維持・強化している可能性があるとされる。

一方，前述のような価格交渉による利益配分のメカニズムは，別の事例においても考察がなされている。フィロソフィ以外の要因によってライン部門間の価格交渉力が均衡されうることも示されている。たとえばセーレン株式会社の場合，振替価格方式によるLPOが採用されている。同社の場合，製造・販売両部門の価格交渉力をバランスさせているのは，製品の競争優位の要素を製造部門が有していることと，販売部門の販売チャネルとしての優位性であった。すなわち，製造部門にとって完成品の最大の販売チャネルが自社の販売部門であるという意味において販売部門は強い交渉力を有している。その一方で，製造

部門の職務から大きな競争優位が生み出されていることによって，製造部門側も価格交渉力を行使することが可能になっていた。そしてこれらの力のバランスの中で両部門は取引を行い，それぞれの利益の最大化に向けて原価低減ないし売上高向上に向けて促されていたとされる（足立ほか, 2011）。

5.2 時間概念を加味したLPOにおける全体最適化プロセス

アメーバ経営においては，アメーバの業績評価指標は通常の期間利益額ではない。それは「時間当たり採算」と呼ばれ，利益額をアメーバの延べ労働時間で除したものである[17]。これは，京セラではトップもボトムも全社的に共有しているKPIであるとされる（三矢ほか, 1999; 潮, 2013; 廣本, 2006）。

また，ここでの利益額の計算においては，労務費が収益から控除されていない。このことが，各アメーバの部分最適化が全体最適化に結びつく引き金となる。具体的には，人的キャパシティに余剰が生じた場合には，アメーバリーダー間の交渉を通じて，人的キャパシティが不足しているアメーバ間で短期的な従業員の貸借が行われる。貸出アメーバでは，貸し出した分だけ総作業時間が減少し，時間当たり採算が改善される。他方，借入アメーバでは，借り入れた従業員を使って目標とする生産量が達成できるので，売上高が実現できる。このように，時間当たり採算による責任会計システムには，個別アメーバの努力によって崩れた同期化状態を利用して緊張状態を生み出し，それを契機として高いレベルで新たに同期化を図る「速度連鎖管理」の仕組みが組み込まれている。このメカニズムによって部分最適化が全体最適化へと結びついて「利益連鎖管理」が可能となる（上總・澤邉, 2005; 潮, 2008）。

また，この速度連鎖管理のメカニズムは，終身雇用制を前提としたうえで，作業効率化によって生産能力の遊休状態，したがって機会損失を発生させたうえで，遊休状態にある人的資源を活用して受注を増大することで機会損失を回避し，営業利益を増大させる仕組みとしても理解することが可能である。こうした機会損失の創出と回避を活用して高い生産性をあげてきた事例は，キヤノン電子やトヨタ自動車（上總, 2014）など，他の日本企業にもみられる。キヤノン電子では，事業部利益計算における本社費の配賦基準に事業部の利用床面積を利用しており，これを通じて利用床面積の節減→余剰スペース（機会損

失）の創出→新事業への活用（機会損失の回避）という管理プロセスが支援されている（上總, 2010）。また，トヨタ自動車では，改善活動を通じて生産能力の余剰（機会損失）が生み出される。1960～1970年代の自動車の大増産期には，追加注文の獲得によってこの機会損失が解消され，利益拡大に結びついていたと考えられる。これらの事例を鑑みれば，京セラの時間当たり採算による責任会計システムは，終身雇用制のもとで機会損失の管理プロセスを支援することを通じて，日本的経営の一翼を担ってきた可能性がある（上總, 2014）。

6 おわりに

6.1 本章の再整理と要約

以上，本章では，日本企業に特徴的な管理会計実践の1つとされてきた，ライン部門への利益責任の設定について，文献レビューを行ってきた。第2節で述べたように，こうした実践は日本企業で事業部制が普及した1960年代にはすでに確認されており，当時より事業部制会計の議論の中で指摘がなされていた。その一方，この管理会計実践についての研究蓄積が進んだのは，第4節および第5節で整理したような，1990年代中盤以降に発展したMPC制またはLPOの経験的研究の中においてであった。

本章を締めくくるにあたって，これらの研究を再整理し要約してみよう。第4節および第5節で見た1990年代中盤以降の研究は，ライン部門への利益責任の設定が果たす機能のどの部分に焦点を当てているかによって整理することが可能である。管理会計の機能は，何らかの管理基準による管理者管理を通じて全社的な目標利益の達成をはかる財務管理機能と，その中で管理基準を通じて目標利益の達成に向けて管理者を動機づける動機づけ機能の2つに整理される（上總, 1993）。そして，1990年代中盤以降の研究は，概ねこの2つの機能のいずれを研究対象としていたかによって整理し直すことが可能である。その整理を要約すれば，第1表のようになると考えられる。

これらを具体的にみてみよう。まず，第4節で整理した研究は主に，現場の小規模な組織に利益責任を設定することで，いかに現場管理者の動機づけを図

第1表 ライン部門への利益責任の設定に関する研究知見の整理

	動機づけの視点からの研究成果	財務管理の視点からの研究成果
疑似MPC制の分析	[エンパワメントの要件] ● 現場情報の現場での使いやすさ・マーケット情報の共有・水平的インターラクション・垂直的インターラクションは，ケースによっては観察されない場合もある ● モラール向上の可能性は未知数	―
LPOの分析	[エンパワメントの要件] ● 現場情報の現場での使いやすさ・マーケット情報の共有・水平的インターラクション・垂直的インターラクションはおおむね観察される	[価格交渉力を均衡させる要素] フィロソフィ，部門の競争優位，正常利益思考，計算構造の非対称性
価格交渉の有無を問わない分析	● 個人のMPC制に対する受け止め方が内発的動機づけに影響	[時間概念の導入] 速度連鎖管理，それを通じた機会損失の創出・活用

るかという側面を考察したものであった。その第1は，エンパワメントを通じて現場管理者に自律的な環境への適応行動を促すための要件を考察したものであった。それによれば，LPOのケースではMPC制の採用が比較的エンパワメントの要件を充足していたが，疑似MPC制のケースでは必ずしもそうではなかった。

また第2に，現場組織に利益責任を与えることによる原価改善活動上のモラール向上の可能性については，疑似PC制のケースを中心として研究が進められてきた。しかしながら論者により研究結果が異なっており，明確な結論が出されるには至っていない。

そして第3に，MPC制に対する組織成員の認識と内発的動機づけとの関係性については，MPC制を肯定的に受け止める管理者ほど内発的動機づけが促される傾向が確認されているが，そこでは個人の業務に対する認知傾向によって影響を受けることもあるとされた。この分析では，疑似MPC制のケースが頻繁に採用されているが，議論においてLPO型のMPC制を排除することはなされていない。

一方，第5節で整理した研究は，主に財務管理の側面を扱ったものであった。具体的には，まず第1に，LPOのもとでの利益配分のメカニズムに関する考察が京セラにおけるケーススタディを中心としてなされた。LPOでは部門間で価格交渉がなされるが，その交渉力はフィロソフィや部門の有する競争優位，あるいは正常利益思考によって均衡させられていることが示された。売上高配分方式の場合には，営業部門の成果は製造部門の業績に反映されるが製造部門の成果は営業部門の業績に反映されないという贈与返礼関係の非対称性が利害調整に結びつく可能性もある。

また第2に，時間概念を盛り込んだ「時間当たり採算」による業績評価が利益の最大化をどう促すのかについての研究もなされてきた。ここでは京セラのケースが分析に多く引用されているが，価格交渉の有無は問われていない。この研究成果によれば，時間当たり採算による業績管理は労務費の付け替えメカニズムを通じて速度連鎖管理を生み出す。それは，効率化のなかで機会損失の創出→活用のプロセスを通じて日本企業の成長を支援してきた可能性がある。なお，疑似MPC制に特化した研究については，こうした財務管理の側面の考察はほぼなされていない。

6.2 本章の再整理から示唆される今後の研究課題

最後に，以上の再整理から示唆される，ライン部門への利益責任設定というテーマにおける今後の研究課題を示しておこう。

第1に，動機づけの分析視角からの研究においては，研究成果の前提とされている命題の検証が待たれる。1点目は，利益責任の設定が管理者のモラールの向上に結びつきうるのか，それはどのような条件下で成立するのかという点である。この点が示されることで，前述のような論者による結果の相違が説明できるようになる可能性がある。2点目は，現場での利益責任の設定がどのようなプロセスを経て企業家精神の醸成に結びつくのかという点である。この企業家精神醸成を促進するとされる内発的動機づけのための条件については，研究の蓄積が図られつつあるが，その前提である「利益責任の付与→企業家精神醸成」という命題についても明らかにされる必要がある。そして3点目は，これら2つの命題が専ら疑似PC制のケースで分析されている点にある。換言す

れば，モラールの向上や企業家精神の醸成といった効果が疑似PC制の場合とLPOの場合とで同様に発揮されるのか，それとも効果は異なるのかという点についての研究が期待される。

　第2に，財務管理の側面からの研究においては，目下のところ考察対象の大半が京セラのアメーバ経営のケースとなっている点が挙げられる。この点については，さらなるケースの蓄積の中で，全体最適化のメカニズムの類型化が進められることが期待される。

　そして最後に，本章では日本企業に特徴的な管理会計実践としてライン部門への利益責任設定を考察したが，そもそもこのような管理会計実践がなぜ日本企業に多数みられるのかという点はまだ明らかにされていない。かつて職能別事業部制の存在に着目した溝口（1963: 763）は，製造部門を独立の事業部として扱う事例が日本企業に多くみられる理由について，「わが国の多くの企業が，これまでの設備投資の過程において，事業部制への移行を予想していなかったために，製造部門を販路別に分割することに無理がある」としている。このような実践は，当時の日本企業の経営環境においてなぜ生み出されてきたのであろうか。そして，それは1990年代以降研究が盛んになったMPC制の登場となんらかの関係を有するものであろうか。日本企業の経験した経済的背景や文化・制度などの経営環境との関係の中での分析について，今後の検討が期待される。

● 注

1　本章のテーマはライン部門に対する利益責任の設定であるが，近年では，アメーバ経営を非製造業に導入するケースも報告されている（横田・鵜飼, 2010）。その導入対象の企業は宿泊業（庵谷, 2012, 2013），航空会社（水野, 2012），病院（挽, 2014）など多岐にわたっている。

2　Cooper（1995）以降の国内の文献ではmicroprofitは「ミニ・プロフィット」と表現されている。

3　Cooper（1995）では，MPCにおける中間生産物の外販が不可能なものを疑似MPC，可能なものを真性（real）MPCと呼んでいる。しかし，外販が不可能であっても，MPC間で価格交渉を行わせることによって市場メカニズムを企業内部に導入することは不可能ではない（三矢, 2003）。そこで，Kaplan and Cooper（1998）では，疑似MPCは収益部分についての管理可能性をまったく，あるいはほとんど有しておらず，原価低減によってのみ利益責任を果たしうる利益中心点として定義されている。したがって，本章

ではこれを疑似MPCの定義として採用することとする。
4　疑似MPC制の意義として，モラールの向上という点以外に財務数値による業績の表示という点が強調されることもある。それは，MPCの業績を物量ではなく金額によって測定することで，工程における改善活動の優先順位づけが促されるというものである（Kaplan and Cooper, 1998; 伊藤克容, 2002; 菅本・伊藤, 2003; 松木, 2005, 2006）。ただし，これは製造部門に原価責任ではなく利益責任を設定すること自体に対する考察ではないため，本章では分析の対象としていない。
5　注の4で論じたように，Cooper（1995）では疑似MPC制と対比させる形で真性MPC制という概念を提示しているが，この概念の内容はMPCから中間生産物の外販が行われるものに限定されている。そこで，本章では外販の有無を問わず，PC間の価格交渉を通じて市場の売価変動が企業内部のPCに伝えられる仕組みを伴ったものはLPOとして整理する。
6　丸田（2008）では，ライン部門への利益責任の設定方法として，振替価格方式，売上高配分方式のほかに，限界利益配分方式を挙げている。これは，製造部門に売上高が計上される点は売上高配分方式と同様であるが，その売上高ではなく限界利益の一定割合が営業部門に振り替えられる点が特徴とされている。
7　①および③の点については，LPO型のMPC制を導入したハリマ化成のケーススタディにおいて，MPC長の利益目標達成に向けた動機づけ効果を強める要素として報告されている（菅本, 2004）。
8　多くの勘定科目に関して，キャッシュ・フローベースでの損益計算が行われている（門田, 2000）。
9　谷（1996）では，この要件は(a)MPC業績が理解しやすいものであること（理解の容易性），(b)MPCの活動成果の業績への影響をMPC長自らが確認できること（成果の確認），(c)現場管理者全員にとって(a)および(b)が実現されていること（共通言語としての管理会計）の3点に細分化して説明されている。また，谷・三矢（1998）では，これらの要件に関連した管理会計システムの要件として，現場管理者が必要な業績情報を即時に入手できる点（情報のタイムリーネス）も論じられている。本章では，議論の簡便化のため，この要件も「①MPCの業績情報が現場管理者に理解しやすく，現場の業務を進めるうえで有用性が高いこと」も含めて論ずる。
10　谷（1996）では，マーケット情報が伝わる仕組みの典型例として，部門間の内部振替価格が実際の売価に連動して変動する変動振替価格方式を挙げている。したがって，ここでの「マーケット情報の共有」とは，最終顧客への完成品の販売価格の変動が企業内部のMPC間の内部振替価格にもなんらかの形で反映されることを指していると考えられる。
11　現場管理者への権限および責任の委譲とあわせて，特に企業外部の環境の不確実性が高い場合には，現場管理者主体による環境適応行動とあわせて，組織上位者と現場管理者によって環境の変化に関する情報の共有が密になされる必要があるとされている（Simons, 1987, 1995; 三矢, 2005）。
12　谷・三矢（1998）では，組織整備の要件の構成項目として，現場におけるMPC制浸透に対するトップ・マネジメントおよび推進部門の積極的な関与（トップ・マネジメントとプロモーターのコミットメント）も加えられている。
13　谷（1999）では，アメーバ経営においては価格交渉という水平的インターラクション

を通じてマーケット情報の共有が行われる点に着目し，マーケット情報の共有（②）を水平的インターラクション（③）に含めて整理している。

14　なお，「マーケット情報」に売価変動だけでなく需要数量の変動に関する情報も含めれば，必ずしもこの限りではない。同じく住友電気工業のケーススタディを行った松木（2003：44）では，販売量がMPCの売上高に影響する点を「間接的にマーケット情報が……反映される」ものとして位置づけている。

15　また，疑似MPC制を採用することによって自己効力感が高められるもう1つのメカニズムとしては，属性フレーミング効果以外にも，リーダーが自己の貢献度をより切実に実感できるようになるという点も挙げられている（Kaplan and Cooper, 1998；渡辺，2008）。ただし，どのようなメカニズムを経てそのようになるのかについてはまだ明らかにされておらず，今後の研究が期待される。

16　渡辺（2005a）では，組織文化は組織の構成員によって共有された理念や価値のパターン（Davis, 1984），および日々の慣行に対する共有された認知（Hofstede, 1991）という2つのレベルで捉えている。

17　時間当たり採算の生成過程の分析は，挽（2007）および潮（2013）に詳しい。

【参考文献】

Ailman, H. B. (1950) "Basic Organizational Planning to Tie in with Resposibility Accounting," *N.A.C.A. Bulletin*, May 1950, reprinted in *Readings in Cost Accounting, Budgeting and Control*, ed. by Thomas, W. E., Jr., South-Western Publishing Company, Cincinnati, 1955 : 90-100.

Blanchard, K. H., J. P. Carlos and W. A. Randolph (1996) *Empowerment takes more than a minute*, Berrett-Koehler Publishers（瀬戸尚訳『一分間エンパワメント：人と組織が生まれ変わる三つの秘訣』ダイヤモンド社，1996年）.

Chandler, A. D. (1962) *Strategy and Structure: Chapters in the History of the American Enterprise*, Massachusetts Institute of Technology Cambridge（三菱経済研究所訳『経営戦略と組織：米国企業の事業部制成立史』実業之日本社，1967年；有賀裕子訳『組織は戦略に従う』ダイヤモンド社，2004年）.

Conger, J. A. and R. N. Kanungo (1988) "The empowerment process: integrating theory and practice," *Academy of management review*, Vol.13, No. 3 : 471-482.

Cooper, R. (1995) *When lean enterprises collide: competing through confrontation*, Harvard Business School Press.

Davis, S. M. (1984) *Managing Corporate Culture*, Harper & Row（河野豊弘・浜田幸雄訳『企業文化の変革―「社風」をどう管理するか』ダイヤモンド社，1985年）.

Deci, E. L. (1975) *Intrinsic motivation*, New York: Plenum（安藤延男・石田梅男訳『内発的動機付け』誠信書房，1980年）.

Fremgen, J. M. and S. S. Liao (1981) *The Allocation of Corporate Indirect Costs*, National Association of Accountants.

Hamada, K. and Y. Monden (1989) "Profit Management at Kyocera Corporation: the Amoeba System," in Monden, Y. and Sakurai, M. (ed.), *Japanese Management Accounting : A World Class Approach to Profit Management*, Massachusetts :

Productivity Press : 197-210.
Hirshleifer, J.（1956）"On the Economics of Transfer Pricing," *Journal of Business*, July : 172-184.
Hofstede, G.（1991）*Cultures and organizations: software of the mind*, UK : McGraw-Hill International Limited（岩井紀子・岩井八郎訳『多文化世界—違いを学び共存への道を探る』有斐閣，1995年）.
Kaplan, R. S. and R. Cooper（1998）*Cost & effect: using integrated cost systems to drive profitability and performance*, Harvard Business School Press（櫻井通晴監訳『コスト戦略と業績管理の統合システム』ダイヤモンド社，1998年）.
Mohrman, S. A.（1997）"Empowerment: there's more to it than meets the eye," in Ginnodo, B.（eds.）, *The Power of empowerment: what the experts say and 16 actionable case studies*, Pride Publications, Inc.
Shillinglaw, G.（1957）"Guides to Internal Profit Management," *Harvard Business Review*, Mar./Apr. : 82-94.
――――（1961）*Cost Accoun Ting : Analysis and Control*, Richard D. IRWIN, INC.（中西寅雄監訳『管理原価会計』日本生産性本部，1964年）
Simons, R.（1987）"Planning, control, and uncertainty," in Bruns, W. and Kaplan, R.（ed.）, *Accounting and management: field study perspectives*, Harvard Business School Press : 339-362.
――――（1995）"Control in age of empowerment," *Harvard Business Review*, Vol.73, No.2 : 80-88（宮下清訳「エンパワーメントを成功させる4つの方法:"任せすぎ"のリスクを回避する」『ダイヤモンド・ハーバード・ビジネス・レビュー』1996年1月号：12-20）.
Solomons, D.（1965）*Divisional Performance: Measurement and Control*, Financial Executives Research Foundation, New York（櫻井通晴・鳥居宏史監訳『事業部制の業績評価』東洋経済新報社，2005年）.

青木幹喜（2006）『エンパワーメント経営』中央経済社。
足立洋・篠原巨司馬・潮清孝（2011）「プロフィットセンター化されたライン部門の利益創出メカニズム—セーレンの事例」『メルコ管理会計研究』第4号：3-12。
伊藤克容（1998）「擬似プロフィットセンターに関する考察」『産業経理』第58巻第3号：85-92。
――――（2002）「組織学習活動の再活性化手法としての疑似プロフィットセンター」『成蹊大学経済学部論集』第33巻第1号：63-92。
稲盛和夫（2006）『アメーバ経営—ひとりひとりの社員が主役—』日本経済新聞社。
潮清孝（2008）「京セラ・アメーバ経営の時間当たり採算公式と利益連鎖管理」『企業会計』第60巻第3号：471-479。
――――（2013）『アメーバ経営の管理会計システム』中央経済社。
占部都美（1969）『事業部制と利益管理』白桃書房。
庵谷治男（2012）「ロアーレベルの利益管理におけるマネジャーの役割とマネジメント・コントロール」『産業経理』第72巻第3号：152-162。
――――（2013）「ロアーレベルにおける利益目標の管理：コントロール・レバーに基づくシティホテルK社のケース・スタディ」『原価計算研究』第37巻第2号：135-147。

加護野忠男・野中郁次郎・榊原清則・奥村昭博（1983）『日米企業の経営比較―戦略的環境適応の理論』日本経済新聞社。
上總康行（1989）『アメリカ管理会計史　下巻』同文舘出版。
―――（1993）『管理会計論』新世社。
―――（2010）「機会損失の創出と管理会計―京セラとキヤノン電子の事例研究から」『企業会計』第62巻第3号：324-333。
―――（2014）「日本的経営と機会損失の管理：アメーバ経営とトヨタ生産方式の同質性」『企業会計』第66巻第2号：198-210。
―――・澤邉紀生（2005）「京セラのアメーバ経営と利益連鎖管理（PCM）」『企業会計』第57巻第7号：97-105。
島吉伸（2004）「組織の分権化と管理会計」『生駒経済論叢』第2巻第1号：235-247。
菅本栄造（2004）「ユニット採算システムの設計と運用方法―ハリマ化成㈱のミニ・プロフィットセンターの事例研究」『會計』第166巻第6号：818-832。
―――・伊藤克容（2003）「括りの小さな擬似プロフィットセンターと管理会計―事例研究：住友電工グループのカンパニー制」『産業経理』第62巻第4号：1-19。
鈴木寛之（2010）「自律的組織の企業内協働にみる利益帰属システムの理論的原則」『一橋商学論叢』第5巻第2号：38-52。
―――（2011）「利益帰属システムの理論的原則に関する考察―京セラアメーバ経営の事例から」『企業会計』第63巻第5号：777-785。
田中隆雄（1990）「トヨタの"カイゼン"予算―日本的予算管理の原像」『企業会計』第42巻第3号：59-66。
谷武幸（1996）「ミニ・プロフィットセンターの管理会計」『税経通信』12月号：17-23。
―――（1997）「エンパワメントの管理会計：ミニ・プロフィットセンター」『ビジネスインサイト』第20号：28-35。
―――（1999）「ミニプロフィットセンターによるエンパワメント―アメーバ経営の場合―」『国民経済雑誌』第180巻第5号：47-59。
―――（2013）「アメーバ経営の概念モデル：フィロソフィとのコントロールパッケージによる組織の活性化」『企業会計』第65巻第2号：161-171。
―――・三矢裕（1998）「NEC埼玉におけるラインカンパニー制：ミニ・プロフィットセンターの管理会計の構築に向けて」『国民経済雑誌』第177巻第3号：17-34。
通商産業省企業局編（1960）『事業部制による利益管理』日本内部監査協会。
鳥居宏史（2007）「日本における事業部制会計の発展に関する一考察」『経済研究』第138号：1-11。
浜田和樹（1989）「『アメーバ』方式による利益管理システム―京セラのケース」『企業会計』第41巻第2号：262-268。
樋口一辰・鎌原雅彦・大塚雄作（1983）「児童の学業達成に関する原因帰属モデルの検討」『教育心理学研究』第31巻第1号：18-27。
挽文子（2007）『管理会計の進化―日本企業にみる進化の過程』森山書店。
―――（2014）「病院の変革とアメーバ経営」『會計』第185巻第4号：472-485。
廣本敏郎（2006）「京セラのアメーバ経営―その意義と形成過程」『経済論叢』第178巻第4号：357-384。
―――・挽文子（2006）「プロフィット・センター概念再考―日本企業の実務の歴史から学

ぶ」一橋大学日本企業研究センター編『日本企業研究のフロンティア』有斐閣：111-133。
福島一矩・妹尾剛好・新井康平（2013）「業績報告形式が意思決定に与える影響：ミニプロフィットセンターに関する実験研究」『会計プログレス』第14巻：40-53。
松木智子（2003）「ミニ・プロフィットセンター・システムの特徴と効果─住友電気工業㈱の予備的調査を通じて─」：『青森公立大学経営経済学研究』第9巻第1号：21-49。
─────（2005）「ミニ・プロフィットセンター制によるマネジメント・コントロールの分析：結果・行動・人事・組織文化によるコントロールの視点から」『原価計算研究』第29巻第1号：92-104。
─────（2006）「ミニ・プロフィットセンター制における管理会計情報の役割─上司とミニ・プロフィットセンター長とのアカウンタビリティ関係─」『原価計算研究』第30巻第1号：20-34。
丸田起大（2008）「管理会計の利益概念に関する一考察─互酬性原則と「貢献」利益」藤田昌也編『会計利潤のトポロジー』：169-187。
─────（2010）「京セラ・アメーバ経営の責任会計の一考察─計算構造論，社会心理学，文化人類学の視点から」『メルコ管理会計研究』第3号：27-37。
水野一郎（2012）「京セラアメーバ経営の展開：JALの再生を中心として」『関西大学商学論集』第57巻第3号：129-146。
溝口一雄（1963）「事業部制による利益管理の実態とその問題点 − 1 −」『企業会計』第15巻第5号：760-764。
─────（1967）「責任会計」溝口一雄・青木茂男・岡本清『責任会計』日本経営出版会。
三矢裕（2003）『アメーバ経営論』東洋経済新報社。
─────（2004）「京セラのアメーバ経営によるエンパワメントとコントロール」『企業会計』第56巻第5号：65-71。
─────（2005）「京セラアメーバ経営におけるエンパワメントとコントロール」櫻井通晴編著『企業再編と分権化─企業価値を高める再生の手法』中央経済社：174-184。
─────・谷武幸・加護野忠男（1999）『アメーバ経営が会社を変える─やる気を引き出す小集団部門別採算制度』ダイヤモンド社。
門田安弘（1993）「原価改善の意義とメカニズム─標準原価計算との対比」『會計』第143巻第2号：247-259。
─────（2000）「JIT生産のもとでのミニ・プロフィットセンターの会計─JIT生産方式とキャッシュフロー会計の邂逅」『企業会計』第52巻第5号：628-637。
横田絵理・鵜飼裕志（2010）「非製造業におけるミニ・プロフィットセンターの活用」『産業経理』第70巻第3号：73-84。
吉田栄介・松木智子（2001）「擬似ミニ・プロフィットセンターのエンパワメント：住友電気工業㈱のケースを通じて」『商経論叢』第47巻第3号：171-190。
渡辺岳夫（2004）「ラインカンパニー制がカンパニー・リーダーの内発的動機づけに及ぼす効果：住友電工㈱グループにおけるラインカンパニー制の実証的研究」『原価計算研究』第28巻第2号：12-26。
─────（2005a）「ラインカンパニー制の特性に対する組織的認知およびその効果の組織間比較─住友電工㈱グループにおけるラインカンパニー制に関する実証的研究」『経理研究』第48巻：298-314。
─────（2005b）「ラインカンパニー制の効果に対する組織文化の影響─住友電工㈱グルー

プのラインカンパニー制に関する実証的研究」『會計』第167巻第 3 号：367-381。
―――（2006）「ミニ・プロフィットセンター制の効果に対する組織文化の影響」木島淑孝編著『組織文化と管理会計システム』中央大学出版部：209-227。
―――（2008）「ミニ・プロフィットセンター・システムの情報特性と人間心理」『會計』第174巻第 1 号：31-46。
―――（2013）「ミニ・プロフィットセンター・システムが自己効力感と内発的動機づけに及ぼす影響」『商学論纂』第54巻第 6 号：531-562。
―――・菅本栄造（2004）「住友電気工業グループのラインカンパニー制―内発的動機づけに対する効果の分析」『企業会計』第56巻第 5 号：72-81。

第9章

アメーバ経営研究の体系的理解と今後の方向性

1 はじめに

　近年,管理会計研究におけるアメーバ経営への関心が急速に高まりつつある。京セラで誕生したアメーバ経営は,2010年9月現在で411社に対して,また業種についても,製造業,卸売業,小売業,情報通信,医療・介護などの幅広い分野に導入されている（第1図）（KCMC, 2012）。また近年では,民事再生法の適用を受けた日本航空（JAL）においてもアメーバ経営の導入が行われているなど,一企業の枠を超えた経営手法として確立されつつある。さらに学術的な研究の対象としても,多くの研究者らによってアメーバ経営についての理論的検討がなされており,トヨタ生産システム等のように,1つの研究領域としても確立されつつある。

　本章では,このようなアメーバ経営が管理会計研究にもたらした意義と,当該研究の体系的なレビューを行う。

第1図 アメーバ経営の業種別導入企業数

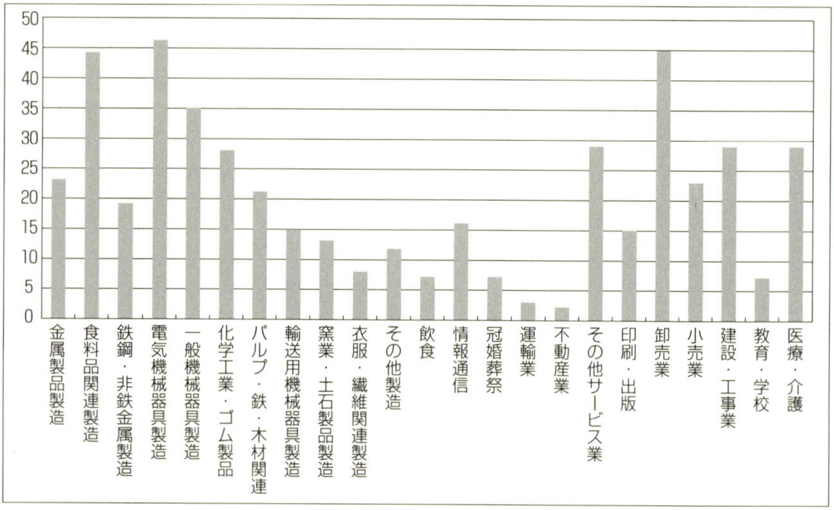

(出所:KCMC (2012))

2　MPCとしてのアメーバ経営

　アメーバ経営は,KCCSマネジメントコンサルティング株式会社(KCMC)の実務家,管理会計,経営戦略,経営行動科学の研究者ら(筆者を含む)[1]による「アメーバ経営学術研究会」によれば,「(十分条件ではなく)最低限満たされるべき必要条件」として,以下のように定義されている。

> アメーバ経営とは機能ごとに小集団部門別採算制度を活用して,全ての組織構成員が経営に参画するプロセスである。
> 　　　　　　　　　　　　　　　(アメーバ経営学術研究会,2010:20)

　アメーバ経営についての「先駆的な研究」(三矢,2003: 19)として知られるCooper (1994, 1995)は,上記定義の中の「小集団」性に焦点を当てて分析を行った。具体的には,他の日本企業4社の分析とあわせて,アメーバ経営をミニ・プロフィットセンター(Micro-profit center : MPC)の実践例として着目した。その中でも特に,①各利益中心点の規模が小さく(3から50人程度で,

平均して約15人程度），数が非常に多い（約800），②各利益中心点の利益責任が「リアル（real）」である（値決め権限を有している），③頻繁かつ柔軟な組織再編が行われている，という３つをアメーバ経営の特徴として挙げた。

　三矢（2003）は，このMPC概念を基礎としながら，これらの特徴について，より詳細な記述を行っている。まずアメーバの規模については，Cooper（1995）において「アメーバ」と記されているのは末端のアメーバ（それらは主に「班」や「係」と呼ばれる）についてのみであり，それらが複数集まったものやそれらがさらに複数集まったものもそれぞれアメーバ（前者は主に「課」，後者は主に「部」と呼ばれる）である。また，事業部，事業本部，さらには会社全体も１つの大きなアメーバとして捉えられており，外形的な組織構造自体は多くの会社とそれほど差異のない，いわゆるピラミッド型の組織体系であると述べている（三矢, 2003: 1-2, 76）。特徴的なのは，Cooper（1995）も，２点目として「リアルな利益責任」と述べているとおり，それら各アメーバが利益責任を負っており，内部取引価格の設定権限や，外部企業と直接取引を行う権限までも有している点である（三矢, 2003: 1-2）。また，３点目の頻繁かつ柔軟な組織再編に関しては，各アメーバは自らの判断により臨機応変に分裂や統合を行うとされている。それに加えて，一時的な人員の余剰や不足を補うために，アメーバ間で人員の貸借も行われている（三矢, 2003: 102-103）。

　これらの研究においては，MPC概念の「ミニ」という言葉にも象徴されるように，先の定義にある「小集団」という点に着目し分析が行われている。具体的には，「（プロフィットセンターの数が）他の分権型組織と比べて，桁違いに多い」（三矢, 2003: 126）点に着目し，事業部制組織よりも多くの組織に利益責任が付与されている組織，すなわち事業部制組織の延長線上に位置づけられている[2]。一方，上總・澤邉（2005），上總（2010）は，「機能別」という点に着目している。次節において，この点について詳細にみていく。

3　ライン採算制組織としてのアメーバ経営

　上總（2010: 66-67）は，各アメーバの編成順序について以下のように述べている。

① まずアメーバ組織はライン・スタッフ制組織として編成される。ライン部門は利益を生み出す「採算部門」であり，プロフィットセンターと位置づけられる。スタッフ部門は利益を生まない「非採算部門」であり，コストセンターである。
② 次にライン部門が製造部と営業部とに分離される。それらはそれぞれ製造アメーバと営業アメーバと呼ばれるが，もちろん両者は利益を生み出す「採算部門」であり，プロフィットセンターである。他方，スタッフ部門は利益を生まない「非採算部門」であり，コストセンターであるが，必要に応じて，経営管理部や研究開発部などに分離される。
③ さらに製造部や営業部が採算可能な範囲で，より小さなプロフィットセンターである下位アメーバに分割される。逆にアメーバが統合されることもある。

すなわち，まずは機能別（特に営業と製造）に組織が編成され，両者が利益センターとして位置づけられる（上記①②）。その後可能であれば，それぞれの組織を細分化していく（上記③）という順序が主張されている。この中でも特に①②の，ライン部門である製造部と営業部はそれぞれ採算部門として編成される，という点に着目し，「ライン採算制組織」（Line profitable organization : LPO）と呼んでいる（上總・澤邉，2005: 100; 上總，2010: 67）。

以上のような意味において，「機能ごとに」かつ「小集団」に編成された組織に対して利益計算を行うことが，アメーバ経営の特徴の1つであるといえる。第2図は，このような観点から，アメーバ経営における組織を例示したものである。

第2図 ライン採算制組織としてのアメーバ組織

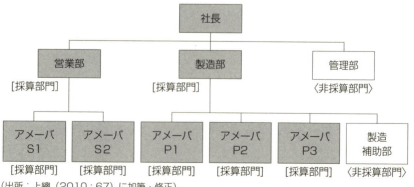

（出所：上總（2010：67）に加筆・修正）

この図では，製造部と営業部がそれぞれ採算部門であり，管理部（経営管理部と研究開発部などが該当）が非採算部門である。製造部には製造アメーバP1から製造アメーバP3までの3つの下位アメーバが，営業部には営業アメーバS1とS2という2つの下位アメーバがそれぞれ組織されている。

事業部制の延長としてのMPC概念に基づく理解と，ここでのライン採算制組織としての理解の決定的な違いは，各アメーバ間の作業の連続性を前提とするかどうかという点である。事業部制を前提とせず，作業工程が連続している単一職能組織のような企業においてもアメーバ経営の導入がなされているのはこのためであると考えられている。

上總・澤邉（2005）では，アメーバ経営は職能別組織を基礎とした組織形態であり，かつ質的に重要な「価格決定権限」について分権化が行われていると主張されている。第3図は上總・澤邉（2005）によって提起されたAlfred D. Chandler, Jr. の組織発展モデルと京セラのアメーバ組織との関係を示したものである。この図によれば，Chandlerは，アメリカ大企業では，職能別＝集権的組織から事業部＝分権的組織へと発展したという組織発展モデルを主張したが（Chandler, 1962），この上總・澤邉モデルにおいては，職能別組織であるか事業部制組織であるかということと，集権的か分権的かということを別次元の議論として捉えている。

第3図 上總・澤邉（2005）における組織モデル

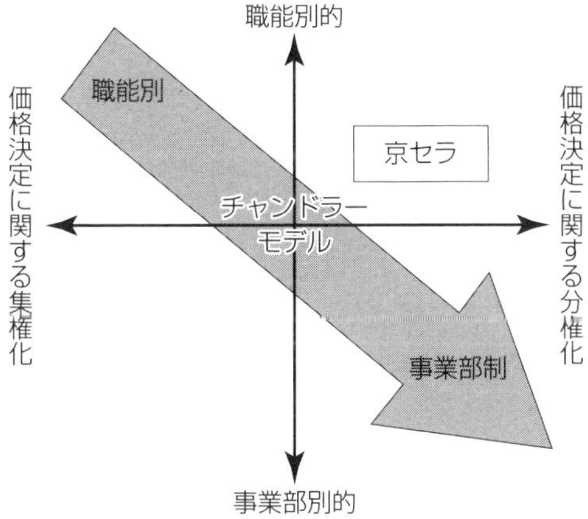

（出所：上總・澤邉（2005: 99））

4 アメーバ経営における中軸利益概念
：時間当り採算の構造と役割

　利益中心点である各アメーバは，「時間当り採算」と呼ばれる指標によって評価される。時間当たり採算の詳細なフォーマットについては稲盛（2006）などに譲るが，上總（2007, 2010）は時間当り採算の分子である各アメーバの「利益」の計算について，「残余利益（residual income：RI）」（Solomons, 1985：64-65）と比較しながら，詳細な分析を行っている。

　上總（2010: 72）によれば，アメーバ経営における中軸利益概念である時間当たり採算は，以下のような算式に集約して表すことができる。すなわち，各アメーバの利益額を，アメーバ構成員の「総労働時間」で除して求められる。

　　　［時間当り採算＝各アメーバの利益（差引収益）／総労働時間］

　さらに上總（2010: 70）によると，各アメーバの利益は以下のように計算される。

　　［製造部門］
　　　　製造アメーバ利益（差引収益）＝売上高－製造経費－営業口銭
　　［営業部門］
　　　　営業アメーバ利益（差引収益）＝営業口銭－営業経費
　　［会社全体］
　　　　全社利益（管理会計上）＝製造アメーバ利益＋営業アメーバ利益
　　　＝（売上高－製造経費－営業口銭）＋（営業口銭－営業経費）
　　　＝売上高－製造経費－営業経費

　営業部門は製造部門で製造された製品の販売を行うが，先述のとおり，当該製品の売上高は製造アメーバで計上され，営業アメーバは当該売上高の一部を営業口銭（＝売上高×口銭率），すなわち仲介手数料として受け取る。また，経費には直接経費（「原材料費」，「金具・仕入商品費」，「外注加工費」等），間接経費（「修繕費」，「電力費」等），社内金利および減価償却費（「金利・償却」），

販売・管理費，振替経費（「部門共通費」，「工場経費」，「本社経費」等）などがある。これらの利益には間接部門の経費などもすべて配賦されているため，各アメーバの利益を単純に合計すると全社利益と等しくなる（上總，2007: 8）。

さらに重要なのは，製造アメーバの費用である「製造経費」の中に「（社内）金利」が計上されている点である。京セラでは，「資産には金利がかかる」との認識から，明確な負担ルールに基づいて，各アメーバは自身が管理する資産に対して社内金利を負担しなければならない。筆者らの聞き取り調査（2004年7月27日）によれば，各アメーバが所有する流動資産および固定資産のすべてについて年率6％の金利を負担することになっている[3]。

さらに上總（2007, 2010）は，このような経費の一部である「金利」を資本コストと解釈したうえで，先の算式を以下のように展開している[4]。なお，以下の算式は上總（2010, 72）に加筆・修正したものである。

全社利益（管理会計上）＝売上高－製造経費－営業経費
　　　　　　　　　　＝売上高－（直接経費＋間接経費＋金利・償却費＋本社経費他）
　　　　　　　　　　＝売上高－（直接経費＋間接経費＋本社経費他＋償却費）－金利
　　　　　　　　　　＝売上高－（総原価＋販売費及び一般管理費－労務費）－資本コスト
　　　　　　　　　　＝売上高－営業費用－資本コスト＋労務費
　　　　　　　　　　＝残余利益＋労務費

このように，資本コストが合理的に算出されていれば，という条件付きではあるが，アメーバ経営において算出される全社利益（各アメーバの利益の合計額）は，計算メカニズム上は，残余利益に労務費を加えたものである，と考えられる（上總，2010: 71-73）。

5　アメーバ経営における個別最適と全体最適の両立

以上のようなメカニズムのもとで個々の時間当り採算を最大化すべく行動する。一方で，各アメーバが自己の業績を追求するあまり，他のアメーバや全社的な業績を犠牲にするような結果になってはならない。アメーバ経営研究における最大の関心は，各アメーバの個別最適化行動を全体最適へと結びつける仕

組みの解明であったといっても過言ではない。

　まずは，アメーバ経営における総合管理についてみておく。各アメーバにおいては，時間当たり採算の中心的な業績評価指標として，マスター・プランと呼ばれる年間計画に基づく管理が行われる。基本的な手順は以下のとおりである（三矢, 2003: 102-105）。

① 事業本部長方針発表
② 下位責任者による計画策定
③ それらに基づく社長（経営陣）による方針発表
④ 本部長と経営陣との協議・調整

　このような年間計画は公式的には課のレベルで策定されるが，それを組むために，係や班のレベル（末端のアメーバなど）でも今後1年間の動きを計画する。したがって，「年間計画の手続きは全社員を巻き込みながらていねいに行われている」（三矢, 2003: 103）。

　このように作成された年間計画は，さらにアメーバごとに「予定」と呼ばれる月次計画に落とし込まれる。各アメーバでは，毎月の第一稼働日までに時間当り採算の予定を確定し，毎月初，すべての階層においてその妥当性を検討する会議が行われる。この月次予定はいわゆるボトムアップ方式で作成される。上位者からの助言等はあるものの，最終的には各アメーバ自らが判断して作成されていることが前提となる（三矢, 2003: 101, 106-107）。

　以上のような「予定」に基づく各アメーバの月次管理について，稲盛（2006: 220）は以下のように述べている。

　予定を立案した後，アメーバ・リーダーは予定達成のため，メンバーに対して予定の内容を伝え，目標を周知徹底させなければならない。目標を周知徹底させるということは，その目標が自分たちのものになるということである。どのメンバーに聞いても，受注，生産，売上，時間当りなどの今月の予定が，即座に口をついて出てくるまで共有化すべきである。そのうえで，予定達成のための具体的なアクションプランをメンバー個人までブレークダウンし，ひとりひとりがその目標を達成することが部門の予定達成につながるのだと実感させることが大切である。

各アメーバの時間当り採算の数字は，その上位（課・部）の数字となり，最終的には全社の経営実績として集計される（KCCS, 2004: 62）。当該数値については「予定と実績の採算表を対比して，数字の差異理由を分析します。表面的な数字の差異だけではなく，差異が生じた真の要因を掴むことが重要」（KCCS, 2004: 111）とされる。

　このような経営サイクルについて，上總（2010: 142）は，「予定」を管理会計理論における「予算」に読み替えて，以下のように述べている。

> 予算管理では，予算が編成・実行された後に，「予算－実績＝予算差異」が把握され，この予算差異の原因を突き止めて，その原因を排除する対策を実行する。毎月，実績を把握し，予算差異がゼロになるまで繰り返される。通常の予算管理は，結果が起こってから行動するというフィード・バック型予算管理であり，それは事後管理である。しかし，アメーバ経営では，フィード・フォワード型予算管理が行われており，それは事後管理とは似て非なる事前管理に重点を置いている。（圏点は原文ママ）

　さらに近年では「3ヵ年ローリングプラン」[5]と呼ばれる中期経営計画が設定され，その初年度がマスタープランの基礎となっている。第4図はアメーバ経営におけるこのような予算管理を表したものである。3ヵ年ローリングプラン（RP）をもとに作成された年次のマスタープラン（MP）が作成される。RPとMPとの間に差異があればMP差異（マスタープラン差異）として認識され，このMP差異がゼロになるまで，何度もMPが検討される。次に，各アメー

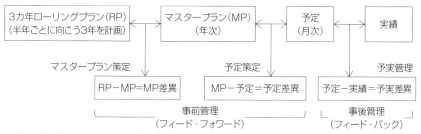

第4図 アメーバ経営における予算管理サイクル

（出所：上總（2010: 84）に加筆・修正）

バ・リーダーはこのMPを達成するため，1年間を通じてアメーバを管理することになるが，その際に必達目標である予定が毎月策定される。この予定策定では，MPと予定との差異が予定差異として認識され，この予定差異がゼロになるまで，何度も予定が策定される。このようなMPおよび「予定」の策定は，結果を知ってから行動する事後管理ではなく，明らかに将来起こりうる結果を予測して行動する「フィードフォワード型」（丸田, 2005）の予算管理であると考えられている（上總, 2010: 84-85）。

6 「利益連鎖管理」に基づく全体最適のメカニズム

上總・澤邉（2005），上總（2007, 2010）は，さらに，利益連鎖管理（Profit Chain Management: PCM）という概念に基づき，アメーバ経営における全体最適化の原理について説明している。

より具体的には，先に示したライン採算制組織を前提とし，①各アメーバの作業習熟，②機会損失の発生，③その明示化によるアメーバ間の緊張状態の創出，④速度連鎖効果による同期化，という手順が示されている。第5図は上總・澤邉（2005）および上總（2007, 2010）によって示されている速度連鎖効果による全体最適化の原理を示している。

第5図　速度連鎖効果による全体最適化の原理

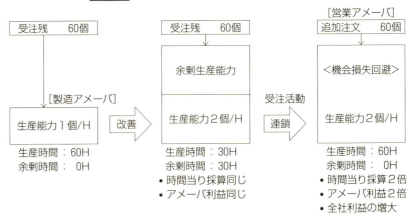

（出所：上總（2007: 13）に加筆・修正）

ここでは，製造アメーバと営業アメーバが1つずつ存在する組織において，製造アメーバの受注残が60個，生産能力が1個/時間と仮定されている。この条件では，60個の製品を生産するのに60時間が必要になる。ここで，仮に職能別組織である製造アメーバが作業習熟等によって生産能率を2倍に向上させた場合，60個の生産時間は30時間に減少する。減少した30時間は，もし何もしなければ余剰時間となり，当該アメーバの時間当り採算は変化せず，全社利益および全社の時間当り採算も変化しない。そこで製造アメーバは日々の朝礼を通じて，余剰時間が生じている状況を営業アメーバに伝えることで，営業アメーバの業務能率の向上，すなわち追加注文獲得への圧力が高まる。仮に追加注文として60個を獲得することができれば，生産能力の余剰がすべて解消され，機会損失も回避される。この結果，両アメーバの時間当り採算，全社の時間当り採算および利益額はすべて2倍となる。すなわち時間当り採算によって余剰時間，すなわち機会損失が明示されることで，職能別の組織構造による作業の習熟→余剰生産能力の創出→機会損失の創出→追加注文による余剰生産能力の解消→機会損失の回避→全社利益の増大という一連の連鎖プロセスが生じることが期待される。

7　おわりに──今後のアメーバ経営研究の方向性──

　上記のように，京セラにおけるアメーバ経営は，管理会計研究の分野においてさまざまな角度から理論的な分析が行われており，体系的な理解が一定程度定着しつつある。そのようななかで，アメーバ経営に関する研究は，次の段階に進みつつある。

　たとえば，三矢（2003）は製造業3社に対するアンケート分析を実施し，分析を行い，谷（1999）らが指摘していた「垂直的インターラクション」および「水平的インターラクション」の改善などを確認した。劉他（2006）は，中国の日系企業におけるアメーバ経営の導入事例を，自らがコンサルタント的立場から分析を行うアクションリサーチに基づいて分析を行っている。そこでは，採算表における数字1つひとつに対する追求，すなわち「細部へのこだわり」を通じて，その背後にある基本的な価値観などが理解されるようになったと述

べている。また三矢（2010）は「解凍」，「移行」，「停滞」，「再活性化」という順序に基づき，製造業におけるアメーバ経営の導入プロセスを，長期的な視点から分析を行っている。そこでは，アメーバ組織の設定，社内売買，時間当り採算，経営理念などの仕組みが，時には後戻りしながらも，段階的に導入・追加されていくことが明らかにされた。谷・窪田（2010）は，京セラの買収企業におけるアメーバ経営の導入プロセスを分析し，導入が成功するためには，社内の旗振り役としてのチェンジ・エージェントの役割の重要性を指摘している。

　以上のような導入研究が，今日盛んに行われつつあるが，アメーバ経営およびそこでの管理会計実践の"特殊性"に着目し，それがどのように他の企業において定着していくのか，ということを主な論点としているといえよう。一方で，アメーバ経営が他の多くの企業において実践され，今後もさらなる広がりを見せるのであれば，むしろその中にある"普遍性"を理論化し，「アメーバ経営」という枠を越えた中で，議論をする必要があろう。

　たとえばそのような試みとして，上總（2014）における，トヨタ生産システムとアメーバ経営の比較分析が挙げられる。同論文は，両システムの共通項として「機会損失」を取り上げている。アメーバ経営における利益連鎖管理であれば，職能別組織を前提としたライン採算制組織における作業能率向上が期待され，またトヨタ生産システムにおいては，継続的なカイゼン活動を通じて，生産効率が向上する。このこと自体が経営効率や利益率の向上などをもたらすと思われがちであるが，極端な短期雇用制度を前提としなければ，そのこと自体は業績への影響はほとんどなく余剰生産能力，すなわち機会損失を発生させるだけである。両者に共通するのは，そこで生じた余剰人員や余剰時間を用いて，追加受注獲得や人材（財）育成活動などを行うことで受注の増大を図り，より高い次元での均衡状態を作り出し，機会損失を回避することで，利益の増加を図っている点である。

　第6図は，「日本的経営」というより大きな枠組みの中で，両者のメカニズムに共通する点を図示したものである。この図では，終身雇用制を前提として，まず受注残高を出発点として，作業効率化→生産能力増大→余剰生産能力の発生→機会損失の発生→人的資源活用→経営改善→受注増大→機会損失回避→営業利益増大→受注残高という循環サイクルが示されており，以下のように述べ

られている。

　欧米企業の多くは「従業員解雇」という人事政策をとる。これとは対照的に，日本企業では，終身雇用制の下で人的資源の活用に活路を見い出し，経営改善を通じて受注増大をたぐり寄せて，機会損失を回避し，結果として，営業利益を増大しているとみることができる。　　　　　　　　　　　　　（上總，2014：26）

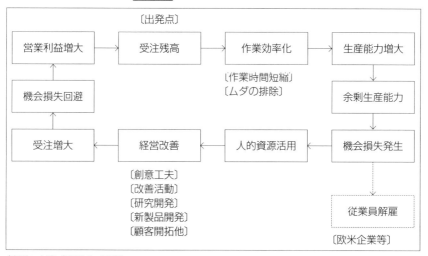

第6図　日本的経営と機会損失

（出所：上總（2014：25））

　アメーバ経営は，その名称やそこで用いられている用語の特異性などから，特殊な経営手法と思われがちである。しかしながらそこで行われている具体的な管理会計実践を詳しく調査し，俯瞰的な立場から分析してみると，いくつかの普遍的な要素を抽出できる。上記のトヨタ生産システムとの比較のように，おそらくは，いくつかの一見異なる経営・会計システムの中には共通のメカニズムが存在するであろう。それらを抽出・理論化していくことが，今後のアメーバ経営研究が進むべき道の重要な1つであろう。

●注

1 1995年に，情報システムおよびアメーバ経営のコンサルティングを行う「経営情報システム事業部」が分離独立し，京セラコミュニケーションシステム株式会社（KCCS）が設立される。さらに2006年4月に同社の経営コンサルティング事業が独立して，KCMCが設立された。
2 三矢（2003）はそのうえで，Simons（1995）のLOC概念に依拠しながら，時間当たり採算に基づく利益管理を診断型のシステム，時間当たり採算の目標設定を行うために頻繁に行われる会議や朝礼などを双方向型のシステム，京セラフィロソフィに基づくコントロールを信念および倫理・境界のシステムと位置づけ，MPCがそれらの複合的なシステムのもとでその機能が発揮されると理解している。
3 ただし，利率である「6％」の算定根拠については，必ずしも明確ではなく，1990年代に，当時の資本コストを参考に算出し，現在も継続使用しているとのことであった（2004年7月27日聞取調査）。
4 法人税等はゼロと仮定されている。
5 3ヵ年ローリングプランは半年ごとに見直される。そこで見直されるのは残りの2年半分の計画ではなく，その時点を基準として新たに向こう3年分の計画が策定される。

[付記] 本章は，科学研究費補助金（基盤研究B, 研究課題番号24330141）による研究成果の一部である。

【参考文献】

Chandler, A. D. Jr. (1962) Strategy and Structure : *Chapters in The History of The Industrial Enterprise*, Cambridge, Mass., M.I.T.Press.
Cooper, R. (1994) "Kyocera Corporation : The Amoeba Management System." *Harvard Business School Case*（9 -195-064）.
――――― (1995) *When lean enterprises collide : competing through confrontation*. Boston, Harvard Business School Pr.
Simons, R. (1995) *Levers of control: how managers use innovative control systems to drive strategic renewal*, Harvard Business Press（中村元一・浦島史恵・黒田哲彦訳（1998）『ハーバード流「21世紀経営」4つのコントロール・レバー』産能大学出版部）.
Solomons, D. (1985) Divisional performance: measurement and control, Markus Wiener Pub（鳥居宏史監訳（2005）『事業部制の業績評価』東洋経済新報社）.

アメーバ経営学術研究会（2010）『アメーバ経営学：理論と実証』KCCSマネジメントコンサルティング。
稲盛和夫（2006）『アメーバ経営：一人一人の社員が主役』日本経済新聞社。
上總康行（2007）「京セラの大家族主義経営と管理会計：アメーバ経営と時間当たり採算」『管理会計学』15(2)：3-17。
――――― (2010)「アメーバ経営の仕組みと全体最適化の研究」『アメーバ経営学：理論と実

証』アメーバ経営学術研究会編著，第2論文，KCCSマネジメントコンサルティング：58-88。
─── (2014)「日本的経営と機会損失の管理：アメーバ経営とトヨタ生産方式の同質性」『企業会計』66(2)：14-25。
───・澤邉紀生 (2005)「京セラのアメーバ経営と利益連鎖管理 (PCM)」『企業会計』57(7)：97-105。
KCCS (2004) 京セラアメーバ経営ゼミナール配布資料。
KCMC (2012) KCCSマネジメントコンサルティング株式会社提供資料。
谷武幸 (1999)「ミニプロフィットセンターによるエンパワメント：アメーバ経営の場合」『國民經濟雜誌』180(5)：47-59。
───・窪田祐一 (2010)「アメーバ経営導入による被買収企業の組織変革：チェンジ・エージェントの役割」『アメーバ経営学：理論と実証』第8論文，KCCSマネジメントコンサルティング：211-252。
丸田起大 (2005)『フィードフォワード・コントロールと管理会計』同文舘出版。
三矢裕 (2003)『アメーバ経営論：ミニ・プロフィットセンターのメカニズムと導入』東洋経済新報社。
─── (2010)「アメーバ経営の導入：アクテックの事例」アメーバ経営学術研究会編『アメーバ経営学：理論と実証』KCCSマネジメントコンサルティング。
劉建英・三矢裕・加護野忠男 (2006)「細部へのこだわりと人材育成：中国へのアメーバ経営導入プロセスのアクションリサーチから」『國民經濟雜誌』194(1)：81-94。

第10章

管理会計変化研究

1 はじめに

　近年の「管理会計変化研究（Management Accounting Change Study）」は，会計変化のプロセスについて十分な理解がないというHopwood（1987）の言明に端を発している。彼は既存の会計史研究が主に技術的側面に焦点を当ててきたことについて，より広範な経済・社会的状況を無視してきたことを問題視し，会計を取り巻く広範な状況との関係において会計変化を分析すべきことを主張した。近年では，管理会計変化を扱った研究は近接諸領域の研究の成果を取り入れて大きく発展しつつある。

　この点について，管理会計変化研究が会計史研究とどのような点で異なっているのかについては，必ずしも共通の認識があるわけではない。あえていえば，歴史研究の多くは，過去において特定の管理会計実践が生じたことを問題にする「歴史的発生論」であるのに対し，管理会計変化研究の研究者は，頻繁に生じている管理会計の変化を問題にし，管理会計の変化がどのようにして生じるのかということについて，より一般的な認識枠組みの構築を目指す「普遍的発生論」を志向する傾向にある。そして，普遍的発生論が歴史的発生論を補完する側面をも有している（盛山, 2011: 113）という意味で，管理会計の変化研究と歴史研究は密接に関連し，時に交錯している。その結果，両者の境界は必ずしも明確ではない。

また，特定の経営管理手法の導入はリーダーシップ論や組織変化論などにおける主たる関心事であった。このような研究は「組織変化研究（Organizational Change Study）」と呼ばれている。たとえば制度変化研究や組織学習研究のように，制度や組織的知識の変化を特に扱う研究領域が存在する。管理会計変化研究はこのような隣接諸領域における研究を常に参照している。管理会計技法が組織において用いられるものである以上，管理会計変化は組織変化の部分集合として理解されるべきであろう。管理会計変化研究の専門誌である*Journal of Accounting and Organizational Change*や，会計変化研究を扱う学術会議であるEuropean Network for Research in Accounting and Organisational Changeは，それぞれその名に「組織変化」を明示的に含めている。管理会計変化研究は，管理会計研究に留まらない広範な先行研究を参照対象とすべきである。しかし，これらについての網羅的なレビューを行うことは本章の射程を大きく超えるものであり，ここでは管理会計変化研究を標榜する研究に焦点を当てて整理することを試みる。

本章の目的は，主に欧米の学界において活発に議論されている管理会計変化研究について，先行研究のレビューを通じて管理会計変化研究の到達点を明らかにするとともに，その将来研究の方向性を示すことである。このような作業は，さまざまな枠組みに基づいてこれまでも行われてきた（吉田, 2003; 浅田, 2010; 浅田, 2013）。本章では，Kotter（1995, 1996など）の組織変革の8段階プロセスに沿って，管理会計変化をプロセスの視点から再整理することによって，新たな研究機会を明らかにしたい。まず第2節では，変化の促進要因と阻害要因という古典的な視点から既存研究を整理する。そのうえで第3節では，Kotterの組織変革のプロセスの視点から管理会計変化研究について検討する。第4節では，本章において明らかとなったことについて簡潔に要約し，今後の研究機会について述べる。

2　管理会計変化の促進要因と阻害要因

管理会計（技法やシステム）の変化の促進要因と阻害要因を明らかにしようという研究は，伝統的に数多く試みられてきた（たとえばKennerley and Neely,

2002;梶原・谷,2002など)。また,プロセスの視点を強調する研究においても,このような要因分析がなされている場合が多い。本節では管理会計変化研究が明らかにしてきた変化に影響を与える諸要因について概観する。

2.1 管理会計変化とその要因

2.1.1 管理会計変化を引き起こす要因

　管理会計変化の促進要因について検討した初期の研究であるInnes and Mitchell (1990) は,管理会計変化の企業特殊的な源泉,メカニズム,帰結についての分析枠組みの構築に挑んだ。その中で彼らは,電子機器産業において7つのフィールド調査に基づき,変化のプロセスが3つの要素(動機づけ要因,可能化要因,触媒要因)によって構成されることを主張した。彼らはこの研究においていくつかの変化の源泉を識別している。たとえば,ある企業では,「厳しい競争環境」によって市場シェアを喪失し,これが価格マイナスによる原価企画のような市場志向的手法の導入へとつながった。「組織構造」の変更は,間接費計算の方法を従来の配賦率を用いた方法から直接賦課方式へと変更させる契機となる。また「生産技術」についてみれば,生産の自動化は機械設備の生産性の評価を促し,技術更新期に製品品質を維持する必要が生じたときには,品質原価情報に影響する。「製品コスト構造」について,直接材料費が多い状況のもとでは,生産プロセス全体のコストを計算する伝統的な原価計算が棄却され,材料在庫報告の重要性が増す。このほか,「経営者の影響」,「財務的業績の悪化」などが変化の源泉となると指摘している。

　Cobb et al. (1995) では,この枠組みを用いて,1989～93年にかけて,国際的な銀行のイギリス法人における管理会計変化の調査・分析を行っている。そこでは,新しい配賦方法,新しい原価報告書などさまざまな「管理会計」の変化を識別したうえで,これらの変化を促進した要因として,グローバル化などの外的環境の変化,銀行での勤務経験のないコントローラーの採用,パーソナル・コンピュータの装備率の向上を指摘している。

　Libby and Waterhouse (1996) は,カナダの製造業を対象とした質問票調査によって,管理会計システムの変化に影響を与える諸要因を分析するとともに,管理会計システムをさらに,計画策定,統制,原価計算,報酬,意思決定

というサブシステムに分類して調査を行っている。これによれば，存在したシステムの数によって測定される「組織の学習能力」が変化に正の関連を示したとされる。その後，この枠組みはWilliams and Seaman (2001) によってシンガポールの製造業，工業，サービス業に対する調査に援用され，同様の知見が得られている。

上述のような要因の分析に加えて，管理会計変化そのものの性質を分類することで，管理会計変化をよりよく理解しようという試みもなされてきた。Sulaiman and Mitchell (2005) は，マレーシアにおける製造業を対象とした質問票調査に基づいて，管理会計変化の5分類（付加，置換，出力情報の修正，作業修正，棄却）を提案している。これは管理会計変化という1つの概念で理解されていた現象が，単なる技法の導入研究に限定されたものではない多様な現象の集合であることを明らかにしている。

Chanegrih (2008) は，この枠組みを用いてフランスの製造業を対象とした質問票調査を行った。これによれば，フランス企業では既存システムへの付加・拡張が多いのに対して，マレーシア企業では新システムへの置換えが多いといった特徴がみられる。また，Libby and Waterhouse (1996) やWilliams and Seaman (2001) も含めた国際比較を行い，調査対象国の間で変化の頻度や変化の生じているサブシステムの種類に差異があることを明らかにしている。Chanegrih (2008) やWilliams and Seaman (2001) は，Hofstedeの多文化社会に関する理論の視点から管理会計変化の国際比較分析をしようとしている点に特徴がある。

Bains and Langfield-Smith (2003) はオーストラリアの製造業を対象とした質問票調査に基づいて，競争環境，戦略，組織構造，生産管理技術，発展的な管理会計技法，非財務的管理会計情報，組織の業績の間の関係を検討している。これによれば，差別化戦略の採用が発展的な管理会計技法の採用に対して正の関連を示すことが確認されたとされる。

2.1.2 管理会計技法の導入研究

また，個別の管理会計技法の導入に影響を与える行動的，組織的，技術的要因について明らかにする研究も盛んに行われている。その典型が活動基準原価

計算(ABC)に関する研究である(Innes and Mitchell, 1995; Shields, 1995; Anderson, 1995; Gosselin, 1997; Krumwiede, 1998; Anderson and Young, 1999; Innes et al., 2000; Cavalluzzo and Ittner, 2004など)。たとえばShields (1995) は，経営トップの関与，競争戦略との関連性，業績評価や報酬との関連性，教育訓練，非会計担当者の主体的関与，十分な資源などの行動的・組織的要因がABCの導入の成功と関連していると主張している。Anderson and Young (1999) は，ABC導入の成功に影響を与える要因をプロセス要因(経営トップの支持，ABCに関する知識，組合の関与，ABC導入に必要な資源)と文脈要因(競争環境，他の情報システムの質，業務環境の変化傾向，過去の解雇の傾向など)とに区分して検討している。

Al-Omiri and Drury (2007) は，イギリス企業に対する質問票調査によって，ABCの利用(原価計算システムの洗練度)を決定づける諸要因について分析している。その結果，組織規模，他の革新的管理会計技法の採用，リーン生産方式やJITの利用，競争環境の厳しさ，コスト情報の有用性，ビジネスの種類について正の関連が示されたのに対し，間接費の割合，製品の多様性，情報技術の質とは関連が示されなかったとしている。

また，Kallunki and Silvola (2008) はフィンランド企業に対する質問票調査を通じて，ABCの利用と組織のライフサイクルの関係について調査している。これによれば，組織規模などをコントロールしたとしても，成熟・再生期にある組織のほうが成長期にある組織に比べてABCを利用していると述べている。

バランスト・スコアカード(BSC)に関する研究では，たとえばHoque and James (2000) は，オーストラリアの製造業に対する質問票調査を通じてBSC導入企業の特性を検討している。これによれば，組織規模が大きく，製品ライフサイクルのステージが若く，組織業績が高い企業ほどBSCを採用しているという。これに対して乙政・梶原(2009)は，日本の製造業に対する質問票調査を通じてBSCの導入の決定要因を検討している。興味深いことに，この調査では組織規模とBSC実践との間に統計的に有意な関係が示されなかった一方で，方針管理の実践がBSC実践を促進していたと結論づけている。

2.1.3 変化の障壁

他方で，管理会計変化の障壁（barrier）に関する研究もしばしば行われてきた。たとえば，Scapens and Roberts (1993) は，オメガにおける会計情報の品質向上プロジェクトの事例を用いて，一見非合理的な変化への抵抗について分析を試みている。そこではプロジェクトの失敗の原因として，外部から採用された財務担当役員やプロジェクト責任者が十分なコミュニケーションのネットワークを持っていなかったために，業務についての十分な知識がなく，また，変化の初期においてシステムの設計者がシステムのユーザーと十分な意見交換を行わなかったことが指摘されている。このようなコミュニケーション不足が，システムを利用する生産部門の管理者にとって，中央からの干渉の強化と受け止められる結果を招いたと述べている。

Malmi (1997) は，フィンランドの自動車製造業におけるABCの導入事例の分析を通じて，ABC導入に対する抵抗を経済，政治，文化という3つの観点から理解しようと試みている。これによれば，ABCが組織のスラックを明らかにし（経済的視点），これまで優遇されてきた基幹部品の振替価格の交渉に影響を与え，ひいては，組織内の権力の均衡を崩すという懸念が生じ（政治的視点），また，技術者出身の管理者だけの工場では技術・製造志向的な文化があり，会計が重要であるとは認識されていなかったこと（文化的視点）などが，抵抗の源泉となっていると述べている。

Granlund (2001) は，フィンランドの大規模食品製造業の事例分析を通じて，会計の変化と安定性に影響を与える要因を，経済的（機能的）要因，制度的要因，人的要因とに分類した。彼は特に人的要因に着目し，従来から変化の抵抗者とみなされてきた会計担当者（Sangster, 1996など）が，どのように変化を方向づける役割を果たすかについて検討している。そこでは存在論的安心を希求する彼らが，ABCが既存システムに比べてそれほど多くの有用な情報を提供しないという経済合理性の観点からだけではなく，既存システムの変更に伴うルーティンの変更や，業務量の増大，権力バランスの変化，競争の増大に対する不安などによって変化の抵抗者となる姿を明らかにしている。

このような人的要因について，Jermias (2001) は認知的不協和という観点から実験の方法を用いて検討している。ABCと伝統的な原価計算を比較して

行われた実験では,いずれが好ましいと思われるかについて被験者の信念がこれらの評価に影響を与え,事後的にその選択に否定的なフィードバックが与えられた場合でもこれを無視する傾向にあることが確認されたとしている。

Kasurinen (2002) は,フィンランドにおける多国籍企業(鉄鋼業)のBSCの導入事例について検討し,変化の阻害要因を,困惑要因 (confusers),挫折要因 (frustrators),遅延要因 (delayers) に分類する枠組みを提示している。乙政 (2005: 70) はこの枠組みを用いてBSC導入の阻害要因を分析したうえで,「実践的なインプリケーションを得るためには,いつ,どのような促進・阻害要因が現れるのか,また,阻害要因をどのように克服していくのかを明示的にすることが不可欠」とその問題点を指摘している。

このほか,ERP (Enterprise Resource Planning) システムの導入が管理会計技法や会計担当者の職務内容などに与えた影響について調査した研究 (Granlund and Malmi, 2002; Scapens and Jazayeri, 2003など) では,管理会計技法に対する影響はきわめて限定的であり,管理会計実践を安定化する効果があることが示されている。これは,なんらかのシステム自体が管理会計変化の障壁となりうることを示唆しているといえよう。

2.2 機能主義的なアプローチが見落としていたもの

2.2.1 制度,文化

統計的な分析の多くが環境要因と会計技法との機能を媒介とした結びつきによって説明しようとする一方で,このような関係のみでは説明しえない現象について,制度や文化といった視点から説明を試みる研究が盛んに行われてきた。とりわけ制度的環境 (Scott and Meyer, 1983) や,同型化 (DiMaggio and Powell, 1983),緩やかな結合 (Glassman, 1973; Weick, 1976など) などに関する制度理論の知見が,管理会計変化研究において盛んに利用されている (Roberts and Scapens, 1985; Macintosh and Scapens, 1990, 1991; Scapens, 1994を参照)。

Abernethy and Chua (1996) はオーストラリアの病院における長期的な事例分析を通じて,経営者の戦略的な選択だけでなく,制度的環境の変化と同形化圧力によって管理会計変化が生じているプロセスを描いている。これによれ

ば，社会の病院組織に対する認識，政策や法規制などの制度的環境の変化が，経営委員会の構成や医師のアカウンタビリティのあり方などに影響を与え，病院のコントロール・パッケージの変化を生み出したとされる。

Amat et al. (1994) もまた，スペイン企業の長期的な事例分析によって，組織内外のさまざまな要因が影響し合うことによって管理会計変化が生じているプロセスを明らかにしている。これによれば，創業初期の非公式管理システムが，原価計算システムや予算，公式の報告システムなどに置き換えられるプロセスにおいて，国際的な市場競争，政府による研究開発支援などの外的な要因と，組織内におけるMBAを保有した専門管理者への権限の移動，管理の幅の拡大，収益性の変化などといった問題が密接に関連していたという。

この点について澤邉（1998）は，新制度学派経済学の伝統を引き継ぐ取引コスト論やエイジェンシー理論に対して，制度を効率性によって説明しようとしたり，下部構造に還元するのではなく，規範的な要素を重視し，技術的要因のみならず制度的要因を考慮する「制度化パースペクティブ」を提示している。これによれば，制度化パースペクティブでは制度変化を2つの方向から説明しようと試みている。すなわち，ルーティンによって再生産される制度とこれを変化させるような主体の意識的行為とを対比して説明するものと，互いに矛盾した制度間の衝突や融合によってこれを説明しようとするものである。

このようなルーティンや制度という制度論の視点を用いた分析枠組みの中で，とりわけ影響力をもってきたのが旧制度派経済学を援用するBurns and Scapens (2000) が提示した「制度的フレームワーク」（以下，「BSF」という）である。BSFは，その後の多くの管理会計変化研究において用いられ，また批判の対象とされてきた（たとえばSoin et al., 2002; Johansson and Baldvinsdottir, 2003; Burns et al., 2003; Dillard et al., 2004; Siti-Nabiha and Scapens, 2005など）。わが国においても，頼（2000）によっていち早く紹介され，これを応用した経験的研究も試みられている（吉田, 2004; 近藤・吉田, 2005）。BSFは，制度と人々の行為との間にある管理会計のルール（手順書等に示された公式の管理会計システム）とルーティン（実際に行われている会計実践）の変化が起こるプロセスを捉えようとしている。BSFでは，制度は「人的行為者や彼らの適切な行為や関係を識別する，共有され自明視された前提」（Burns and Scapens, 2000: 8）

であると定義され，意識的な熟慮を必要としないものとして集団のメンバー間において受容されている，ある程度安定的な考え方・思考パターンを意味している。この制度は，管理会計のルールやルーティンの変化の促進要因となり，また，阻害要因ともなりうる。

　制度論の視点は，管理会計システムが単に公式のルールのみによって構成されているわけではないということを明らかにしている。Lukka（2007）は，国際的に活動するフィンランド企業の事例を用いて，BSFにおけるルールとルーティンを公式性と非公式性という観点から捉え直している。これによれば，本社からのグローバルな標準化圧力によって公式のルールが強制されることで生まれる軋轢が，現地における非公式ルーティンの柔軟性によって乗り越えられる姿をルールとルーティンの緩やかな結合という視点から分析した。

　このようなルールとルーティンの緩やかな結合や乖離は，管理会計変化への抵抗の帰結でもある。Nor-Aziah and Scapens（2007）は，マレーシアの公営企業において，コスト意識の向上を意図した予算管理等の導入に関する事例の分析を行った。これによれば，現業管理者の会計担当者に対する信頼の欠如が変化への抵抗を生み，新しい予算管理の手続きの表面的・儀式的な利用（予算超過の柔軟な許容）によって両者の対立を回避するという組織的帰結に至ったとされる。

　また，BSFは制度変化が生じるプロセスを，制度化されていないルールやルーティンがなんらかの原因によって制度化されるプロセスとして描いているが，そもそも制度に埋め込まれたエイジェンシーがいかにして制度を変化させるのかという問題，つまり，「埋め込まれたエイジェンシーの逆説」と呼ばれる問題がある（Holm, 1995; Seo and Creed, 2002）。これについて，制度的企業家（DiMaggio, 1988 ; Beckert, 1999）の概念を用いて，中心ではなく周辺に存在する（制度に埋め込まれていない）企業家の登場によって制度変化がもたらされると理解する論者もいる。他方で，このような外生変数に依存するのではなく，制度理論の枠組みの中でかかる問題を解決しようとする研究もある。たとえば，Seo and Creed（2002）はなんらかの外生的変化により内在する制度間の矛盾が顕在化・問題化されるという制度的矛盾を制度変化の源泉とみる。

　Sharma et al.（2010）は，フィジーの電話会社におけるTQMの導入実践に

関する事例分析を通じて，制度的矛盾が従来制度に埋め込まれていた人々を制度的企業家として行為させるようにすると主張している。Modell et al.（2007）は制度間の非一貫性に着目し，新しい実践において古い制度の影響が残ることを経路依存性という視点から分析している。ただし，このような指摘は必ずしも新しいものではない。ある技法（およびその集合としてのシステム）が形成されるとき，多くの場合にはまったく新しい技法を導入するのではなく既存の技法の形式的な特徴を引き継いだ技法が作られる傾向にある。たとえば，上總（1989）では，歴史研究を通じて，アメリカにおける管理会計システムの発展段階にみられる4つの類型が，個別の管理会計技法の重層的結合によって形成されてきたことを明らかにしている。

組織成員が共有している自明視された前提は組織文化として理解することもできる。組織の文化的要素が管理会計変化に与える影響は，これまでも指摘されてきた（Markus and Pfeffer, 1983など）。たとえば，Granlund and Lukka（1998）は，管理会計担当者の役割変化とフィンランドの文化の関係について論じている。Kasurinen（2002）は組織文化をBSC導入の阻害要因の1つとして指摘している。このほかに，ABC導入成功と文化の関係について研究したものもある（Brewer, 1998; Baird et al., 2004など）。また近年ではアメーバ経営に関する研究において，このような文化的要素と管理会計変化についての研究も行われている。たとえば，挽（2007）は京セラと花王の事例分析を通じて，経営理念，経営哲学および組織風土・文化といった要素が新たな管理会計システムの変化の促進要因となる場合もあれば，逆に管理会計がそれらの浸透を促進させる場合もあると述べている。

2.2.2 規律づけ権力

Michel Foucaultの理論が初めて会計研究に用いられたのはBurchell et al.（1985）であったとされる（國部, 1999）。そこでは，会計の変化を（鉄道や市場などの）一般的な経済の発展と関連づける方法の限界を指摘するとともに，より広い社会的な関係状況に注目することの必要性が説かれた。Foucaultの著作に触発された会計研究は，Alfred D. Chandler, Jr. 的な説明，すなわち，専任の雇われ経営者を配置した公式の管理構造や権限の分散化したライン・ス

タッフ組織，Taylorの科学的管理法などといった現代的な経営管理手法の発生を，経済的な合理性と技術的要因によって説明しようとする方法に対するアンチテーゼとして生まれた（Hoskin and Macve, 1986, 1988, 2000）。

たとえばHoskin and Macve（1988）は，ウェストポイント兵学校における記述し，試験し，評価するという教育実践が，その卒業生を通じて鉄道会社へと伝播しライン・スタッフ構造などの近代的企業経営の出現へとつながったと主張し，このような規律づけ実践の伝播という側面を軽視するChandler（とこのような見方を踏襲する研究）を批判する。

また，Miller and O'Leary（1987）は，20世紀初頭における標準原価計算と予算統制が，個人の非能率性を可視化することで，工場労働者や経営者といった個人の活動を統治可能とするテクノロジーとして登場したことを指摘し，この背景に，国家能率（national efficiency）という言説の流布と蔓延があると論じている。そして，彼らによるこのような研究は後述するBruno Latourらの提唱するアクターネットワーク理論と融合し独自の発展を遂げることになる（Miller, 1991; Miller and O'Leary, 1993, 1994）。

Foucaultの理論を援用したものに限らず，このように経済合理性を基礎とする分析枠組みのもとで無視されてきた，さまざまな要素を検討しようとする取組みは「新しい会計史」として1つの流れを形成している（Napier, 2006を参照）。

2.2.3 人的行為者と非人的行為者のネットワーク

Bhimani（1993）はフランスの大手自動車製造業ルノー社における管理会計変化の検討を通じて，一見組織の内的で現在的な要因によって突き動かされているように見える変化の起源が，組織外の要因や歴史的な背景にあることを明らかにしている。近年ではこのような歴史的研究に限らず，さまざまな人的行為者と非人的行為者の変化への影響を対等なものとして評価し，変化のプロセスをよりよく理解しようとする試みがなされてきた。そして，とりわけアクターネットワーク理論はその有効な分析枠組みとして管理会計研究において盛んに利用されている（潮・足立, 2010）。

たとえば，Briers and Chua（2001）は，オーストラリアのアルミ製品製造

業におけるエスノグラフィに基づいて，既存の原価計算システムが棄却され，これに代わってABCが導入されるプロセスについて検討した。彼らは変化にはさまざまな人的行為者や非人的行為者が関係していたことを指摘し，複雑化した現代社会においては変化が少数の人的行為者のみによって先導されるのではないと，既存の英雄史観に基づく分析を強く批判している。

　Jones and Dugdale（2002）は，ABCがハーバード大学を中心とするネットワークの中で伝播していくプロセスを描いている。また，Alcouffe et al.（2008）は，フランスにおける革新的な管理会計技法（Georges Perrin MethodとABC）の普及プロセスをアクターネットワーク理論の考え方を用いて分析した。これらの研究が明らかにしているように，管理会計変化には個別企業における機能的要請だけではなく，その知識の供給側面が強く関係している。

3　組織変革プロセスと管理会計変化

　技術としての管理会計は組織においてその機能が必要とされるゆえに存在すると一般に考えられるが，近年の研究が示すように，現実の管理会計変化はそれほど単純ではない。前節において述べたように，変化を単純な促進要因と阻害要因のみによって分析することには限界があることが指摘されている。たとえばArgyris and Kaplan（1994）は，ABCに代表される経営管理の技法の導入においては，それがどのような技法であるかが特定され（内的一貫性），その効果が現実において確認される（外的妥当性）というだけでは，実務において受容されるのには不十分であり，「教育」，「支援」，そして「インセンティブの整合」という3つの段階を経る必要があると主張している。つまり，新しい管理会計技法の導入においては，組織内外の環境からの機能的要請を満たすだけでは十分ではない，というのである。

　これに対して，Kotterのリーダーシップ論では組織変革は8段階のプロセスを経ると主張されている。すなわち，①社員に危機意識を持たせ，②変革を遂行する強力なチームを作り，③ふさわしいビジョンを定め，④ビジョンを組織全体に周知し，⑤社員がビジョンに向けて自発的に行動するように促し，⑥短期的な成果を出し，⑦成果を活かして，さらなる変革を推進し，⑧変化を企業

文化として根づかせる，というプロセスである。これらのプロセスのうち，最初の4段階は，「凍りついた現状を溶かす」(Kotter, 1996: 22) ためのものである。第5～第7段階は具体的な新しい仕事の進め方を導入する段階である。そして，最終段階は，変革を企業文化に植え込み，定着させることを意味している。Kotterの8段階論は，社会心理学者であるKurt Lewinの「解凍－変化－再凍結」として有名な変化管理モデル (Lewin, 1951) とその基礎的な枠組みにおいて共通している。これに修正を加えた新装レヴィン・モデル (Isabella, 1990) を援用した研究も行われている (松尾ほか, 2008など)。以下では, Kotterの8段階の変革プロセスを手掛かりとして，既存研究の再整理を試みる。

3.1 危機意識の源泉とその醸成

　危機意識を醸成するという組織変革の最初のプロセスについて，その前提は，何かしらの「危機」が存在し，それが組織成員によって認識されるということである。この「危機」は，いわゆる経済危機のようなマクロ経済環境の大きな変化に始まり，その企業が属する市場の急激な縮小，強力な競合他社の出現，核となる技術の変化など，多様な要素が想定される。このような変化のきっかけとしての危機については，前節において述べたように管理会計変化研究においては，変化を促進するさまざまな要因についての知見が蓄積されている。

　Kotterが危機意識の醸成を最初の段階として強調するのは，なんらかの危機が存在したとしても，「現状満足」が存在することで，変革へ向けた行動が妨げられるからである。Kotter (1996) では，このような現状満足が生まれる原因として，「明確な危機的状況の欠如」，「過去の成功」，「低い業績目標」，「視野狭窄に陥らせる組織構造」，「誤った業績測定システム」，「組織外部からのフィードバックの欠如」，「悪いニュースを伝える人物を罰する企業文化」，「聞きたくないことを拒絶する人間の特性」，「経営幹部が発する『すべてうまくいっている』というメッセージ」を指摘している。これらの阻害要因を除去することが組織変革の重要なステップとされているのである。このような抵抗についても，前節において述べたように，すでにいくらかの知見が蓄積されているといえよう。

　このほかにも，危機とは直接関係のない要因が危機意識の醸成に影響を与え

ている可能性が示唆されている。たとえば，Bjørnenak（1997）はノルウェーの製造業を対象とした質問票調査を通じて，ABC採用に影響を与える要因を検討した結果，ABCの知識をどこから得たかということが，その採否に影響を与える可能性があると指摘している。同様にMalmi（1999）はフィンランド企業に対する調査によって，ABCの導入に組織外の要素，すなわち管理会計知識の供給主体が影響を与えていることを明らかにした。

また革新的な管理会計技法の導入には，危機だけではなく，その導入において主体的役割を果たす会計担当者の属性が影響を及ぼすことが知られている。Emsley（2005）は，アイルランド企業に対する質問票調査およびインタビュー調査を通じて，会計職能志向的な役割関与を示す会計担当者に比べて，事業単位志向的な役割関与を示す会計担当者は，管理会計変化だけでなく，急進的な変化に正の影響を与えていることを明らかにしている。また，これと同様のデータセットを用いて，Emsley et al.（2006）は認知スタイルと管理会計変化の関係について検討している。Naranjo-Gil et al.（2009）は，スペインの公営病院に対する質問票調査を通じて，より若く，在職期間が短く，会計・経営・ファイナンスなどのビジネス分野の学歴を有するといったCFOの属性が，ABCやBSC，ベンチマーキングなどの革新的なシステムの導入に正の影響を与えることを発見している。

これらの知見が示していることは，管理会計変化が必ずしも機能的要請によってのみ生じるものではないということである。組織経営が人の手によるものである以上，危機意識の醸成などについて，どのような主体がそれを担うのかということが，変化それ自体に決定的に重要な影響を与えるのである。

3.2 変革チーム

Kotterによれば，今日のビジネスを取り巻く変化の激しい環境のもとでは，十分な変革を成し遂げるには少数の優れた個人または脆弱なチームでは不十分である。大規模かつ複雑で，不確実性の高い問題に対処し，迅速に意思決定を行うためには，「適切なメンバーによって構成され，メンバー間に十分な相互信頼が存在するチームが必要」（Kotter, 1996: 55）である。そして，このようなチームのメンバーに要求されるのは，組織の重要人物が持つ「ポジション・

パワー」，納得性の高い解決策を導く「高い専門知識」，企業内の他のメンバーからの「信頼感」，変革プロセスを推進する「リーダーシップ」の4つであるとされる。管理会計変化研究においては，変革チーム自体が研究の主たる対象となることは多くはないが，事例の中でいくらか言及されている。

たとえば，Scapens and Roberts（1993）の事例では，変革チームが外部から採用された会計担当者によって構成されたことが，生産部門の不安や疑念を生み，変化を失敗へと導いたと述べている。またGranlund（2001）は，臨時雇用のコンサルタントをリーダーとする配賦計算の改革を目指した変革チームについて述べている。そこでは十分なトップ・マネジメントの支持や高い専門知識があったにもかかわらず，チーム外の組織成員とのコミュニケーションが不十分で，既存システムに関する十分な知識がないうえに，これとは無関係に純粋な形のABCの導入を企図したことがその失敗の原因として指摘されている。

ただし，ここでいう専門知識は単に会計や情報システムの知識を意味するわけではない。Soin et al.（2002）のイギリス銀行業のABC導入事例では，導入チームのリーダーは財務管理部門から選ばれ，現場知識を有するスタッフの混合チームとして組織されている。加えてNor-Aziah and Scapens（2007）は，新たな予算管理実践の失敗の原因として，導入を担う会計担当者と現場管理者との間の信頼の欠如を指摘したうえで，会計担当者の現場経験がなく現場に関する知識がほとんどなかったことが現場管理者の不信を増大させたことを指摘している。このような視点から見れば，Shields（1995）が指摘する非会計担当者の主体的関与とは，単に非会計部門が主体的な役割を担うことではなく，会計部門と現業部門とのコミュニケーションを通じて信頼を醸成することであると理解できよう。

変革チームに関する知見の不足はしばしば指摘されている。たとえば，変革チームが多様な職務上の背景を持つメンバーによって構成されるべきという主張について十分な知見が得られていないとされる（Anderson and Young, 1999）。また変革チームにはコンサルタントが関与している場合も多いが，このようなコンサルタントの役割については必ずしも多くの知見が得られていない（Qu and Cooper, 2011）。

3.3 ビジョン

Kotterは,組織変革においては,「専制君主的な命令」や,ごく細かいところまで管理しようとする「マイクロマネジメント」ではなく,「ビジョン」を基盤にしたものでなければならないと主張する。ここで「ビジョン」は「将来のあるべき姿を示すもので,なぜ人材がそのような将来を築くことに努力すべきなのかを明確に,あるいは暗示的に説明を加えたもの」(Kotter, 1996: 68)と定義されている。このようなビジョンの役割は,変革の方向性を示し,人々の行動を引き出し,これらの行動を1つの方向に調整することである。

Briers and Chua (2001) では,コストセンターから収益性をより重視した戦略的事業単位への転換というビジョンが,他の行為者などの要因と相まって新しいシステムの導入に影響を与えたことを明らかにしている。またビーン・カウンターとして批判されてきた経理マンたちに提示された「事業を知れ」,「よりよい原価計算」というビジョンが,既存の配賦計算の問題を強調し,ABC導入に影響を与えたとされる。彼らはこのようなビジョンを「境界対象」(Star and Griesemer, 1989) の1つとして捉えることで,よりよい説明が可能になるとしている。

コミュニケーション言語としての会計は,このようなビジョンの記述において重要な役割を担うと考えられる。たとえば,浅田ほか (2013) では,知識創造理論を援用しつつ会計的に表現されたビジョンが管理会計知識の創造プロセスを促進する「正当化基準」としての役割を担うことを明らかにしている。ただし,Kotterの主張によれば,ビジョンは単なる財務的なゴールでは不十分であり,また同時に,現実的に達成可能なものでなければならない。しかし,この論文で取り上げられている日本電産のケースでは,財務的で,一見達成不可能に見えるような目標が掲げられている。

また,必ずしもビジョンに注目した研究ではないが,事例研究の中でビジョンに言及しているものもある。Soin et al. (2002) は,イギリスの銀行のある部門におけるABC導入の事例を検討している。これによれば,銀行業における規制緩和とこれを受けた競争の激化のもとで,コスト削減と効率性の向上というグループレベルでの組織目標が掲げられ,これが当該部門におけるABC

導入に強く関わっていたと述べている。

さらに，Modell et al. (2007) は，スウェーデンの政府機関における改革事例の調査を行い，これによれば，外部報告を意識した財務的・短期的な成果を志向する初期の政策に，内部評価と改善のための長期的な品質改善を志向する政策が加わり，これらが結合することで新たな実践が生じたとしている。

このほかにも，経営哲学を重視するアメーバ経営に関する研究の事例では，「京セラフィロソフィ」や「経営12ヵ条」がその重要な要素として示されている。これらは必ずしも具体的な目標を含まない，より高次の目標であると考えられるが，時間当たり採算の計算構造がこれらの経営哲学と密接に関連していることが知られている（潮, 2008）。

3.4　ビジョンの周知

変革の第4段階においては，ビジョンについて経営者は従業員とコミュニケーションを図ることが重要であるとされる。少数の経営者によってビジョンが理解されるだけでは不十分であり，これが従業員のほとんどによって理解されなければならない。また経営者は自らビジョンと一貫性のある行動を示すことが必要であり，Kotter (1996: 97) は「変革ビジョンのコミュニケーションを妨げる最大の要因は，重要なプレイヤーがそのビジョンと相容れない行動をとる場合である」と述べている。

この点について，たとえばBriers and Chua (2001) は，ビジョンの組織への浸透にさまざまな人的行為者やセミナーなどが活用されたプロセスを記述している。しかしながら，このようなビジョンの周知・浸透が管理会計変化にどのような影響を及ぼすかについて，関連する研究はほとんど見当たらない。またトップ自身の言行の一致やそれが管理会計変化に与えた影響について，我々はほとんど知見を持っていない。

3.5　社員の自発的行動の促進

この第5段階での目的は，組織構造，技能，システム，管理者に関する変化の障害を取り除くことで，従業員が必要な行動をとれるようにすることであるとされる (Kotter, 1996: 102)。つまり，この段階は，心理的な壁ではなく，具

体的な変化の阻害要因（抵抗）を取り除くことにある。

　ここで組織構造は権限配分の構造を意味しており，従業員に適切な権限を付与することで，変革の推進を可能とすることを意味している。つまり，鍵となる重要人物（経営トップ）の関与が必要となる（Argyris and Kaplan, 1994; Shields, 1995; Anderson and Young, 1999）。Argyris and Kaplan（1994）は，いくつかのABC導入事例の検討を通じて，分析を行う会計担当者に加えて，現業部門の意思決定権限を持った人物がプロジェクトの初期の段階から強く関与することが不可欠であることを指摘している。

　また，適切な訓練を通じて，従業員が自ら行動することができるだけの技能を与えることが必要であるとされる。既存従業員の能力の向上は，教育を通じて行われるが，上述のようにこのような教育が管理会計変化においても重要な成功要因であることが知られている（Argyris and Kaplan, 1994; Shields 1995）。

　そして，業績評価や昇進などのシステムが，変革へ向けた行動を適切に評価するように設計されている必要がある。この点について，業績評価や報酬のシステムが管理会計変化において重要であることが知られている（Shields 1995, Anderson and Young, 1999）。

　さらに管理者には，従業員の自律的な変革へ向けた行動をサポートするような振る舞い，言動が求められるとされる。この点についてJansen（2011）は，オランダにおける自動車販売業の事例分析を通じて，リーダーシップ・スタイルと管理会計変化の関係について，明確な目標値が定められるような状況では交換型リーダーシップが好ましいが，それが困難な状況では変革型リーダーシップが好ましい（Vera and Crossan, 2004）という組織論の知見を管理会計変化の文脈で検討している。これによれば，新しい管理手続きや会計情報の導入がそれと親和的なリーダーシップ・スタイルと結びつくことで，変化に対する抵抗が緩和されたとしている。

3.6　短期的な成果の達成

　Kotterによれば，長期的な変革を推進するためには，その変革が正しい道を歩んでいるという信頼を獲得するために，短期的な成果をあげる必要がある。この点について，Granlund（2001）では初期の変革プロジェクトの失敗が，

短期のうちに十分な成果を示すことができなかった点にあったと指摘している。しかし，管理会計変化研究においては，そのプロセスの途上において，短期的な成果があがったかどうかについて議論されていることは多くはない。これは，変化の失敗に関する事例が報告されることが多くないことと関連しているかもしれない。

他方で，管理会計変化が組織業績に与える影響について調査した研究がある。Williams and Seaman（2002）は，シンガポール企業に対する質問票調査に基づいて，管理会計システムの変化が組織業績に与える影響について検討している。これによれば，管理会計システムの変化と組織業績に直接的な関係は認められない一方で，管理会計システムの変化と有用な情報の間と，有用な情報と組織業績の間には統計的に有意な関連が示されたとしている。またBains and Langfield-Smith（2003）は，オーストラリア企業に対する質問票調査により，非財務情報の依存度の増加が（財務および非財務の複合的な）組織業績に影響を与えることを明らかにしている。これらの研究は，長期的に見れば管理会計変化の成果として組織業績の向上が期待できる可能性を示唆しているが，このような成果が短期的に表れることは期待できないだろう。

しかし，ここで注意すべきは，管理会計変化の目的自体が必ずしも1つではなく，かつ常に変化しつつあるということである。成果は必ずしも目的との関係で語られるわけではないが，目的がすり替わっていくことは期待された成果と現実に得られた成果の間にずれが生じているからかもしれない。この点について，Shields（1995）はABCに関する調査の中で，導入当初の利用目的とその後の利用目的が変化していることを明らかにしている。これによれば，初期においては原価計算システムの改善がその主要目的の1つとなっているが，その後にはこのような改善は主要目的から外れている。

Hansen and Mouritsen（2005）では，どのような要素がその置かれている状況下で出現してBSCの意味を形成するのかに着目し，BSCを境界対象として理解したうえで，BSCの構造に対して状況依存的に意味（目的）が付与されるプロセスを描いている。そこでは，BSCという管理会計技法が「実践において他の実態と取り持つ関係によってその内容とアイデンティティを与えられる」ものであると指摘されている。同様にQu and Cooper（2011）は，カナダのコ

ンサルティング会社によるBSC導入事例を用いて，BSCのような曖昧な管理会計技法が実践を通じて，組織的文脈の中でさまざまな管理・コントロール目的に適合するように変形されていくことを明らかにしている。

また，成果の認識の仕方が組織成員間で異なることも知られている。Anderson and Young（1999）は，ABC導入の成功について，ABCの成果をデータの正確性の向上として認識する場合と，コスト削減やプロセス改善として認識する場合があり，このような認識の違いがABCの評価に影響を与えていることを明らかにしている。

3.7 前進を確認し，さらなる変化に結びつける

第7段階においては，短期的な成果を確認しつつもこれによる危機意識の低下を防ぎ，この機に乗じてより困難な改革に取り組むことが求められるとされる。この際問題となるのは組織の相互依存性である。複雑に相互依存している組織の内部においては，組織の多くの要素を変えなければ変革がきわめて困難になる。Kotter（1996）によれば，この段階で重要となるのは，トップの優れたリーダーシップと組織下部への権限委譲，不必要な相互依存性の排除であるとされる。

このような点についての研究はほとんど行われていないといってよいであろう。Kotter自身もこれが長期にわたるプロセスであることを指摘しており，このような短期的な前進と長期的な変化を捉えるためには，長期にわたって綿密な調査が必要になる。リサーチ・サイトへのアクセスを含めた研究資源の制約がこのような研究を難しくしていると考えられる。

3.8 変革の文化の浸透

Kotter（1996: 148）は文化を「行動の規範，あるいは多くの人々によって共有される価値観」と定義している。ここで重要なことは，Kotterの議論の中核は，その名のとおり，リーダー（個人）が変革において果たすべき役割にあり，変化志向的な組織文化はその産出物でしかないという点である。そこでは変化の定着はプロセスの最終段階であると理解されている。

上述のように，管理会計変化と組織文化の関係について多くの先行研究があ

るにもかかわらず，管理会計変化と変化志向的文化の浸透との関係について，我々はほとんど知見を持っていない。この点について，たとえば先に述べたLibby and Waterhouse（1996）やWilliams and Seaman（2001）は，組織の学習能力が管理会計変化をよりよく説明することを明らかにしている。この組織の学習能力を管理会計システムの数によって測定している点については疑問が残るが，組織の学習能力と管理会計変化の関係についての先駆的研究として評価できる。

4　おわりに──管理会計変化研究の可能性──

　本章では管理会計変化研究の先行研究レビューを通じて，従来研究の到達点を明らかにするとともに，将来の研究機会について検討した。上記の文献レビューによってまずもって確認できることは，わが国ではまだそれほど多くはみられない管理会計変化という研究領域において，実に多くの研究が行われているということである。加えて，管理会計変化研究を標榜するものでなくとも，潜在的には管理会計変化研究としての貢献を期待できるさまざまな研究がありうるということである。

　そしてKotterの組織変革論の視点から，管理会計変化研究における先行研究を概観すれば，いくつかの領域についていまだ十分な研究蓄積を持っていないことがわかる。特に管理会計変化研究においては，初期段階における導入の促進要因や阻害要因に関する研究が多くみられる一方で，後半のプロセスに関する研究が十分に行われていないことが示唆される。組織学習論やリーダーシップ論などの近接諸領域の知見を取り込みつつ，管理会計変化の特殊性に焦点を当てた研究が求められる。

　他方で，既存の管理会計変化研究がすべてKotterの枠組みに首尾よく収まるようなものではないことも確かである。この枠組みが組織横断的な現象を対象としたものではないことは明らかであり，管理会計知識の革新や伝播・普及に関する研究などに関する研究はそこから外れることになる。また，そもそも管理会計変化を含む組織変化が，経営者にとって管理可能なものであるかのような前提が置かれている点には注意しなければならない。

すでに見てきたように，近年の管理会計変化研究では，単に促進要因や阻害要因を分析したり，変化の比較静学的な分析を行うというよりは，変化が生じるプロセスを見ることが重視されている。この点について，Granlund (2001) は，変化の要因研究の問題点について，変化にとって相対的に重要な要因を明らかにしても，これらの要因が関係する人々の誘因や願望とどのように絡み合って変化が生じるのかを明らかにしないと主張している。また，組織研究におけるプロセス・パースペクティブを唱えるLangley and Tsoukas (2010) は，「Bという属性を持つ組織がAという属性を持つ組織より一般に業績が良い」というような差異についての知識だけでは，AをいかにBに変化させるのかというプロセスの知識を欠いており，実務において利用できないと指摘している。そして，エスノグラフィやケーススタディの方法はこのような複雑で動態的・有機的な関係性を扱うための1つの有効な方法である（澤邉ほか，2008）。

本章では，異なる方法論的前提や異なる分析枠組みに基づく研究を，いわば無理やり1つの枠の中で整理しようと試みた。そのような作業は困難で問題含みなものである。たとえば，それぞれの研究においては，研究対象としての管理会計についての概念規定が異なる（浅田，2012）。管理会計変化研究の対象は特定の管理会計システムの導入に限定されず，既存の管理会計システムの形式的構造や目的，利用法の変化などが広く「管理会計変化」として研究の対象とされているのである。このような困難を前提としつつも，既存の知見をさまざまな角度から体系的に整理し直す作業が，先行研究の理解を深め，また，新たな研究機会を明らかにするうえで重要であると考える。基礎とする方法論ごとに整理することのみでは，管理会計変化研究の到達点の全体像を俯瞰するという本章の目論見は十分に達成できないと考えた。

最後に，管理会計変化研究はその潜在的な数がきわめて多く，紙幅の限られたなかで本章では十分に取り上げることができていないものもあることを指摘しておかねばならない。特に，管理会計技法の導入の促進要因や阻害要因に関する研究は多くを本章に盛り込むことができていない。このような諸研究も含めた網羅的な文献レビューは別稿に委ねたい。

【参考文献】

Abernethy, M. A. and W. F. Chua（1996）"A Field Study of Control System 'Redesign': The Impact of Institutional Processes on Strategic Choice," *Contemporary Accounting Research*, Vol.13, No. 2 : 569-606.

Alcouffe, S., N. Berland and Y. Levant（2008）"Actor-Networks and the Diffusion of Management Accounting Innovations : A Comparative Study," *Management Accounting Research*, Vol.19, No. 1 : 1-17.

Al-Omiri, M. and C. Drury（2007）"A Survey of Factors Influencing the Choice of Product Costing Systems in UK Organizations," *Management Accounting Research*, Vo.18, No. 4 : 399-424.

Amat, J., S. Carmona and H. Roberts（1994）"Context and Change in Management Accounting Systems: A Spanish Case Study," *Management Accounting Research*, Vol. 5, No. 2 : 107-122.

Anderson, S. W.（1995）"A Framework for Assessing Cost Management System Changes: The Case of Activity Based Costing Implementation at General Motors, 1986-1993," *Journal of Management Accounting Research*, Vol. 7 : 1-51.

──── and Young, S. M.（1999）"The impact of contextual and process factors on the evaluation of activity-based costing systems," *Accounting, Organizations and Society*, Vol.24, No. 7 : 525-559.

Argyris, C. and R. S. Kaplan（1994）"Implementing New Knowledge: The Case of Activity-Based Costing," *Accounting Horizons*, Vol. 8, No. 3 : 83-105.

Baines, A. and K. Langfield-Smith（2003）"Antecedents to Management Accounting Change: A Structural Equation Approach," *Accounting, Organizations and Society*, Vol.28, No. 7 / 8 : 675-698.

Baird, K. M., L. H. Graeme and R. C. Reeve（2004）"Adoption of Activity Management Practices: A Note on the Extent of Adoption and the Influence of Organizational and Cultural Factors," *Management Accounting Research*, Vol.15, No.4 : 383-399.

Beckert, J.（1999）"Agency, Entrepreneurs, and Institutional Change. The Role of Strategic Choice and Institutionalized Practices in Organizations," *Organization Studies*, Vol.20, No. 5 : 777-799.

Bhimani, A.（1993）"Indeterminacy and the Specificity of Accounting Change: Renault 1898-1938," *Accounting, Organizations and Society*, Vol.18, No. 1 : 1-39.

Bjørnenak, T.（1997）"Diffusion and Accounting : The Case of ABC in Norway," *Management Accounting Research*, Vol. 8, No. 1 : 3-17.

Brewer, P. C.（1998）"National Culture and Activity-Based Costing Systems: A Note," *Management Accounting Research*, Vol. 9, No. 2 : 241-260.

Briers, M. and W. F. Chua（2001）"The Role of Actor-Networks and Boundary Objects in Management Accounting Change : A Field Study of an Implementation of Activity-Based Costing," *Accounting, Organizations and Society*, Vol.26, No. 3 : 237-269.

Burchell, S., C. Clubb and Hopwood, A. G.（1985）."Accounting in its social context : Towards a history of value added in the United Kingdom," *Accounting, Organizations and Society*, Vol.10, No. 4 : 381-413.

Burns, J. and R. W. Scapens (2000) "Conceptualizing management accounting change : an institutional framework," *Management Accounting Research*, Vol.11, No. 1 : 3 -25.

―――, M. Ezzamel and R. Scapens (2003) *The challenge of management accounting change : Behavioural and cultural aspects of change management*, London : CIMA Publishing.

Cavalluzzo, K. S. and C. D. Ittner (2004) "Implementing performance measurement innovations: evidence from government," *Accounting, Organizations and Society*, Vol.29, No. 3 / 4 : 243-267.

Chanegrih, T. (2008) "Applying a Typology of Management Accounting Change: A Research Note," *Management Accounting Research*, Vol.19, No. 3 : 278-285.

Cobb, I., C. Helliar and Innes, J. (1995) "Management accounting change in a bank," *Management Accounting Research*, Vol. 6, No. 2 : 155-175.

Dillard, J. F., Rigsby, J. T. and C. Goodman (2004) "The making and remaking of organization context : Duality and the institutionalization process," *Accounting, Auditing & Accountability Journal*, Vol.17, No. 4 : 506-542.

DiMaggio, P. J. (1988) "Interest and agency in institutional theory," in Lynne Zucker ed., Institutional patterns and organizations. Cambridge, MA : Ballinger : 1 -32.

――― and W. W. Powell (1983) "The Iron Cage Revisited : Institutional Isomorphism and Collective Rationality in Organizational Fields," *American Sociological Review*, Vol.48, No. 2 : 147-160.

Emsley, D. (2005) "Restructuring the Management Accounting Function : A Note on the Effect of Role Involvement on Innovativeness," *Management Accounting Research*, Vol.16, No. 2 : 157-177.

―――, B. Nevicky and G. Harrison (2006) "Effect of Cognitive Style and Professional Development on the Initiation of Radical and Non-Radical Management Accounting Innovations," *Accounting & Finance*, Vol.46, No. 2 : 243-264.

Glassman, R. B. (1973) "Persistence and loose coupling in living systems," *Behavioral Science*, Vol.18, No. 2 : 83-98.

Gosselin, M. (1997) "The Effect of Strategy and Organizational Structure on the Adoption and Implementation of Activity-Based Costing," *Accounting, Organizations and Society*, Vol.22, No. 2 : 105-122.

Granlund, M. and K. Lukka (1998) "Towards Increasing Business Orientation : Finnish Management Accountants in a Changing Cultural Context," *Management Accounting Research*, Vol. 9, No. 2 : 185-211.

――― (2001) "Towards Explaining Stability in and around Management Accounting Systems," *Management Accounting Research*, 12(2): 141-166.

――― and T. Malmi (2002) "Moderate Impact of Erps on Management Accounting: A Lag or Permanent Outcome?," *Management Accounting Research*, Vol.13, No. 3 : 299-321.

Hansen, A. and J. Mouritsen (2005) "Strategies and organizational problems : Constructing corporate value and coherence in balanced scorecards processes," in Chapman, C., ed., *Controlling Strategy : Management, Accounting, and Performance Measurement*,

Oxford : Oxford University Press : 125-150.
Holm, P. (1995) "The Dynamics of Institutionalization : Transformation Processes in Norwegian Fisheries," *Administrative Science Quarterly*, Vol.40, No. 3 : 398-422.
Hoque, Z. and W. James (2000) "Linking Balanced Scorecard Measures to Size and Market Factors : Impact on Organizational Performance," *Journal of Management Accounting Research*, Vol.12, No. 1 : 1 -17.
Hoskin, K. W. and R. H. Macve (1986) "Accounting and the examination : A genealogy of disciplinary power," *Accounting, Organizations and Society*, Vol.11, No. 2 : 105-136.
―――― and ―――― (1988) "The genesis of accountability: The west point connections," *Accounting, Organizations and Society*, Vol.13, No. 1 : 37-73.
―――― and ―――― (2000) "Knowing more as knowing less? Alternative histories of cost and management accounting in the US and the UK," *Accounting Historians Journal*, Vol.27, No. 1 : 91-149.
Innes, J. and F. Mitchell (1990) "The process of change in management accounting: some field study evidence," *Management Accounting Research*, Vol. 1 , No. 1 : 3 -19.
―――― and ―――― (1995) "Survey of Activity-Based Costing in the U.K.'s Largest Companies," *Management Accounting Research*, Vol. 6 , No. 2 : 137-153.
――――, ―――― and D. Sinclair (2000) "Activity-Based Costing in the U.K.'s Largest Companies : A Comparison of 1994 and 1999 Survey Results," *Management Accounting Research*, Vol.11, No. 3 : 349-362.
Isabella, L.A. (1990) "Evolving Interpretations as a change unfolds : How managers construe key organizational events," *The Academy of Management Journal*, Vol.33, No. 1 : 7 -41.
Jermias, J. (2001) "Cognitive Dissonance and Resistance to Change : The Influence of Commitment Confirmation and Feedback on Judgment Usefulness of Accounting Systems," *Accounting, Organizations and Society*, Vol.26, No. 2 : 141-160.
Johansson, I. and G. Baldvinsdottir (2003) "Accounting for Trust : Some Empirical Evidence," *Management Accounting Research*, Vo.14, No. 3 : 219-234.
Jones, T. C. and D. Dugdale (2002) "The ABC Bandwagon and the Juggernaut of Modernity," *Accounting, Organizations and Society*, Vol.27, No. 1 : 121-163.
Kallunki, J. and H. Silvola (2008) "The Effect of Organizational Life Cycle Stage on the Use of Activity-Based Costing," *Management Accounting Research*, Vol.19, No. 1 : 62-79.
Kasurinen, T. (2002) "Exploring Management Accounting Change : The Case of Balanced Scorecard Implementation," *Management Accounting Research*, Vol.13, No. 3 : 323-343.
Kennerley, M. and A. Neely (2002) "A framework of the factors affecting the evolution of performance measurement systems," *International Journal of Operations & Production Management*, Vol.22, No.11 : 1222-1245.
Kotter , J. P. (1995) "Leading Change : Why Transformation Efforts Fail," *Harvard Business Review* Vol.73, No. 2 : 59-67.
―――― (1996) *Leading Change*, Watertown, MA : Harvard Business School Press.
Krumwiede, K. R. (1998) "The implementation stages of activity-based costing and the impact of contextual and organizational factors," *Journal of Management Accounting*

Research, Vol.10 : 239-277.
Langley, A. and H. Tsoukas (2010) "Introducing perspectives on process organization studies," in Hernes, T. and Maitlis, S. ed., *Process, sensemaking, and organizing*, Oxford: Oxford University Press : 1 -26.
Lewin, K. (1951) *Field Theory in Social Science*, New York : Harper and Row.
Libby, T. and J. H. Waterhouse (1996) "Predicting change in management accounting systems," *Journal of Management Accounting Research*, Vol. 8 : 137-150.
Lukka, K. (2007) "Management Accounting Change and Stability : Loosely Coupled Rules and Routines in Action," *Management Accounting Research*, Vol.18, No. 1 : 76-101.
Macintosh, N. B. and R. W. Scapens (1990) "Structuration theory in management accounting," *Accounting, Organizations and Society*, Vol.15, No. 5 : 455-477.
────── and ────── (1991) "Management accounting and control systems : A structuration theory analysis," *Journal of Management Accounting Research*, Vol. 3 : 131-158.
Malmi, T. (1997) "Towards Explaining Activity-Based Costing Failure : Accounting and Control in a Decentralized Organization", *Management Accounting Research*, Vol. 8, No. 4 : 459-480.
Malmi, T. (1999) "Activity-Based Costing Diffusion across Organizations : An Exploratory Empirical Analysis of Finnish Firms," *Accounting, Organizations and Society*, Vol.24, No. 8 : 649-672.
Markus, M. L. and J. Pfeffer (1983) "Power and the Design and Implementation of Accounting and Control Systems," *Accounting, Organizations and Society*, Vol. 8 , No. 2 / 3 : 205-218.
Miller, P. (1991) "Accounting Innovation Beyond the Enterprise: Problematizing Investment Decisions and Programming Economic Growth in the U.K. In the 1960s," *Accounting, Organizations and Society*, Vo.16, No. 8 : 733-762.
────── and T. O'Leary (1987) "Accounting and the construction of the governable person," *Accounting, Organizations and Society*, Vol.12, No. 3 : 235-265.
────── and ────── (1993) "Accounting expertise and the politics of the product : Economic citizenship and modes of corporate governance," *Accounting, Organizations and Society*, Vol.18, No. 2 / 3 : 187-206.
────── and ────── (1994) "Accounting, "economic citizenship" and the spatial reordering of manufacture," *Accounting, Organizations and Society*, Vol.19, No. 1 : 15-43.
Modell, S., K. Jacobs and F. Wiesel (2007) "A Process (Re) Turn? : Path Dependencies, Institutions and Performance Management in Swedish Central Government," *Management Accounting Research*, Vol.18, No. 4 : 453-475.
Napier, C. J. (2006) "Accounts of Change : 30 Years of Historical Accounting Research," *Accounting, Organizations and Society*, Vol.31, No. 4 : 445-507.
Naranjo-Gil, D., V. S. Maas and Hartmann, F. G. H. (2009) "How CFOs Determine Management Accounting Innovation : An Examination of Direct and Indirect Effects," *European Accounting Review*, Vol.18, No. 4 : 667-695.
Nor-Aziah, A. K. and R. W. Scapens (2007) "Corporatisation and Accounting Change : The Role of Accounting and Accountants in a Malaysian Public Utility," *Management*

Accounting Research, Vol.18, No. 2 : 209-247.

Qu, S. and D. J. Cooper (2011) "The Role of Inscriptions in Producing a Balanced Scorecard," *Accounting, Organizations and Society*, Vol.36, No. 6 : 344-362.

Roberts, J. and R. Scapens (1985) "Accounting systems and systems of accountability: understanding accounting practices in their organisational contexts," *Accounting, Organizations and Society*, Vol.10, No. 4 : 443-456.

Sangster, A. (1996) "Expert System Diffusion among Management Accountants : A UK Perspective," *Journal of Management Accounting Research*, Vol. 8 : 171-182.

Scapens, R. W. (1994) "Never mind the gap: towards an institutional perspective on management accounting practice," *Management Accounting Research*, Vol. 5, No. 3 / 4 : 301-321.

―――― and M. Jazayeri. (2003) "ERP Systems and Management Accounting Change : Opportunities or Impacts? A Research Note," *European Accounting Review*, Vol.12, No. 1 : 201-233.

―――― and Roberts, J. (1993) "Accounting and Control: A Case Study of Resistance to Accounting Change," *Management Accounting Research*, Vol. 4, No. 1 : 1 -32.

Scott, W. R. and J. W. Meyer (1983) "The Organization of Social Sectors," in Meyer, J. W. and W. R. Scott ed., *Organizational Environments, Ritual and Rationality* : Beverly Hills, CA: Sage : 129-153.

Seo, M.G. and W. E. D. Creed (2002). "Institutional Contradictions, Praxis, and Institutional Change : A Dialectical Perspective," *Academy of Management Review*, Vol.27, No. 2 : 222-247.

Sharma, U., S. Lawrence and A. Lowe (2010) "Institutional contradiction and management control innovation: A field study of total quality management practices in a privatized telecommunication company," *Management Accounting Research*, Vol.21, No. 4 : 251-264.

Shields, M. D. (1995) "An Empirical Analysis of Firms' Implementation Experiences with Activity-Based Costing," *Journal of Management Accounting Research*, Vol. 7 : 148-166.

Siti-Nabiha, A.K. and R. W. Scapens (2005) "Stability and change : an institutionalist study of management accounting change," *Accounting, Auditing & Accountability Journal*, Vol.18, No. 1 : 44-73.

Soin, K., W. Seal and J. Cullen (2002) "ABC and organizational change : an institutional perspective," *Management Accounting Research*, Vol.13, No. 2 : 249-271.

Star, S. L. and J. R. Griesemer (1989) "Institutional Ecology, 'Translations' and Boundary Objects : Amateurs and Professionals in Berkeley's Museum of Vertebrate Zoology, 1907-39," *Social Studies of Science*, Vol.19, No. 3 : 387-420.

Sulaiman, S. and F. Mitchell (2005) "Utilising a Typology of Management Accounting Change : An Empirical Analysis," *Management Accounting Research*, Vol.16, No. 4 : 422-437.

Vera, D. and M. Crossan (2004) "Strategic Leadership and Organizational Learning," *Academy of Management Review*, Vol.29, No. 2 : 222-240.

Weick, K. E. (1976) "Educational organizations as loosely coupled systems," *Administrative Science Quarterly*, Vol.21, No. 1 : 1 -19.

Williams, J. J. and A. E. Seaman (2001) "Predicting Change in Management Accounting Systems: National Culture and Industry Effects," *Accounting, Organizations and Society*, Vol.26, No. 4／5：443-460.
―――― and ―――― (2002) "Management Accounting Systems Change and Departmental Performance : The Influence of Managerial Information and Task Uncertainty," *Management Accounting Research*, Vol.13, No. 4：419-445.

浅田拓史（2010）「管理会計変化研究の動向」『メルコ管理会計研究』第 2 巻：77-85。
――――（2012）「管理会計変化研究の対象の概念規定に関する考察―その曖昧性と多様性について―」『原価計算研究』第36巻第 1 号：154-163。
――――（2013）『管理会計知識の進化を促進する組織的文脈―知識創造，制度化，制度進化の視点から―』京都大学大学院経済学研究科博士学位申請論文。
――――・吉川晃史・上總康行（2013）「日本電産株式会社の経営改革と管理会計―知識創造理論の視点から―」『管理会計学』第21巻第 2 号：41-60。
潮清孝（2008）「京セラ・アメーバ経営の時間当たり採算公式と利益連鎖管理」『企業会計』第60巻第 3 号：471-79。
――――・足立洋（2010）.「アクターネットワーク理論を用いた管理会計研究の動向」『メルコ管理会計研究』第 3 巻：75-84。
乙政佐吉（2005）「我が国企業のバランス・スコアカード導入における促進・阻害要因に関する研究―A社のケースを通じて―」『原価計算研究』第25巻第 1 号：58-73。
――――・梶原武久（2009）「バランス・スコアカード実践の決定要因に関する研究」『原価計算研究』第33巻第 2 号：1 -13。
梶原武久・谷武幸（2002）「営業組織におけるインセンティブシステムの変革の成功要因：カルビー㈱におけるサーベイ調査の結果」『国民経済雑誌』第186巻第 1 号：13-28。
上總康行（1989）『アメリカ管理会計史』上下巻，同文舘出版。
國部克彦（1999）『社会と環境の会計学』中央経済社。
近藤隆史・吉田栄介（2005）「制度論的パースペクティブに基づく原価企画の導入と変更の経時的ケース研究」『會計』第167巻第 3 号：103-116。
澤邉紀生（1998）『国際金融規制と会計制度』晃洋書房。
――――・D.J. Cooper・W. Morgan（2008）「管理会計におけるケーススタディ研究の意義」『メルコ管理会計研究』第 1 号：3 -20。
盛山和夫（2011）『社会学とは何か―意味世界への探究』ミネルヴァ書房。
挽文子（2007）『管理会計の進化』森山書店。
松尾貴巳・大浦啓輔・新井康平（2008）「管理会計システムの導入がもたらす組織変革プロセスの研究：㈱飯田におけるABC導入の質的研究」『管理会計学』第16巻第 2 号：3 -21。
吉田栄介（2003）「管理会計チェンジ研究の意義」『龍谷大学経営学論集』第43巻第 2 号：100-112。
――――（2004）「原価企画の導入と変更の研究：制度論的パースペクティブに基づく概念化」『三田商学研究』第47巻第 1 号：225-235。
頼誠（2000）「管理会計の変化のプロセスに関する研究」『彦根論叢』第327号：141-157。

第11章

分析的アプローチによる資本予算の研究

1 はじめに——本章の目的——

　本章では，会計研究のうちいわゆる分析的アプローチ，特にアドバース・セレクションのモデルによって，資本予算についてどのような研究が行われてきたかを，具体的な分析手法とそこで用いられている分析手法で働いているメカニズムを中心に説明する。21世紀に入って10年余りが経過した現在，わが国の会計分野，とりわけ管理会計分野では，分析的アプローチを採用している研究者はわずかしかいない。本章では，分析的研究において資本予算の問題を分析する際にしばしば採用されるアドバース・セレクションのモデルについて説明することから始めたい。その後，資本予算の主要なモデルを取り上げ，分析モデルの詳細を検討する[1]。具体的には，主要な分析モデルをいくつか取り上げ，目的関数や選好の歪み，制約について整理し，それらが結果にどう影響しているかを整理する。ただし，本章で扱うのは一期間のモデルに限定し，Dutta and Reichelstein（2002）等に代表される多期間のモデルは扱わない[2]。また，本章の内容は分析的アプローチによる資本予算の分析モデルを網羅的に整理することを目的とはしていない。したがって，完全なサーベイとはなっていないことを先に述べておく。

　本章の構成は以下のとおりである。第2節では標準的なアドバース・セレクションのモデルの概要について簡単に説明した後，資本予算プロセスの分析に

際してどのような問題があるのかを検討する。これを受け，第3節では先行研究の中から3つの主要な論文を取り上げ，どのように問題を扱い，どのような結果を導いたかを検討する。第4節を本章の結びとする。

2 標準的なアドバース・セレクションのモデル

分析的アプローチで採用されているものには，モラル・ハザードとアドバース・セレクションの2つのモデルがある。これは契約理論やプリンシパル・エージェント・モデルと呼ばれる分析の枠組みの代表的なモデルである。この2種類のモデルは，ともに情報の非対称を源泉とする非効率に注目して経済現象を分析しようとするものであるが，両者の違いは情報の非対称が発生するタイミングである。どちらのモデルにおいても，プリンシパルと呼ばれる経済主体がエージェントと呼ばれる経済主体に契約を提示し，なんらかの経済活動を行わせるという状況を扱っている[3]。モラル・ハザードのモデルでは，情報の非対称の源泉である私的情報は，エージェント側が契約締結後に選択する努力水準である。他方，アドバース・セレクションのモデルでは，私的情報はエージェントの選好に影響を与える「タイプ」と呼ばれる変数であり，これは契約締結前に外生的に与えられる[4]。管理会計に関係するところでは，タイプは投資案件の収益性や製品の製造コストに関する情報であり，エージェントの側だけがタイプについて正確な情報を持っているという形で表現される。このことは，プリンシパルよりも経営者や管理者であるエージェントのほうが現業についてよく知っているというイメージと対応しており，アドバース・セレクションのモデルの正当化に使われる。以下，両者の違いをもう少し詳しく考察する。

モラル・ハザードのモデルでは，エージェントは非金銭的なコストを支払い，契約関係を結んだ相手（管理会計では企業や部門）の利得を高める活動を行う。この活動はしばしば努力と呼ばれる。これに対して，アドバース・セレクションの標準的なモデルでは，エージェントがこの努力コストを負担することはない。もちろんエージェントがコストを負担して努力を行うと仮定しても構わないが，プレーンの状態のモデルでは，努力コストはモデルに組み込まれていない。

モラル・ハザードのモデルでは，エージェントである管理者が選択する努力水準について，管理者を雇用する側である企業の所有者と管理者の間に情報の非対称がある。つまり，管理者が選択する努力水準が私的情報となる。したがって，私的情報が生み出されるタイミングは管理者が努力水準を選択する時点である。モラル・ハザードの標準的なモデルでは，管理者が努力水準を選択するのは契約締結後になる。そのため所有者は，雇用契約に対するリアクションとして管理者が選択する努力水準がより好ましいものになるよう，雇用契約を設計することになる。

アドバース・セレクションのモデルでは，情報の非対称はたとえば投資案件の収益性について存在する。より一般的には，アドバース・セレクションのモデルでは，契約を提示される側の選好について私的情報が存在すると仮定されている。管理会計分野での関心事である投資案件については，それはたとえば投資案件の収益性と読み替えることが可能である。問題は，この私的情報を管理者がどのタイミングで受け取るかである。通常の分析的アプローチによる資本予算プロセスの分析モデルでは，管理者は投資案件の収益性を契約締結前の時点で知る。これは，モラル・ハザードのモデルで私的情報が生み出されるのが契約締結後であるのと対照的である。これら2つのモデルでは私的情報をエージェントが知るタイミングが異なるという点に注意されたい。

では，資本予算プロセスの研究においては，アドバース・セレクションのモデルはどのように応用されているだろうか。リスク中立的なプリンシパルがリスク中立的なエージェントを雇い，投資プロジェクトの運営を委託する状況を考えよう。先行研究の多くと同じく，投資額は定数で，この投資プロジェクトを行う場合はプリンシパルの側が費用を負担するものと仮定しよう。エージェントが持っている私的情報は投資プロジェクトの収益性である。また，エージェントが行う意思決定は収益性についてプリンシパルに報告することだけで，プリンシパルは報告される収益性ごとに報酬，投資プロジェクトの採用／却下を指定するような契約メニューをエージェントに提示するものと仮定する。これは事業部長が投資プロジェクトについてトップ・マネジメントに許可を求めるような形であり，資本予算のプロセスをなぞったものになっている。では次に，プリンシパルが報酬契約を設計するときにどういったことを考慮しなけれ

ばならないかを考えよう。アドバース・セレクションのモデルでは，エージェントと交わす雇用契約には以下の2つの役割が求められる。

 (i) 契約に参加することをエージェントに受け入れさせること
 (ii) プロジェクトの収益性についてエージェントに真の値を申告させること

(ii)の仮定によって，分析する均衡はエージェントが真のタイプを表明することが保証されるが，表明原理によって分析結果の一般性が失われないことが保障されている[5]。標準的なアドバース・セレクションのモデルでは，この(ii)の制約のために，プリンシパルは情報レントと呼ばれるコストをエージェントに支払わなければならず，これが分析する価値のある非効率の源泉となる。しかし，この段落で考察しているモデルでは，そうした非効率は発生しない。プリンシパルは固定給を提示することで，エージェントに真の収益性を申告させることができるからである。プリンシパルが最終製品のメーカーで，エージェントがその部品のサプライヤーであるような場合は，こういったことは起こらない。エージェントの利得関数は報酬支払額と製造コストの差になるからである。メーカーとサプライヤーの場合の私的情報は製造コストであり，サプライヤーの側にはタイプの申告を通じて製造コスト以上の支払を得ようとする動機がある。このため，(ii)の制約によって正の情報レントが生じる。次節でレビューするAntle and Eppen（1985）のモデルでは，エージェントはサプライヤーのような役割を担う製造部門なので，エージェントの私的情報は自身の製造コストである。したがって，Antle and Eppen（1985）では，追加的な仮定なしに正の情報レントが均衡で導出される。しかし，前述のように投資コストをプリンシパルが負担する場合は，固定給を提示してしまえば，エージェントは自分の私的情報である真の収益性を正直に申告しない動機を持たない。このため，均衡解では一切の非効率が生じず，分析する価値のある問題がなくなってしまうのである。

　資本予算のモデルの研究者たちは，資本予算を分析する際のこのような問題に対して，追加的な選好の歪みや制約を導入し，プリンシパルとエージェントの間のさまざまな利害対立を分析している。次節では，いくつかの主要な先行研究を取り上げ，資本予算のアドバース・セレクションのモデルについてどのような工夫がなされ，どのような分析結果が得られたのかを整理する。

3 分析的アプローチによる資本予算プロセスの分析モデル

前節で説明したように，プリンシパルとエージェントの間の利害対立のうち，どの利害対立に注目するかが分析の要となる。この節では，3つのモデルを取り上げ，先行研究の理解の助けとする。1つめはAntle and Eppen（1985）による予算スラックの分析モデルである。エージェントの利得を事業部等の組織のスラックと仮定したものである。残りの2つのモデルでは，エージェントの利得は報酬支払額から努力コストを引いたものである。2つめはDutta（2003）による，留保利得がエージェントのタイプに依存するモデルである。3つめはエージェントが投資プロジェクトから非金銭的な利得を得るBaldenius（2003）のモデルである。

3.1 スラック

ここでは，エージェントの利得を組織のスラックとして，ハードル・レートとスラックについて分析したAntle and Eppen（1985）のモデルを紹介する。

リスク中立的なプリンシパルが，リスク中立的なエージェントに予算を与え，エージェントは与えられた予算の中から事業に投資を行う状況を考える。エージェントは製造部門のような組織であると解釈できる。プリンシパルの目的は，エージェントに任せた投資から得られるリターンの現在価値から，与えた予算額を引いた額の期待値を最大化することである。エージェントの利得は与えられた予算額から実際に投資した額を引いた額で与えられている。後で紹介する他のモデルと異なり，Antle and Eppen（1985）ではエージェントの利得は個人の所得や消費ではなく，組織の得るスラックで与えられている。エージェントはこの投資プロジェクトの収益率を私的に知っており，プリンシパルはその確率分布しか知らない。そこで，プリンシパルはエージェントに収益率について自己申告させ，それに応じて与える予算と達成すべきリターンの大きさを指定した契約を事前に提示する。ただし，エージェントは達成すべきリターンの大きさが与えられると，自分の収益性に応じて投資額を選択すれば，不確実性

にさらされずにそのリターンを達成できるものと仮定されている。このように，Antle and Eppen（1985）ではエージェントの利得がスラックで与えられている。

Antle and Eppen（1985）はこの仮定のもとで，均衡で投資を行わせるエージェントの収益率がプリンシパルの資本コストを上回る率になることを示した。この結果の背後にある仕組みは以下のとおりである。

まず，エージェントは自分の利得を大きくしようとして，真のタイプ（収益率）を申告しない動機を持つ。均衡では，エージェントに真のタイプを申告させるために情報レントと呼ばれるコストがかかる。プリンシパルは，資本コストを上回る収益性であれば投資を実行させたいと思っている一方で，そのためには（タイプごとに大きさは異なるが）情報レントをエージェントに支払わなければならないというトレードオフに直面している。このバランスを取って，収益性がある程度より低いエージェントには投資を行わせないような契約をプリンシパルは提示することになる。Antle and Eppen（1985）は，組織の予算スラックを通じて資本予算プロセスのハードル・レートが資本コストよりも高くなることを示した。

3.2 留保利得

本項では，エージェントが留保利得（外部の雇用機会から得られる利得）に注目し，Dutta（2003）のモデルをレビューする。

Dutta（2003）は，リスク中立的なプリンシパルがリスク中立的なエージェントを雇用し，投資プロジェクトの管理を任せる状況を考えた。エージェントは事業部等の利益センターの管理者であると解釈してよい。この投資プロジェクトに関して，投資コストはプリンシパルが負担するものと仮定されている。投資プロジェクトから得られる期末キャッシュ・フローは，投資そのものから得られる収益とエージェントが行う努力の成果の和からなる。プリンシパルの利得は，期末キャッシュ・フローの現在価値から投資コストとエージェントへの報酬支払額を引いたものである。エージェントの利得は，報酬支払額から努力コストを引いたものである。

標準的なアドバース・セレクションのモデルと同様に，自らのタイプ（ここ

では収益性）について真実を報告させることと，契約に参加することを受け入れさせることが必要となる。Dutta（2003）はこの標準的なアドバース・セレクションのモデルに努力を加えたモデルに，エージェントの留保利得がタイプに依存するという条件を組み込んだ。つまり，エージェントは契約前に自分が保有しているプロジェクトの収益性について私的に知っているが，留保利得がこの収益性の増加関数になっているという仮定をDutta（2003）は組み込んだのである。この仮定は，エージェントがたとえば技術革新の頻度の高い産業やベンチャー企業の多い産業に当てはまりがよいものと考えられる。この制約のため，プリンシパルはエージェントに，自企業のもとにとどまらせるためのコスト（以下，「リテンション・コスト」という）を支払う必要がある。これを表現するために，Dutta（2003）では外部の雇用機会からエージェントが得られる利得がどのくらい魅力的であるかを$\delta \geq 0$で表している[6]。

前述したように，集権的な組織では，エージェントはいったんプリンシパルにプロジェクトの収益性を申告し，プリンシパルは（契約締結時に設定した）ハードル・レートを参照して投資の是非を決める。プリンシパルは投資の是非を決定するハードル・レートを設定するが，投資額の大きさは所与である。ここでの契約は，エージェントが申告したプロジェクトの収益性に応じて，報酬支払額，期末キャッシュ・フロー，努力水準をそれぞれ指定するものである。エージェントの利得は，報酬支払額から得られる利得から努力コストを引いたものと仮定されている。

このような仮定のもとで，Dutta（2003）は資本予算プロセスを分析し，ハードル・レートがどのように設定されるかを中心に分析を行った。まず，集権的な組織のもとで，δがゼロの状況を分析した。この場合，標準的なアドバース・セレクションのモデルとの相違点はエージェントの努力の有無である。Dutta（2003）は，この状況では，均衡のハードル・レートは資本コストを上回ることを示した。これはAntle and Eppen（1985）と同様に過小投資を示す結果である。この結果は，収益性が資本コストを上回っていてもハードル・レートを下回る投資プロジェクトは，採用すべきプロジェクトであるにもかかわらず却下されることを示している。プリンシパルはハードル・レートと報酬設計の問題を解くとき，以下のトレードオフに直面している。つまり，正の正

味現在価値を持つプロジェクトをできるだけ採用しようとすると，期末キャッシュ・フローの期待値は大きくなる一方で，エージェントへの期待報酬支払額も大きくなってしまう。その結果，プロジェクトから得られるリターンを回収しつつ，エージェントへの期待報酬支払額を小さくするようなハードル・レートをプリンシパルは均衡で選択することになる。ハードル・レートの前後で起きていることを少し説明しよう。ハードル・レート以下のタイプのエージェントについては，投資プロジェクトは採用されない。したがって，たとえ最も収益性の低いタイプでなくても，真のタイプを申告させるためのコストはかからない。つまり，ハードル・レート以下の収益性のエージェントには情報レントを支払う必要がない。情報レントは投資プロジェクトが採用されるエージェントについてのみ支払うことになる。また，さらに重要なことだが，ハードル・レートを少し上げたとき，投資プロジェクトが採用されるエージェントの情報レントはタイプごとに小さくなる。つまり，同じタイプであってもハードル・レートを上げれば情報レントを小さくすることができる。

次にDutta（2003）は，リテンション・コストが正（$\delta > 0$）の場合を分析している。δがさほど大きくない場合，どのタイプのエージェントについてもリテンション・コストが情報レントを上回ることはない。したがって，エージェントを自企業にとどまらせるための制約は均衡では効かず，標準的なモデルと同様に真のタイプを報告させるための制約が効く。

逆に，δが十分に大きい場合は，より収益性の高いエージェントほどリテンション・コストが大きくなり，タイプがある程度以上になるとリテンション・コストが情報レントを上回る[7]。そしてこの場合のハードル・レートは，δがゼロの場合と比べて低く設定されることを示した。そして，δが大きい場合のハードル・レートは，δの減少関数になっていることも示した。これらの結果はきわめて面白い。なぜなら，δが大きいほどエージェントを自企業にとどまらせるのにコストがかかりそうだが，そういう場合にはかえって過小投資が緩和されるというメリットがあるということを意味するからである。この結果は以下のように解釈される。δが十分に大きい場合，リテンション・コストは大きくなる。このとき，より収益性の高いタイプほどより大きなリテンション・コストを受け取ることになるが，リテンション・コストは情報レントを上回っ

ていることを想起されたい。δ がゼロの場合は，ハードル・レートを高めに設定することで期待報酬支払額を小さくすることができた。これは，ハードル・レートを上げることで，タイプごとに情報レントを下げることができたからである。しかし，δ が十分に大きい場合は，収益性の高いタイプの利得は情報レントではなくリテンション・コストによって決まるため，もはやハードル・レートを使って情報レントを小さくすることはできない。ハードル・レートを上げたところで，高収益性タイプのエージェントへの報酬支払額は変わらないのである。しかし依然として，低めのタイプの報酬支払額は情報レントで決まっている。これらの低めのタイプについては，δ がゼロの場合にプリンシパルが直面していたのと同じトレードオフが依然として存在しており，ハードル・レートはやはり資本コストより高めに設定される。しかし，δ がゼロの場合に比べれば，ハードル・レートを高めに設定して期待報酬支払額を小さくすることのメリットは小さく，過小投資は緩和される。

3.3 役　　得

　これまではエージェントが契約関係から受け取る利得を金銭的なものに限定してきたが，役得，つまり非金銭的な利得をエージェントの目的関数に組み込んだモデルも存在する。その主要なものとして，Baldenius (2003) による分析モデルの基本的な構造をレビューする[8]。Baldenius (2003) も Dutta (2003) と同様に，エージェントに私的情報を報告させない状況を分権的な組織と呼んで分析しているが，本章ではアドバース・セレクションのモデルである集権的な組織の分析に注目する。

　Baldenius (2003) は，リスク中立的なプリンシパルとリスク中立的なエージェントの間の雇用契約を分析している。プリンシパルはエージェントに投資プロジェクトの管理を委託し，投資プロジェクトのコストはプリンシパルが負担する。投資プロジェクトのリターン ρ [9] はエージェントの私的情報であり，プリンシパルはその確率分布だけを知っている。プリンシパルの目的関数は，投資プロジェクトの期末キャッシュ・フローの期待値から投資額とエージェントへの報酬支払額を引いた額である。ただし，期末キャッシュ・フローにはエージェントが行った努力 a が反映される。したがって期末キャッシュ・フ

ローは，プロジェクトを採用した場合には$k+a$，却下した場合にはaとなる。また，期末キャッシュ・フローは1期分だけ割り引かれる。他方，エージェントの目的関数は受け取る報酬にこのプロジェクトから得られる役得を足し，努力コストを引いたものである。この役得はエージェントだけが受け取り，プリンシパルの利得にはならない。Baldenius（2003）では役得を表す関数を$e(k)=e_0+e_1k$のように仮定している。e_0とe_1は定数である。Baldenius（2003）は役得$e(k)$について以下の2つの特殊ケースを考えた。

"Plush Office"：e_0は正，e_1はゼロ
"Reputation"：e_0はゼロ，e_1は正

"Plush Office"のケースでは，役得はエージェントの私的情報であるkに依存せず，投資プロジェクトが採用されればエージェントは役得e_0を受け取る。"Reputation"のケースでは，役得はe_1kであり，エージェントの私的情報である投資プロジェクトの収益性と連動する。kが大きければ期末キャッシュ・フローも大きくなるが，これはエージェントの能力が業績を通じて労働市場に知られるものと解釈することができる。kが大きい場合は投資プロジェクトの成功がエージェントの評判を上げ，エージェントの将来の期待所得を増やすということである。あるいは単に，大きな投資プロジェクトの成功が評判になることで，エージェントが良い気分になる効果そのものを表していると理解してもよい。いずれのケースでも，投資プロジェクトが採用されなければ役得はゼロになる。

Baldenius（2003）はこれらの仮定のもとで，投資プロジェクトのハードル・レートについて分析を行った。

まず，"Plush Office"のケースでは，役得は投資プロジェクトのリターンkに依存しないので，役得は参加制約を満たしやすくする役割を果たす。そのため，いくらか収益性の低めの投資プロジェクトであっても，情報レントを支払ってでも採用したほうがよいという結果になる。このため，役得e_0が十分に大きい場合には，ハードル・レートを資本コストより低く設定することがプリンシパルにとって最適になる。e_0がゼロに近づくにつれ，投資プロジェクトのリターンと情報レントの大きさのトレードオフによってハードル・レートが決

まる標準的なアドバース・セレクションの均衡に近づいていく。このように，ハードル・レートは資本コストより高めに設定され，過小投資が起こる。

"Reputation" のケースでは，役得は投資プロジェクトのリターン k に依存するので，エージェントに真実を報告させるための制約に影響を及ぼす。役得が存在しない場合との違いは，エージェントに真のタイプを報告させるためのコストの大きさである。標準的なアドバース・セレクションのモデルと同様に，情報レントというスクリーニング・コストがかかるが，エージェントは役得からもタイプに依存した利得を得るため，真のタイプを報告させるためのコストがその分余計にかかってしまう。このため，標準的なアドバース・セレクションのモデルでプリンシパルが直面する，資本コストを上回る収益性のプロジェクトをできるだけ採用する便益と，そのためにエージェントに支払う情報レントの間のトレードオフはより厳しいものになる。このため，"Reputation" のケースではハードル・レートは資本コストよりも常に高く設定され，必ず過小投資が起きる。

このように，Baldenius（2003）は役得がエージェントのタイプに依存するケースと依存しないケースを考え，それぞれの均衡を比較した。こうすることでエージェントの評判がエージェントの利得にどう影響するかを分析し，役得，特に評判がかえってエージェンシー・コストを大きくしてしまうことを示した。その結果，ハードル・レートは役得がない場合よりもさらに高く設定され，過小投資が強められることを示した。

4　おわりに

以上の議論で概観したように，アドバース・セレクションのモデルを用いた資本予算プロセスの分析モデルは，標準的なモデルに追加的な仮定を組み込み，重要な問題の分析にうまく対応している。Antle and Eppen（1985）は，資本予算プロセスの重要な問題として，スラック，rationing（資本の節約），およびハードル・レートの3つを挙げている。Antle and Eppen（1985）は，エージェントの利得を事業部等のスラックとした場合のハードル・レートの分析を行い，過小投資が起きるメカニズムを定式化した。この系統の研究については，

Antle and Fellingham (1997) にまとめられている。Dutta (2003) やBaldenius (2003) のようにエージェントの利得を報酬支払額と努力コストの差のように仮定したモデルでも，ハードル・レートが資本コストより高く設定され，過小投資が起きるメカニズムがさまざまな仮定のもとで示されている。これらのモデルでは，過小投資はハードル・レートの資本コストからの乖離によって表現されている。Bernardo et al. (2001) 等を除けば，事業規模を内生的に描いたモデルは少ないようである。

資本予算プロセスのアドバース・セレクションのモデルによる分析は，自ずと集権的な組織を仮定したものになる。前述したように，第3節で扱ったモデルは，エージェントがタイプをプリンシパルに申告し，申告したタイプに応じて報酬や投資意思決定が指定されるメカニズムを採用しているものであった。したがってこれは，分権的な組織で投資意思決定がどのように行われるかを，本章が扱っていないことを意味している。実は，第3節でレビューした3本の論文のうち，Dutta (2003) とBaldenius (2003) は分権的な組織における投資意思決定を分析している。そこでは，契約は業績指標と連動した線形契約と仮定され，業績指標は残余利益型の業績指標が用いられるものと仮定されている。残余利益型指標とは，期末キャッシュ・フローから資本コスト率×投下資本を引いたものである。エージェントは自分のタイプについてプリンシパルに報告しないものと仮定され，投資意思決定についてはエージェントが選択するものと仮定されている。資本予算の問題としてこれを見たときの分析のポイントは，残余利益型業績指標の資本コスト率をどのような水準に設定すべきかになる。本章では説明を省いたが，この問題もきわめて重要なものであることを指摘しておく。

資本予算プロセスは重要な要素を多く含む研究テーマである。本論考が今後の日本の資本予算研究の一助になれば幸いである。

●注

1　網羅的な解説は本章の目的ではない。Christensen and Feltham (2005) 等を参照されたい。

2　あくまで私見だが，これらのT期間のモデルを扱いやすくするために置かれる仮定は，分析しやすい形にするために多大な労力がかかる。たとえばt期と$t+1$期の間のインタラ

クションを描くのに不向きである。また，応用の余地が少なく，1期間や2期間のモデル以上の分析結果を導出するには向いていない。
3 論文ごとにプリンシパルとエージェントが何なのかが異なるが，本章の中では「プリンシパル」，「エージェント」で統一する。
4 厳密には契約締結後でもよい。エージェントが自分のタイプをプリンシパルに対して申告するタイミングで，エージェントが自分のタイプ情報を知っていればよい。
5 詳細は伊藤（2003）等を参照されたい。
6 具体的には，エージェントの留保利得は$k(\delta r-c)$で与えられている。kは投資コスト，rはタイプ変数，cはプリンシパルの資本コストである。
7 このとき，エージェントを自企業にとどまらせるための制約を満たす契約によって，エージェントに真のタイプを申告させることができることが示されている。
8 Harris and Raviv (1996), Bernardo et al. (2001) も似たような設定を用いている。
9 Baldenius (2003) では，エージェントの私的情報は投資プロジェクトの収益性ではなくリターンそのものである。

【参考文献】

Antle R. and G. Eppen (1985) "Capital Rationing and Organizational Slack in Capital Budgeting," *Management Science*, Vol.31, No. 2 : 163-174.
―――― and J. Fellingham (1997) "Models of Capital Investment with Private Information and Incentives: A Selective Review," *Journal of Business Finance and Accounting*, Vol.24, No. 7-8 : 887-908.
Baldenius T. (2003) "Delegated Investment Decisions and Private Benefits of Control," *Accounting Review*, Vol.78, No. 4 : 909-930.
Bernardo A., H. Cai and J. Luo (2001) "Capital Budgeting and Compensation with Asymmetric Information and Moral Hazard," *Journal of Financial Economics*, Vol.61, No. 3 : 311-344.
Christensen P. O. and G. A. Feltham (2005) *Economics of Accounting Volume II—Performance Evaluation*, New York : Springer.
Dutta S. (2003) "Capital Budgeting and Managerial Compensation: Incentive and Retention Effects," *Accounting Review*. Vol.78, No. 1 : 71-93.
―――― and S. Reichelstein (2002) "Controlling Investment Decisions : Depreciation and Capital Charges," *Review of Accounting Studies*. Vol. 7 : 253-281.
Harris M. and A. Raviv (1996) "The Capital Budgeting Process : Incentives and Information," *Journal of Finance*, Vol.51, No. 4 : 1139-1174.

伊藤秀史（2003）『契約の経済理論』有斐閣。

第III部

特定状況の管理会計研究

第12章　わが国ベンチャーキャピタル業界と新技術ベンチャー投資意思決定
第13章　中小企業を対象とする管理会計研究の課題
第14章　グローバル化・複雑化時代の生産管理会計

＃ 第12章

わが国ベンチャーキャピタル業界と
新技術ベンチャー投資意思決定

1 はじめに

　大学，研究機関等の先端研究をベースとしたベンチャー，新技術ベンチャー（New Technology Based Firm：NTBF）は，革新的技術の創出のみならず，経済成長，雇用，さらには，経済システムの競争力強化の観点からも，重要な役割を担っている（Audretsch, 1995; OECD, 2003）。

　ベンチャーキャピタリスト（Venture Capitalist：VCist）は，このNTBFsの育成において，NTBFsに固有の長期にわたる研究開発，製品化にかかる膨大な資金の提供（Pfirrmann et al., 1997），また，投資先NTBFsに対するさまざまな支援を通じて，経営のプロフェッショナル化を促す（Bygrave and Timmons, 1992; Hellmann and Puri, 2002）等，投資先NTBFsの育成に貢献しているとされる。米国におけるマイクロソフト，グーグル，オラクル，アムジェン等の急成長NTBFsの背景には，VCistsの存在が指摘される。こうしたNTBFs投資を志向するVCistsによる投資成果は，VCistsに関する国際的な学術研究ならびに経済政策としてのNTBFs育成施策の主流をなすとされる。

　Black and Gilson（1998）は，VCistsについて「急成長，ハイリスクで，しばしば製品開発又は成長を支える資本が必要であり，事業の性格上，借金という形より主に株式という形で資本を得るようなハイテク企業投資に特化している（Black and Gilson, 1998: 245）」投資家と述べるとともに，有望NTBFsを見

出し，急成長へと導いた米国VCistsモデルを先進各国が導入しようとしているが，その試みは成功していない（Black and Gilson, 1998）と指摘している。Colombo et al.（2010）は，欧州各国において，1990年代後半以降，米国VCistsのNTBFs投資の成功にならい，NTBFsの創出，成長を促す有効なファーストステップとして，NTBFs育成に資するキャピタル（Venture Capital：VC）支援施策が実施されているが，十分な成果をあげるに至っていないと述べる。

本章は，有望NTBFsを見出し，急成長へと導く（Black and Gilson, 1998）とされるNTBFs投資を志向するVCistsの機能のうち，主要な投資前活動としての投資意思決定に焦点を当てる。後述するが，1990年代以降，わが国のVC業界において，NTBFs投資を志向するVCistsが，業界内に一定の地位を得つつある。本章では，まず，わが国のVC業界におけるNTBFs投資について，業界の形成過程および現況を概観する。そのうえで，VCistsによる投資意思決定について，VCistsの投資スタイル，技術要因，重視する情報と評価手法の論点をもとに考察する。

2　わが国のVC業界

わが国のVC業界の形成過程を概観すると，業界の草創期から，そのほとんどが米国から始まった流れや制度にならい発展したものであることがわかる。米国の中小企業育成会社（Small Business Investment Company）を手本に，公的なVC投資が整備され，米国のリミテッドパートナーシップ（Limited Partnership）を手本に，当時のわが国の法律に適応するように，民法上の組合として，わが国特有の投資事業組合も整備され，これら組織，制度は，時とともに形を変えながら現存している。一方，NTBFs投資を志向するVCistsのさきがけとして，アメリカン・リサーチ・アンド・ディベロップメント（American Research and Development：ARD）にならって設立されたわが国初の民間ベンチャーキャピタルファーム（Venture Capital Firm：VCF）は，設立から8年で解散する。本節では，米国との対比をもとに，わが国のVC業界の形成過程およびその現況について考察する。

2.1 米国のVC業界の形成過程

1946年,NTBFs投資を志向するVCistsのさきがけであり,初の組織的VCFであるARDが米国で設立された。ARDは,1957年のデジタルイクイップメント社への投資で,大成功したことで有名である。デジタルイクイップメント社への投資実績をみると,投資額は7万ドル弱,77％の株式保有であった投資が,13年後の1971年には株式の評価額は5,000倍に高まり,1970年代から80年代に至るVC投資のベンチマークとなった。

1958年には,米国の中小企業の育成を目的に中小企業育成会社法が制定された。これにより,政府から低利融資で資金を調達し,中小企業に投資する中小企業育成会社法に基づく投資会社が数多く設立された。これらの投資会社は,1960年から1962年までに600社近くが認可される等急速に増加したが,1960年代末には300社近くに減少しその活動は縮小した。1960年代後半の米国経済全体の不振,株式公開熱の沈静化,さらには,間接金融と直接金融という性格の異なるものを接続するという制度上の問題も原因とされている(濱田,1996: 37)。

1961年には,今日的なVC投資の原型が形作られた。著名なVCistsの1人であるArthur Rockが,共同経営者のTommy Davisとともに,米国で最初のパートナーシップファンドを設立した(Gupta et al., 2000: 142)。Arthur Rockは,インテルやアップルコンピュータを見出したことでも有名で,「人々の生き方や働き方を変えてしまう製品やサービスの新しいコンセプトをもたらすような企業に投資する」という投資哲学を持っているとされている(Bygrave and Timmons, 1992: 6)。

2.2 わが国のVC業界の形成過程

1963年,わが国では,米国の中小企業育成会社にならって,東京,大阪,名古屋の3つの地域に中小企業投資育成会社がそれぞれ設立された。この3つの会社は中小企業の自己資本の充実を目的に作られた。しかし,国からの低利融資でVC投資を行った米国の中小企業投資育成会社とは異なり,投資育成会社の自己資本で投資を行った。この3つの会社は,その後民営化され,現在では

民間VCFsとほぼ同じ業務を行っている。しかし，設立当初は，自己資本の充足という中小企業の持つ普遍的な問題を意識して設立されたものであり，1970年代に設立された民間VCFsとは，基本的に性格が異なっていた（濱田，1998：92）とされる。

わが国で初めて投資事業組合が設立されたのは1982年のことで，日本合同ファイナンスによるジャフコ1号である。日本合同ファイナンスの当時の経営陣が，米国を視察し，米国のVCists，VCFsで主流となっていたリミテッドパートナーシップにならい，わが国の民法上の組合を根拠として設立したものである。

一方，1972年には，わが国初の民間VCFが創設された。京都の経済同友会が母体となって設立した京都エンタープライズディベロップメント（KED）である。KEDは，京都の経済団体である京都経済同友会主導で設立された。資本金3億円，初代社長には立石電機の立石一真社長（当時）が就任した。大株主は，京都経済同友会の会員企業を中心に，立石電機，ワコール，京都銀行，京都信用金庫，京都中央信用金庫，京都証券取引所などで，証券，銀行，メーカーの各業界から各10社程度が参加し，各業界がそれぞれ1億円程度を出資した（オムロン株式会社資料）とされる。KEDは，米国のARDにならい，ハイテクノロジーを持った中小企業の育成，京都における知識産業振興（オムロン株式会社社内資料）の役割を担い，NTBFs投資を志向するVCistsとして設立された。初代社長である立石氏は，KEDの設立にあたっての抱負として，「企業育成上，投下資本もさることながら，もっとも大切なことは研究開発する新しい商品，技術，サービスのマーケティング戦略についての助言や経営指導」（日経流通新聞，1972年9月6日付）と語り，ARDと同様に，NTBFs投資を志向するVCFを目指していた。しかし，KEDは，設立から8年後の1980年3月期をもって清算された。その直接の原因は，失敗に終わった投資案件に関して，出資者の正式な了解を得ていなかったとの出資者からの批判が噴出したためとされる。KEDは，出資各社が応分の赤字の補填をして解散した（オムロン株式会社社内資料）。初代社長の立石氏は，清算の理由として，「数多い出資者が全員賛成するような方法では，ベンチャービジネスは育たない」（オムロン株式会社社内資料「京都エンタープライズディベロップメント㈱」）と，清

算に至った要因を総括している。KEDは，資本金3億円に地元企業，金融機関，京都証券取引所等42社が出資者として名を連ねていた。

わが国VC業界の形成過程を概観すると，公的VC，投資事業組合等，政策的支援，制度等については，米国にならい発展を遂げた。一方，NTBFs投資を志向するVCFとして，1972年に設立されたわが国初の民間VCFのKEDは，成果をあげることなく解散した。

3　わが国VC業界とNTBFs投資の現況

3.1　VC業界の国際比較

経済協力開発機構（Organization for Economic Co-operation and Development：以下，「OECD」という）諸国における2012年の年間VC投資額を見ると，米国が26,652.4ドルと突出しており，続いて，わが国が1,553.6ドル，カナダが1,470.1ドル，英国が929.1ドル，イスラエルが867.0ドル，フランスが710.5ドル，ドイツが706.2ドル，韓国が606.9ドル等と続く（OECD, 2013: 89）。わが国は，米国に次ぐ業界規模だが，米国の17分の1以下にすぎない。年間VC投資額を対国内総生産比で見ると，イスラエルが最も高く0.36％，続いて，米国が0.115％となっており，以下，カナダ（0.08％），ハンガリー（0.066％），スウェーデン（0.054％），アイルランド（0.054％），韓国（0.054％）と続く。わが国は0.026％と，フランス（0.027％）よりやや小さく，ドイツ（0.021％）よりやや大きいレベルとなっている（OECD, 2013: 89）。

OECD（2013）が「ベンチャーキャピタル投資は，（中略），イスラエル，米国の例外を除いては，GDPの0.05％から0.02％程度となっている」（OECD, 2013: 88）と指摘するように，人口700万人を超えるレベルながら，ハイテクスタートアップの輩出，VC投資で成功を収めるイスラエルを除いては，米国が，絶対額，対国内総生産比で見ても，他のOECD諸国を圧倒している。VC業界の拡大は，投資先企業の成長がその基礎であり，投資先の成長に伴うキャピタルゲインが業界内における新規投資の原資になる。また，投資先企業が急成長するからこそ，業界外からの新規参入，投資が呼び込まれることとなる。米国の

他国を圧倒する業界規模の背景には，米国のVC投資の好循環（桐畑，2003）があり，OECD（2013）のデータは，わが国および欧州各国は，こうした好循環が十分に生じていないことを示唆している。

3.2　わが国のVC業界

　NTBFs投資を志向したKEDの解散以降，わが国VC業界は，株式公開直前等，すでに成熟している企業に対する投資割合が高く，創業まもない起業家への投資には，あまり積極的ではないとされた（Hamao et al., 2000）。また，ハイテク分野への投資パーセンテージもそれほど高くないことが，わが国のイノベーションシステムにおける課題として指摘されてきた（OECD, 2003, 2008）。投資を業とするはずのVCFsで，ノンバンク的な融資が行われるといった事例もあった。しかし，1990年代後半に，わが国のVC業界は転機を迎える。1990年代後半以降，景気の変動に伴う曲折はあるものの，それ以前と比較すると，わが国のVC業界は，大学発ベンチャーに代表されるインターネット，バイオテクノロジー，ナノテクノロジー等，ハイテク分野，かつ成長初期のベンチャーへ投資し，その育成に力を入れるNTBFs投資を志向するVCists，VCFsが増加傾向にある。財団法人ベンチャーエンタープライズセンター（2012）によると，2010年のわが国のVC投資における新規投資先成長段階別構成比率（金額ベース）は，レイターステージが33.1％，エクスパンションステージが34.4％，アーリーステージが28.1％，シードが4.4％となっている。

　わが国のVC投資の新規投資先成長段階別構成比率の変遷を見ると，1990年代後半までは，わが国のVCの投資先は，社歴10年以上の企業が多数を占めていた。しかし，1990年代後半以降，特に，2000年から2003年にかけては，シード，アーリーステージを合わせた新規投資企業への投資割合が60％前後に増加する等，急速に成長初期企業への投資にシフトした。その後，減少傾向となるものの，2010年で見ると，シード，アーリーステージを合わせた新規投資企業への投資割合は30％強のレベルとなっている。1996年には，現在のシードに当たる「設立投資」は3.2％，アーリーステージに当たる「設立後5年未満」は13.8％で，一方，社歴20年以上の新規投資先の割合が37.8％に上っていた（通商産業省，1996）ことと比較すると，わが国のVC業界では，歴年による増減は

あるものの，成長初期企業への投資に注力する傾向にあることがわかる。一方，わが国のVCの投資先企業の業種を見ると，投資先成長段階と同様に，1990年代後半以降，IT，バイオテクノロジー等，研究開発型ベンチャーへの投資が増加している。財団法人ベンチャーエンタープライズセンター（2012）によると，2010年のわが国のVC投資における投資先企業の業種は，IT関連が31.7%，バイオ／医療／ヘルスケアが13.7%となっている。一方，新規投資先成長段階別構成と同様に，1996年の調査を見ると「その他の卸売業，小売業（商社を除く）」が最も多く，「その他製造業」「一般機械機器製造業」「貸金業，投資業等非預金信用機関」と続き，食品，建設等従来型業種へも幅広く投資がなされていた。

わが国のVC業界の歴年データを概観すると，1990年代後半までは，成長後期，従来型産業への投資が主流となっていたが，1990年代後半以降，アップアンドダウンはあるものの，VC業界の主流として，NTBFs投資を志向するVCists，VCFsが多数存在し，定着してきていることがうかがえる。

4 投資意思決定と投資スタイル，技術要因，重視する情報，評価手法

本節では，VCistsによる投資意思決定について，VCistsの投資スタイル，技術要因，重視する情報と評価手法の論点をもとに考察する。

4.1 投資スタイル

Bygrave and Timmons（1992）は，新技術等をベースとした高い市場潜在性を有するスタートアップ，成長初期ベンチャーに投資し，その育成を目指すVCistsを，クラシック・ベンチャー・キャピタル（Classic Venture Capital：以下「CVC」という）と呼ぶ。CVCの起源は，1946年に誕生した米国で最初の組織的なVCFであるARDとされ，ARDは，1990年代以降，ポテンシャルの高いハイテクベンチャーを見出し，その投資先にリードインベスターとして積極的に関与したとされ，NTBFs投資を志向するVCistsのさきがけとなった。

米国では，1980年代以降，VC業界が規模を拡大するにつれ，リードインベ

スターとなり投資先ベンチャーを積極的に支援するという投資手法を採らず，資金提供者としての役割のみに徹するマーチャント・ベンチャー・キャピタル（Merchant Venture Capital：MVC）と呼ばれるVCistsが増加したとされる（Bygrave and Timmons, 1992）。Bygrave and Timmons（1992）は，CVCについて，MVCとの対比をもとに，投資対象，戦略，投資後活動の視点から論じている。投資対象，戦略では，CVCが，新技術等をベースとした高い市場潜在性を有するスタートアップ，成長初期ベンチャーに投資し，リードインベスターとなることを目指す一方，MVCは，マネジメントチーム，市場潜在性をあまり考慮せず，成長後期企業，マネジメントバイアウト，割安の公開株をも対象とし，コ・インベスターとしての立場に留まると指摘する。投資後活動については，CVCは，企業価値を高めることに注力するのに対して，MVCは，金融工学面での支援に留まり，短期的な利益に固執するとされる（Bygrave and Timmons, 1992：291-292）。

　ポートフォリオ論によれば，株式の投資利益率の変動は，個々の企業に作用する独自の要因に基づく部分と，すべての企業に共通に作用する要因に基づく部分とに分解される。前者を個別リスク，後者を市場リスクというが，可能な限り多数の銘柄を組み合わせてリスク分散を行うと，後者は残るものの，前者は大幅に削減させることができる（Brealey and Myers, 2000）。MVCが採るコ・インベスターという投資戦略は，ポートフォリオ論に基づく分散投資戦略といえる。MVCの分散投資戦略は，馬が死ぬ前に馬を売る（Bygrave and Timmons, 1992: 292）と形容されるように，いくつかの案件に分散して投資し，予想どおりの成果を上げる見込みのない案件からは速やかに撤退するとされる。一方，CVCの採るリード・インベスターという投資戦略は，集中投資戦略といえる。ポートフォリオ論においては，他のすべてが同じ条件だとすれば，十分に分散されていないポートフォリオのリスクは，十分に分散されたポートフォリオよりも高い。ポートフォリオが，たとえば特定の成長段階や産業により集中されればされるほど，投資の結果は，より強い関連性をもつことになる。しかし，CVCは，投資後活動に積極的であるがゆえに，VCists 1人当たりで見た場合，当然，投資先数は限られることになる。CVCの集中投資戦略は，資源ベースアプローチによって支持される。資源ベースアプローチのコンテク

ストによると，企業の業績は主として企業の資源の異質性と固定性に依存する（Manigart et al., 2002; Barney, 1991など）。集中投資戦略を採るCVCは，ポートフォリオ論に基づくリスク分散を超え，VCistsの高いレベルの投資先選定能力が要求されることになる。

4.2 技術要因

Pfirrmann et al., (1997) は，NTBFsについて，「複合的なイノベーション事業を遂行しており，したがって高いイノベーションリスク（技術の実現，マーケティング）とビジネス・リスク（企業の破産）を背負っている。NTBFsには，流動性を有する長期に利用が可能な資本への高い需要がある。企業のリスクや将来の発展と同じように，必要な資本の総額を予想することは投資家にとって，特に金融機関にとって難しい。実物資産がないことと同時に，このことは，銀行がNTBFsの初期の発展局面に出資することを躊躇することを意味する。イノベーションがうまくいかない，あるいは，競争者に先行することから得られた比較優位が喪失してしまうという危険があるために，資金問題に対処するのに必要とされる資本注入は，実際には縮小することはなく，むしろ長期にわたって拡大していく」(Pfirrmann et al., 1997: 21) と指摘し，NTBFsのリスクについて，「ビジネスリスク（企業の破産）」，「イノベーションリスク（技術の実現，マーケティング）」「ファイナンシャルリスク」を指摘している。

このうち，「イノベーションリスク（技術の実現，マーケティング）について，Baum and Silverman (2004) は，「新技術は特に危険が大きく，リスクが高い」(Baum and Silverman, 2004: 415) と述べたうえで，その理由として，新技術をベースとしているがゆえに市場が未成熟かつ予見不可能，さらに，新技術は，陳腐化が激しいことをその理由として挙げる。桐畑 (2005) は，有望な新技術領域の1つであるナノテクノロジーにおいて，フラーレン，カーボンナノチューブ等有望な技術が次々と開発されていることを例に挙げ，新技術領域における，陳腐化の速さ，素材や製造機器までも含めた競争の激しさを述べ，新技術をベースとした事業のリスクの高さを指摘している（桐畑, 2005: 57-59）。また，「ファイナンシャルリスク」について，秦・東出 (2000) は，情報

通信，バイオテクノロジー，ナノテクノロジー等の新技術に基礎を置くNTBFsへの投資について，「変化の激しい市場で短期間に一気に事業を立ち上げるためには，人材のみならず資金も当初に大量に投じる必要が出てくる。そのためにファイナンシャルリスクはますます高くなる」(秦・東出，2000: 137) としたうえで，「革新性の高いベンチャーの方が成長性は高く，したがって成功すれば高い投資収益が期待できる」(秦・東出，2000: 148) と指摘する。長谷川 (2004) は，米国のVCistsを例に「ハイテク型企業（バイオテクノロジー，ナノテク，IT等）の場合，従来型企業に比べて初期先行投資が重く，いわゆる『死の谷』を克服する」(長谷川，2004: 154-155) 必要性を指摘し，新技術領域のベンチャー投資においては，基礎となる技術が新技術であればあるほど，初期の段階から，多額の資金を必要とすると述べている。

Baum and Silverman (2003) は，VCistsによるカナダのバイオテクノロジー企業投資について，その成功の要因はVCistsがそもそも優良な企業家を選抜したのか，それとも投資後の支援が要因なのかについて分析を行っている。まず，テクノロジースタートアップの評価にあたっての主要な潜在性分析において，連携資本（Alliance Capital），知的資本（Intellectual Capital），人的資本（Human Capital）の3つからなるフレームワークを提示したうえで，「VCistsは，優れた技術（および関係）を『スカウト』するというのと，経営スキルを注ぎ込むことによって『コーチング』するということの，両方の論理の組み合わせによって，資金提供するスタートアップを選ぶ」(Baum and Silverman, 2003 : 431-432) と指摘する。

4.3 重視する情報と評価手法

Zacharakis and Meyer (2000) は，VCistsの投資意思決定は，スクリーニング，デューディリジェンス，交渉の3つのプロセスからなると指摘したうえで，先行研究をベースにVCistsが投資意思決定にあたって根拠とする要素について，「起業家/経営陣の能力」，「製品/サービスの代替可能性」，「市場/競争条件」，「ベンチャーが成功した場合における潜在的なリターン」の4つに分類できるとする。そのうえで，「起業家/経営陣の能力」とは，経営のスキル・経験，ベンチャーの従業員，経営陣の出資比率，個人的な動機，起業家の個性，「製

品/サービスの代替可能性」とは，製品特性，製品の差別化，特許，成長可能性，市場の受容性，試作品，「市場/競争条件」とは，市場規模，市場成長率，参入障壁，競争における脅威，新市場創造，「ベンチャーが成功した場合における潜在的なリターン」とは，財務面の特徴，キャッシュアウト方法，想定ROI，想定リスク，株主資本比率，投資家条項，投資規模，流動資金を挙げている。

Manigart et al.（2000）は，米国，英国，フランス，ベルギー，オランダの5ヵ国におけるVCFsの投資前の評価に用いる情報と評価手法について実証研究を行い，重視する情報については，米国，英国，ベルギーとオランダでは，自社のデューディリジェンスリポート，フランスでは事業計画（計画全体の首尾一貫性）を最も重視している。また，重視する評価技法では，米国は，EBIT（税引前利益）マルチプル，英国は株価収益率（P/E）マルチプル，ベルギーとオランダでは将来キャッシュ・フローの割引，フランスでは，潜在的投資先に対する価格請求の試みへの反応が活用されていると指摘している。そのうえで，Manigart et al.（2000）は，VC市場の発達のレベルと支配的なコーポレートガバナンスメカニズムを軸に，「フランスのようなネットワークベースの国々においては，米国，英国のようなマーケットベースの国々におけるよりも，起業家の個性，経営陣およびその知人が提供した情報がより重要となる。米国，英国のように歴史のあるVC市場における投資家は，自己のデューディリジェンスリポートおよびマーケットリポートにより大きく依存する」（Manigart et al., 2000: 401）と指摘する。その一方，「発達した資本市場の国においては広く用いられていると考えられている株価収益率は，英国においては最重要であるが，米国においてはそうではない」（Manigart et al., 2000: 401）とVC市場の発達のレベルと支配的なコーポレート・ガバナンス・メカニズムを軸に解釈できない相違点についても指摘している。

Ray and Turpin（1993）は，日米のVCistsの投資意思決定について分析を行い，米国のVCistsはわが国に比べて評価が厳格である一方，わが国のVCistsはより直感を働かせる，と述べたうえで，わが国のVCistsは，米国のVCistsと比較して，投資意思決定に際して，起業家の能力，とりわけ新しい市場を開拓できるのかどうかについて重視していると指摘する（Ray and Turpin, 1993:

53-55)。西澤（1998）は，わが国のVCistsを対象とした研究をもとに，VCistsは，投資決定に際して，起業家の能力判定に時間をかけ，事業計画書の検討，過去の経験，実績調査はもとより，企業内外での起業家との面談，関係者の評価等，多面的な判断情報を得ようと試みる。だが，どれだけ時間をかけようと，その経営能力を正しく判断することはきわめて難しい。現実的には，過去の投資経験から得られた成功した起業家との類似性を基礎に，直感的な判断を下しているのが実情である。これを的確に行うには，過去の経験の蓄積が不可欠であるとされる（西澤, 1998: 180）と述べ，ベンチャー企業投資には，起業家の経営能力という特別な判断が必要であると指摘する。秦・上條（1996）は，わが国のVCistsの審査は，「アメリカと違って，成長性というよりも，通常は初回投資から4～5年内の株式公開の可能性の程度に最も注意を払っている」（秦・上條, 1996: 133）と述べたうえで，その理由として，日本のベンチャーキャピタルの場合，現状では，IPO後の市場での持ち株売却が唯一の「出口」，すなわち資金回収手段であること，日本の場合，成長性の乏しい企業であっても，株式公開の基準をクリアしさえすれば，公開が比較的容易であること（秦・上條, 1996: 133）を指摘している。

　長谷川（2004）は，VCistsとしての自らの実務経験をもとに，VCistsの投資意思決定について，「ベンチャー企業のバリュエーションをする場合，純資産方式や類似業種・会社比準方式，配当還元方式，割引キャッシュフロー方式（DCF方式），ベンチャーキャピタル方式，ファーストシカゴ方式，マルチプル方式，等多数の方式がある。（中略）日本の場合は，一般的に純資産方式や類似業種・会社比準方式で評価する割合が高い」（長谷川, 2004: 10）と述べたうえで，「そもそも企業継続を中心に考えている中小企業と，急速な成長を考えているベンチャー企業とではバリュエーションの考え方も変わってしかるべきであるが，未だに中小企業に対するバリュエーションから抜け出ていないのが日本の現状である」（長谷川, 2004: 10）と指摘する。

　Kirihata（1997）は，わが国のVCistsを対象とした質問票調査をもとに，わが国のVCistsは，投資意思決定にあたって重視する情報として，経営陣の経歴や経営陣へのインタビュー等を重視する傾向がうかがえるとしている。また，評価技法については，比較的高い割合で，株価収益率（P/E）マルチプルを活

用している。投資先企業の成長段階ごとの期待内部収益率については，わが国のVCistsの期待利益率は，Wetzel（1997）等の米国の研究成果とほぼ同様の要求利益率水準にあることを指摘している[1]。さらに，新技術投資を志向するVCistsは，同時に成長初期投資を志向する傾向にあり，成長初期投資割合が高ければ高いほど，担当企業数が減少することを指摘する一方，NTBFs投資を志向するVCistsに特有の重視する情報，評価技法については，有意な相関はみられなかったとしている。

5　おわりに

　本章では，わが国のVC業界におけるNTBFs投資について，業界の形成過程および現況を概観した。そのうえで，VCistsによる投資意思決定について，VCistsの投資スタイル，技術要因，重視する情報と評価手法の論点をもとに考察した。

　わが国のVC業界は，米国の制度等にならい発展した。しかし，NTBFs投資を志向するVCistsについては，KEDが，設立から8年で解散して以降，米国のように業界で一定の地位を得ることは長らくなく，1990年代後半以降，ようやくその存在が認知されるに至っている。NTBFs投資を志向するVCistsが，業界内で一定の地位を得るに至って10数年，NTBFs投資意思決定について，学術的研究およびその実務へのフィードバックの有用性は高まっている。同VCistsが，わが国のVC業界内で一定の地位を得るに至ったという現状からも，わが国のVC業界のコンテクスト（Ray and Turpin, 1993；秦・上條, 1996；西澤, 1998；長谷川, 2004；Kirihata, 2008）を踏まえ，投資意思決定に際して重視する情報，評価手法（Manigart et al., 2000），投資スタイル（Bygrave and Timmons, 1992），技術要因（Baum and Silverman, 2003等）等の多様な視座からの研究が求められているといえよう。

● 注
1　Wetzel（1997）は，米国のVCistsを念頭に，ベンチャーの成長段階に応じたVCistsの要求利益率として，会社設立前のシードは年率80％，会社設立直後のスタートアップは

年率60%,成長期のファーストステージ,セカンドステージ,サードステージは,年率50%から30%,株式公開直前のブリッジでは年率25%と指摘している (Wetzel, 1997:197)。

【参考文献】

Audretsch, D. B. (1995) *Innovation and Industry Evolution*, MIT Press.
Barney, J. B. (1991) "Firm Resources and Sustained Competitive Advantage," *Journal of Management* 17(1): 99-120.
Baum, J. A. C. and B. S. Silverman (2004) "Picking winners or building them? Alliance, intellectual, and human capital as selection criteria in venture financing and performance of biotechnology startups," *Journal of Business Venturing* 19(3): 411-436.
Black, B. S. and R. J. Gilson (1998) "Venture Capital and the Structure of Capital market: Bank versus Stock Market," *Journal of Financial Economics*, 47: 243-277.
Brealey, R. A. and S. C. Myers (2000) *Principles of Corporate Finance, 6th edition*, Boston, Mass: Irwin/McGraw-Hill.
Bygrave, W. D. and J. A. Timmons (1992) *Venture Capital at the Crossroads*, Boston, Mass: Harvard Business School Press.
Colombo, M. G., T. Luukkonen, P. Mustar, and M. Wright (2010) "Venture capital and high-tech start-ups," *Venture Capital* 12(4): 261-266.
Gupta, U. eds. (2000) *Done Deals Venture Capitalists tell their stories*, Boston, Mass: Harvard Business School Press.
Hamao, Y, F. Packer, and J. R. Ritter (2000) "Institutional Affiliation and the Role of Venture Capital: Evidence from Initial Public Offerings in Japan," *Pacific-Basin Finance Journal* 8: 529-558.
Hellmann, T., and M. Puri (2002) "Venture Capital and the Professionalization of Start-Up Firms: Empirical Evidence," *Journal of Finance* 5: 169-197.
Kirihata, T. (2008) *Venture Capitalist's Investment Decision Making in the New Technology Based Firms in Japan*, Working Paper 93, Graduate School of Economics, Kyoto University, February.
Manigart, S., D. Waele, M. Wright, K. Robbie, P. Desbrieres, H. Sapienza, and A. Beekman (2000) "Venture capitalists, Investment Appraisal and Accounting Information: Comparative Study of the USA, UK, France, Belgium and Holland," *European Financial Management* 6(3): 389-403.
Manigart, S., K. De Waele, M. Wright, K. Robbie, P. Desbrières, H. J. Sapienza, and A. Beekman (2002) "Determinants of Required Return in Venture Capital Investments: a Five-Country Study," *Journal of Business Venturing* 17: 291-312.
OECD (2003) "Science, Technology and Industry Scoreboard," OECD Publication Service.
―――― (2008) "Science, Technology and Industry Outlook," OECD Publication Service.
―――― (2013) "Entrepreneurship at a Glance 2013," OECD Publication Service.
Pfirrmann, O., U. Wupperfeld, and J. Lerner (1997) *Venture capital and new technology based firms: An US-German comparison*, Physica-Verlag HD.

Ray, D. M., and D. V. Turpin (1993) "Venture capital in Japan," *International Small Business Journal* 11(4) : 39-56.
Wetzel, W. E. Jr. (1997) "Venture Capital," in William D. B. eds., *The Portable MBA In Entrepreneurship, 2nd ed.,* New York, N.Y : J. Wiley : 184-209.
Zacharakis, A. L. and G. D. Meyer (2000) "The potential of actuarial decision models : Can they improve the venture capital investment decision?," *Journal of Business Venturing* 15(4) : 323-346.

オムロン株式会社資料（作成年不明）「京都エンタープライズディベロップメント㈱」。
京都経済同友会（1972）「ベンチャービジネスと企業家精神」。
桐畑哲也編著（2005）『ナノテク革命を勝ち抜く』講談社。
─── (2003)「大学発ベンチャー育成とベンチャーキャピタル 求められるベンチャーキャピタリストの投資先育成能力」『三菱総合研究所所報』第42巻 : 58-78。
財団法人ベンチャーエンタープライズセンター編（2012）「VC投資動向調査」。
立石一真（1974）『わがベンチャー経営』ダイヤモンドタイムス社。
─── (1975)『創る，育てる』日本経済新聞社。
通商産業省（1996）「ベンチャーキャピタル投資動向調査」。
日経流通新聞（1972）9月6日付。
西澤昭夫（1998）「金融仲介機関としてのベンチャーキャピタルの成立と展開」『研究年報経済学』第60巻第2号 : 163-183。
長谷川博和（2004）「スタートアップ支援型ベンチャーキャピタルの機能」『東海学園大学研究紀要』第9巻 : 145-158。
濱田康行（1996）『日本のベンチャーキャピタル』日本経済新聞社。
秦信行・上条政夫編著（1996）『ベンチャーファイナンスの多様化』日本経済新聞社。
───・東出浩教（2000）「ベンチャーファイナンスの現状とVCの役割」松田修一監修・早稲田大学アントレプレヌール研究会編『ベンチャー企業の経営と支援』日本経済新聞社, 136-166。

第13章

中小企業を対象とする管理会計研究の課題

1 はじめに

　会計は企業取引を分類・集計・記録する一連のプロセスであり，その機能は貨幣的評価情報を用いて当該企業，あるいは組織を可視化することにある。その中でも，管理会計は経営管理者による企業内部の管理に資する会計情報の提供を主目的としている。会計情報を提供するために，実際原価計算，標準原価計算，直接原価計算や，投資意思決定計算，事業部制会計などの管理会計技法が生み出されてきた[1]。

　周知のとおり，Anthony (1965) は，経営管理者の組織階層による役割の違いから，戦略的計画設定 (Strategic Planning)，マネジメント・コントロール (Management Control)，現業統制 (Operational Control) に経営管理を区分し，経営管理の階層化を概念化した[2]。さらに，上總 (1993) はこの概念を適用して「会計情報の受け手＝管理職能の側から見て，異なる経営管理には異なる会計情報が必要であると考えるならば，経営管理の階層化に対応して管理会計もまた必然的に階層化せざるを得ない」(上總, 1993: 65) と述べ，管理会計技法が組織の階層に対応して利用されるのだと指摘した。

　ところが，このようなフレームワークを用いて中小企業[3]の管理会計実務を検討するのは容易ではない。なぜなら，中小企業は多種多様であり，階層化された組織構造を持つ企業ばかりではなく，経営者が現業に深く関与するような

階層化されていないフラットな組織構造を有する企業もあるからである。ただ，京セラの創業者である稲盛和夫氏はその著書の中で「中小企業が健全に成長していくためには，経営の状態を一目瞭然に示し，かつ，経営者の意志を徹底できる会計システムを構築しなくてはならない」(稲盛，1998: 文庫版，41) と述べている。京セラの管理会計システムは，貨幣的価値により表現された会計情報と，フィロソフィと呼ばれる価値観の共有が両輪となり機能している。すなわち，企業内部における管理会計システムのありうべき姿の１つは，会計情報が単に貨幣的価値により表現された経営状態を示すだけではなく，経営者の意志が反映されているものであり，それは大企業のみならず，中小企業であっても同じであると指摘している。とするならば，管理会計研究において中小企業における実務を特殊的に取り上げる意義はどの程度あるのであろうか。

　本章では，中小企業を対象とする管理会計研究の課題を明らかにするために，その実務を対象とした先行研究を整理して，その現代的な意義を示すとともに，今後に残された研究課題について述べることとしたい。

2　中小企業の管理会計・原価計算を対象とした研究蓄積

　中小企業を対象とした管理会計・原価計算に関する研究は，どの程度進められてきたのであろうか。ここでは，国立情報学研究所学術情報ナビゲータ (CiNii) から得られるデータを用いて見ていくことにしよう。

　第１図は，CiNiiから「中小企業」と「会計」，「管理会計」，「原価計算」，「原価管理」の４つのキーワードを用いて検索をかけた結果である。

　まず，「中小企業」と「会計」をキーワードに論文数を調べたところ，1995年までは５カ年合計で30編に満たなかった。ただし，高度経済成長期へ入る時期に当たる1956年から1960年の５カ年（第１図上の1960）で合計27編の論文が発表されている。その後，ほとんど論文数が伸びなかったが，1990年代後半から急激に増加している。これは近年になって中小企業における会計制度の整備の必要性が叫ばれるなかで，「中小企業の会計に関する基本要領」あるいは「中小企業の会計に関する指針」が策定されたことと無関係ではない。ここでカウントされている論文数の大半は，これらの要領や指針についての解説や実

第13章　中小企業を対象とする管理会計研究の課題　279

第1図　中小企業の管理会計・原価計算に関する研究論文数の推移

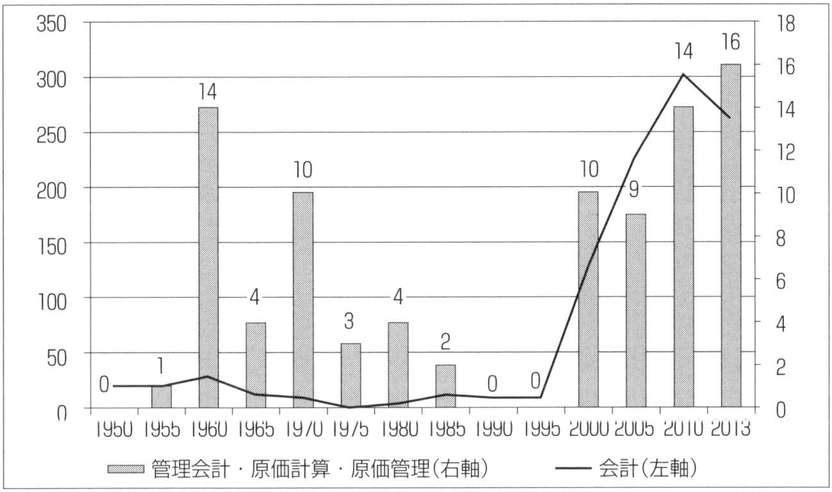

（注）このグラフでは5ヵ年ごとに区切りを設けており，第1図上の1955は1951年から1955年に執筆されたことを意味する。なお，データの都合上，1950は1948年から1950年までの3ヵ年，2013は2011年から2013年までの3ヵ年のデータである。
（出所：国立情報学研究所学術情報ナビゲータ（http://ci.nii.ac.jp）より筆者作成）

務における適用について述べられたものである。

　次に棒グラフで示した「中小企業」と「管理会計」，「原価計算」，「原価管理」のいずれかの組み合わせで検索した結果を見ていこう。ここでも，「中小企業」と「会計」での検索結果と同じように，1990年代後半から増えているが，中小企業と会計をテーマにした論文の中では非常に割合が小さいことがわかる。また，1950年代後半（第1図上の1960），1960年代後半（第1図上の1970）にもそれぞれ14編，10編の論文がある。このことは，中小企業における会計をテーマにした論文数が少ないなかで，高度経済成長期に中小企業の原価計算あるいは管理会計実務が重視されていたことを示しているといえるであろう。ここで論文数が増加している要因として考えられるのは，2つの実務指針の策定との関連である。高度経済成長期直前，中小企業庁は1953年に『中小会社経営簿記要領』，1956年に『中小企業の財務管理要領』を発表し，経営管理システムの一翼を担う簿記，会計に関する要領のとりまとめを行った。さらに，1958年には，中小企業庁が『中小企業の原価計算要領』（以下，『要領』という）を，

日本生産性本部が『中小企業のための原価計算[4]』(以下,『一般指針』という)を発表し,中小企業における原価計算の実務指針が整えられた。

高度経済成長期末期の1970年代になると,これらの実務指針は『要領』が1975年に,『一般指針』が1979年にそれぞれ改訂された。オイルショック直後という厳しい経済環境のなかで,「中小企業の生産性向上の鍵が,原価意識の明確化とこれを裏付ける原価計算システム」(日本生産性本部中小企業原価計算委員会編,1981: ii)に求められていたのである。こうしたことから,高度経済成長期には経営の近代化を目指し,あるいはオイルショックを契機として求められた「構造的変革」(日本生産性本部中小企業原価計算委員会編,1981: ii)のなかで生産性を向上させるためのツールとして,中小企業庁や日本生産性本部が中小企業の原価計算実務指針の再整備を進めた。しかし,その後,これらの実務指針がどのように位置づけられているのかについて,筆者の知る限りにおいては十分に示されていない。

その後,しばらくは中小企業を対象とした管理会計や原価計算に関する研究は行われなくなっていたが,近年になって一定の研究成果が表れ始めている。たとえば,豊島・大塚(2003)では宮城県石巻地域の中小企業を,澤邉・澤邉ゼミナール(2008)や澤邉・飛田(2009)では関西圏の中小企業を,飛田(2011, 2012a)では熊本県や福岡市を対象としたヒアリングやアンケートを実施している。

3　管理会計の発展と経営管理・管理会計システムの階層化

中小企業庁の調査によれば,日本国内の企業は400万社を超え,その99.7%は中小企業である。この中には長い歴史・伝統を有する中小企業から,新興のベンチャー企業までが含まれ,中小企業の規模・業態は多様である。こうした企業の多くは,きわめて単純に考えれば比較的階層が少なく,複雑化した組織構造を有していないため,非常に簡素な管理会計システムが構築されていると考えられる。たとえば,組織階層が未分化であるがゆえに,小規模な中小企業では特定の管理目的のために使われる技法と管理目的の関係が見えやすいかもし

れない。すなわち，組織の中で特定の管理会計技法がどのような管理目的をもって利用され，その結果としてもたらされる組織成員に対して心理的要因や行動の決定要因にどう影響を及ぼしているのかについて，観察しやすいのではないかと思われる。また，これから組織の階層化が起き，公式的な管理会計システムの整備を進めていく必要がある中小企業では，ある管理会計技法がどのようにして組織に導入され，定着し，システムとして機能するかという管理会計システムの導入プロセスについて観察可能になるかもしれない。

そこで本節では，中小企業の管理会計研究を行う手がかりとして，歴史研究を敷衍して管理会計の発展と経営管理・管理会計システムの階層化に着眼することにする。

3.1. 管理会計発展段階モデルにみられる管理会計技法と組織規模の関係性

ここでは，上總（1989, 1993）により示された組織規模と管理会計技法の関係について，歴史的な発展プロセスをもとに見ていくことにしよう。

第1表 アメリカにおける管理会計の発展段階モデル

	[萌芽期] 〜1880年頃	[生成期] 1880年〜 1920年頃	[成立期] 1920年〜 1950年頃	[展開期] 1950年頃〜
経営構造	単一職能企業	垂直統合企業	垂直統合企業	多角化企業
中軸的利益概念	配当可能利益	純利益	利益剰余金	資本利益率
管理組織	直線組織	職能部門別組織	職能部門別組織	事業部制組織
利用目的	成行管理	体系的管理	科学的管理	人間関係管理
計算目的	配当利益計算	管理単位計算	未来利益計算	投資単位利益計算
管理会計システム	簿記システム	会計システム	予算システム	予算管理システム
管理会計技法	●複式簿記	●複式簿記 ●全部原価計算	●複式簿記 ●全部原価計算 ●標準原価計算 ●企業予算	●複式簿記 ●全部原価計算 ●標準原価計算 ●企業予算 ●セグメント別利益計算 ●資本予算 ●長期利益計画

（出所：上總（1989: 17, 19）をもとに筆者作成）

第1表は，上總（1989, 1993）で示されたアメリカにおける管理会計史の発展段階モデルを4つの時期に区分したものである。

産業革命期を勃興期として成立した会社組織は，当初は単一職能を持ち，階層化されていない組織であった。この時期，すなわち管理会計システムの萌芽期には利害関係者への配当利益計算を主要な計算目的としており，管理も成行管理によって行われ，簿記システムで間に合っていた時代であった。次に，1880年から1920年頃までを生成期と呼んでいるが，この頃には事業は単一であるものの，組織が大規模化するとともに階層的になり，体系的な管理が行われるようになった。製品の大量生産も行われるようになり，会計システムが導入され，体系的管理の展開を支援するため，全社的な規模での管理単位計算が行われていた時代である。さらに，1920年から1950年頃（成立期）には科学的管理が行われるようになり，予算システムが普及していき，さらに過去計算に加えて，未来計算が行われるようになった。そして，1950年以降の展開期においては，事業の多角的な展開を図る多角化企業が事業部制組織を採用し，予算管理システムのもとで投資単位ごとの利益計算が行われるようになっていく。この展開期をもって，現代的な管理会計システムが構築されていった。

このようにアメリカにおける管理会計の発展段階モデルを見ていくと，会社組織の発展史とその組織形態の変容，大規模化していく組織を管理するための管理技法の発展が絡み合って起きていることが明らかである。言い方を換えれば，組織規模の相違は管理技法の精緻化，対象をどのように管理するかによっていかなる管理会計技法を用いるのかという利用目的の相違を生むと考えられる。もちろん，ここで指摘されていることは全体的な管理会計の発展プロセスについて言及されているのであって，現代企業における管理会計システムが，どのような組織形態で，どのように利用されているのかについては，詳細な検討を要する。

いずれにせよ，上總（1989, 1993）の知見は，組織規模や組織構造，何を管理の対象とするかによって，管理会計技法やその利用目的が変わりうることを指摘している点で，中小企業における管理会計実務を検討するための手がかりを与えているといえるであろう。

3.2 経営管理・管理会計の階層化

周知のとおり,Anthony(1965)は管理階層ごとの計画設定と統制のウェイトが異なることにより,各階層に属する組織成員が持つ管理職能の相違に着目して,①経営者が行うような組織目的,その変更,目的達成に用いられる資源,および資源の取得・使用・処分に際し準拠すべき方針を決定するプロセスとして戦略的計画設定,②管理者が組織目的達成のために資源を効果的かつ効率的に取得し使用することを確保するプロセスとしてのマネジメント・コントロール,③従業員等が行うような特定の課業が効果的かつ能率的に遂行されることを確保するプロセスとしての現業統制に区分した。このフレームワークに基づいて,上總(1989, 1993)は階層的管理会計論を提唱し,上記の①から③に対応する管理会計技法を第2図のように提示した。

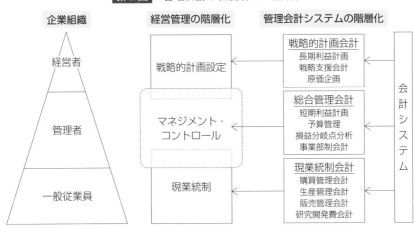

第2図　管理会計と経営管理の階層化

(出所:上總(1993: 66)を参考に筆者作成)

すなわち,戦略的計画設定に対応する会計として戦略的計画会計,マネジメント・コントロールに対応する会計として総合管理会計,現業統制に対応する会計として現業統制会計と,それぞれの職制,階層に対応する管理会計技法があることを概念的に提示したのである。

しかしながら,企業実務において組織階層と経営管理,管理会計システムが

明確に区分されて利用されることはほとんどない。たとえば，第2図の総合管理会計には損益分岐点分析，すなわち直接原価計算が含まれている。これについて上總（1977）は，アメリカにおける管理会計実務を対象とした歴史的研究から，費用を変動費と固定費に区分することによって経営者が管理すべき固定費と限界利益（貢献利益）と，現業管理する管理者の変動費（製品の変動原価）が統合された形で行われていることを示している。すなわち，ある技法は単一の組織階層，単一の管理目的のためにのみ利用されるとは限らず，複数の管理目的をもって利用されることがありうることを示している。

3.3　小　　括

　財務会計とは異なり，管理会計は必ずしも規範的ではなく，何に基づいて自社の経営状態を把握するかについては企業経営者がどのような情報を必要とするかに依存する。しかし，中小企業の経営者がどのようにして管理会計技法を利用しているのか，組織内部において組織成員がそうした情報をどのように理解して使用しているのか，それによってどのような帰結がもたらされているのかについてはいまだ十分に検証されていない。組織規模の拡大は経営者の意図を理解し，実行する管理者を必要とし，管理者の管理が必要となる。そして，それに対応して管理会計システムの階層化が発生し，その進化あるいは洗練化が進んでいく。しかしながら，ある企業の管理会計システムの進化・洗練化がどのように進んでいくのかを経時的に観察していくことは容易ではない。特に，設立されて間もない中小企業がどのようにして公式的な管理会計システムを整備していくのか，それによって経営者と管理者，管理者と従業員といった組織内部における管理会計システムの利用がどのように進んでいくのかを観察することは難しい。これは大きな研究課題の1つであろう。その鍵が，管理会計研究あるいは管理会計の進化プロセスの基礎にある企業規模の拡大によって生じる「階層化」と「管理会計技法の利用状況」の現代的な関係性を明らかにしていくことだと考えられる。

4　中小企業を対象とした管理会計研究から得られる知見

　中小企業庁の調査によれば，中小企業においては財務会計目的や税務会計目的として財務諸表は作成されているが，予算管理（原価管理や利益管理を含む）を目的とした会計情報の利用は調査に回答した企業の2割程度でしか行われていない[5]。すなわち，中小企業においては過去情報を作成するための会計情報が作成されているが，企業の将来の方向性を定めるために会計情報が十分に利用されていないという実情が垣間見える。

　ただ，このことは，一般的に中小企業と呼ばれる企業における管理会計技法が，先に見た第1表で示すところの萌芽期，生成期に該当するがゆえに，未来志向的な管理会計システムを利用せずとも十分に組織管理が可能であることをも示唆している。すなわち，相当数の中小企業は，成行管理，あるいは体系的管理が行われれば十分に経営管理を行うことができるレベルだということであろう。

　ここでは，これまで蓄積されている数少ない中小企業を対象とした管理会計実務に関する先行研究を2つの視点から整理する。1つは中小企業を対象としたアンケート調査から得られた結果から明らかになっている点である。もう1つはマネジメント・コントロール・システム（MCS）に関する研究から得られる視点である。Moores and Yuen（2001）は，企業のライフサイクルを通じてMCSがどのように進化，適応していくのかを調査することが重要であるにもかかわらず，十分な研究成果が残されていないことを述べている。そこで，欧米で行われているベンチャー企業，あるいは企業のライフサイクルに応じたMCSの実証研究と，それをもとにした日本の中小企業における実証結果について述べる。そこから得られている知見と今後の研究課題について述べていくことにしたい。

4.1　中小企業の管理会計実務に関する先行研究：管理会計技法との関係

　日本における管理会計実務の浸透は，通商産業省の産業合理化審議会管理部会が1951年に「企業における内部統制の大綱」，1953年に「内部統制の実施に

関する手続要領」と題する答申を相次いで発表し，会計スタッフであるコントローラー制度の確立，外部監査の基礎的条件となる内部統制組織の整備，計数管理を志向する予算統制の導入など，アメリカ管理会計制度の導入を推奨したことによる（上總, 1997）。日本における管理会計システムの整備はアメリカで発展していた管理会計システムの導入を契機に進められた。

一方，同時期の中小企業においては「発注企業側と下請企業側の取引関係の近代化，発注工場の外注管理，下請企業の経営管理など管理面での近代化」（植田, 2005: 243）が問題とされ，経営管理システムの近代化が大きな課題であった。特に原価計算については，「中小企業の実情は，多くのものにあつて製品原価を明確にしておらず，勘によって推定し，期末の損益結果によって価格の適否を判断するような場合がみうけられる」（青木, 1959: 81）という現状で，中小企業への原価計算の普及は進んでいなかった。そこで，先に述べたように，中小企業庁が『中小企業の原価計算要領』を，日本生産性本部が『中小企業のための原価計算』を発表し，中小企業における原価計算の実務指針が整えられた。当時の政府あるいはその関連機関の問題意識として，企業経営の近代化を進めるために管理会計あるいは原価計算制度の整備が必須であると考えていたことがうかがえる。

こうした時代背景のなかで，中小企業における原価計算の利用状況を調査した研究が数編残された。たとえば，角谷（1967）は，下請企業としての中小企業を意識した実態調査を行っている。この調査では283社から回答を得ており，原価計算を実施している企業が138社，原価計算を実施していない企業が99社であった。原価計算を実施している138社のうち117社が回答している（複数回答可）。これによると，最も数が多いものから順に見ていくと，財務諸表作成目的（73社：25％），次いで原価管理目的と価格決定目的（55社：19％）であった。また，経営意思決定目的（48社：16％），予算編成目的（33社：11％），計画設定目的（29社：9％），その他（4社：1％）であった。以上から，原価計算を実施している中小企業の大半で実際原価計算が利用されていたが，それは厳密なものではなく，いわゆる「ドンブリ勘定」に近い大まかなものであった。また，中小企業において原価計算情報は財務諸表の作成，原価管理，価格決定に主として用いられ，予算編成や計画設定のための情報としての利用は限

定的であったことが示されている。

また，小林（1967）は，中小企業における原価計算の利用状況，原価計算形態について調査を行った。調査対象は機械金属工業を営む親企業（24社）と下請企業（74社）であった。従業員数での区分を見ると，「1人～9人」では26社中8社（30.77%），「10人～29人」では26社中12社（46.15%），「30人～49人」，「50人～99人」ではともに9社中4社（44.44%）が原価計算を利用し，「100人～299人」と「300人以上」に含まれる4社ではすべてが原価計算を利用していたとの結果を得ている。また，計算技法での区分を見ると個別原価計算，組別総合原価計算，総合原価計算を合わせた実際原価計算は原価計算実施企業の30社（原価計算実施企業32社のうち93.75%）が利用していた。一方で標準原価計算を行っていたのは7社（同 21.88%）であり，実施企業の一部で利用されていたことを明らかにしている。その結果，中小企業において実施されている原価計算が製品の区別をあまり考慮しておらず，そうした原価計算を「突っ込みの原価計算」，あるいは「ドンブリ勘定的原価計算」と呼んでいる。

この小林（1967）の調査方法を参考に，飛田（2011, 2012a）では熊本県と福岡市の中小企業を対象とした管理会計実務に関する調査が行われている。その結果が第2表である。

第2表　中小企業における管理会計技法の利用状況

熊本県・福岡市	回答企業全体（208社）			10人以下（64社）			11人以上20人以下（40社）		
	企業数	割合1	割合2	企業数	割合1	割合2	企業数	割合1	割合2
実際原価計算	131	62.98%	49.06%	31	48.44%	62.00%	28	70.00%	50.91%
標準原価計算	64	30.77%	23.97%	6	9.38%	12.00%	16	40.00%	29.09%
予算管理	72	34.62%	26.97%	13	20.31%	26.00%	11	27.50%	20.00%
会計情報利用なし	44	21.15%		26	40.63%		5	12.50%	
熊本県・福岡市	21人以上50人以下（60社）			51人以上100人以下（27社）			101人以上（18社）		
	企業数	割合1	割合2	企業数	割合1	割合2	企業数	割合1	割合2
実際原価計算	37	61.67%	42.05%	19	70.37%	55.88%	12	66.67%	40.00%
標準原価計算	27	45.00%	30.68%	6	22.22%	17.65%	6	33.33%	20.00%
予算管理	24	40.00%	27.27%	9	33.33%	26.47%	12	66.67%	40.00%
会計情報利用なし	5	8.33%		6	22.22%		2	11.11%	

（注）複数回答可。割合1は回答社数に対する割合，割合2は利用している企業数（延べ数）に対する割合を指す。予算管理とは収益・費用すなわち利益管理を行っているかを指している。
（出所：飛田（2014：4）より抜粋）

回答企業全体で見ると，中小企業の8割はなんらかの形で原価計算や予算管理を利用していることがわかる。ここで従業員数を企業規模の代理変数と見立てて規模別に区分をしていくと，さらに特徴が見えてくる。まず，この中で最も小規模といえる10人以下の企業群（64社）では，26社が会計情報の利用なしと回答しており，同企業群の40%は会計情報に基づく管理を行っていないことがわかる。これが11人以上になるとバラつきは多少あるものの，それぞれの企業群の8割以上が会計情報に基づく管理を行っていることを示している。企業規模と管理会計技法に強い関係性はみられないが，小林（1967）とほぼ同様の結果が得られている。

また，第3表は飛田（2011, 2012a）において組織成員の予算や会計に対する理解について分析した結果である。ここではこの3つの質問に回答し，会計情報の利用がある企業群のみを抽出して，飛田（2012b）で行った実証分析で用い，企業規模の代理変数として使用した人数区分（少人数企業が28名以下，大人数企業が29名以上）を参考に平均値の差の検定を行った。これによると，「予算目標は必達である」との問いについては平均値が4.538であり，中央値の4よりも高い値を示している。他の2つの質問「従業員は予算目標達成にとても意欲的である」，「従業員は予算目標達成に能動的に取り組んでいる」でも中

第3表 予算に対する従業員の理解・考え方

質問文	サンプル区分	平均値	平均値の差	t値	有意確率
予算目標は必達である。	少人数企業	4.273	−0.648*	−2.520	0.013
	大人数企業	4.921			
	サンプル全体	4.538			
従業員は予算目標達成にとても意欲的である。	少人数企業	3.864	−0.531*	−2.202	0.029
	大人数企業	4.395			
	サンプル全体	4.081			
従業員は予算目標達成に能動的に取り組んでいる。	少人数企業	4.082	−0.195	−0.848	0.398
	大人数企業	4.276			
	サンプル全体	4.161			

（注）サンプル数は少人数企業（28名以下）が110社，大人数企業（29名以上）が76社である。
　　＊は5％有意水準を表す。
　　調査票は7点リッカートスケールで設計され，高い値であればあるほど質問文の問いに当てはまりが高いと回答するようにしている。詳細は飛田（2011, 2012a）を参照のこと。

央値を超えているが，それほど高くはない。これを人数区分で分けると，「予算目標は必達である」，「従業員は予算目標達成にとても意欲的である」の2つの質問において統計的に有意な差があることが示された。ともに少人数企業の値が低い。「予算目標は必達である」では，ともに中央値4を超えているが，大人数企業の平均値は4.921と5に近い値を示しており，企業規模が大きいほうが予算目標に対する意識づけが強いことを示唆している。また，「従業員は予算目標達成にとても意欲的である」との問いに対しては，少人数企業の平均値が中央値の4を切る3.864であり，予算目標達成に対する意欲がそれほど高くないことを示唆している。

4.2　中小企業におけるMCSの利用と企業規模の関係

企業規模に着目したMCS研究はそれほど多くない（Chenhall, 2007）。その中でも，Bruns and Waterhouse（1975）は，規模に応じた2つのコントロールの形態があることを示している。すなわち，管理コントロール（Administrative Control）と人的コントロール（Personnel Control）の2種類であり，前者は大規模企業で，後者は小規模企業で用いられるとしている。また，Merchant（1981）は，規模が大きく，分権化された組織では，洗練された参加型の予算が使われ，より公式的なコミュニケーションが機能していると述べている。すなわち，大規模企業ほど公式的なコントロールを活用することが示唆される。これらの先行研究に基づき，Chenhall（2007）は，①大規模組織ほど業務が分権化され，業務に関する手続きの公式化が図られ，機能が特殊化されている，②大規模組織ほど組織構造が分割されている，③大規模組織ほど予算や洗練されたコントロールを重視する，という3つの仮説を提示している。また，Simons（1995）も企業の成長段階，すなわち企業規模が拡大する段階において機能するコントロールが異なると指摘している。創業期にある規模の小さな企業ではフェイス・トゥ・フェイスで情報伝達が可能であり，経営管理システムや管理会計といった公式的なコントロールは必要とされないが，規模が大きくなり階層ができると下位レベルに意思決定の権限が委譲されるので，測定可能な目標とモニタリングのためのコントロールが導入されると指摘している。

欧米におけるMCS研究では，組織成長とコントロールの関係を考察する研究成果が発表されている（Moores and Yuen, 2001; Davila, 2005; Davila and Foster, 2005; Sandino, 2007; Sandelin, 2008）。これらの研究は，起業から間もない，すなわちスタートアップ段階にある企業がどのようにしてMCSを導入していくのか，あるいはMCSがどのように使われていくのかについて考察を行っている。これらの研究成果は質的あるいは量的調査に基づいて報告されており，たとえばDavila（2005）では，企業の社歴，企業規模の拡大に伴って，公式的な管理会計システムが利用されていくことを統計的に示している。すなわち，組織の規模，構造や組織の成長段階においてMCSの用いられ方が異なるというのである。

こうした欧米におけるMCS研究の知見を活かして，国内の中小企業を対象とした研究が行われている。たとえば，関西の中小企業を対象に調査を行った澤邉・飛田（2009）では，中小企業のマネジメント・コントロールは，大企業と同様に経営理念や社内の人間関係に代表される社会関係が重要である一方で，業務範囲の明確化を図るための業務フローチャートの作成やマニュアル化の程度を示す内部統制についても，大企業を対象とした分析では負の関係であったものが，中小企業をサンプルとしたものでは正の関係があることが示されている。

また，熊本県と福岡市の中小企業を対象にアンケート調査を実施した飛田（2012b）では，Simons（1995）のフレームワークを用いてMCSと組織成員の動機づけ，業績の関係を分析した。サンプルは熊本県と福岡市で行ったアンケート調査の有効回答企業153社である。これによると，予算や目標管理のような診断的コントロール（Diagnostic Control）が組織成員に動機づけをもたらすかどうかについては有意な関係が見出せなかったが，その他のMCSとモチベーションとの関係は統計的に有意な関係が示されており，信条（Belief），境界（Boundary），相互作用的コントロール（Interactive Control）の各システムを活用することにより，組織成員の動機づけが図られることについては支持されている。すなわち，組織成員に対して経営理念や社訓を示し，伝え，設定された行動規範に基づいて行動するように仕向けることによって，組織成員は動機づけられることになる。また，組織内部でのコミュニケーションを継続

的に図ることにより，組織成員は動機づけられることを意味している。さらに，モチベーションを高めることによって業績が高まることも支持された。

　組織規模の代理変数として従業員数でサンプルを区分して分析を行ったところ，従業員数28名以下の少人数企業と29名以上の大人数企業とでは有意な変数に違いがあることが示されている。少人数企業では相互作用的コントロールが組織成員の動機づけには有効ではないという結論が得られている。サンプル全体における分析結果を踏まえると，大人数企業では信条，境界，診断的コントロールが有意に組織成員のモチベーションを高めることに影響しているが，少人数企業では信条，境界の２つのコントロールのみがモチベーションを高めることに影響し，会計に基づくコントロールを表す診断的コントロールと相互作用的コントロールには統計的な有意な関係は見出せなかった[6]。すなわち，従業員数の大小によって有効なコントロールに相違があることが示唆される結果となった。

4.3　小　　括

　ここまで述べたように，従業員数を企業規模の代理変数として，企業規模と管理会計技法の利用状況，あるいは予算を例として管理会計システムに対する組織成員の理解・意識という視点からデータを見た場合，そこには一定の関係性があるように理解することが可能であろう。しかし，これは単に現状を傍証したにすぎない。

　企業経営には意思決定とその結果に関する因果関係の不確実性と，組織内部で共有される組織目標の不確実性が常につきまとうが，公式的な管理システムの導入はその不確実性を低減するために行われる。過去・現在・未来という時間軸の中で，管理会計技法という形態を帯びた目に見える公式的な管理システムの導入と利用によって，組織成員間で組織目標が共有されることになる。これに対して，中小企業においては過去情報の集約として管理会計情報を作成し，利用する企業が存在するものの，未来利益計算を行う予算のように公式的に体系化されたシステムがどの程度整備されているのだろうか。中小企業やベンチャー企業ではこれを経営者の勘や経験で補っているような場合もあり，目に見える公式的な管理システムを必要としない場合もある。企業における実務は

多様であるがゆえに，ある一時点においてそれがどのように企業経営の実践で進められているのかを静態的に観察する，あるいは企業の進化とそれに伴う管理会計システムの進化がどのように進んでいくのかを動態的に調査するといった多様なアプローチが求められよう。これにより，いわゆる「中小企業」だけでなく，ベンチャー企業における管理会計システムの導入やその進化，その進化に対応した経営管理システムの設計をどのように進めていくのかについて体系化できると考える。

5　おわりに

中小企業を対象とする管理会計研究を行うにあたり，最も難しいのはその対象をどのように設定するかであろう。そもそも，定型化された管理システムに則って経営管理を行っている中小企業はどの程度あるのであろうか。中小企業の管理会計実務がこれまで研究対象として十分検討されてこなかった要因として，その実務の多様性や定型化・形式化された経営管理システムが存在しなかった，その存在が十分に知られてこなかったことなどが考えられよう。

上總（2010）によれば，管理会計研究は管理会計技法を実務に適用する会計処方研究に重点が置かれてきたが，近年では「因果関係の理論化を目指す調査研究や理論研究に研究の軸足が移動」（上總, 2010: 60）してきているとし，管理会計研究が規範論から記述論へと変化しているという。しかし，「記述論を指向する研究者と規範論を求める経営者との間に大きな期待ギャップが存在」しており，これを解決する研究アプローチの必要性を指摘している。また，管理会計研究の特徴として，理論が実践に影響を及ぼし，実践が理論に影響を与えるという相互作用を日常的に観察できるとし，科学的な知識と実践的な知識を結びつけ，学問と現実の差異を認めて学問の再構築を目指す「臨床知」に基づく研究アプローチが提示されている[7]。ただし，「管理会計の臨床知は，個人の経験や勘にもとづく名人芸（Art）にとどまっている可能性が高く，社会的な知識として共有されているとは言いがたい」（澤邉, 2013: 21）ため，実践から積み上げられた知識を形式化し，理論として体系化する必要性が指摘されている。

我々が理論から実践を理解することのみならず，実践が理論に与える影響を理解するという相互作用を意識することにより，中小企業における管理会計実務を理論的に位置づけることが可能になるであろう。実践を形式的な理論として理解することができれば，研究領域としての管理会計の発展のみならず，実務へのフィードバックも期待することができる。そして，このことは単に中小企業における管理会計実務を記述するのみならず，ある時点・状況下における小規模組織における管理会計実務や，小規模組織から成長していく企業における管理会計システムの進化・洗練化がどのように経時的に進んでいくのかを明らかにできよう。さらには組織目標を実現するための管理会計システムの設計をどのようにして進めていくのかという「設計思想」を理論化していく手がかりになると考えられる。

本章ではこれまで行われてきた研究を整理したにすぎない。今後の研究成果が実務家と研究者との間に存在する期待ギャップを埋めるようなものであるとすれば，中小企業の管理会計研究を対象とする分析フレームワークの構築について検討することには意義があるのではなかろうか。

● 注 ─────

1 本章では便宜的にこれらの技法を総称して「管理会計技法」と呼ぶことにする。
2 上總（1993）では，Strategic Planningを戦略的計画設定，Management Controlを総合管理，Operational Controlを現業統制と訳出している。
3 現行の中小企業基本法の定義では，常用雇用者300人以下（卸売・サービス業は100人以下，小売業・飲食店は50人以下），または資本金3億円以下（卸売業は1億円以下，小売業・飲食店・サービス業は5,000万円以下）の会社を中小企業としている。本章における中小企業はこうした企業群を想定している。
4 『中小企業のための原価計算』は「中小企業の業種別標準原価計算の方法の基礎となるべき一般指針を示すもの」（日本生産性本部中小企業原価計算委員会編（1958）はしがき1頁）とされ，「一般指針」と呼ばれるようになった。本章でもそれにならい，『一般指針』と呼ぶことにする。
5 サンプル全体1,325社のうち，大半の企業が試算表を作成しているが，その他の書類については約半数程度の企業が作成しているにすぎない。管理会計あるいは財務管理に関する書類でいえば，「資金繰り表」は47.2％であるが，「利益管理表」が31.2％，「原価管理表」が29.7％，「事業計画書」が22.0％であり，中小企業においては管理会計情報の整備が進んでいないことが読み取れる。詳細は中小企業庁（2012）を参照のこと。
6 ただし，少人数企業の分析モデルは統計的に有意ではないため，その解釈には留意が必要である。

7 ここでいう「臨床知」とは,研究者の持つ形式化された「科学知」と実務家が現実の場で培った「実践知」を媒介するものであり,「個別事例にあらわれた変化や状態をとらえ分類する枠組みとなる知識」(澤邉, 2013: 17) を指す。

[付記] 本章は文部科学省科学研究費「中小企業の管理会計実務に関する理論的・経験的研究」(若手研究 (B) / 研究課題番号:24730407) の研究成果の一部である。

【参考文献】

Bisbe, J., and Otley, D. (2004) "The effects of the interactive use of management control systems on product innovation," *Accounting, organizations and society* 29(8): 709-737.
Bruns. W. J. Jr. and Waterhouse, J. H. (1975) "Budgetary control and organizational structure," *Journal of Accounting Research*, Autumn: 177-203.
Chenhall, R. H. (2007) "Theorizing Contingencies in Management Control System Research," In C. S. Chapman, Hopwood. A. G. and Shields. M. D. (Ed.), *Handbook of Management Accounting Research*, (1), Elsevier: 163-205.
Davila, T. (2005) "An exploratory study on the emergence of management control systems: formalizing human resources in small growing firms," *Accounting, Organizations and Society* 30(3): 223-248.
Merchant, K. A. (1981) "The design of the corporate budgeting system: influences on managerial behavior and performance," *The Accounting Review* 4: 813-829.
Moores, K., and Yuen, S. (2001) "Management accounting systems and organizational configuration: a life-cycle perspective," *Accounting, Organizations and Society* 26(4): 351-389.
Otley, D. T. (1980) "The contingency theory of management accounting: achievement and prognosis," *Accounting, Organizations and Society* 4(2): 413-428.
Sandelin, M. (2008) "Operation of management control practices as a package - A case study on control system variety in a growth firm context," *Management Accounting Research* 19(4): 324-343.
Sandino, T. (2007) "Introducing the first management control systems: evidence from the retail sector," *The Accounting Review* 82: 265-293.
Simons, R. (1995) *Levers of control*, Harvard Business School Press (中村元一・黒田哲彦・浦島史恵訳 (1998)『ハーバード流「21世紀経営」4つのコントロール・レバー』産能大学出版部).
――― (2000) *Performance measurement and control systems for implementing strategy*, Prentice Hall (伊藤邦雄監訳 (2003)『戦略評価の経営学【戦略の実行を支える業績評価と会計システム】』ダイヤモンド社).

青木茂男 (1959)「日本生産性本部 中小企業原価計算の特質」『企業会計』第11巻第13号:80-83。
――― (1964)「中小企業の原価計算(座談会)」『産業経理』第24巻第11号:127-143。

稲盛和夫（1998）『実学　経営と会計』日本経済新聞社。
植田浩史（2005）「企業間関係：サプライヤー・システム」工藤 章・橘川武郎・G. D. フック『現代日本企業1 企業体制（上）内部構造と組織間関係』有斐閣：240-264。
上總康行（1977）「限界利益概念による短期限界利益管理：直接原価計算の主要機能の解明」『立命館経営学』第15巻第5/6号：165-202。
─── （1989）『アメリカ管理会計史（上・下）』同文舘出版。
─── （1993）『管理会計論』新世社。
─── （1997）「戦後日本企業における原価管理の軌跡─「官民一体」型原価管理の展開─」『会計理論学会年報』第11号：24-35。
─── （2010）「アメーバ経営の仕組みと全体最適化の研究」アメーバ経営学術研究会編『アメーバ経営学─理論と実証─』KCCマネジメント・コンサルティング：58-88。
澤邉紀生・澤邉ゼミナール（2008）「日本企業のマネジメント・コントロール実態調査─東証一部上場企業と関西非上場企業の比較─」『メルコ管理会計研究』第1号：81-93。
───・飛田 努（2009）「中小企業における組織文化とマネジメントコントロールの関係についての実証研究」『日本政策金融公庫論集』2009年5月号：73-93。
─── （2013）「臨床会計学の構想」『原価計算研究』第37巻第1号：16-28。
角谷光一（1967）「中小企業における原価計算─その実態調査報告の一端─」『明治大学社会科学研究所紀要』第5巻：127-141。
中小企業庁編（1958）『中小企業の原価計算要領』中小企業診断協会。
─── （1975）『中小企業原価計算要領』税務経理協会。
─── （2006）『中小企業白書　平成18年度版』。
─── （2012）『平成22年度中小企業の会計に関する実態調査事業集計・分析結果』（http://www.chusho.meti.go.jp/zaimu/kaikei/2011/0823kaikei_enquete.htmよりダウンロード）。
豊島義一・大塚裕史（2003）「石巻地域中小企業における原価計算・原価管理の普及と利用に関する実態調査」『石巻専修大学経営学研究』第12巻第1号：111-131。
飛田 努（2011）「熊本県内中小企業の経営管理・管理会計実践に関する実態調査」『産業経営研究』第30号：29-42。
─── （2012a）「中小企業における経営管理・管理会計実践に関する実態調査 〜福岡市内の中小企業を調査対象として〜」『会計専門職紀要』第3号：57-69。
─── （2012b）「中小企業のマネジメントコントロールシステムと組織成因の動機付けに関する実証研究─熊本県・福岡市内の中小企業を対象として─」『産業経営研究』第31号：113-130。
─── （2014）「中小企業を対象とする管理会計研究の意義─経験的研究を行うための試論として─」『中小企業季報』第169巻（2014年No.1）：1-13。
日本生産性本部中小企業原価計算委員会編（1958）『中小企業のための原価計算』日本生産性本部。
─── （1981）『新訂 中小企業のための原価計算 ［第2版］』日本生産性本部。

第14章

グローバル化・複雑化時代の生産管理会計
―単品種大量生産から多品種少量生産への
変化と会計の適合性―

1 はじめに

「レレバンス・ロスト」(Johnson and Kaplan, 1987) の衝撃からすでに30年近い。にもかかわらず,日本の生産現場をめぐるといまだに「会計は我々(生産現場)の努力を適正に評価してくれない」という声を頻繁に聞く。今後の日本産業界・経済発展のためにも,この課題の解明と対応は必須である[1]。

1.1 研究背景

　管理会計は,専門経営者が企業内部の「管理者集団を目標利益や経営計画にそう方向へと説得・誘導する管理者管理」(上總, 1993: 21) を目指すものであり,そのために「会計情報の収集・総合・報告という管理会計の全プロセスを等しく貫徹する二大機能」,すなわち「財務管理機能」と「動機づけ機能」をもつ (ibid.: 18-19)。しかし,トヨタ自動車株式会社(以下,「トヨタ」という)大野耐一氏(副社長当時)の「従業員の頭から原価計算原則の知識を追い払う」(廣本, 2008 : 22-23) や,同社の「数字(収益)は後からついてくる」(田中, 2009: 280) という言葉があらわすように,日本の製造業における産業競争力の源泉といわれてきた「ものづくり」や「現場管理・改善」では会計を対立軸として捉えがちである。この場合の会計とは,主として原価計算の手法を指すが,実際にモノを造る製造現場の「生産管理」とそれらを貨幣換算価値で写

像する「原価計算」は本来正しくつながる必要があり，そうでなければ当該組織構成員の動機は著しく低下することになろう。両者を正しく連携させるのは管理会計の役割である。

「レレバンス・ロスト」が指摘した会計と実務の適合性は，古くて新しい課題である。特に，日本的経営における「強い現場」（藤本，1997, 2003, 2006, 2007, 2010, 2012b）を支える日々の現場管理と，本社・経営層がコミットする企業（組織）全体の経営管理やそのための会計管理の間に，必ずしも強い紐帯があるとはいえないとの指摘や，解決策に関わる先行研究は多い（伊藤，2009; 今井，2013, 2014; 王，2011, 2014; 尾畑，2002, 2005; 河田，1996, 2004, 2005, 2007, 2008; 河田・今井，2011; 河田・田中，2013; 木村，2005, 2008a, 2008b, 2009; 國村，2008, 田中，2004, 2008a, 2008b, 2009; 中根，2008; 廣本，2005, 2008, 2009; 柊，2009; 藤本，2006, 2012aほか）。一方で，資本利益率の分解式のうち，資本回転率については，会計によるコントロールではなく日本的経営管理実践におけるリードタイム志向等でカバーしており，それにより会計と現場実務が両輪で機能してきたという独自の「ハイブリッド型日本的管理会計」（上總，2003）も指摘されている。

1.2 研究目的・方法

総合管理・現業統制としての「生産管理」と，原価管理を支える「原価計算」との関係性に関わる課題を先行研究レビューにより明らかにする。分析フレームとして生産形態（品種と生産量）の変化を考慮する。

グローバル化，複雑化がさらに進んだ20世紀末から21世紀の内外環境の中で生産管理に顕著な影響を与えたのが，生産形態（品種と生産量）の変化，すなわち単品種（少品種）大量生産[2]から多品種少量生産への移行である。この変化に注目し，多品種少量生産時代に適合する生産管理会計の課題を見出し，アンソニー（1965）の経営管理の3区分をベースとした管理会計の3階層（上總，1993: 65-66）のうち現業統制会計と総合管理会計に貢献することが本章の目的である。

時代・事例が多岐にわたるため，1980年代を境として2段階に分けられる単品種大量生産時代と多品種少量生産時代（第1図）について，その特徴が明示

第1図 生産形態（品種と生産量）と生産管理・原価計算の変遷区分

	生産管理	原価計算	
それ以前	職長帝国 （内部請負制度）		アメリカン・ システムの 時代
20世紀 （初〜末）	（科学的管理法）課業管理 ↓ JIT / TPS / Lean / TQC / TQM 上流・源流管理	実際原価計算／標準原価計算 ＋ 直接原価計算 投資経済計算	単(少)品種 大量生産型
20世紀末 〜21世紀 （現代）	＜従来の生産管理＞ ↓ （グローバル化，複雑化） ＋ グローバル市場/調達/生産 における戦略・戦術 為替の影響 製品多様化・製品ミックス プロダクトライフサイクル の短期化	＜従来の原価計算＞ ＋ 原価企画／品質原価計算 （配賦の工夫）ABC／ABM／TDABC （JIT/TPSとの整合） Back Flash Costing Time Based Costing JIT Accounting／Lean Accounting Jコスト論，リードタイム配賦基準 全部直接原価計算 デュアル・モード管理会計	多品種 少量生産型

（出所：筆者作成）

的である各々の初期段階を中心に検討する。

2　単品種大量生産を前提とした生産管理会計

2.1　職長帝国の崩壊とアメリカ機械技師協会

　上總（1989）によれば，アメリカの製造業を支える管理会計の発展段階は産業革命から1880年代頃までの萌芽期，1920年頃までの生成期，1950年頃までの成立期，それ以降の展開期に分かれる。それは同時に，「製造のアメリカン・システム」から「大量生産」時代に推移する過程でもあった（Hounshell, 1984）。アメリカ管理会計の萌芽期における綿工業の工業会計システム構築，巨大鉄道会社の社債依存型財務体質を反映した鉄道原価計算等を経て，生成期には大部分の巨大産業会社で会計システムが構築された。さらに成立期においては予算システムの普及，人間関係論的改革等が行われ，展開期では多角化企業の予算管理システムに発展した（上總, 1989: 475-562）。

　このうち，初期における大きな管理会計上の転換がいわゆる「職長帝国の崩

壊」である。それまでの内部請負制度のもとでの職長による工場管理から工場主による直接管理への移行が19世紀末から20世紀初頭にかけて進められた「Littererによって『体系的管理』とよばれる一連の管理制度」(今井斉, 2004: 74)であり, 原価計算システム, 賃金システム, 生産・在庫管理システムを主要素とした (ibid.: 76-87)。

この運動の中心となったのが1880年に設立したアメリカ機械技師協会 (The American Society of Mechanical Engineer : ASME) (西郷・相馬, 1988: 188; 古川, 1984: 86) であり, 機械技師たちによる製造現場の生産性向上を通じて効率的な工場運営を追求する「能率(生産性)増進運動」が行われた。彼らにとって原価とは能率増進手段の副産物の1つであったという (Wells, 1978)。そのなかでTaylorの科学的管理法 (Taylor, 1911) も展開された (Haber, 1964, 西郷・相馬, 1988: 225-238; 今井斉, 2004: 94-98)。ASMEはメカニカル・エンジニアの集まりで,「社会的交友の場を持ち, 専門的論文の発表と討論によって, 機械技術および機械設置に関する技術と科学を促進し, その情報を会員間に公表・配布すること」を目的とした (西郷・相馬, 1988: 188, 古川, 1984: 86) が, 1886年のTowneの管理問題への提言やTaylorの論文は当時の製造現場のシステム管理課題を示す。古川 (1988) は1880年から1915年までのASME論文約1,500編のうち管理と会計に関する少なくとも37編のうち32編を分析した (ibid.: 88-90)。また,「労働節約的管理が何等かの形で導入された」産業部門は, 1912年のASMEのリストによれば機械製造だけでなく, 造船, 金属, 鉄道, 繊維等を含む17部門に及んだ (西郷・相馬, 1988: 241)。

2.2 科学的管理法と標準原価計算

体系的管理とTaylorの科学的管理法の基本的差異は「時間研究にもとづく課業の設定にある」(今井斉, 2004: 97)。誰がやっても同じパターンでできる「手順」により「大量生産方式」を確立する一方で, 最も効率のよいベテラン作業員の作業を「課業 (Task)」として定義することを第一義的命題として, 現場の能率を最大限にすることで雇用者の最大繁栄を目的とするが, 同時に賃金制度の変革等により, 従業員のそれも追求するとしていた (Taylor, 1911: 1)。

現場管理におけるこのような標準(原単位)の存在が後の標準原価計算につ

ながったといえるが、これらはまだ直接費に収斂するものであった。本橋 (1986) によれば，Taylor自身も会計システムや間接費の配賦法について研究 していたことがAtkins, Epstein, 田中隆雄等により検討されている。また，同 時期のChurchによる間接費の適正配賦（Church, 1901），管理職能論，管理原 則論（Church, 1914）では「間接費を含めた全体的な原価の削減を問題」（今 井斉, 2004: 142）とすることで管理の範囲が広がった。しかしこれは他方で， 現場が管理可能な能率要素（直接費＝この場合，変動費）からの管理対象の拡 大＝乖離の始まりだったともいえる。現場における科学的管理法や類する能率 管理において能率技師たちが設定した根拠のある標準（時間）は，やがて標準 原価計算という現業統制を超えた総合管理の算定根拠となっていく。このあた りの生成過程を予算統制のそれとあわせて詳述する辻（1988）では，技術者と 会計士の対立と交流，成熟を指摘している。1900～1910年頃の技術者たちが 「原価計算における原価管理・原価低減機能の重視と管理目的の貫徹」，「原価 計算における技術者の役割の決定的重要性の強調と会計士の排除」，「原価計算 を簿記から峻別・分離すべき」(ibid.: 152) としたのに対して，会計士側は「技 術者の会計の卓越した成果に注目しながらも，なおかつ無条件の容認・追随を 拒否し，あくまでも会計士の視点から期間損益計算に同化・包摂しようとし た」(ibid.: 169)。続く1920年頃までは，両者の交流はさらに進んだ。しかし， これを現場の生産管理からの視点で見るときに，「技術者の会計が損益計算の 理解につとめその吸引をはかることは，技術者の会計の完成を意味すると同時 に，他方では会計士批判の終結によって当初の「自生的・独自的」性格を消失 し，溌剌とした新しい自由な会計観を見失うこと」(ibid.: 192) であり，以後， 技術者たちは「会計士の掌中に主導権を委ねて埋没するほかなかった」(ibid.: 192)。このような経緯のなか，「ウェブナーにおいて標準原価計算の制度化の 端緒をみる」(ibid.: 193) のである。

岡本（1969）も，1910年を境に標準原価の誕生とそれ以降の発展に時期区分 した（岡本, 1969: 3, 87）が，特に，能率技師は歴史的原価計算の欠陥を，会 計士は価格計算・損益計算上の欠陥を痛感し（ibid.: 9-14)，それぞれの問題 意識からスタートしつつ「本質的に異なることに少しも気づかなかった」(ibid.: 85) という指摘は，生産管理と原価計算のずれを検討する際の歴史的示唆とな

る。これらの先行研究については廣本（1993），挽（2007）等が検討している。

中根（1996）もまた，アメリカ製造システム（前述のアメリカン・システム）から始めて，標準原価計算の成立までを詳述するが，「科学的管理＝課業が生産過程における水平的な調整・統合機能を担うものであったのに対して，標準原価は，おもに垂直的な調整・統合のための役割を負うものとして生成してきた」（中根，1996: 267）と指摘する。そのうえで「近年（1990年代：筆者注），標準原価計算に対する役割期待が変化し（中略）資本の現実的要請に，標準原価計算が対応できなくなってきている」（ibid.: 267）との指摘は示唆に富む。生産と生産システムの発展過程に沿って「原価管理機能の限界に焦点をあて」た（ibid.: 268）分析により，「標準原価計算の成立基盤の崩壊にからめて，原価計算技法のもつ原価管理機能の低下とそのJITや原価企画への重点移行」（ibid.: 293）を意味づけた点で，本章の問題意識と一致するが，さらに「新しい原価計算・管理会計技法も，標準原価計算の成立過程がそうであったように，勘定機構と結びついていかざるをえないであろう」（ibid.: 293）という示唆も本章の研究目的と合致している。さらに，Miller and O'Leary（1994）は標準原価計算に関わる役割期待を「経済的生活の統治の局面」（ibid.: 98）にまで広げた。

3　多品種少量生産への変化とアメリカにおける対応

3.1　「レレバンス・ロスト」と会計適合性回復への試み

このようにして発達した標準原価計算の前提になる全部原価計算に対して警鐘を鳴らしたのが，19世紀後半の「レレバンス・ロスト」（前述）である。その要因の1つに，多品種少量生産の台頭がある。

これらの問題意識とともにKaplanは当時のアメリカ企業の「停滞原因の一端を管理会計に求め」（上總，1993: 50），管理会計の停滞論（Kaplan, 1983）とともに世に問うた後，自らその解決策として配賦の精緻化という方向性での「活動基準原価計算（ABC）」（Cooper and Kaplan, 1988），「活動基準管理（ABM）」（Kaplan, 1992），後に「時間主導型ABC（Time-Driven Activity-Based Costing：

TD-ABC)」(Kaplan and Anderson, 2007) を提唱した。また，バランスト・スコアカード (BSC) (Kaplan and Norton, 1992, 1996) や戦略マップ (Kaplan and Norton, 2000) で非財務数値をも取り込もうと試みている[3]。

時代は遡るが，レレバンス・ロストで言及されなかった，全部原価計算と対比される手法にHarrisの直接原価計算がある。関連4論文のうちHarris (1936) が「山辺六郎教授によってその著書『原価計算論』においてわが国に紹介されて以来，今日にいたるまで数多くの研究者たちによって研究されてきた」(園田, 1988: 3) が，アメリカの1929年恐慌とそれに続く不況に端を発しつつも「1930-1940年代には，直接原価計算についてのそれほど活発な議論も積極的な実務の展開もなかった。これらが本格化したのは，むしろ1950年代に入ってからであった」(上總, 1993: 181)。全部原価計算の固定費配賦問題の解決だけでなく，「短期利益管理をより合理的に展開する」(ibid.: 182) 点がクローズアップされ，1953年のNACA (後のNAA) 調査報告書No.23や1961年の同No.37公刊も続き一種のブームを巻き起こした (上總, 1975, 1977a, 1977b, 1993)。日本でも，Weber (1966) が12年後に翻訳され (三浦監修，田中訳, 1978)，固定費 (キャパシティ・コスト) に関するAAAの調査報告書39号と41号もただちに紹介された (染谷ほか, 1965)。直接原価計算の歴史については上總 (1975, 1977a, 1977b)，津曲 (1977)，小林 (1981)，中根 (2008)，高橋 (2008) などにも詳しい。

3.2 TPSを代表とする日本的手法への注目と時間に関わる会計の試み

一方でJohnsonは，Johnson (1992), Johnson and Broms (2000) において，レレバンスの解決策として会計管理から離れた生産現場の自主性と人間性尊重こそが最終的な企業業績に貢献するという方向性を求めた。これは日本企業，特にトヨタの実践であるトヨタ生産システム (Toyota Production System: TPS) に学んだところも多く，その意味で「ハイブリッド型日本的管理会計」に通じるものもあるが，原価計算・会計の視点からは乖離している。

1980年代は日本的経営に対するアメリカの学習意欲が高まった時期である。特に，当時圧倒的な強みを持っていた日本の自動車産業，中でもトヨタの「やり方」に注目が集まり，日本に学んだ (Huge and Anderson, 1988)。日本語のカイゼンがそのままKaizenとして紹介され (Imai, 1986)，1988年には，TPS

生みの親といわれる大野耐一の著書（大野，1978）が英訳された（Ohno, 1988）。マサチューセッツ工科大学（MIT）の5年間にわたる国際自動車プログラム（International Motor Vehicle Program : IMVP）の成果が世界中に「リーン生産システム」として発信された（Womack et al., 1990）。

　TPSやジャスト・イン・タイム（JIT）を意識した会計手法も提言されてきた。Maguire and Peacock（1998）はサプライヤー評価にリードタイムを用い，Kren and Tyson（2002）はサイクルタイムを配賦基準に使うことを提案した。また，O'Brien and Sivaramakrishnan（1994）はサイクルタイムをWork timeとWaiting timeに分けた標準原価差異分析を行い，Tomassen and Wiele（1992）は工程のムダ時間を貨幣価値換算する。これらはいわばTPSの正味作業時間比率の考え方を原価に適用するものであり，現場への整合性に期待が持てる。また，「顧客はよりはやい納期に対して高い価格を支払う意思がある」と設定するJIT Accountingの提唱もある（Horngren et al., 2008 : 675-690）。いずれもなんらかの「時間」を意識した会計手法といえる。

　TPSの概念に対してより近いものとしては，Cunninglham and Fiume（2003），Maskell and Baggaley（2004），Huntzinger（2007），Maskell and Kennedy（2007），Maskell et al.（2007），Stenzel（2007），Maskell（2009），Sabri and Shaikh（2010），Maskell et al.（2012），Mcvay el al.（2013）等の"Lean Accounting"の一連の手法がある。2006年のLean Accounting Summit以来，現場改善の効果を財務会計までつなぐというコンセプトで，実務的ツールが揃う（Box Score, Lean PPT, Value Stream Costing等）が，その分従来の会計手法の簡略・抜粋やツール活用の工夫にとどまりがちだともいえる。その中で，Johnson（2006）は具体的な改善ケースと連動させて自らの従来の主張と会計手法を連動させている（Johnson, 2006: 16-17）。

　このほかにも時間のスピード面に注目した会計手法として，貨幣流出入速度概念を提唱するPreiss and Ray（1995, 2000a, 2000b）や制約理論（Theory of Constraints : TOC）のスループット・ダラー（時間当たりスループット）（Goldratt and Cox, 1984）などもある。

　生産管理の変化後に当たる1990年代アメリカの管理会計手法を概観したJ. Y. Lee（1987）は，JITやTQCの影響だけでなくFAやCIM等のオートメーション

化を含め,この時代を全般的に論じているが,管理会計手法については問題提起に留まっている。このほかに,日本企業の会計手法について,グローバル視点からは原価企画,ミニ・プロフィットセンター等[4]の先駆的試みが紹介されている。

4 日本における現場管理と生産管理会計の展開

4.1 戦前・戦後の能率運動から原価計算基準・標準原価計算の普及

　科学的管理法は20世紀初頭にすでに日本に紹介され,産業能率研究所設立(1921年設立・1925年閉鎖),能率講習会,協会開設,大学等にも科学的管理法の講座ができた。1926年には能率を織り込んだ「経営学会」設立,東京大学,慶應義塾大学,明治大学には「経営学」の新科目が誕生した。昭和に入った1927年には各地の能率団体を統合して日本能率連合会が発足,1929年の万国工業会議東京大会の科学的管理法分科会には,Emerson, Hathaway, Lillian Gilbreth等も参加した。その後,日華事変から第2次世界大戦終了までの戦中戦後の混乱期を経て,日本規格協会(1945年),財団法人日本科学技術連盟(日科技連)(1946年),社団法人日本能率連盟(1948年)等が設立された(原田,2010)。当時の活動は工場(企業)診断をベースに,大企業への合理化運動等ともあわせて中小企業の生産性向上,特にコスト低減を目指した(竹林,1962)。

　その一方,原価計算については1952年に原価計算基準が制定され,標準原価計算についても,戦後の復興期から高度経済成長時期にかけて日本国内で企業に広めていった。1960〜1970年代の会計教科書一般にも標準原価計算は説明されているが(木村・小島,1960; 沼田,1965; 松本,1971ほか),ここでは標準原価計算をベースにした『管理のための原価計算』中西ほか(1953)に注目する。当時の産業界および経済状況を反映して「生産物の売価の引き下げは,わが国の企業において経営管理を分担している人々(つまり経営管理者)による原価管理,いい換えれば原価切下げ,または原価極小化の努力によってのみ果たされる」(中西ほか: 1)とし,標準原価計算を用いた原価管理を説明しているが,

特筆すべきは，大正時代からの「原単位計算」に則っている点である。「かかる原単位に予定単価や予定賃率を乗じてうる原価数値は，すなわち，標準原価表に書く製品の標準原価にほかならない（ibid.: 3）」として，この教科書は物量計算から始まり，紡績業，製鉄業の個別原単位計算や製造工程の詳細な説明にまで及んでいる。生産管理の領域と原価計算が混合した会計教科書の存在はASME初期の現場実践と共通する。約40年後の松本ほか（1984）の「生産形態別利益思考の原価管理」の検討と比較すると，生産管理や原価計算も外部環境変化の影響を受けていることが改めて明らかにされる。

4.2 TPSと整合する原価計算・管理会計手法への試み

日本でも1970年頃から多品種少量についての意識が変わったという（長谷川, 1984: 1）が，オイルショックや設備関連技術の進化を経てこれらへの対応が検討され一般化したのが1980年代以降である。同書による「多品種少量生産」の定義は「多品種とは本体をそのつど設計しなければならないものが多くあり，メーカであれユーザであれ，イ）仕様が本質的変更されるもの，ロ）設計から販売まで製品ごとに動員を要するもの，ハ）製品間に互換性がないもの，少量とは企業の種類や製品により粒度はことなるが，好ましい量でないもの，すなわち，メーカの都合のよいようにつくりにくいもので，次の性格を持つ，イ）見込生産ではないもの，ロ）材料仕込が前もってできないもの，ハ）製品ごとに必要な間接的業務の比率の高いもの」（長谷川, 1984: 5）である。

このような時代のなか，特にオイルショックにおけるトヨタの対応力に注目が集まった。TPS，トヨタウェイ（Toyota Way）は，日本国内でも研究され続けてきた。会計に関係するものを除いて挙げれば，歴史研究としてはフォードからトヨタへの生産方式の推移の詳細分析である和田（2009），創業者に焦点を当てた和田・由井（2002），TPSやトヨタウェイの研究では，前述の大野（1978）のほか，門田（1983），大野・門田（1983），小川（1994），佐武（1998），日野（2002），ジャストインタイム生産システム研究会（2004），Liker（2004），Liker and Meier（2005），Monden（2011）等，多数ある。

製品アーキテクチャ論から見た分析では，藤本ほか（2001），延岡・藤本（2003），進化論的に論じたものとして藤本・武石（1994），藤本（1997, 2003），

製品開発の強みでは藤本・クラーク（2009），延岡・藤本（2003, 2004）等がある。このほかにも，日本的ナレッジ経営の観点を重視したNonaka and Takeuchi (1995)，Osono et al. (2008)，人材育成の方法に注目した柊（2013）等，さまざまな観点から分析されている。

また，トヨタの生産面だけでなく会計手法にも注目し（門田, 1980; 前田, 2007, 2008; 木村, 2008a, 2008b, 2009; 伊藤, 2009; 柊, 2009; 王, 2011, 2014），あるいはTPSの考え方を援用したり，TPSに整合する会計手法を探る動きが1990～2000年代頃から多数現れ，学会等でも取り上げられてきた。日本会計研究学会特別委員会「企業組織と管理会計の研究」では自律的組織のもとでの管理会計が検討され（木村, 2005; 廣本, 2005, 2008, 2009）トヨタおよびTPSの事例も取り上げられている。このほか，日本企業の管理会計についての海外への発信も出てきた（門田ほか, 1999; Monden et al., 2006）。

時間を意識した会計手法についてもさまざまな指摘や提言がされている。日本の会計分野において，最初に会計と時間（スピード）を論究したのは上總（2000a, 2000b, 2000c）である。期間損益との関係を捉えたプロダクト単位計算（河田, 1996）に始まる河田ほかの一連の研究は，TPSを意識しつつリードタイム配賦基準，利益ポテンシャルなどを提唱し，経営管理への応用も模索してきた（河田, 2004, 2005, 2007, 2008; 河田ほか, 2009; 河田・今井, 2011; 河田・田中, 2013）。時間に関わって資本コスト概念を援用するものとしては，國村（2008）のほか，リードタイムにWACCを乗ずる今井（2013, 2014）の「マテリアルフローコスト会計」がある。

アーサーアンダーセンの「1分当たり利益」も速度の概念を貨幣価値に当てはめたものであり（アーサーアンダーセン, 2000: 100-142），今岡（2001）はキャッシュとの関係を重視する。水島（2002, 2004, 2008, 2011, 2012, 2014ほか）の一連の研究は，時間というキーワードで従来の管理会計を捉え直そうとするところに意義がある。また，キャッシュ・コンバージョン・サイクル（CCC）に注目した星野・足立（2012），山本（2011, 2012）では製造現場のリードタイム課題を債権債務管理に拡大した。

しかし，これらのほとんどは，現業統制より総合管理の分野において，現場ではすでに過去になった結果を測定・評価する視点である。これに対して今井

範行（2004）は，総合管理で用いるKPI，すなわち，特定の指標のみに注目するという発想を現場（プロセス）に適用した。また，王・門田（2014）は組織内各階層で異なる指標を提示し，JIT Cash Flows，JIT残余利益等の管理指標を提唱する。生産管理の複雑化を鑑みるとき，今後の会計（原価計算）は現業統制レベルとのつながりが必要（Hiiragi, 2010）で，しかも未来への視点が求められる。フィードフォワード管理会計（丸田，2006）がその1つの解になる。

　原価計算・生産管理・古典派経済学の三位一体整合を主張する藤本の「媒体（機械設備）レンタル料」では，設備投資責任は本社（経営）にあるため，工場は当該設備を時間でレンタルするとみなして「固定設備的な媒体の占有時間にかかる時間あたりの「レンタル料」は，当該媒体のライフ・サイクル・コストを「ライフあたり累積レンタル時間（被占有時間）」の予測値で割ることによって，固定レートとして事前に決めておく」（藤本，2006: 10）のが望ましく，「生産設備の「予定配賦率」は，入念な予測に基づき長期的に設定し，いわば時間貸しで定額の機械レンタル料のように設定する一方で，各製品のレンタル時間（後述の媒体占有時間）は改善に応じて，同種製品でもどんどん変えていく」（藤本，2012a: 20）べきだという。また，「全部直接原価計算」（藤本，2012a）は「製造原価を構成する全ての原価要素に関して，製品個物ごとの費用発生の因果関係が明確になり，しかも，それらを原価計算上，変動費として扱うことが可能ならば，全ての製造原価要素は直接費かつ変動費になる」（藤本，2012a: 27-30）。現場生産情報の粒度に合致するレベルで原価を捉える点に大きな可能性がある。さらに，藤本（2010）はTPSの正味作業時間比率を追究しつつリカード貿易論にまで展開し，スラッファの価格決定式とも「細部にいたるまでよく整合している」（塩沢・有賀，2014: 146）という。

　「本流トヨタ式」を提唱する田中の「Jコスト論」（田中，2004，2008a，2008b）もまた時間軸を概念拡張する意欲的試みであると同時に現場改善指標としても有効性が高い。トヨタの実践を分析して導き出された「デュアル・モード管理会計」（今井範行，2014）もトヨタ以外への適用可能性と具体化が課題ではあるが，現場と管理をつなぐ試みは示唆に富んでいる。さらに原価計算そのものの挑戦として，生産工学と原価計算の融合領域を目指す小沢（2010）や，JIT生産とTOCが提唱するスループット会計との関係を分析し，具体的会計手法を

提言している門田（1998）等も注目される。

　ここで，現場におけるデータ収集と原価計算への活用についても，検討されるべきであろう。実効性のある現場工数測定，あるいはリードタイムを個別測定することは非常な困難を伴う。生産計画を原価管理と結びつける試み（西岡，2011），原価構造をドリルダウンする「オブジェクト指向」（尾畑，2002），原価計算の不可逆性をIT活用で柔軟に透過させようとする「スナップショット・コスティング」（尾畑，2011, 2014）等の試みもある。

5　生産管理と原価計算における課題とリサーチ提案

5.1　現場の生産管理課題を原価計算に適用する必要性

　ここで改めて，多品種少量生産時代の生産管理と原価計算の関係における課題を，主にTPS（JIT）の考え方を反映しながら整理する。

　まずは，直接作業（稼働）時間における正味作業時間比率をいかに原価計算に反映するかという問題である。このためにはデータ取得の問題があるが，これにはITが威力を発揮することはいうまでもない。

　次に，正味作業時間比率概念を原価計算にも適用する課題がある。これまでの原価計算で用いている直接作業時間は，ある工程の一連の加工のために作業員が拘束されている時間である。実際には，その中にモノを本当に加工している＝付加価値をつけている時間と，そうでない時間＝ムダが混在している。これをTPSでは正味作業時間比率として測定して指標化し，現場改善効果を見える化した。原価計算において，これらを貨幣換算価値で考慮する可能性を検討することで，今まで見えなかったムダな原価＝会計的には機会損失が見えるようになる。

　さらに，現行の原価計算のためのデータで足りないものがあるとすれば，生産情報の管理会計的利用であろう。生産管理と原価計算のインタラクティブな関係性がこれまでの課題の1つの解決案となりえる。標準原価計算の課題として生産情報が原価管理に必須であることを図式化した上總（1995: 120-121）の指摘は，標準原価計算だけにとどまらず，原価計算全般に適用できるのではな

いだろうか。

　もう1つ，多品種少量生産でこそ威力を発揮すべきTPSの大原則に「限量生産」がある。トヨタは戦後の自社倒産の危機に学んでTPSを作り上げた（柊，2009）。TPSが生成された初期段階に大野耐一が述べたとおり，それは「ただ生産性を上げればよいのではなく，『売れるものを売れる時に売れるだけ』という限量生産を大前提にした上での生産性向上・コストダウンこそが重要との教訓を得た。つまり，アメリカ式の大量生産をまねていてはダメだという考え方」（下川・藤本，2001: 10; 下川・藤本，2010: 89）である。同氏はまた「トヨタの課題は，単に安くつくることではなく，『多品種で変動の大きい中で，いかに安くつくるか』（flexible and low cost）である。多品種化は日本で売る限り避けられない現実」（ibid.: 93）と明言している。多品種少量生産の時代を先取りした気づきが，今なおTPSが強みをもつゆえんだろう。しかし，当時はまだ会計がこれに追随してはいなかった。この点については，機会損失概念を橋渡しとして原価計算とバランス・シートの融合と損益計算への循環が求められる。すでに，上總（2014）において前者の検討が端緒についたが，今後の課題として後者を含めた原価計算の理論化が必要である。

5.2　会計研究のサイクルと生産現場での会計アクション・リサーチ

　管理会計学の研究領域は，上總（2010）によれば，①企業会計実務の「調査研究」，②それらの分析による「理論研究」，③問題解決手段を開発する「応用研究」，④現実により適した「会計処方研究」のサイクルとなる（ibid.: 4-5）。

　前節で紹介したTPSや日本的経営の研究は，主に①と②に相当する。しかし，かつてアメリカの能率技師や会計士が科学的管理法や課業概念を基礎に，能率測定や標準原価計算を確立したのは③や④に相当するのではないか（第2図）。だとすれば，現代の多品種少量生産時代において可能な③や④は何か。これらの解を求める有効な手段の1つとして，製造現場に立脚したアクション・リサーチを提言する。

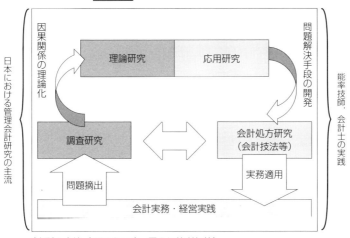

(出所：上總（2010：5），図1に筆者加筆)

6　おわりに

　アカウンタビリティというとき，現場の生産活動・管理・改善という日々のアクションが，経営判断のための指標や経営結果としての業績数値と「つながる」，「つながらない」道筋への説明責任が存在する。古くはアメリカの能率技師たちが現場の能率を数値測定し，会計士がそれを原価計算に発展させて，職長帝国の時代にはまったくブラックボックスだった現業統制を数値で見える化したように，あるいは，「レレバンス・ロスト」の衝撃に対して，より精緻な会計手法を編み出すことで正しい経営判断と適切なアクション決定に資することを目指したように，各時代の会計研究者と実務家はその時代ごとの努力を続けてきた。しかし，現代に至ってなお，製造現場の日々のアクションがそのままの粒度でもって原価管理を通じた総合管理につながらない。

　これを解決するためには，一方で先進的取組実践に対する調査とその理論化を進めながら，同時に他方で，研究者が自ら現場に入りこむことで，これまで見えなかった事実が客観的整合性をもって理解でき，仮説検証を繰り返すことで汎用性が増す可能性も高くなる。客観的な対照実験は難しいが，その代わり

に研究者の想定以上の盛り沢山な分析結果を得られるかもしれない。これらの応用研究と処方研究を，調査研究や理論研究と同様に，着実に積み上げていくべきであろう。

筆者は現在，アクション・リサーチの有効性を検証しつつ実践上の成果も出すべく，複数企業での試みを行っている。これらについては，その有効性の検証とともに，今後の課題としたい。

● 注
1　2012年の日本原価計算研究学会第38回全国大会の統一論題「管理会計の理論と制度—Relevance Lostからの四半世紀」等。
2　完全な単品種生産はほとんどありえないが，ここでは，限りなく同一モデル生産への志向という意味において単品種と表記する。
3　これらの推移と会計学的位置づけは上總 (1999) に詳しく，アメリカと日本の展開を総括して「戦略的管理会計技法を中軸とした戦略会計システムが構築されるならば，これと予算システム（総合予算）との結合を媒介として，戦略的計画設定と総合管理との連携強化はより強固なものとなるだろう」と論じる（上總, 1999: 124）。このような戦略的コンテクスト技法では長坂 (2014: 31-32) も参照。
4　原価企画は本章では取り上げない。同様にミニ・プロフィットセンターとして内外に知られる「アメーバ経営」も，アメーバ経営とJITの関連を論じた門田 (2000)，それらの本質的共通点を会計的に解明した上總 (2014) を挙げるにとどめる。

[付記]　本章はメルコ学術振興財団2012年度第一次研究助成，科学研究費No.26380596の助成を受けた研究成果の一部であり，ここに記して感謝いたします。

【参考文献】

Anthony, R. N. (1965) *Planning and Control Systems-A Frame work for Anlysis, Division of Reseach*, Graduate School of Business Administration, Harvard University Press, Boton.（高橋吉之助訳『経営管理システムの基礎』ダイヤモンド社）。
Church, A. H. (1901) "The Proper Distribution of Establishment Charges, 1 -The Need for Interlocking General Charges with Piece Costs," *Engineering Magazine*, Vol.21, No. 4 : 367-376.
――― (1914) *The Science and Practice of Management*, New York, Engineering Magazine Co.
Cooper R. and R. S. Kaplan (1988) "How Cost Accounting Distorts Product Cost," *Management Accounting*, April, Vol.69, No.10 : 20-27.
Cunninglham, J. E. and O. J. Fiume (2003) *Real Nnmbers-Management Accounting in a*

Lean Organization, Durham : Managing Times Press.
Goldman, S. L., R. N. Nagel, and K. Preiss（1994）*Agile Competitors and Virtual Organizations Strategies for Enriching the Customer*, Van Nostrand Reinhold : 307（野中郁次郎監訳，紺野登訳（1996），『アジル・コンペティション―「速い経営」が企業を変える』日本経済新聞社）.
Goldratt, E. M. and J. Cox（1984）*The Goal-A Process of Ongoing Improvement*, The North River Press（三木本亮訳（2001）『ザ・ゴール』ダイヤモンド社）.
Haber, S.（1964）*Efficiency and Uplift, Scientific Management in the Progressive Era 1890~1920*, The University of Chicago Press, Chicago & London（小林康助・今川仁視訳『科学的管理の生成と発展』）.
Harris, J. N.（1936）"What Did We Earn Last Month?," *NAA on Direct Costing―Selected Papers*. Edited by Raymond P. M. New York : Ronald Press Company.
Hiiragi, S.（2010）"Accounting to Make Effective Use of 'Genba Power'‒For the Fair Performance Evaluation and Implementation of Total Management Control," *Journal of Society for Social Management Systems*, SMS10-112（http://management.kochi-tech.ac.jp/ssms_papers/sms10_112%20Shino%20Hiiragi100309%20final.pdf）.
Horngren, C. T., S. M. Dater, G. Foster, M. Rajan and C. Ittner（2008）*Cost Accounting: A Managerial Emphasis*, 13th ed., Prentice Hall.
Hounshell, D. A.（1984）*From the American System to Mass Production, 1800-1932 : The Development of Manufacturing Technology in the United States*, The Johns Hopkins Unicersity Press（和田一夫・金井光太朗・藤原道夫訳（1998）『アメリカン・システムから大量生産へ 1800~1932』名古屋大学出版会）.
Huge, E. C. and A. D. Anderson（1988）*The Spirit of Manufacturing Exellence: An Executive's Guide to the New Mind Set*, The DOW JONES-IRWIN/APCS Series in Production Management（小林薫訳（1995）『かくして日米製造業は再逆転した―米国競争力を甦らせた"日本"研究』日刊工業新聞社）.
Huntzinger, J. R.（2007）*Lean Cost Management-Accounting for Lean by Establishing Flow*, Fort Lauderdale : J. Ross Publishing, Inc.
Imai, M.（1986）*Kaizen, The key to Japan's Competitive Success*, New York : McGraw-Hill（日本語訳（2010）『カイゼン 日本企業が国際競争で成功した経営ノウハウ 復刻改訂版』日本経済新聞出版社）.
Johnson, H. T.（1992）*Relevance Regained : from top-down control to bottom-up empowerment*, The Free Press（辻厚生・河田信訳『米国製造業の復činトップダウン・コントロールからボトムアップ・エンパワメントへ』中央経済社）.
─── （2006）"Lean Accounting : to Become Lean, Shed Accounting," *Journal of Cost Management*, January/February : 6-17.
─── and R. S. Kaplan（1987）*Relebance Lost*, Harvard Business School Press（鳥居宏史訳『レレバンス・ロスト―管理会計の盛衰』白桃書房）.
─── and A. Broms（2000）*Profit beyond measure : Extraordinary Results through Attention to Work and People*, Denver : Free Press（河田信訳（2002）『トヨタはなぜ強いのか 自然生命システム経営の神髄』日本経済新聞社）.
Kaplan, R. S.（1983）"The Evolution of Management Accounting," *The Accounting Review*,

Vol.59, No. 3 : 390-418.
―――― (1992) "In Defense of Actibity-Based Cost Management," *Management Accounting*, November : 58-63.
―――― and S. R. Anderson (2007) *Time-Driven Activity-Based Costing-a similer and more Powerful path to higher profits*, Harvard Business School Press (前田貞芳・久保田敬一・海老原崇訳 (2009) 『戦略的収益費用マネジメント―新時間主導型ABCの有効利用』 TYO : McGraw-Hill Education (Asia)).
―――― and D. P. Norton (1992) "The Balanced Scorecard-Measures that Drive Performance," *Harvard Business Review*, January-February: 71-79.
―――― and ―――― (1996) *The Balanced Scorecard-Translating Strategy Into Action*, Harvard Business School Press (吉川武男訳 (1997) 『バランス・スコアカード―新しい経営指標による企業変革』生産性出版).
―――― and ―――― (2000) *The Strategy-Focused Organization, -How Balanced Scorecard Companies Thrive in the New Business Environment*, Harvard Business School Press (櫻井通晴監訳 (2001) 『キャプランとノートンの戦略バランスト・スコアカード』東洋経済新報社).
Kren, L. and T. Tyson (2002) "Using Cycle Time to Measure Performance and Control Costs in Focused Factories," *Journal of Cost Management*, November/December : 18-23.
Lee, J. Y. (1987) *Managerial Accounting Changes For The 1990s*, Addison-Wesley Publishing Co. (門田安弘・井上信一訳 (1989) 『90年代の管理会計』中央経済社).
Liker, J. K. (2004) *The Toyota Way*, New York : McGraw-Hill (稲垣公夫訳 (2004) 『ザ・トヨタウェイ 上・下』日経BP社).
―――― and D.P. Meier (2005) *The Toyota Way Field book*, New York : McGraw-Hill (稲垣公夫訳 (2005) 『ザ・トヨタウェイ 実践編 上・下』日経BP社).
Maguire, N. G. and E. Peacock (1998) "Evaluating the Cost of Lead-Time on the Supplier Selection Process : An ABC Driven," *Journal of Cost Management* : 27-38.
Maskell, B. H. (2009) *Making the Numbers Count-The Accountant as Change Agent on the World Class Team*, 2nd edition., New York : Productivity Press.
―――― and B. Baggaley (2004) *Practical Lean Accounting : A Proven System for Measuring and Managing the Lean Enterprise*, Productivity Press.
――――, ――――, and F. A. Kennedy (2007) "Why Do We Need Lean Accounting and How Does it Work?," *The Journal of Corporate Accounting & Finance*, Vol.18. Issue. 3 : 59-73.
――――, ――――, N. Katko and D. Paino (2007) *The Lean Business Management System*, Cherry Hill : BMA Inc.
――――, ―――― and L. Grasso (2012) *Practical Lean Accounting-A Proven System for Measuring and Managing the Lean Enterprise*, Boca Raton: CRC Press.
Mcvay, G., F. Kennedy and R. Fullerton (2013) *Accounting in the Lean Enterprise-Providing Simple, Practical, and Decision-Relevant Information*, Boca Raton : CRC Press.
Miller, P. and T. O'Leary (1987) "Accounting and the Construction of the Governable

Person," *Accounting, Organization & Society*, Vol.12, No. 3 : 235-265.
―――― and ―――― (1994) "Governing the Calculable person", in A. G. Hopwood and P. Miller, ed., *Accounting as Social and Institutional Practice*,: 98-115, Cambridge University Press(岡野浩・國部克彦・柴健次監訳(2003)『社会・組織を構築する会計―欧州における学際的研究』「第4章 人間を計算可能にして統治すること」中央経済社).
Monden, Y., K. Miyamoto, K. Hamada, G. Lee, and T. Asada (2006) *Japanese Management and International Studies Vol.1 Value-Based Management of the Rising Sun*, World Sientific.
Monden, Y. (2011) *Toyota Production System : An Integrated Approach to Just-in-time*, 4 th Ed., London : Taylor & Francis.
Nonaka, I. and H. Takeuchi (1995) The Knowledge-Creating Company : *How Japanese Companies Create the Dynamics of Innovation*, London : Oxford University Press.
O'Brien, J. and K. Sivaramakrishnan (1994) "Accounting for JIT : A Cycle Time-Based Approach", *Cost Management Conference, Seminars, and Workshops, Fall*, 1994 : 63-70.
Osono, E., N. Shimizu, and H. Takeuchi (2008) *Extreme Toyota : Radical Contradictions That Drive Success at the World's Best Manufacture*, New Jersey : Wiley & Sons(大薗恵美・清水紀彦・竹内弘高訳(2008)『トヨタの知識創造経営 矛盾と衝突の経営モデル』日本経済新聞出版社).
Preiss, K. and M. Ray (2000a) "Time-Based Costing: Part 1 -Costing for a Dynamic Business Environment," *The Journal of Corporate Accounting and Finance* Vol.11, No. 5 : 65-74.
―――― and ―――― (2000b) "Time-Based Costing : Part 2 -Scope and Application," *The Journal of Corporate Accounting and Finance* Vol.11, No. 6 : 47-56.
Sabri, E. H. and S. N. Shaikh (2010) *Lean and Agile Value Chain Management-A Guide to the Next Level of Improvement*, J. Ross Publishing.
Stenzel. J. eds. (2007) *Lean Accounting: Best-Practices for Sustainable Integration*, John Wiley & Sons, Ing.
Taylor, F. W. (1911) *The Principles of Scientific Management* (COSIMO CLASSICS, Cosimo, Inc. (2006))(有賀裕子訳(2009)『新訳 科学的管理法―マネジメントの原点』ダイヤモンド社).
Thomassen, J. P. and T. V. D. Wiele (1992) "The Price of Wasting Time", *Total Quality Management*, Vol. 4, No. 2 : 115-119.
Weber, C. (1966) *The Evolution of Direct Costing*, the Board of Trustees of the University of Illinois(三浦和夫監修・田中嘉穂訳(1978)『直接原価計算の発展』香川大学会計学研究室).
Wells, M. (1978) *Accounting for Common Costs, Center for International Education and Research in Accounting, Monograph* No.10, the Board of Trustees of the University of Illinois(内田昌利・岡野浩訳(1992)『ウェルズ原価計算論の視座』同文舘出版).
Womack, J. P., D. T. Jones, and D. Roos (1990) *The Machine That Changed The World-The Story of Lean Production*, New York, Macmillan Publishing Company(沢田博訳(1990)『リーン生産方式が世界の自動車産業をこう変える』経済界).

アーサーアンダーセン(2000)『e生産革命』東洋経済新報社。

伊藤伍郎（2009）「経済危機における戦略コストマネジメント―トヨタ自動車を中心に」『企業会計』第61巻第1号：803-810。
今井斉（2004）『アメリカ経営管理論生成史』文眞堂。
今井範行（2004）「プロセスKPIマネジメントシステム―創発と進化の組織体を目指して」『名城論叢』第5巻第1号：53-63。
――――（2013）「『マテリアルフロータイムコスト』概念の提唱―トヨタ生産システムとマテリアルフローコスト会計の統合的進化の可能性に関する一考察」『日本経営診断学界論集』第12巻：138-144。
――――（2014）「トヨタ生産システムの進化の可能性に関する一考察―環境と会計の視点の適用とその意義」『名城論叢』第14巻第4号：29-42。
今岡善次郎（2001）『時間をキャッシュに変えるモノづくり』日刊工業新聞社。
王志（2011）「製造現場における戦略的原価管理体制の再構築にむけての研究」一橋大学大学院商学研究科博士学位請求論文。
――――（2014）「JIT生産方式と管理会計研究：JIT生産方式が管理会計研究の対象となりうるのか」『會計』第186巻第1号：71-82。
――――・門田安弘（2014）「リーン生産方式における業績の会計的測定」2014年度日本管理会計学会全国大会自由論題発表。
大野耐一（1978）『トヨタ生産方式　脱規模の経営をめざして』ダイヤモンド社（英訳版：Ohno, T. (1988) Toyota Production System : Beyond Large-Scale Production, Portland: Productivity）。
大野耐一監修・門田安弘編著（1983）『トヨタ生産方式の新展開』日本能率協会。
岡本清（1969）『米国標準原価計算発達史』白桃書房。
小川英治（1994）『トヨタ生産方式の研究』日本経済新聞社。
小沢浩（2010）『詳解コストマネジメント』同文舘出版。
尾畑裕（2002）「オブジェクト指向原価計算の基本構造」『一橋論叢』第128巻第4号：402-418。
――――（2005）「自律分散型組織と原価計算システム」『企業会計』第57巻第12号：1740-1746。
――――（2011）「標準仕様化が原価計算・原価管理に対して有する意義」『企業会計』第63巻第6号：818-824。
――――（2014）「スナップショット・コスティングの展開」『商学論纂』第55巻第4号：1-20。
上總康行（1975）「直接原価計算の生成とその機能」『立命館経営学』第14巻第3号：111-142。
――――（1977a）「限界利益概念による短期限界利益管理：直接原価会計の主要機能の解明」『立命館経営学』第15巻第5・6号：165-202。
――――（1977b）「直接原価会計の教育機能」『立命館経営学』第16巻第3号：15-44。
――――（1989）『アメリカ管理会計史　上・下』同文舘出版。
――――（1993）『管理会計論』新世社。
――――（1995）「標準原価計算の差異分析と原因分析」『経済論叢』第156巻第6号：103-124。
――――（1999）「戦略的計画設定と予算管理との結合―戦略的管理会計論に関する一考察」『経済論叢』第164巻第6号：103-124。
――――（2000a）「コストとスピードに賭ける技術者たち」『企業会計』第52巻第7号：996-997。
――――（2000b）「原価計算はスピードにいかに対応してきたか」『企業会計』第52巻第8号：1156-1157。
――――（2000c）「スピード経営と会計学のスピード競争」『企業会計』第52巻第9号：

1332-1333。
────(2003)「論壇　日本的経営にビルトインされた管理会計技法─ハイブリッド型日本的管理会計」『企業会計』第55巻第4号：452-460。
────(2010)「機会損失の創出と管理会計─京セラとキヤノン電子の事例研究から」『企業会計』第62巻第3号：324-333。
────(2014)「日本的経営と機会損失の管理：アメーバ経営とトヨタ生産方式の同質性」『企業会計』第66巻第2号：198-210。
河田信(1996)『プロダクト管理会計─生産システムと会計の新しい枠組み』中央経済社。
────(2004)『トヨタシステムと管理会計─全体最適経営システムの再構築をめざして』中央経済社。
────(2005)「ジャストインタイム管理会計─トヨタ生産方式と整合する管理会計フレーム」『企業会計』第57巻第12号：1715-1724。
────(2007)「会計はプル型生産システムを支援できるか？」『組織科学』第40巻第4号：40-50。
────(2008)「TPS導入の会計リンクアプローチ」『企業会計』第60巻第9号：1243-1252。
────・中根敏晴・國村道雄・田中正知・木村彰吾(2009)『トヨタ　原点回帰の管理会計』中央経済社。
────・今井範行(2011)『ジャスト・イン・タイム経営入門─5Sから本社，会計，資本市場まで』中央経済社。
────・田中武憲（著者代表）(2013)『ジャスト・イン・タイム経営と社会との調和』税務経理協会。
木村彰吾(2005)「自律的組織と関係性のパターン」『企業会計』第57巻第12号：1733-1739。
────(2008a)「TPSにおけるジャスト・イン・タイム思考と原価管理」『企業会計』第60巻第9号：1278-1283。
────(2008b)「生産方式と原価管理に関する一考察─売れ残りの損失，販売の機会損失，生産資金量に焦点を当てて」『會計』第173巻第5号：749-759。
────(2009)「トヨタ生産方式のコスト・マネジメントへのインプリケーション」『原価計算研究』第33巻第1号：10-17。
木村和三郎・小島男佐夫(1960)『工業会計入門』森山書店。
國村道雄(2008)「投下資本コストとリードタイム削減効果」『企業会計』第60巻第9号：1261-1268。
小林健吾(1981)『原価計算発達史─直接原価計算の史的考察』中央経済社。
西郷幸盛・相馬志都夫(1988)『アメリカ経営管理発展の研究』八千代出版。
佐武弘章(1998)『トヨタ生産方式の生成・発展・変容』東洋経済新報社。
塩沢由典・有賀裕二編著(2014)『経済学を再建する─進化経済学と古典派価値論』中央大学出版部。
ジャストインタイム生産システム研究会編(2004)『ジャストインタイム生産システム』日刊工業新聞社。
下川浩一・藤本隆宏(2001)『トヨタシステムの原点　キーパーソンが語る起源と進化』文眞堂（英語版：Shimokawa K and T. Fujimoto, Edi., (2001) *The Birth of Lean*, Cambridge : Lean Enterprise Institute）。
────・────(2010)「トヨタ生産方式の生成　大野耐一の言葉」『ハーバード・ビジ

ネスレビュー』第35巻第1号：86-96。
園田平三郎（1988）『直接原価計算―J. N. Harrisの学説研究』中央経済社。
染谷恭次郎・新井清光・藤田幸男訳（1965）『アメリカ会計協会編　キャパシティ・コストの会計　付・維持費の管理』日本生産性本部（原著：National Association of Accountants (1963) "Research Report 39, Accounting for Costs of Capacity"/(1964) "Research Report 41, Control of Maintenance Cost"）。
高橋賢（2008）『直接原価計算論発達史―米国における史的展開と現代的意義』中央経済社。
竹林庄太郎（1962）「企業診断制度の性格」『同志社商学』第14巻第3‐4号：378-396。
田中正知（2004）「時間軸を入れた収益性評価法の一考察―Jコスト論」『IEレビュー』第45巻第1号：85-92。
─────（2008a）「ものづくり会計学現場改善編―Jコスト論実践報告―」『MMRC Discussion Paper Series』No.208。
─────（2008b）「Jコスト論と改善活動」『企業会計』第60巻第9号：1253-1260。
─────（2009）『トヨタ式カイゼンの会計学』中経出版。
辻厚生（1988）『改訂増補　管理会計発達史論』有斐閣。
津曲直躬（1977）『管理会計論―企業予算と直接原価計算』国元書房。
長坂悦敬（2014）「製造・開発における戦略管理会計の展望」『原価計算研究』第38巻第1号：21-33。
中西寅雄・山邊六郎・中山隆祐・河合壽一・古畑恒雄・齋藤彌三郎・番場嘉一郎（1953）『管理のための原価計算』白桃書房。
中根敏晴（1996）『管理原価計算の史的研究』同文舘出版。
─────（2008）「TPSと整合しない全部原価計算からの脱却―直接原価計算による利益ポテンシャル算定の試み」『企業会計』第60巻第9号：1269-1277。
西岡靖之（2011）「原価管理と生産計画スケジューリングの連携技術」『企業会計』第63巻第6号：825-834。
沼田嘉穂（1965）『会計教科書』同文舘出版。
延岡健太郎・藤本隆宏（2003）「日本の得意産業とは何か：アーキテクチャと組織能力の相性」『神戸大学経済経営研究所 Discussion Paper Series』J57。
─────・─────（2004）「製品開発の組織能力：日本自動車企業の国際競争力」『神戸大学経済経営研究所 Discussion Paper Series』J56。
長谷川幸男編（1984）『多品種少量生産システム（第2版）』日刊工業新聞社。
原田治人（2010）「日本における管理運動推進者達の活動と系譜―上野・荒木・井上の活動に即した整理」『名城論叢』第11巻第1号：105-134。
柊紫乃（2009）「TPS（トヨタ生産方式）と会計評価―適正な企業業績評価の実現可能性―」愛知工業大学博士学位請求論文。
─────（2013）「『流れづくり』『変化・危機対応』ができる人材を育成する―グローバル化・複雑化時代に直面する現場組織能力構築の基本要件」『産業訓練』第59巻第7号：4-12。
挽文子（2007）『管理会計の進化―日本企業にみる進化の過程』森山書店。
日野三十四（2002）『トヨタ経営システムの研究―永続的成長の原理』ダイヤモンド社（英訳版：Hino, S. (2005) *Inside the Mind of Toyota: Management Principles for Enduring Growth*, New York: Productivity Press）。
廣本敏郎（1993）『米国管理会計論発達史』森山書店。

────（2005）「自立的組織と管理会計―市場志向のマネジメントの観点から」『企業会計』第57巻第12号：1698-1706。
────（2008）「トヨタにおけるミクロ・マクロ・ループの形成―利益ポテンシャルとJコスト」『企業会計』第60巻第9号：1234-1242。
────（2009）『自律的組織の経営システム―日本的経営の叡智』森山書店。
藤本隆宏（1997）『生産システムの進化論―トヨタ自動車にみる組織能力と創発プロセス』有斐閣（英訳版：Fujimoto, T.（1999）*Evolution Manufacturing System at Toyota*, London : Oxford University Press）。
────（2003）『能力構築競争』中公新書 中央公論社（英訳版：Fujimoto, T.（2007）*Competing to Be Really, Really, Good : The Behind-the-Scenes Drama of Capability-Building Competition in the Automobile Industry*, Tokyo : I-House Press）。
────（2006）「もの造り論から見た原価管理」『MMRC Discussion Paper Series』No.J-93。
────（2007）「設計立地の比較優位―開かれたものづくりの観点から」『一橋ビジネスレビュー』第55巻第1号：22-37。
────（2010）「世界競争時代における企業間・企業内競争―リカード貿易論のミクロ・マクロ解釈をめぐって」『経済学論集』第76巻第3号：22-63。
────（2012a）「競争力構築のための原価計算試論―設計情報転写論に基づく全部直接原価計算の可能性」『MMRC Discussion Paper Series』No.410。
────（2012b）『ものづくりからの復活―円高・震災に現場は負けない』日本経済新聞出版社。
────・青島矢一・武石彰（2001）『ビジネス・アーキテクチャ―製品・組織・プロセスの戦略的設計』有斐閣。
────・キム, B., クラーク（2009）『増補版 製品開発力』ダイヤモンド社（初版1993）。
────・武石彰（1994）『自動車産業21世紀へのシナリオ―成長型システムからバランス型システムへの変換』生産性出版。
古川順一（1984）「アメリカ機械技師協会における管理運動について：一八八〇～一九一五：会報の分析を中心として」日本経営学学会『経営学論叢』第64巻：86-93。
星野優太・足立直樹（2012）「グローバル企業の新KPIとしてのキャッシュ・コンバージョン・サイクル―リードタイム短縮による資本効率の改善」『企業会計』第64巻第2号：278-287。
前田陽（2007）「トヨタ自動車における原価管理生成史の研究」一橋大学大学院商学研究科博士学位請求論文。
────（2008）「創業期におけるトヨタ自動車の生産体制と原価管理意識」『メルコ管理会計研究』第1巻：21-32。
松本雅男（1971）『原価計算』国元書房。
────・北村照芳・小塚埜武寿（1984）『生産形態別 利益思考の原価管理』白桃書房。
丸田起大（2006）「経営戦略とフィードフォワード管理会計」ト總庸行・澤邉紀生編著『次世代管理会計の構想』中央経済社：63-82。
水島多美也（2002）「タイムコスト概念の定義と測定」『管理会計学』第10巻第2号：13-24。
────（2004）「管理会計と時間に関する一考察―意思決定会計の問題を中心に」『會計』第166巻第4号：558-573。
────（2008）「時間短縮の効果測定方式に関する一考察―企業のケースを手掛かりとして」『會計』第174巻第5号：714-727。

―――― (2011)「管理会計研究における時間研究の位置づけ：先行研究の整理と発展」『福岡大学商学論叢』第55巻第4号：259-281。

―――― (2012)「時間からみた管理会計の検討：戦略の視点も考慮に入れて」『會計』第181巻第6号：789-803。

―――― (2014)「JITにおける時間の研究」『産業經理』第74巻第2号：65-76。

本橋正美 (1986)「F.W.テーラーの原価計算システムに関する一考察―間接費の配賦法を中心として」『経営論集』第34巻第2号：55-78。

門田安弘 (1980)「原価低減とトヨタ生産方式」『大阪府立大学経済研究』第25巻第3号：1-16。

―――― (1983)『トヨタ生産方式の新展開』日本能率協会。

―――― (1998)「JIT生産のもとでのスループット会計の拡張―ボトルネック貢献利益法の提案」『企業会計』第50巻第2号：265-271。

―――― (2000)「JIT生産のもとでのミニ・プロフィットセンターの会計―JIT生産方式とキャッシュフロー会計の邂逅」『企業会計』第52巻第5号：628-637。

――――・浜田和樹・李健泳 (1999)『日本のコストマネジメント―日本企業のコスト構造をいかに変えるか』同文舘出版。

山本宣明 (2011)「営業利益の質とキャッシュ・コンバージョン・サイクル」『LEC会計大学院紀要』第9号：99-113。

―――― (2012)「キャッシュ・コンバージョン・サイクルと原価計算」『LEC会計大学院紀要』第10号：47-62。

和田和夫 (2009)『ものづくりの寓話―フォードからトヨタへ』名古屋大学出版会。

――――・由井常彦 (2002)『豊田喜一郎伝』名古屋大学出版会。

あ と が き

　最後に，本書の刊行に至る背景について述べたいと思います。上總康行先生の古希を祝して企画された本書は，先生の薫陶を受けた研究者によって執筆されたものです。そして，公式・非公式のゼミ生・門下生を含む広い意味での上總ゼミの特徴を強く反映しています。たとえば，通常はこのような記念碑的事業はゼミの年長者の指揮のもとで計画的に進められるものなのでしょうが，本書は上總ゼミのきわめて自由な雰囲気のもとで，コンパの場で基本構想が練られ，そこに集まった若手有志が編集事務を担当しました。上總先生の古希を祝おうという呼びかけに，多忙のなかご賛同いただき，執筆や寄付などさまざまな形でご協力いただきました皆様にこの場を借りて感謝申し上げたいと思います。

　さてここで，我々門下生の視点から，上總先生のこれまでの研究とその特徴についてご紹介申し上げたいと思います。上總先生は歴史家として研究者のキャリアをスタートされました。このことは我々門下生にとっても重要な意味をもっています。ご指導いただく際に歴史的な視点からさまざまなご意見を頂戴することは実に多いのです。現代的なテーマに取り組むあまり，ともすれば過去の歴史をないがしろにしがちな我々若手研究者にとって，上總先生の歴史家としての視点はきわめて貴重なものです。残念ながら，故・朝野高行氏が早世されたことにより，門下生にはいわゆる歴史研究を専門とする研究者はいなくなってしまいましたが，本書をご覧いただければ，随所にその影響を感じていただけることと思います。

　上總先生の研究の第2の特徴は，製造業に対する強いこだわりにあると思います。これは，かつて京都府立宮津高等学校の電気科を卒業され，日本電池株式会社において技術者として勤務された経験を持つ上總先生に独特のものです。会計情報システムに関する一連の研究はこのようなご経歴に根差したものです。そして，多くが経済学部出身の門下生にとって，越えることのできない壁がここにあります。ゼミ生の多くは，上總先生にさまざまな工場の見学に連れて

いっていただき，工場の伝票の色や屋根の向き，窓の位置などについて細やかに教えていただいた思い出を持っています。そういうこともあってか上總ゼミ出身者には製造業に就職した者が比較的多いのです。近年，東京大学において生産管理論の大家である藤本隆宏先生と共同で取り組んでおられる研究は，このような製造業の現場に対する深い造詣のなせる業です。

　上總先生の研究の第3の特徴は，会計計算に対する強いこだわりです。現在の管理会計研究では必ずしも会計計算を扱わない研究も多く見受けられます。これに対して，上總先生は，歴史研究から近年取り組んでおられる管理会計実務の研究に至るまで，一貫して会計計算の機能と構造に着目してこられました。その成果は割増回収期間法の理論化やアメーバ経営における利益連鎖管理の理論へと結実しています。ただし，我々門下生に対してしばしば注意されることは，このような計算によって生み出された数字の向こう側にあるものを考えなさいということです。数字のみに着目し，人の動きや予算と行動計画の連携ということを忘れてはいけないということです。

　上總先生の研究の第4の特徴は，わが国の管理会計実務を明らかにしようとしている点にあります。上總先生の近年の研究は，現代の日本企業に対するフィールド調査を基礎に行われています。上總先生は，アメリカの実務をキャッチアップしてきたこれまでの研究に対して，わが国の優れた管理会計実務を取り上げ，世界に発信するというビジョンのもと，精力的に活動されてきました。上總先生は，このようなわが国の管理会計実務についての研究の先に，管理会計研究の「国際競争への参加」を見ておられます。そして，管理会計研究者の国際競争を支援するために，公益財団法人メルコ学術振興財団の設立に尽力され，代表理事として現在もご活躍中です。

　さて，ここまである意味では上總先生の「表」の顔について述べてきましたが，我々門下生が知るもう1つの顔についても少し付言しておきたいと思います。それはいうまでもなく夜の顔についてです。

　鉄の肝臓を持つ上總先生の真骨頂はコンパにあるとさえいえるでしょう。門下生のほとんど全員が，このコンパのなかでさまざまなご指導をいただいた経験を持っています。傍らのお酒はビールからオーストラリアやニュージーランドのワイン，福井の日本酒，大分の麦焼酎とさまざまに変化してきましたが，

飲みながら研究の話をすることは今も変わらぬ伝統です。上總先生ほどお酒に強くない我々門下生は，記憶が失われないようにメモや録音をとりながら議論することもしばしばです。

　上總先生のもとには，（どういうわけか）多くの人々が集まってきました。上總ゼミはときには倍率が3倍を超える大変な人気ゼミであり，また，その基礎にはきわめて寛容な教育スタイルがあります。稚拙な考えや無礼な言動も，いつも大きな心で受け止めていただきました。このような「寛容」のおかげか，京都大学時代の上總ゼミ卒業生約100名のうち約3割が公認会計士となっています。財務会計ではなく，管理会計のゼミにもかかわらず公認会計士合格者が多いことは，あそこに入れば会計士になれるというまことしやかな噂がささやかれるほどでした。コンパでしか見ないゼミ生が何人もいたことはいうまでもありません。

　また上總先生は10年ほどの短い期間に10人ほどの研究者を育てられました。大学院では学部での「やさしい」上總先生とは打って変わって，厳しい指導をされました。「なんでや」，「ほんまか」，「もっぺん」と何度も同じ質問をされ，自身で考えることを繰り返し求められた記憶は，ゼミ生であれば誰しもが持っています。勉強不足で長い説明をしていたときには，「ひとことで」と必ずおっしゃって，考えの不足を反省することも多々ありました。とどめに「あかん」とミサイルを撃ち込まれ，「撃沈」した経験も一度や二度ではありません。

　大学院では，上總先生に連れられ多くの院生がニュージーランドの学会で発表しました。海外での学会参加のときには，夜遅くまで指導いただくこともしばしばでした。クライストチャーチという街で学会が開催されたときには，一軒家をまるごと借り切り，上總先生を囲んでワイン片手に白熱した議論が行われました。連日，相手を替えての，まるで「ぶつかり稽古」のような激しいやりとりは今も語り草です。

　このように書いてくると，上總先生がとても立派な人のようですが，むしろ一見するとスキだらけのおじさんといった感じの印象さえあります。京都大学という，管理会計分野ではきわめて小規模な組織の，個性豊かなメンバーを率いて，世界を目指すという大きなビジョンを掲げつつ，日々東奔西走している姿は，大企業のサラリーマン社長というよりは，中小ベンチャー企業の創業社

長のような先生であるといえるでしょう。そういうちょっとスマートではないところが上總先生の魅力なのかもしれません。

上總ゼミ門下生を代表して
浅田拓史・足立 洋・篠原巨司馬・吉川晃史

索　引

英 数

Anthony（1965） …… 162
Better Budgeting …… 93
Beyond Budgeting …… 93
BSC …… 86, 143, 148, 221
CCC …… 307
Cooper …… 143
Drucker …… 109
DSS（Decision Support System：
　意思決定支援システム） …… 10
ERP（Enterprise Resource Planning） …… 223
FF …… 139
Interactive Control …… 290
Jコスト論 …… 308
Kotter …… 218
Management Accounting Change
　Study …… 217
Management Control …… 277
Michel Foucault …… 226
New Technology Based Firm：
　NTBF …… 261
Operational Control …… 277
QCサークル活動（小集団活動） …… 118
Shillinglaw …… 177
Simons …… 289
Strategic Planning …… 277
Target Costing …… 143
Toyota Production System(TPS) …… 303
VE（Value Engineering：価値工学） …… 48
X-Y理論 …… 113
Y理論的人間観 …… 109

あ 行

アカウンタビリティ …… 107
アクターネットワーク理論 …… 227
アドバース・セレクション …… 245
アメーバ経営 …… 148, 167, 183, 201
アメーバ経営研究 …… 201
イノベーション …… 35
売上高配分方式 …… 181
エンパワメント …… 182
オブジェクト指向 …… 309

か 行

会計的利益率法（ARR法） …… 7
階層的管理会計論 …… 283
価格交渉 …… 181
科学的管理法 …… 300
加工組立型産業 …… 46
活動基準原価計算（ABC） …… 220
環境配慮型原価企画 …… 59
管理会計史 …… 282
管理会計変化研究 …… 217
機会損失 …… 212
機会損失の創出 …… 167
期間的利益計画 …… 94
企業家精神（entrepreneurial spirit） …… 186
疑似プロフィットセンター
　（疑似PC）制 …… 181
逆機能 …… 64
キャッシュ・コンバージョン・
　サイクル …… 307
境界 …… 290
業績評価スタイル …… 91
京セラ …… 161
共通費 …… 177
許容原価 …… 48
クラシック・ベンチャー・
　キャピタル …… 267

計算構造論 …………………………… 93
継続的利益計画 ……………………… 94
「継続」予算 …………………………… 97
契約理論 …………………………… 246
原価改善活動 ……………………… 185
原価企画 ……………………… 45, 148
原価の作り込み ……………………… 53
現業統制 …………………………… 277
限定合理性 …………………………… 24
行動計画 …………………………… 98
合理的策定プロセス ………………… 24
個別最適 …………………………… 207
コンセンサス・ビルディング … 121, 126
コントロール・パッケージ論 ……… 163

さ 行

サイマルテニアス・エンジニアリング … 60
財務管理機能 ……………………… 190
参加型予算 ………………………… 89
時間 …………………………… 303, 307
時間当り採算 ……………… 167, 206
時間管理 …………………………… 55
事業部制 …………………………… 205
事業部制組織 ……………………… 177
事後監査 …………………………… 12
自己効力感 ………………………… 185
自己実現 …………………………… 120
市場志向 …………………………… 53
実践理論 …………………………… 36
資本予算 ……………………… 4, 245
収益性指数法 ……………………… 9
終身雇用制 ………………………… 212
授権的 (enabling) コントロール …… 38
小集団部門別採算制 ……… 167, 202
障壁 (barrier) ……………………… 222
正味現在価値法 (NPV法) ………… 6
正味作業時間比率 ………………… 308
職能部門別組織 …………………… 177

新技術ベンチャー ………………… 261
シングルループ・コントロール(SL) … 139
信条 ………………………………… 290
新製品別利益計画 ………………… 50
診断的コントロール ……………… 290
垂直的インターラクション …… 183, 211
水平的インターラクション …… 182, 211
スピード …………………………… 307
スループット ……………………… 304
成長志向型原価管理 ……………… 50
制度 ………………………………… 223
制度的フレームワーク …………… 224
制度変化 …………………………… 218
全体最適 ……………… 169, 189, 207, 210
全部直接原価計算 ………………… 308
戦略 ………………………………… 23
戦略管理会計論 …………………… 26
戦略形成のための管理会計 ……… 29
戦略的計画設定 ……………… 85, 277
戦略的コストマネジメント論 …… 26
戦略的方針管理 …………………… 122
戦略的目標管理 …………………… 114
戦略的予算管理 …………………… 33
戦略内容アプローチ ……………… 27
戦略プロセス・アプローチ ……… 27
戦略マップ ………………………… 26
戦略目標管理システム …………… 33
相互依存性 ………………………… 108
総合管理(マネジメント・コントロール) … 107
総合的品質管理 (TQC) ………… 117
相互作用 …………………………… 290
速度連鎖管理 ……………………… 189
速度連鎖効果 ……………… 170, 210
組織学習 …………………………… 161
組織変化 …………………………… 218

た 行

脱予算 (BB) ……………………… 86

多品種少量生産 ……………………… 298
ダブルループ・コントロール(DL) … 139
単純回収期間法（SPP法）……………… 7
単品種大量生産 ……………………… 298
知識創造理論 ………………………… 232
デザイン・イン ………………………… 59
テンション・マネジメント …………… 61
動機づけ ……………………………… 120
動機づけ機能 ………………………… 190
投資意思決定 …………………………… 3
投資経済計算 …………………………… 4
導入研究 ……………………………… 220
トヨタ生産システム ………………… 303

な 行

内発的動機づけ ……………………… 186
内部振替価格 ………………………… 177
内部利益率法（IRR法）………………… 6

は 行

ハードル・レート …………………… 249
ビジョン ……………………………… 232
フィードバック・コントロール(FB) … 139
フィードフォワード ………………… 210
フィードフォワード管理会計 ………… 55
フィードフォワード・コントロール論 … 139
フィロソフィ …………………… 167, 187
部分最適化 …………………………… 189
振替価格方式 ………………………… 181
プリンシパル・エージェント・
　モデル …………………………… 246
プロフェッショナル ………………… 107
文化 …………………………………… 236
方針管理 ……………………………… 107

ま 行

マーチャント・ベンチャー・
　キャピタル ……………………… 268

マスタープラン ……………………… 209
マネジメント・コントロール ……… 277
マネジメント・コントロール・
　システム（MCS）………… 26, 161, 285
ミニ・プロフィットセンター
　（microprofit center：MPC）… 180, 202
目標管理 ……………………………… 107
目標管理の動機づけ機能 …………… 116
目標管理の目標共有機能 …………… 116
目標による管理（Management by
　Objects: MBO）………………… 109
モラル・ハザード …………………… 246

や 行

予算 …………………………………… 209
予算管理 ………………………… 85, 146
予算スラック …………………… 91, 249

ら 行

ライフサイクル・コスト ……………… 58
ラインカンパニー制 ………………… 184
ライン採算制組織（LPO）……… 181, 203
リアル・オプション法 ………………… 6
リーダーシップ ……………………… 234
利益の作り込み ………………………… 54
利益連鎖管理 …………… 161, 189, 210
リコール ……………………………… 64
リスクマネジメント …………………… 14
リソース・ベースド・
　パースペクティブ ……………… 31
レレバンス・ロスト …………… 297, 302
ローリング予測 ………………………… 95
割引回収期間法（DPP法）……………… 9
割引キャッシュ・フロー（DCF）……… 6
割増回収期間法（PPP法）…………… 13

【編著者紹介】

上總康行（かずさ　やすゆき）

1944年　兵庫県に生まれる
1972年　立命館大学経営学部卒業
1977年　立命館大学大学院経営学研究科博士課程単位取得
1989年　名城大学商学部教授
1990年　日本会計史学会賞受賞
1991年　経済学博士（京都大学）
1996年　京都大学経済学部教授
2003年　日本原価計算研究学会賞受賞
2006年　公認会計士試験委員
2007年　福井県立大学経済学部教授
2013年　日本管理会計学会賞受賞
現　在　京都大学名誉教授，立命館アジア太平洋大学国際経営学部客員教授，公益財団法人メルコ学術振興財団代表理事

[主著]

『アメリカ管理会計史（上・下）』，同文舘出版，1989年。『管理会計論』新世社，1993年。『情報処理入門』（共編著），中央経済社，1995年。『倒産指数』（現代会計カンファランス編〔代表〕），日本経済新聞社，1997年。『経営科学入門』（共編著），中央経済社，1997年。『会計情報システム』（共著），中央経済社，2000年。『次世代管理会計の構想』（共編著），中央経済社，2006年。『戦略的投資決定と管理会計』（監訳），中央経済社，2010年。『経営革新から地域経済活性化へ』（共編著），京都大学学術出版会，2012年。『ケースブック管理会計』新世社，2014年。

澤邉紀生（さわべ　のりお）

1966年　和歌山県に生まれる
1990年　京都大学経済学部卒業
1995年　京都大学大学院経済学研究科博士後期課程学修認定
1998年　博士（経済学）京都大学
2005年　日本管理会計学会賞受賞
現　在　京都大学大学院経済学研究科教授・経営管理大学院教授

[主著]

『国際金融規制と会計制度』晃洋書房，1998年。『会計改革とリスク社会』岩波書店，2005年。『次世代管理会計の構想』（共編著），中央経済社，2006年。『戦略をコントロールする』（監訳），中央経済社，2008年。

次世代管理会計の礎石

2015年3月14日　第1版第1刷発行

編著者　上　總　康　行
　　　　澤　邉　紀　生

発行者　山　本　憲　央

発行所　㈱中央経済社

〒101-0051　東京都千代田区神田神保町1-31-2
電話　03 (3293) 3371 (編集部)
　　　03 (3293) 3381 (営業部)
http://www.chuokeizai.co.jp/
振替口座　00100-8-8432

印刷／㈱堀内印刷所
製本／誠　製　本　㈱

©2015
Printed in Japan

＊頁の「欠落」や「順序違い」などがありましたらお取り替えいたしますので小社営業部までご送付ください。(送料小社負担)
ISBN978-4-502-13471-5　C3034

JCOPY〈出版者著作権管理機構委託出版物〉本書を無断で複写複製（コピー）することは，著作権法上の例外を除き，禁じられています。本書をコピーされる場合は事前に出版者著作権管理機構（JCOPY）の許諾を受けてください。
JCOPY〈http://www.jcopy.or.jp　eメール：info@jcopy.or.jp　電話：03-3513-6969〉